Falk Illing

Energiepolitik in Deutschland

Die energiepolitischen Maßnahmen
der Bundesregierung 1949–2015

2., aktualisierte und erweiterte Auflage

Die Deutsche Nationalbibliothek verzeichnet diese Publikation in
der Deutschen Nationalbibliografie; detaillierte bibliografische
Daten sind im Internet über http://dnb.d-nb.de abrufbar.

ISBN 978-3-8487-2298-3 (Print)
ISBN 978-3-8452-6401-1 (ePDF)

2., aktualisierte und erweiterte Auflage 2016
© Nomos Verlagsgesellschaft, Baden-Baden 2016. Printed in Germany. Alle Rechte,
auch die des Nachdrucks von Auszügen, der fotomechanischen Wiedergabe und der
Übersetzung, vorbehalten. Gedruckt auf alterungsbeständigem Papier.

Inhaltsverzeichnis

Abkürzungsverzeichnis   11

1. Einleitung   15

    1.1.   Leitendes Interesse und die Bedeutung deutscher Energiepolitik   15
    1.2.   Literaturüberblick   18
    1.3.   Aufbau   26

2. Ziele, Grundlagen und Akteure der Energiepolitik   27

    2.1.   Definition   27
    2.2.   Das Energiewirtschaftsgesetz von 1935   30
    2.3.   Nationalstaatliche Akteure der Energiepolitik   32

3. Energiepolitik im Wandel wirtschaftspolitischer Paradigma   35

    3.1.   Modelle deutscher Wirtschaftspolitik   35
    3.1.1.   Ordnungspolitische Grundzüge unter Erhard   35
    3.1.2.   Konjunkturpolitik in der Globalsteuerung unter Schiller   38
    3.1.3.   Von der Strategie zur Suche: Sozialliberale Wirtschaftspolitik   42
    3.1.4.   Schwarz-gelbe Koalition I: Angebotspolitik   46
    3.1.5.   Schwarz-gelbe Koalition II: Dirigismus durch die Vereinigung   49
    3.1.6.   Die „moderne" Wirtschaftspolitik der rot-grünen Koalition   53
    3.1.7.   Ambivalente Wirtschaftspolitik in der zweiten Großen Koalition   57
    3.1.8.   Das angebotspolitische Modell der schwarz-gelben Koalition   60
    3.2.   Das Modell wirtschaftspolitischer Paradigma   61

4. Energiepolitik der CDU-geführten Regierungen 1949 – 1966   65

    4.1.   Energiepolitik in den Regierungserklärungen Adenauers
            und Erhards   65
    4.2.   Maßnahmen für den Kohlesektor   66
    4.2.1. Neubeginn der Kohlepolitik – Fortführung
            der Preisbewirtschaftung   66
    4.2.2. Freie Preisbildung im Steinkohlesektor   69
    4.2.3. Krise der deutschen Steinkohle I: Subvention und Strukturerhalt   71
    4.2.4. Krise der deutschen Steinkohle II: Anpassung und Wandel   74

4.3.	Maßnahmen für den Kernenergiesektor	79
4.3.1.	Verfehlter Start: Der Versuch eines Bundesatomgesetzes	79
4.3.2.	Zweiter Anlauf zum Atomgesetz	83
4.3.3.	Der Bund als Finanzier erster Reaktoren	84
4.3.4.	Endlagerung: Asse	89
4.4.	Maßnahmen für den Mineralölsektor	90
4.4.1.	Übernahme des Energiekonzeptes der Alliierten	90
4.4.2.	Marktliberalisierungen und Restriktionen	91
4.4.3.	Schutz der nationalen Ölwirtschaft gegen Konkurrenz	97
4.4.4.	Geopolitische Handelshemmnisse	99
4.5.	Maßnahmen für den Erdgassektor	99
4.6.	Fazit	101

5. Energiepolitik der Großen Koalition 1966 – 1969   107

5.1.	Energiepolitik in der Regierungserklärung Kiesingers	107
5.2.	Maßnahmen für den Kohlesektor	107
5.2.1.	Strukturkrise der deutschen Steinkohle	107
5.2.2.	Zweites Verstromungsgesetz und Kokskohlenbeihilfe	109
5.2.3.	Gesetz zur Gesundung der deutschen Steinkohle	110
5.2.4.	Die Ruhrkohle AG	114
5.3.	Maßnahmen für den Kernenergiesektor	118
5.4.	Maßnahmen für den Mineralölsektor	120
5.5.	Fazit	122

6. Energiepolitik der sozialliberalen Koalitionen 1969 – 1982   127

6.1.	Energiepolitik in den Regierungserklärungen Brandts und Schmidts	127
6.2.	Maßnahmen für den Kohlesektor	130
6.2.1.	Rettung der Ruhrkohle AG	130
6.2.2.	Drittes Verstromungsgesetz	131
6.2.3.	Maßnahmen der Energieprogramme für den Kohlesektor	132
6.2.4.	Der Jahrhundertvertrag	134
6.3.	Maßnahmen für den Kernenergiesektor	135
6.3.1.	Neuausrichtung der Kernenergiepolitik	135
6.3.2.	Endlagerung: Integriertes Entsorgungskonzept	139
6.4.	Maßnahmen für den Mineralölsektor	142
6.4.1.	Sicherung der Mineralölverfügbarkeit in der Ölkrise	142
6.4.2.	Maßnahmen der Energieprogramme	145

6.4.3.	Initiativen nach der ersten Ölkrise	148
6.4.4.	Zweite Ölkrise 1979	151
6.5.	Maßnahmen für die Erdgaswirtschaft	152
6.5.1.	Erdgas-Röhren-Geschäfte mit der Sowjetunion	152
6.5.2.	Regelungen der Energieprogramme für den Gassektor	154
6.6.	Erneuerbare Energien / Neue Energien	155
6.6.1.	Erneuerbare Energien in den Energieprogrammen	155
6.6.2.	Die Energieforschungsprogramme	155
6.7.	Fazit	158

7. Energiepolitik der schwarz-gelben Bundesregierung 1982 – 1998   161

7.1.	Energiepolitik in den Regierungserklärungen Kohls	161
7.2.	Maßnahmen für den Kohlesektor	163
7.2.1.	Ausführungen des Gesamtkonzeptes zum Steinkohlebergbau	163
7.2.2.	Sicherstellung der Verstromung der Steinkohle	164
7.2.3.	Die Deutsche Steinkohle AG und der Kohlekompromiss	166
7.2.4.	Der Kohlebergbau in den neuen Bundesländern	168
7.3.	Maßnahmen für den Kernenergiesektor	169
7.4.	Maßnahmen für den Mineralölsektor	172
7.5.	Erneuerbare Energien / Neue Energien	175
7.5.1.	Das Stromeinspeisungsgesetz	175
7.5.2.	Drittes und viertes Energieforschungsprogramm	177
7.6.	Regulierung der Energiemärkte	178
7.6.1.	Die Stromverträge Bundesrepublik/DDR	178
7.6.2.	Umsetzung der EU-Stromrichtlinie – Neuregelung EnWG	186
7.7.	Fazit	188

8. Energiepolitik der rot-grünen Bundesregierung 1998 – 2005   191

8.1.	Die Energiepolitik in den Regierungserklärungen Schröders	191
8.2.	Maßnahmen für den Kohlesektor	192
8.3.	Maßnahmen für den Kernenergiesektor	195
8.3.1.	Atomausstieg I: Atomkonsens	195
8.3.2.	Endlagerung: Moratorium für Gorleben	198
8.4.	Maßnahmen für den Erdgassektor	199
8.5.	Erneuerbare Energien / Neue Energien	201
8.5.1.	Erneuerbare-Energien-Gesetz (EEG 2000)	201
8.5.2.	Novelle des EEG (EEG 2004)	204
8.5.3.	100.000-Dächer-Programm	208

Inhaltsverzeichnis

8.5.4.	Fünftes Energieforschungsprogramm der Bundesregierung	209
8.6.	Regulierung der Energiemärkte	211
8.6.1.	Integration Ostdeutschlands in liberalisierte Strommärkte	211
8.6.2.	Novelle des EnWG 2003: Verbändevereinbarung	212
8.7.	Energieeffizienz	217
8.7.1.	Kraft-Wärme-Kopplungsgesetz (KWK)	217
8.7.2.	Deutsche Energie-Agentur	220
8.8.	Klimaschutz	221
8.8.1.	Von der Klimarahmenkonvention bis Kyoto	221
8.8.2.	Emissionshandel	223
8.8.3.	Klimaschutzaktionspläne	227
8.9.	Fazit	228

9. Energiepolitik der Großen Koalition 2005 – 2009   **231**

9.1.	Energiepolitik in der Regierungserklärung Merkels	231
9.2.	Maßnahmen für den Kohlesektor	232
9.3.	Maßnahmen für den Kernenergiesektor	234
9.4.	Maßnahmen für den Mineralölsektor	236
9.5.	Erneuerbare Energien / Neue Energien	237
9.5.1.	Integriertes Energie- und Klimaprogramm	237
9.5.2.	Novelle des EEG (EEG 2009)	239
9.5.3.	Weiterentwicklung des bundesweiten Ausgleichsmechanismus	243
9.5.4.	Energieleitungsausbaugesetz (EnLAG)	244
9.6.	Regulierung der Energiemärkte	246
9.6.1.	Öffnung der Netze für Wettbewerb im Messwesen	246
9.6.2.	Von der Kostendeckung zur Anreizregulierung	247
9.7.	Energieeffizienz	248
9.7.1.	Novelle von Energieeinsparungsgesetz und -verordnung	248
9.7.2.	Maßnahmen zur Erhöhung des Stroms aus KWK	249
9.7.3.	Erneuerbare-Energien-Wärmegesetz (EEWärmeG)	251
9.8.	Fazit	252

10. Energiepolitik der schwarz-gelben Bundesregierung 2009 – 2013   **255**

10.1.	Energiepolitik in der Regierungserklärung Merkels	255
10.2.	Maßnahmen für den Kohlesektor	257
10.3.	Maßnahmen im Kernenergiesektor	258
10.3.1.	Maßnahmen des Energiekonzepts: Verlängerung der Laufzeiten	258
10.3.2.	Atomausstieg II: Das Ende der Kernkraft nach Fukushima	259

10.3.3.	Endlagerung: Gorleben und Alternativen	262
10.4.	Erneuerbare Energien / Neue Energien	264
10.4.1.	Maßnahmen des Energiekonzepts und der Eckpunkte	264
10.4.2.	Novelle des EEG (EEG 2010)	266
10.4.3.	Europarechtsanpassungsgesetz Erneuerbare Energien	267
10.4.4.	Novelle des EEG (EEG 2012)	269
10.4.5.	Neuausrichtung der Solarförderung (Photovoltaik-Novelle)	272
10.4.6.	Ausführungen des Energiekonzeptes zu Netz und Speichern	273
10.4.7.	Netzausbau: Die Netzausbaubeschleunigungsgesetze (NABEG)	275
10.4.8.	Sechstes Energieforschungsprogramm	279
10.5.	Energieeffizienz	281
10.5.1.	Initiative Energieeffizienz	281
10.5.2.	Novelle des KWK-Gesetzes (KWK 2012)	283
10.6.	Regulierung der Energiemärkte	284
10.7.	Fazit	288

11. Die Energiepolitik der Großen Koalition seit 2013   **291**

11.1.	Energiepolitik in der Regierungserklärung Merkels	291
11.2.	Maßnahmen im Kohlesektor	292
11.3.	Maßnahmen im Kernenergiesektor	293
11.3.1.	Entsorgung und Rückbau	293
11.3.2.	Rechtsstreit um die Vergütung der Restlaufzeiten	295
11.4.	Maßnahmen für erneuerbare Energien	295
11.4.1.	Novelle des EEG (EEG 2014)	295
11.4.2.	Reform der Besonderen Ausgleichsregelung	299
11.4.3.	Eckpunktepapier Ausschreibungsmodell	299
11.4.4.	Länderöffnungsklausel im Baugesetzbuch	300
11.4.5.	Eckpunkte für eine erfolgreiche Umsetzung der Energiewende	302
11.4.6.	Netzausbau und -stabilität	304
11.5.	Energieeffizienz	307
11.6.	Regulierung der Energiemärkte	308
11.6.1.	Strommarktgesetz	308
11.6.2.	Digitalisierungsgesetz	311
11.7.	Klimaschutz	312
11.8.	Fazit	313

12. Schlussbetrachtung   **315**

13. Bibliographie 323

    13.1. Primärliteratur 323
    13.2. Sekundärliteratur 329
    13.3. Konzepte/Gutachten 333

14. Register 335

Abkürzungsverzeichnis

a	Jahr
AEG	Allgemeine Elektricitäts-Gesellschaft
AGEB	Arbeitsgemeinschaft Energiebilanzen
AGEE-Stat	Arbeitsgruppe Erneuerbare Energien-Statistik
AKW	Atomkraftwerk
ARegV	Anreizregulierungsverordnung
Art.	Artikel
BA	Bundesanstalt
BauGB	Baugesetzbuch
BDI	Bundesverband der Deutschen Industrie
BfS	Bundesamt für Strahlenschutz
BfE	Bundesamt für kerntechnische Entsorgung
BGBl.	Bundesgesetzblatt
BGW	Bundesverband der deutschen Gas- und Wasserwirtschaft
BR	Bundesregierung
BT	Bundestag
BKartA	Bundeskartellamt
BMAt	Bundesministerium für Atomfragen
BMF	Bundesministerium der Finanzen
BMWi	Bundesministerium für Wirtschaft
BMU	Bundesministerium für Umwelt, Naturschutz und Reaktorsicherheit
BMELV	Bundesministerium für Ernährung, Landwirtschaft und Verbraucherschutz
BBPlG	Bundesbedarfsplangesetz
BZ	Börsenzeitung
BP	British Petroleum
CDM	Clean Development Mechanism
CDU	Christlich Demokratische Union
ct	Cent
DatK	Deutsche Atomkommission
DEMINEX	Deutsche Mineralölexplorationsgesellschaft (bis 1966) Deutsche Mineralölversorgungsgesellschaft (ab 1969)
DEA	Deutsche Erdöl AG
DEHSt	Deutsche Emissionshandelsstelle
DM	Deutsche Mark
DDR	Deutsche Demokratische Republik
DIW	Deutsches Institut für Wirtschaftsforschung
DpM	Die politische Meinung
Drs.	Drucksache
DSK	Deutsche Steinkohle AG

Abkürzungsverzeichnis

DW	Die Welt
DZ	Die Zeit
EAG	Europarechtsanpassungsgesetz
EBV	Erdölbevorratungsverband
EEG	Erneuerbare-Energien-Gesetz
EEWärmeG	Erneuerbare-Energien-Wärmegesetz
EEX	European Energy Exchange
EGKS	Europäische Gemeinschaft für Kohle und Stahl
EnEV	Energieeinsparverordnung
EnLAG	Gesetz zum Ausbau von Energieleitungen
EnWG	Energiewirtschaftsgesetz
ESK	Entsorgungskommission
EURATOM	Europäische Atomgemeinschaft
EVG	Europäische Verteidigungsgemeinschaft
EWG	Europäische Wirtschaftsgemeinschaft
FAZ	Frankfurter Allgemeine Zeitung
FDP	Freie Demokratische Partei
FP	Freie Presse
FR	Frankfurter Rundschau
FTD	Financial Times Deutschland
GAU	Größter anzunehmender Unfall
GBAG	Gelsenkirchener Bergwerks-AG / Gelsenberg AG
GBl.	Gesetzblatt der Deutschen Demokratischen Republik
GG	Grundgesetz
GSI	Gesellschaft für Schwerionenforschung
GVSt	Gesamtverband des deutschen Steinkohlenbergbaus
GW	Gigawatt
GWB	Gesetz gegen Wettbewerbsbeschränkungen
IEA	Internationale Energie-Agentur
IEKP	Integriertes Energie- und Klimaschutzprogramm
IGBE	Industriegewerkschaft Bergbau und Energie
KFA	Kernforschungsanlage
KfW	Kreditanstalt für Wiederaufbau
KWK	Kraft-Wärme-Kopplung
KKW	Kernkraftwerk
KRK	Klimarahmenkonvention
kWh	Kilowattstunde
LNG	Liquid Natural Gas
Mio.	Million(en)
Mrd.	Milliarde(n)
MW	Megawatt
NAP	Nationaler Allokationsplan

NAPE	Nationaler Aktionsplan Energieeffizienz
NABEG	Netzausbaubeschleunigungsgesetz
NEP	Netzentwicklungsplan
OLG	Oberlandesgericht
OPEC	Organisation erdölexportierender Länder
PlPr.	Plenarprotokoll
PTB	Physikalisch-Technische Bundesanstalt
RAG	Nachfolgegesellschaft der Ruhrkohle AG
RGBl.	Reichsgesetzblatt
RSK	Reaktorsicherheitskommission
RWE	Rheinisch-Westfälisches Elektrizitätswerk AG
SDAG	Sowjetisch-Deutsche Aktiengesellschaft
SPD	Sozialdemokratische Partei Deutschlands
SKE	Steinkohleeinheiten
SKWPG	Gesetz zur Umsetzung des Spar-, Konsolidierungs- und. Wachstumsprogramms
SteinkohleFinG	Gesetz zur Finanzierung der Beendigung des subventionierten Steinkohlenbergbaus zum Jahr 2018
StromEinspG	Stromeinspeisungsgesetz
StromNEV	Stromnetzentgeltverordnung
SVR	Sachverständigenrat zur Begutachtung der gesamtwirtschaftlichen Entwicklung
t	Tonne(n)
TWh	Terawattstunden
THA	Treuhandanstalt
UdSSR	Union der Sozialistischen Sowjetrepubliken
ÜNB	Übertragungsnetzbetreiber
VDEW	Verband der Elektrizitätswirtschaft
VIK	Verband der Industriellen Energie- und Kraftwirtschaft
VKU	Verband der kommunalen Unternehmen
VA	Vogtland Anzeiger
ZuG	Zuteilungsgesetz

1. Einleitung

1.1. Leitendes Interesse und die Bedeutung deutscher Energiepolitik

Für die westlichen Industrie- und Dienstleistungsgesellschaften bildet die sichere und preisgünstige Energieversorgung einen Eckpfeiler für Wirtschaftswachstum und gesellschaftlichen Wohlstand. Energie ist die Grundlage einer Gesellschaftsordnung, die auf Industrialisierung, massenhafter Güterproduktion und einem daraus speisenden Wohlfahrtsstaat gründet. Die Steuerung dieses volkswirtschaftlichen Sektors obliegt der Energiepolitik. Seit Beginn der Industrialisierung in Deutschland haben alle Regierungen erhebliche Ressourcen eingesetzt, um dieses Fundament der deutschen Wirtschaft zu sichern und zu stärken.

Bei der Verabschiedung der Atomgesetznovelle am 28. Oktober 2010 im Bundestag bezeichnete Röttgen die Energiepolitik als „Lebensader" Deutschlands.[1] Das von der schwarz-gelben Bundesregierung vorgestellte Energiekonzept bewertete die Sicherstellung einer zuverlässigen, wirtschaftlichen und umweltverträglichen Energieversorgung als „eine der größten Aufgaben des 21. Jahrhunderts".[2] Für dieses Projekt wendet sie umfangreiche finanzielle Mittel zur strukturellen Gestaltung der Energiewirtschaft auf. Die durch das Energiekonzept eingeführte Kernbrennstoffsteuer für die Betreiber der Atomkraftwerke sollte zu jährlichen Mehreinnahmen des Staates in Höhe von 2,5 Mrd. Euro führen, die in strukturpolitische Investitionen für die Energiewirtschaft fließen sollten. Mit dem Unfall im Kernkraftwerk von Fukushima als Folge des Tsunamis vom 11. März 2011 wurden diese Pläne über Nacht Makulatur. Seit der angeordneten Abschaltung der Kernkraftwerke überschlägt sich die Energiepolitik. Der Ausbau der fluktuierenden Energieversorgung und deren mangelhafte Integration in die Strukturen der Energiewirtschaft führen zu einer Vielzahl von Gesetzen, um die im Zieldreieck aufgeführten Eckpunkte von Energiesicherheit, Wirtschaftlichkeit und Umweltverträglichkeit umzusetzen.

Die Ausgestaltung der Energiewirtschaft unterliegt umfassender staatlicher Planung, wodurch die privatwirtschaftlichen Entscheidungen durch einen staatlichen Handlungsrahmen vorgegeben werden. Aufgrund der gesamtwirtschaftlichen Bedeutung der Energiewirtschaft erfolgt der politisch gesteuerte Ausbau auf Grundlage volkswirtschaftlich nützlicher Kriterien wie Wirtschaftlichkeit und Sicherheit, denen privatwirtschaftliches Engagement geringe Bedeutung beimisst. Darüber hinaus setzt die Energiepolitik gesellschaftliche Präferenzen wie Umweltverträglichkeit entgegen privatwirtschaftlicher Preisbildung durch Kos-

---
1   Vgl. Deutscher Bundestag, PlPr. 17/68, S. 7178.
2   Vgl. BMWi (Hrsg.): Energiekonzept für eine umweltschonende, zuverlässige und bezahlbare Energieversorgung, Berlin 2010, S. 3.

teninternalisierung um. Entscheidungen über die bevorzugten Energieträger und den Energiemix sowie die Preisbildung auf den Märkten unterliegen staatlicher Korrektur und rücken die Energiepolitik der Bundesregierung als zentrales Koordinationsorgan in den Mittelpunkt einer politikwissenschaftlichen Analyse der Energiewirtschaft.

Hayeks apodiktischer Forderung vom „Wettbewerb als Entdeckungsverfahren"[3] wird in der Energiewirtschaft nicht uneingeschränkt entsprochen. Das in einem von Unsicherheit und Unkenntnis gekennzeichneten Umfeld stattfindende wirtschaftliche Tasten und Suchen nach einer optimalen Situation über die freie Preisbildung auf freien Märkten findet Ergänzung durch umfangreiche staatliche Eingriffe. „Der Konkurrenzausschluss gründet sich auf ein wirtschaftspolitisches Unwerturteil über den energiewirtschaftlichen Wettbewerb, das einmal mit unüberwindlichen Wettbewerbshemmnissen und zum anderen mit politisch unerwünschten wirtschaftlichen Auswirkungen wettbewerblicher Marktprozesse aufgrund spezifischer Branchenbesonderheiten gerechtfertigt wird."[4]

Unter dieser Prämisse kommt den staatlichen Aktivitäten für die Entwicklung der Strukturen der Energiewirtschaft eine große Bedeutung zu. Dies gilt weniger für die ordnungspolitische Rahmensetzung durch den Staat als vielmehr für die Abgrenzung und Errichtung von Marktzutrittsbarrieren, direkte Anteilnahme an Marktprozessen durch Beteiligung an und Finanzierung von Unternehmen sowie Förderung von gesellschaftlich erwünschten oder volkswirtschaftlich als notwendig erachteten Zielen durch strukturpolitische Maßnahmen.

Das leitende Interesse der Arbeit ist das bestimmende Motiv der Energiepolitik der deutschen Bundesregierung. Welche politischen Ziele verfolgt die Bundesregierung mit ihrer Energiepolitik und welche Maßnahmen ergreift sie, um diese zu erreichen? Zu der Frage der Motivation zählen Aspekte der Versorgungssicherheit und Preisgünstigkeit und somit die Wahl zwischen der Subvention von binnen- oder dem Import außenwirtschaftlicher Energieträgern. Dazu zählen als weitere Ziele die Umweltverträglichkeit, die Nachhaltigkeit und der gesellschaftliche Konsens gegenüber der Energiepolitik. Neben diesem häufig zitierten „magischen Viereck der Energiepolitik", das als Grundlage energiepolitischer Maßnahmen aller westlichen Industriegesellschaften dient[5], finden devi-

---

3   Friedrich August von Hayek: Der Wettbewerb als Entdeckungsverfahren, in: Erich Schneider (Hrsg.): Kieler Vorträge, Bd. 56, Kiel 1968.
4   Helmut Gröner: Die Energiepolitik – ein Stiefkind der Ordnungspolitik?, in: Wolfgang Frickhöffer (Hrsg.): Weißbuch Energie, Bonn 1980, S. 144.
5   Vgl. Florian Grotz/Michael Krennerich: Energiepolitik, in: Dieter Nohlen/Florian Grotz (Hrsg.): Kleines Lexikon der Politik, München 2007, S. 97f.

1.1. Leitendes Interesse und die Bedeutung deutscher Energiepolitik

senwirtschaftliche, national- und sicherheitspolitische sowie wahltaktische Aspekte Erwägung.

Was die Einschätzung der Maßnahmen betrifft, so ist zu fragen, ob die Energiepolitik einen Ausdruck des ordnungspolitischen Paradigmas der jeweiligen Politikperiode darstellt. Zeigen sich Diskrepanzen zwischen den Lippenbekenntnissen der Politik und der tatsächlichen Ausgestaltung der Energiepolitik? Welches Ordnungsmodell wird von der Bundesregierung in der Energiewirtschaft bevorzugt: Laissez-faire oder staatliche Intervention, das angebots- oder nachfrageorientierte Steuerungsmodell?

Die Energieaußenpolitik als Bestandteil der Energiepolitik soll in diesem Zusammenhang nicht im Mittelpunkt stehen, denn diese ist eine abgeleitete Größe des vorherrschenden und bevorzugten Energiemodells der Bundesregierung. Die einzelnen Maßnahmen auf dem internationalen Parkett finden daher nur Betrachtung als Endprodukt einer Kette von energiepolitischen Entscheidungen. Unter der Prämisse der „Europäisierung der Energiepolitik" scheint die Beschränkung auf nationalstaatlich orientierte energiepolitische Maßnahmen zu kurz gegriffen. „Die energiepolitische Souveränität der Nationalstaaten wird jedoch nicht nur durch die Delegation von Entscheidungsmacht an supranationale Institutionen untergraben, sondern auch indem sich die größeren Versorgungsunternehmen zunehmend multinational ausrichten und sich von ihrer regionalen Basis lösen."[6] Mit dieser Tatsache lässt sich eine zunehmende Bedeutungslosigkeit nationaler Politikinstrumente jedoch nicht begründen. Erstens kommt dem spezifischen Politikfeld für die stärkere Bedeutung nationaler oder supranationaler Kompetenzen Bedeutung zu. Während die Liberalisierung von Märkten wenige Hindernisse aufzeigt, sind umweltpolitische Restriktionen schwerer umsetzbar. Für die konkrete Implementierung sind, zweitens, weiterhin die nationalen Gesetzgeber zuständig, die noch immer einen großen Gestaltungsspielraum besitzen[7] und bei verfassungsgemäßen Restriktionen europäischen Vorgaben nicht folgen. Schließlich ist die Energiepolitik durch nationale Vorteilnahme gekennzeichnet, die z.B. bei der Sicherung von Ressourcen als Primärenergieträger auch auf Alleingänge setzt, wie es die Bundesrepublik beim Bau der Ostseepipeline und Frankreich beim Bezug von algerischem Gas verdeutlichen. Nach der ersten Ölkrise formulierte der Ministerialdirektor des Wirtschafts- und Finanzministeriums, dass „das Bekenntnis zur Notwendigkeit, die Funktionsfähigkeit des Weltmarktes zu erhal-

---

6   Vgl. Jochen Monstadt: Die Modernisierung der Stromversorgung. Regionale Energie- und Klimapolitik im Liberalisierungs- und Privatisierungsprozess, Wiesbaden 2004, S. 232f.
7   Vgl. Vgl. Dieter Schott: Energie und Stadt in Europa. Von der vorindustriellen 'Holznot' bis zur Ölkrise der 1970er Jahre, in: ders. (Hrsg.): Energie und Stadt in Europa. Von der vorindustriellen 'Holznot' bis zur Ölkrise der 1970er Jahre, Stuttgart 1997, S. 28.

1. Einleitung

ten, [...] nicht den Verzicht auf bilaterale Kooperation [bedeutet]"[8]. Die Analyse nationaler Energiepolitik erhält somit zwar einen internationalen Kontext, verliert aber nicht an Bedeutung. Dieser Fakt ist vor allem vor dem Hintergrund der Europäisierung der Energiepolitik von Bedeutung. Es ist keinesfalls eine Einbahnstraße politischer Entscheidungen von Brüssel nach Berlin, da die Nationalstaaten Einfluss auf die europäische Richtliniensetzung nehmen, wie das Beispiel Schröders in der Frage der Steinkohlesubvention beweist. Hinzu tritt die Ausgestaltung der Umsetzung der konkreten politischen Anweisungen der EU. Zeitliche Verzögerungen führen zu Diskrepanzen europarechtlicher- und nationaler Normen. Ein Vertragsverletzungsverfahren, welches die EU 2009 gegen Deutschland einleitete, da sie eine fehlende Umsetzung des zweiten Energiebinnenmarktpaketes vermutete, bietet dafür ein Beispiel. Hinzu tritt die jeweilige Umsetzung der Richtlinien, die sich teilweise durch „gold-plating" auszeichnen.

1.2. Literaturüberblick

In den einzelnen wirtschaftspolitischen Phasen wird der Darstellung energiepolitischer Maßnahmen häufig nur Raum in Bänden mit dem Fokus auf die Energiewirtschaft gegeben. Die Energiepolitik findet ihre Betrachtung damit als Anhang der Analyse der privatwirtschaftlichen Energiewirtschaft. Eine eigenständige politikwissenschaftliche Kategorie „Energiepolitik" hat sich nicht akzentuieren können. In der bibliographischen Retrospektive fehlt der zusammenfassende Überblick über die verschiedenen Perioden der Energiepolitik und die jeweilige Querschnittdarstellung der energiepolitischen Instrumente der Bundesregierungen. Der Bezug zu dem wirtschaftspolitischen Leitbild der jeweiligen Phase wird nur sporadisch hergestellt.

In Anbetracht der Bedeutung, die der Energiewirtschaft für die Funktionalität der deutschen Volkswirtschaft zukommt, überrascht die weitgehende Ausklammerung des energiepolitischen Themas in den Kompendien der Wirtschaftspolitik. Während Entwicklungs-, Agrar-, oder Forstpolitik als Bestandteile der Wirtschaftspolitik in keinem Standardwerk der Wirtschaftspolitik fehlen, nimmt die Darstellung der Energiepolitik einen sehr viel geringeren Raum ein. Sie findet sich kaum als Thema der Wirtschaftspolitik. Diese Feststellung bezieht sich nicht nur auf Bücher über Wirtschaftspolitik, die sich entlang des magischen Vierecks gliedern oder auf Ausarbeitungen über die Grundlagen der Wirtschaftspolitik und Modelle für die Struktur der Wirtschaft. Sie trifft auch auf Werke zu, die im

---

8   Lantzke, in: Kürten 1974, S. 48.

1.2. Literaturüberblick

Sinne der praktischen Wirtschaftspolitik die Branchen und Sektoren analysieren.[9] Rückt die Energiepolitik der Bundesregierung doch in den Mittelpunkt, so ist sie nur knapp zusammengefasst und bietet eher einen Überblick.[10] Eine Orientierung der energiepolitischen Instrumente und Maßnahmen vor dem Hintergrund der Entwicklung der Wirtschaftspolitik und des Ordnungsmodells der Sozialen Marktwirtschaft findet sich nicht. Dies ist überraschend, weil die Literatur der Entwicklung der Wirtschaftspolitik basierend auf ihren theoretischen Grundsätzen und Modellen sowie den daraus resultierenden Wandlungen des Instrumentariums der Regierungen einen umfangreichen Raum widmet.[11]

Die Anfänge der Energiepolitik bis zu der Zäsur, die auf das Ölembargo der Saudis datiert, finden sich bei Horn[12], der in seiner umfangreichen Darstellung der deutschen Energiewirtschaft den Grundlagen und Motiven der energiepolitischen Maßnahmen der Bundesregierung jedoch nur wenig Raum widmet. Im Mittelpunkt seiner Analyse steht neben der Darstellung der Struktur der deutschen Energiewirtschaft der Einfluss, den Interessengruppen und Konzerne auf die Handlungsfähigkeit der Bundesregierung ausüben. Ein Großteil der Analyse wird auf die Kohlepolitik der Bundesregierung verwandt, was auf die Präponderanz der Kohle als Energieträger in der Nachkriegszeit zurückzuführen ist. Zu einem geringen Teil analysiert Horn die weiteren Primärenergieträger. Ein ähnliches Überblickswerk bietet Meyer-Renschhausen.[13]

Für die erste bis zur ersten Hälfte der dritten Legislaturperiode finden sich Ausführungen über die Motive der Bundesregierungen in den Kabinettsprotokollen, die nach 45-jähriger Verschlusszeit seit 1998 geöffnet werden.[14] Mit der Öff-

---

9   Beispiele für die Ausklammerung energiepolitischer Themen in Kompendien mit Brachendarstellung und Problemen praktischer Wirtschaftspolitik bieten: Adolf Weber: Kurzgefasste Volkswirtschaftspolitik, Berlin 1951; Emil Küng: Wirtschaftspolitische Gegenwartsfragen, Zürich 1961; Artur Woll: Wirtschaftspolitik, München 1984, Dieter Bender u.a.: Vahlens Kompendium der Wirtschaftstheorie und Wirtschaftspolitik, München 1988; und Walter Koch/Christian Czogalla: Grundlagen und Probleme der Wirtschaftspolitik, Köln 1999.

10 Vgl. Ulrich Engelmann: Energiepolitik, in: Eduard Mändle (Hrsg.): Praktische Wirtschaftspolitik. Willensbildung - Globalsteuerung - Branchenpolitik - Umweltpolitik, Wiesbaden 1977, S. 165-181; oder Ingo Hensing/Wolfgang Pfaffenberger/Wolfgang Ströbele: Energiewirtschaft, München 1998, S. 161-194.

11 Vgl. hierzu exemplarisch und prägnant Johannes Kremer: Neue Strategie für unsere Wirtschaftspolitik, Düsseldorf 1987; und Dieter Grosser u.a.: Soziale Marktwirtschaft. Geschichte – Konzept – Leistung, Stuttgart 1988.

12 Vgl. Manfred Horn: Die Energiepolitik der Bundesregierung von 1958 bis 1972. Zur Bedeutung der Penetration ausländischer Ölkonzerne in die Energiewirtschaft der BRD für die Abhängigkeit interner Strukturen und Entwicklungen, Berlin 1977, S. 193-203.

13 Martin Meyer-Renschhausen: Energiepolitik in der BRD von 1950 bis heute - Analyse und Kritik, Köln 1977.

14 Vgl. Die Bundesregierung: Die Kabinettsprotokolle der Bundesregierung 1956-1957. Kabinettsausschuss für Wirtschaft, München 2000, S. 42.

1. Einleitung

nung der Kabinettsprotokolle lassen sich die Motive der Bundesregierung nachzeichnen – sie stellen damit eine Informationsquelle dar, die lange Jahre verschlossen war und wodurch sich die Motive der Bundesregierung nur indirekt, etwa über Redebeiträge im Plenum des Bundestages, eruieren ließ.

Einen prägnanten Überblick über energiepolitische Maßnahmen der 1960er Jahre bietet Czakainski[15], der die Instrumente der Bundesrepublik in den außenpolitischen Kontext und die außenwirtschaftlichen Verflechtungen einordnet. Die Darstellung bleibt jedoch skizzenhaft und betrachtet nur knapp die Motive der Energiepolitik, die er in unterschiedliche Phasen gliedert. Düngen widmet sich ebenfalls den Motiven deutscher Energiepolitik und bettet diese in den ordnungspolitischen Rahmen der Sozialen Marktwirtschaft ein. Er kommt dabei zu dem Ergebnis, dass in Deutschland weniger eine Diskussion um das ordnungspolitische Modell der Zielverfolgung (Markt vs. Staat) als eine Diskussion um das gesellschaftlich präferierte Ziel herrscht, bei der sich „das Leitbild fallweise rational begründeter staatlicher Intervention zur Verbesserung der Marktbedingungen und zur Durchsetzung umweltpolitischer Qualitätsziele sowie energiewirtschaftliche Ziele der Versorgungssicherheit und Kostengünstigkeit [Zustimmung] erfreut"[16]. Ein Zusammenhang zwischen dem wirtschaftspolitischen Leitbild einer Bundesregierung und der Gestaltung des Energiemarktes wird damit abgestritten.

Monika Junker-John analysierte die Kohlepolitik der CDU/FDP-geführten Bundesregierung unter Restriktionen des wirtschaftspolitischen Leitbildes des Ordoliberalismus.[17] Inwiefern darin jedoch eine dem ordoliberalen Leitbild entsprechende Ausgestaltung der energiepolitischen Instrumente zu sehen ist, bleibt zu hinterfragen. Die Anfänge der Kernenergiepolitik und Maßnahmen der Bundesregierung zur Erschließung dieser neuen Energiequelle finden sich bei Müller[18] sowie Radkau[19] und Kitschelt[20].

Querschnittartige Ausführungen über energiepolitische Maßnahmen der Großen Koalition 1966 bis 1969 sind rar. Die Maßnahmen der Ölpolitik analysieren Karlsch/Stokes ohne sie in den wirtschaftspolitischen Kontext einzuord-

---

15 Vgl. Martin Czakainski: Energiepolitik in der Bundesrepublik Deutschland 1960 bis 1980 im Kontext außenwirtschaftlicher Verflechtungen, in: Jens Hohensee/Michael Salewski: Energie – Politik – Geschichte, Stuttgart 1993, S. 17-34.
16 Helmut Düngen: Zwei Dekaden deutscher Energie- und Umweltpolitik. Leitbilder, Prinzipien und Konzepte, in: Hohensee/Salewsk 1993, S. 39.
17 Vgl. Monika Junker-John: Die Steinkohlenpolitik in der Steinkohlenkrise, Berlin 1974.
18 Vgl. Wolfgang Müller: Die Geschichte der Kernenergie in der Bundesrepublik Deutschland. Anfänge und Weichenstellungen, Stuttgart 1990.
19 Vgl. Joachim Radkau: Aufstieg und Krise der deutschen Atomwirtschaft 1945-1975, Reinbek 1983.
20 Vgl. Herbert Kitschelt: Kernenergiepolitik. Arena eines gesellschaftlichen Konflikts, Frankfurt am Main 1980.

1.2. Literaturüberblick

nen.[21] Der Zusammenhang zwischen Schillerscher Energiepolitik und seinem Konzept der Wirtschaftspolitik wird kaum hergestellt. Karl Schillers Stabilitätsgesetz, das eine enge korporative Verzahnung von Wirtschaft und Staat ermöglichte, steht in dieser Phase im Mittelpunkt der Analysen, die sich mit den Konsequenzen des Wandels der Wirtschaftspolitik beschäftigen. Ein Teil der Literatur behandelt die Konsequenzen für das politische System durch die neue Form der Zusammenarbeit von Staat und Wirtschaft. Die Konzertierte Aktion[22], die Entscheidungsgremien an der Seite der Bundesregierung[23] und die stringentere fiskalische Zusammenarbeit von Bund und Ländern, die in eine neue Haushaltsführung unter antizyklischen Restriktionen mündete, resultierten in einem neuen Verhältnis von Staat zu Wirtschaft. Die Gesamtheit der wirtschaftspolitischen Maßnahmen führte zur Funktionsgestaltung des korporativen bzw. kooperativen Staates. „Bei näherer Betrachtung zeigt sich, dass die Kennzeichnung des modernen Staates als ‚kooperativer Staat' nicht nur die besondere Beziehung zwischen Staat und Wirtschaft in international verflochtenen Marktwirtschaften widerspiegelt, sondern dass der Steuerungsmodus ‚Kooperation', auch im Verhältnis der einzelnen staatlichen Ebenen und Sektoren zueinander sowie im Zusammenspiel des Staats mit gesellschaftlichen Gruppen, d.h. mit Interessengruppen [...] anzutreffen ist."[24]

Kritik an den energiepolitischen Maßnahmen der Bundesregierung während der Periode der Großen Koalition bietet Meyer-Renschhausen in einer Darstellung der Energiepolitik von 1950 bis 1973.[25] Seine Ausführungen für diese Legislaturperiode beschränken sich auf den Steinkohlesektor. Eine weitere Analyse der steinkohlepolitischen Instrumente während der Großen Koalition findet sich bei Peter Schaaf, der den Verbindungen zwischen Ruhrbergbau und der Sozialdemokratie nachgeht und auf die Probleme der Verwirklichung sozialdemokratischer Politikziele bei der wirtschaftspolitischen Gestaltung der kapitalistischen Gesellschaft der Bundesrepublik verweist.[26] Christian Schaaf beschreibt in seiner Magisterarbeit die Haltung der SPD zur Kernenergie in den Jahren von 1966 bis

---

21　Rainer Karlsch/Raymond Stokes: Faktor Öl. Mineralölwirtschaft in Deutschland 1859-1974, München 2003.
22　Vgl. Hoppmann, Erich (Hrsg.): Konzertierte Aktion. Kritische Beiträge zu einem Experiment von Ernst Dürr, Ernst Heuss, Erich Hoppmann, Erich Kaufer, Hans-Georg Koppensteiner, Dieter Pohmer, Werner Göckeler, Hans Heinrich Rupp, Egon Tuchtfeldt, Christian Watrin, Josua Werner, Artur Woll, Frankfurt am Main 1971.
23　Vgl. Rüdiger Voigt: Entwicklungslinien moderner Staatlichkeit, Baden-Baden 1996, S. 46.
24　Rüdiger Voigt: Der kooperative Staat. Auf der Suche nach einem neuen Steuerungsmodus, in: Rüdiger Voigt (Hrsg.): Der kooperative Staat. Krisenbewältigung durch Verhandlung?, Baden-Baden 1995, S. 13.
25　Vgl. Martin Meyer-Renschhausen: Energiepolitik in der BRD von 1950 bis heute. Analyse und Kritik, Köln 1977.

1. Einleitung

1977. Damit bietet er eine Abriss gouvernementaler Energiepolitik der Großen Koalition im Themenfeld Atompolitik.[27]

Ansätze der Bezugnahme auf die neue korporative Steuerung in der Energiepolitik finden sich in Hochstätters biographischen Ausführungen über Schiller[28] und bei Horn[29]. Die verfassungsrechtliche Bedeutung des Steinkohleanpassungsgesetzes, dem Hauptinstrument der Großen Koalition in der Steinkohlenpolitik, und dessen Analyse vor dem Hintergrund des vorherrschenden wirtschaftspolitischen Modells der Globalsteuerung kommentiert Streckel. Als Arbeitshypothese dient die Prämisse, dass sich Globalsteuerung und Marktkonzentration gegenseitig bedingen[30], was sich am Konstrukt der Ruhrkohle AG als geförderten Unternehmensverbund der Bundesregierung zeigen lässt.[31]

Die Energiepolitik der sozialliberalen Koalition ist durch die Maßnahmen zur Bewältigung der beiden Ölkrisen gekennzeichnet. Michaelis bietet einen Überblick der verschiedenen energiepolitischen Instrumente und Ziele in den 1970er Jahren.[32] Mit der Ölkrise richtete sich die Aufmerksamkeit verstärkt auf die Energiesicherheit der Bundesrepublik. Das erste Energieprogramm der Bundesregierung hätte nicht das publizistische Interesse genossen, das es durch die Einbettung in die Krise und seiner daraus erwachsenden Bedeutung schließlich erhielt. Die Mineralölpolitik der sozialliberalen Bundesregierung in der Ölkrise findet sich bei Hohensee, der die Inkonsistenz des Krisenmanagements etwa in der Informationspolitik bemängelt.[33] Motive und Maßnahmen der Energiepolitik der sozialliberalen Bundesregierung nach dem Ölpreisschock legt Lantzke dar.[34] Die in den Energieprogrammen enthaltenen Maßnahmen für die verschiedenen Energiesektoren analysiert Meyer-Renschhausen in einer Untersuchung über die

---

26   Vgl. Peter Schaaf: Ruhrbergbau und Sozialdemokratie. Die Energiepolitik der Großen Koalition 1966-1969, Marburg 1978.
27   Vgl. Christian Schaaf: Die Kernenergiepolitik der SPD von 1966 -1977, München 2002.
28   Vgl. Matthias Hochstätter: Karl Schiller. Eine wirtschaftspolitische Biographie, Saarbrücken 2008, S. 199ff.
29   Vgl. Horn 1977, S. .
30   Vgl. Kurt Biedenkopf: Ordnungspolitische Probleme der neuen Wirtschaftspolitik, in: Jahrbuch für Sozialwissenschaften, Bd. 19 (1968), S. 308ff.
31   Vgl. Siegmar Streckel: Die Ruhrkohle AG. Entstehungsgeschichte und Zulässigkeit, Frankfurt am Main 1973, S. 87f.
32   Hans Michaelis: Die Energiewirtschaft der Bundesrepublik Deutschland von 1970 bis 1990, in: Hohensee/Salewski 1993, S. 51-74.
33   Vgl. Jens Hohensee: Der erste Ölpreisschock 1973-74. Die politische und gesellschaftlichen Auswirkungen der arabischen Erdölpolitik auf die Bundesrepublik Deutschland und Westeuropa, Stuttgart 1996.
34   Vgl. Ulf Lantzke: Konsequenzen für die deutsche Energiepolitik, in: Klaus D. Kürten (Hrsg.): Energie als Herausforderung, Müchen 1974, S. 39-49, hier S. 44ff.

1.2. Literaturüberblick

Ursachen und Probleme staatlicher Planung im Energiesektor der Bundesrepublik.[35]

Positionen schwarz-gelber Energiepolitik von 1982 bis 1998 finden sich bei Matthes, der im Vorfeld seiner Fallstudie über die energiepolitischen Entscheidungen bezüglich der Transformation der ostdeutschen Stromwirtschaft nach bundesrepublikanischen Vorbild einen prägnanten Abriss über energiepolitische Positionen der schwarz-gelben Bundesregierung liefert.[36]

Einen Überblick über die rot-grünen energie- und wirtschaftspolitischen Anstrengungen bietet Mez,[37] der seine vorläufige Bilanz im Nachfolgewerk der Herausgeber nicht komplettiert, da die Energiepolitik dort keinen Aspekt der Politikfeldanalyse mehr darstellt.[38] Neuere Schriften über die Energiepolitik in der Bundesrepublik beschäftigen sich bevorzugt mit erneuerbaren Energien. Im Mittelpunkt stehen dabei beschäftigungsrelevante[39] und umweltpolitische Aspekte[40]. Diese Fokussierung ist auf das Politikziel des Umweltschutzes zurückzuführen, dem die Grünen als Koalitionspartner der SPD in energiepolitischen Fragen eine bedeutende Position einräumen. Eine umfangreiche Darstellung der Windenergie bietet Olhorst, der die Phasen der Entwicklung dieser erneuerbaren Energieressource analysiert. Die anfängliche Skepsis, der Boom der Windenergie 1998 und die Integration in die Stromwirtschaft analysiert er vor dem Hintergrund der starren Strukturen des Strommarktes in Deutschland. Der Einsatz der Bundesregierungen findet dabei ebenso Darstellung wie die Bemühungen der privatwirtschaftlichen Akteure.[41]

---

35   Vgl. Martin Meyer-Renschhausen: Das Energieprogramm der Bundesregierung. Ursachen und Probleme staatlicher Planung im Energiesektor der BRD, Frankfurt am Main 1981.

36   Felix Christian Matthes: Stromwirtschaft und deutsche Einheit. Eine Fallstudie zur Transformation der Elektrizitätswirtschaft in Ost-Deutschland, Berlin 2000.

37   Vgl. Lutz Mez: Ökologische Modernisierung und Vorreiterrolle in der Energie und Umweltpolitik? Eine vorläufige Bilanz, in: Christoph Egle/Tobias Ostheim/Reimut Zohlnhöfer (hrsg.): Das Rot-Grüne Projekt. Eine Bilanz der Regierung Schröder 1998-2002, Wiesbaden 2003, S. 334.

38   Vgl. Christoph Egle/ Reimut Zohlnhöfer (Hrsg.): Das Ende des rot-grünen Projektes. Eine Bilanz der Regierung Schröder 2002-2005, Wiesbaden 2007.

39   Vgl. Steffen Hentrich/Jürgen Wiemers: Beschäftigungseffekte durch den Ausbau erneuerbarer Energien, Saale 2004.

40   Vgl. Marc Ringel: Energie und Klimaschutz. Umweltökonomische Analyse der Klimaschutzmaßnahmen auf dem deutschen Elektrizitätsmarkt unter Berücksichtigung internationaler Erfahrungen, Frankfurt am Main 2004; Oliver Geden/Severin Fischer: Die Energie- und Klimapolitik der Europäischen Union. Bestandsaufnahme und Perspektiven, Baden-Baden 2008; Mischa Bechberger/Danyel Reiche (Hrsg.): Ökologische Transformation der Energiewirtschaft – Erfolgsbedingungen und Restriktionen, Berlin 2006; Hermann Scheer: Energieautonomie. Eine neue Politik für erneuerbare Energien, München 2005.

1. Einleitung

Die detailreichste Darstellung der energiepolitischen Arbeit der rot-grünen Regierungskoalition, ihre Anstrengungen beim Erneuerbare-Energien-Gesetz und dessen Novelle sowie die Einbettung der nationalen Energiepolitik in den supranationalen Kontext finden sich bei Hirschl.[42] Neben diesen Analysen nationaler Reichweite steht die supranationale Ebene der Europäischen Union im Fokus der Betrachtungen. Die Untersuchungen zur Energiepolitik bestimmen die Verantwortlichkeiten und Kompetenzen zwischen der nationalen und supranationalen Ebene[43] und analysieren die Probleme, welche sich aus der Rohstoffarmut und den daraus resultierenden Konsequenzen für die Wirtschaft ergeben – sie deuten damit auf die sicherheitspolitische Dimension der Energiepolitik[44].

Der Sammelband von Kleinwächter[45], der sich mit der deutschen Energiepolitik beschäftigt, stellt eine prägnante Querschnittsanalyse der genannten Themen dar. In ihm geht es um die internationale Dimension der Energiesicherheit und vor allem die Energieaußenpolitik. Aspekte der ordnungspolitischen Grundlagen der Energiepolitik der Bundesregierung finden sich in der Analyse der deutschen Strommarktregulierung.[46]

Der Anstieg der Energiekosten auf den Energiemärkten führte ab 2004 zu einem verstärkten publizistischen und wissenschaftlichen Interesse an der Energiepolitik der Bundesregierung. Im Mittelpunkt des Interesses stehen Substitutionsanstrengungen um das Öl, dem als wichtigstem Energieträger für das Transportwesen eine essentielle Rolle in den von Mobilität geprägten Industriegesellschaften zukommt. Neben der Rolle, die das Öl als Energieträger für den Fuhrpark der Industriegesellschaften spielt, kommt ihm eine zentrale Rolle bei der Wärmeversorgung der Haushalte zu. Schließlich steckt Öl direkt in einer Vielzahl von Produkten. Kaum ein Industriezweig kann ohne die Ressource produzieren. Anstiege des Ölpreises führen daher nicht nur zu einer Verknappung des verfügbaren Budgets der Privathaushalte. Verstärkung finden die Effekte der Ölpreiserhöhung durch die gesamtwirtschaftliche Preisspirale, welche ausgelöst

---

41   Vgl. Dörte Olhorst: Windenergie in Deutschland. Konstellationen, Dynamiken und Regulierungsprozesse im Innovationsprozess, Wiesbaden 2008.
42   Vgl. Bernd Hirschl: Erneuerbare Energien-Politik. Eine Multi-Level Policy-Analyse mit Fokus auf den deutschen Strommarkt, Wiesbaden 2007.
43   Vgl. Sebastian Schulenberg: Die Energiepolitik der Europäischen Union. Eine kompetenzrechtliche Untersuchung unter besonderer Berücksichtigung finaler Kompetenznormen, Baden-Baden 2009.
44   Vgl. Kristina Kurze: Europas fragile Energiesicherheit. Versorgungskrisen und ihre Bedeutung für die europäische Energiepolitik, Berlin 2009, S. 78-102; Jeremy Leggett: Peak Oil. Die globale Energiekrise, die Klimakatastrophe und das Ende des Ölzeitalters, Köln 2006.
45   Vgl. Lutz Kleinwächter (Hrsg.): Deutsche Energiepolitik, Potsdam 2007.
46   Vgl. Kai Kleinwächter: Das „Eiserne Pentagramm" – Strommarktregulierung in Deutschland, in: ebenda, S. 65-77.

1.2. Literaturüberblick

wird, da sich aufgrund der beschriebenen Zusammenhänge für den Warenverkehr ein Großteil der Preise erhöht. Diese Preiserhöhung ist wiederum ein Signal für die Tarifparteien, höhere Löhne zu fordern. Erhöhungen des Ölpreises führen damit zu einer Erhöhung des volkswirtschaftlichen Preisniveaus und einem Wohlfahrtsverlust zugunsten der ölexportierenden Länder. Der Anstieg des Ölpreises auf ein Niveau von 140 Dollar/Barrel im Jahr 2008 machte den ölimportierenden Industrieländern diese Abhängigkeit erneut schmerzlich bewusst. Für die volkswirtschaftlichen Kosten, die aus dem Anstieg des Preisniveaus der Energie resultieren, macht Deges die inkohärente Energiepolitik der Bundesregierung verantwortlich.[47] Er sieht die Ursachen in der Besteuerung der Energie, der forcierten Marktkonzentration, der Einspeisung teuren Ökostroms sowie dem Atomausstieg der rot-grünen Bundesregierung. In diesen Maßnahmen erkennt er keine schlüssige Politik, und er streitet der Bundesregierung unter Schröder ein langfristiges Energiekonzept ab. Grewe äußert sich ebenfalls kritisch über die Energiepolitik der rot-grünen Bundesregierung, der er einen rationalen Impetus abspricht. Unter ökologischen Aspekten hält er einen Atomausstieg bei gleichzeitiger CO_2-Reduktion für nicht praktikabel und beurteilt die „Energiewende" der rot-grünen Bundesregierung als „einseitig propagiert und übereilt in Angriff genommen"[48]. Beiden Beiträgen ist eine parteipolitische Präferenz nicht abzusprechen.

Über das Politikfeld Energiepolitik findet sich in der politikwissenschaftlichen Analyse der zweiten Großen Koalition auf Bundesebene kaum Literatur. Egles und Zolnhöfers Bilanz der ersten Regierungszeit Merkels analysiert eine Vielzahl von Politikfeldern - verzichtet jedoch auf eine Darstellung der Energiepolitik der Großen Koalition.[49] Bukow/Seemans Analyse der Großen Koalition von 2005 bis 2009 beschränkt sich ebenfalls auf die Politikfelder Innen-, Außen-, Rechts-, Gesundheits- sowie Umwelt- und Steuerpolitik, wobei Blühdorn Positionen der Energiepolitik in seiner Analyse der Umweltpositionen aufgreift.[50]

---

47 Vgl. Stefan Deges: Der Preis verfehlter Energiepolitik, in: DpM, H. 1, Jg. 49 (2004), S. 13-19.
48 Vgl. Hartmut Grewe: Renaissance der Kernenergie?, in: ebenda, S. 28-33.
49 Vgl. Christoph Egle/Reimut Zohlnhöfer (Hrsg.): Die zweite Große Koalition. Eine Bilanz der Regierung Merkel 2005-2009, Wiesbaden 2010.
50 Vgl. Ingolfur Blühdorn: Win-win-Szenarien im Härtetest. Die Umweltpolitik der Großen Koalition 2005-2009, in: Sebastian Bukow/Wenke Seemann: Die Große Koalition. Regierung-Politik-Parteien, Wiesbaden 2010, S. 211-227.

1. Einleitung

1.3. Aufbau

Die Arbeit gliedert sich in elf Kapitel. Nach der einführenden Darlegung des leitenden Interesses und des Forschungsstandes erfolgt im zweiten Kapitel die Darstellung der energiepolitischen Grundlagen und Akteure. Das dritte Kapitel liefert den theoretischen Rahmen für die Arbeit. Um neben einer Chronologie gouvernementaler Energiepolitik einen Bezug zum herrschenden wirtschaftspolitischen Modell der jeweiligen Bundesregierung herstellen zu können, listet das Grundlagenkapitel die wirtschaftspolitischen Grundzüge der jeweiligen Politikperiode auf. Im Anschluss erfolgt die Synthese dieser Grundlagen, indem die Prämissen dargestellt werden, unter denen die Analyse der Energiepolitik erfolgt. Diese Prämissen lassen sich aus den vorherrschen wirtschaftspolitischen Modellen ableiten.

Die folgenden sieben Kapitel erstellen die Chronologie der energiepolitischen Maßnahmen der Bundesregierung. Die Systematik der Kapitel gliedert sich entlang der energiewirtschaftlichen Sektoren, auf die die Bundesregierung Einfluss nimmt. Sie stellt jeweils die energiepolitischen Maßnahmen auf dem Mineralöl-, Gas-, sowie Kohle- und Atomsektor dar. Ab Kapitel sechs – der Energiepolitik der sozial-liberalen Bundesregierung – findet die Systematik Ergänzung durch eine weitere Gliederungsebene, die sich mit erneuerbaren Energien beschäftigt. Mit Kapitel sieben tritt die Regulierung der Energiemärkte hinzu. Die Gliederung ermöglicht einerseits den kompakten Überblick über die Instrumente der Bundesregierung in der jeweiligen Legislaturperiode. Andererseits ermöglicht es diese Darstellung, die Literatur der Stoffes quer entlang einzelner energiepolitischer Felder zu lesen, so dass die Kohle-, die Mineralöl oder die Atomenergiepolitik von Beginn der Bundesrepublik überblickt werden kann.

Nach der Darstellung der energiepolitischen Maßnahmen auf den jeweiligen Sektoren schließen die Kapitel mit einer Untersuchung der Gestaltung dieser staatlichen Eingriffe. Unter Bezug auf die im zweiten Kapitel dargestellten Prämissen der Energiepolitik erfolgt die Analyse der Maßnahmen unter den Kriterien des verfolgten Zielkataloges und der ordnungspolitischen Gestaltung.

Die Arbeit schließt mit einem Gesamtfazit, das die einzelnen analytischen Abschnitte der sieben Kapitel zusammenfasst. Dieses Kapitel eruiert die Wandlungen und Konstanten der energiepolitischen Ziele sowie deren wirtschaftspolitische Umsetzung.

2. Ziele, Grundlagen und Akteure der Energiepolitik

2.1. Definition

Eine allgemeine Definition versteht Energiepolitik als „hoheitliche Eingriffe auf das Wirken von Angebot und Nachfrage im Energiebereich".[51] Obwohl diese Definition aufgrund ihrer Abstraktion eine Vielzahl politischer Optionen umfasst, ist sie wenig konkret und berücksichtigt kaum Spezifika der Energieversorgung eines Landes und die Ausprägungen der Energiewirtschaft. Für Miliband umfasst Energiepolitik politische Entscheidungen über die Exploration, Produktion, Distribution und Konsumtion von Energie. Sie schließt damit Fragen der Besteuerung und Subventionierung ein.[52] Für Engelmann, ehemaliger Leiter des Referats Energiepolitik beim BMWi, ist die Energiepolitik allgemeiner formuliert, „die Gesamtheit der hoheitlichen Regelungen und Maßnahmen, [...] die auf das Verhalten der Anbieter und Nachfrager von Energieprodukten (Kohle, Erdöl, -gas, Elektrizität usw.) einwirken."[53]

Energiepolitik ist ebenso wie die Wirtschaftspolitik einerseits bestrebt, Rahmenbedingungen zu etablieren, innerhalb derer die Energiewirtschaft eines Landes agiert, andererseits interveniert sie direkt in die entsprechenden Märkte, um ihre Ziele zu erreichen. Neben ordnungspolitische Instrumente treten planerische und finanzielle Maßnahmen, da Ordnungspolitik der Kritik unterliegt, auf langwierigen Gesetzgebungsprozessen zu basieren und den energiewirtschaftlichen Akteuren wenige Anreize zur Innovation zu bieten.[54] Aufgrund der unterschiedlichen legislativen Prämissen diffundiert der konkrete Inhalt und die formale Ausgestaltung der Energiepolitik.

Energiepolitik „ist die Gestaltung des Energiebereichs einer Wirtschaft derart, dass der gegenwärtige und zukünftige Energiebedarf in dem Wirtschaftsraum gedeckt wird."[55] Diese Definition der Energiepolitik deutet auf einen weiteren Aspekt, der zu berücksichtigen ist – jenen der Zieldivergenz. Die Diskrepanz zwischen gegenwärtiger und zukünftiger Energiepolitik weist auf die verschiedenen Technologiealternativen, die zur Befriedigung der Energienachfrage dienen.

---

51 Vgl. Hans Eike von Scholz: Energiepolitik, in: v.d. Groeben/Thiesing/Ehlermann (Hrsg.): Kommentar zum EWG-Vertrag, Bd. 4, Baden-Baden 1991, S. 6244.
52 Vgl. Johannes Pollak/Samuel Schubert/Peter Slominski: Die Energiepolitik der EU, Wien 2010, S. 9.
53 Hans Michaelis: Die Energiewirtschaft der Bundesrepublik Deutschland von 1970 bis 1990, in: Hohensee/Salweski (Hrsg.): Energie, Politik, Geschichte. Nationale und internationale Energiepolitik seit 1945, S. 51-74.
54 Vgl. Danyl Reiche: Grundlagen der Energiepolitik, Frankfurt am Main 2005, S. 221.
55 Rudolf Lukes: Energierecht, in: Manfred Dauses (Hrsg.): Handbuch EU-Wirtschaftsrecht, Bd. 2, München 2001, S. 2.

2. Ziele, Grundlagen und Akteure der Energiepolitik

Es besteht bspw. die Möglichkeit zwischen einer bestehenden preisgünstigen Braunkohlenutzung oder kostenintensiveren regenerativen Energien zu wählen. Die Entscheidung über das Energiesystem resultiert aus der zugrundeliegenden gesellschaftlichen und politischen Motivation der erwünschten Gestaltung der Energieversorgung. Energiepolitik besitzt – in Deutschland – drei Motive, die wechselseitig miteinander konkurrieren. Energiepolitik soll erstens Versorgungssicherheit garantieren, zweitens umweltfreundlichen Restriktionen genügen und drittens preiswert und wettbewerbsfähig gestaltet werden. Energiepolitik versteht sich vor diesem Hintergrund als „die Gesamtheit der Maßnahmen des Staates zur sicheren, preisgünstigen und gerechten Versorgung der Wirtschaft und der Bevölkerung mit der erforderlichen Energie."[56] Diese Definition benötigt für die Vollständigkeit ein weiteres Kriterium - jenes der gesellschaftlichen Akzeptanz, wie die Diskussion um die Nutzung der Kernkraft als Energiequelle seit den 1970ern demonstriert.

Das Problem der Zielbestimmung führt zur Frage nach der optimalen Ausgestaltung des Energiesystems. Eine am 29. März 1979 vom Bundestag beauftragte Enquete-Kommission „zukünftige Kernenergiepolitik"[57] entwickelte einen Kriterienkatalog, der vielfach Beachtung fand. Zu den Kriterien zählen Wirtschaftlichkeit, soziale Verträglichkeit, internationale Verträglichkeit und die Umweltverträglichkeit. Die Wirtschaftlichkeit zielt darauf ab, die Energiepreise auf einem gesamtwirtschaftlich niedrigen Niveau zu halten und umfasst auch die Versorgungssicherheit. „Energiesysteme sollen Energiedienstleistungen für den Verbraucher an jedem Ort und zu jeder Zeit zuverlässig und ausreichend zu wirtschaftlich günstigen Bedingungen bereitstellen und den sonstigen wirtschaftspolitischen Zielen (wie beschäftigungs- und strukturpolitischen Zielen) nicht entgegenstehen und die internationale Wettbewerbsfähigkeit der Wirtschaft stärken; dazu gehört auch die flexible Anpassung an unvorhergesehene Angebots- und Bedarfsentwicklungen sowie die generelle technologische Entwicklung in einer an der Entwicklung der Lebensgewohnheiten und -bedürfnisse orientierten Weise zu unterstützen." Die soziale Verträglichkeit deutet auf die gesellschaftliche Akzeptanz in einem demokratischen Verfassungsstaat. „Energiesysteme sollen – für den einzelnen wie für die Gesellschaft – mit der sozialen Ordnung und Entwicklung verträglich sein, insbesondere sollen sie die verfassungsrechtlich gewährleisteten Grundrechte und Prinzipien nicht einschränken oder gefährden, Freiräume für persönliche Entscheidungen in der Lebensführung offenhalten und auch für die Zukunft die wirtschaftlichen und technischen Strukturen nicht soweit festschreiben, dass dadurch die Entscheidung von neuen Wertvorstellungen

---

56 Günter Püttner: Die Rechtsfragen einer Energiepolitik, in: Arnulf Clauder (Hrsg.): Einführung in die Rechtsfragen der Europäischen Integration, Köln 1969, S. 138.
57 Vgl. BT Drs. 8/2374.

2.1. Definition

und Lebensformen künftiger Generationen beeinträchtigt wird." Das Kriterium der internationalen Verträglichkeit fordert ein Modell, welches eine konfliktfreie Verteilung der globalen Ressourcen ermöglicht. „Energiesysteme sollen helfen, die internationalen Spannungen abzubauen und nicht zu erhöhen, insbesondere sollen sie keine Gefährdung der Sicherheit der Bundesrepublik Deutschland bewirken, einen angemessenen hohen inländischen Anteil an der Versorgung sicherstellen, den internationalen Verteilungskampf nicht verschärfen, sondern die Chancen der Entwicklungsländer durch die Entwicklung bedarfsgerechter Technologien und die sparsame Verwendung von Ressourcen unterstützen." Umweltverträglichkeit setzt auf die Schonung der natürlichen Lebensumwelt des Menschen, um die Gesundheit zu fördern und ein angenehmes Leben zu ermöglichen. „Energiesysteme sollen die Umweltbedingungen möglichst wenig verschlechtern oder gefährden, insbesondere sollen sie Leben und Gesundheit der Menschen (auch am Arbeitsplatz) und die Lebensbedingungen der übrigen Biosphäre so wenig wie möglich beeinträchtigen und die ökologischen Ressourcen nicht über Gebühr beanspruchen."

Unter Verknüpfung der gesellschaftlichen und politischen Zielkriterien und der verschiedenen wirtschaftspolitischen Elemente ergibt sich folgende Definition, welche für diese Analyse Anwendung findet: Energiepolitik ist die Gesamtheit aller Maßnahmen, die unter ökonomischen, ökologischen und gesellschaftspolitischen Aspekten auf die Intervention, Regulierung und Strukturierung des wirtschaftlichen Teilsystems zielen, das für die Gewinnung, Bereitstellung und Distribution von Energie für eine Volkswirtschaft zuständig ist.

Die Notwendigkeit energiepolitischer Eingriffe gründet erstens auf den Konflikten, die zwischen den vier Zielen bestehen. Eine rein marktorientierte Verfolgung eines niedrigen Preisniveaus kann zu einem Zielkonflikt mit dem Kriterium der Umweltverträglichkeit führen. Die Versorgungssicherheit konfligiert ebenfalls mit dem niedrigen Preisniveau aber auch der Umweltverträglichkeit, da sich die Verwendung nationaler Ressourcen in der Regel teurer gestaltet als die ausländischer und weil bspw. der Einsatz heimischer Stein- oder Braunkohle emissionsintensiver ist als die Nutzung importierten Erdgases.

Die Pflicht zu energiepolitischen Maßnahmen ergibt sich zweitens aus verschiedenen Eigenheiten der Energiewirtschaft. Denn in der Energiewirtschaft liegt durch die bestehenden Übertragungsnetze eine Tendenz zu natürlichen Monopolen vor. Ein natürliches Monopol besteht, wenn ein einzelner Anbieter ein Gut preisgünstiger anbieten kann, als es zwei oder mehr Anbieter vermögen. In diesem Fall liegt Subadditivität der Kosten vor: Aufgrund hoher Fixkosten und geringer Grenzkosten ist es preisgünstiger ein bestehendes Versorgungsnetz um einen einzelnen Haushalt zu erweitern, als ein zweites einzurichten. Natürliche

2. Ziele, Grundlagen und Akteure der Energiepolitik

Monopole sind zwar allokativ effizienter, sie vermindern jedoch die Konkurrenz und führen daher zu potentiell höheren Preisen. Um einem erhöhten Preisniveau entgegenzuwirken, aber auch um eine Vermachtung und eine stärkere Kapitalkonzentration zu verhindern, greift der Staat regulierend ein.

2.2. Das Energiewirtschaftsgesetz von 1935

Das Energiewirtschaftsgesetz (EnWG) von 1935 bildete die Grundlage deutscher Energiepolitik für einen Zeitraum von über sechs Dekaden. Aufgrund zahlreicher Deregulierungen ist es in weiten Teilen nicht mehr relevant und der Gesetzestext fand seit dem in Kraft treten vielfältige Änderungen. Allerdings ist dieses Gesetz die Basis energiepolitischer Entscheidungen und damit der Ausgangspunkt der umfangreichen Gesetzesänderungen.

Das Energiewirtschaftsgesetz goss politische und ökonomische Strukturen in Gesetzesform, die sich bereits im Kaiserreich ausbildeten. Mit der voranschreitenden Industrialisierung Deutschlands erwuchs eine steigende und permanente Nachfrage nach Energie. Da der Staat den Investitionsbedarf nicht selbst bedienen konnten, erhielten die Kohle- und Stahlindustrie den Auftrag, die Energieversorgung sicherzustellen. Die Kommunen, als Besitzer der Grundstücke, über welche die Leitungen führten, erhielten Konzessionsrechte oder Beteiligungen von den Konzernen. Mit dem Ersten Weltkrieg ergriff das Reich eine Politik der Strombewirtschaftung und schrieb die bereits entstanden Monopole damit fest. Nachdem die Regierung der Weimarer Republik die Energiebranche von der Kartellgesetzgebung ausnahm, erfolgte der nächste Schritt hin zur staatlich instruierten wettbewerbsfreien Monopolstruktur. 1927 teilten sich die Preußische Elektrizitäts AG und das RWE ihre Versorgungsgebiete auf. Mit diesem „Elektrofrieden" wurden Gebietsaufteilungen Usus. Prägnant lässt sich die so geschaffenen Versorgungsstruktur folgendermaßen beschreiben: „Durch Demarkationsverträge grenzen die Stromkonzerne ihre Liefergebiete voneinander ab. Da der Aufbau von Energienetzen die Verlegung von Leitungen über kommunale Grundstücke bedingt, mussten die Kommunen eingebunden werden. Für die Respektierung der regionalen Monopole können sie Durchleitungsgebühren erheben (Konzessionsverträge) und mit ihren Stadtwerken Teile des Marktes beliefern. Demarkations- und Konzessionsverträge, gemeinsame Infrastrukturprojekte und gegenseitigen Beteiligungen zwischen Privatkonzernen, Länderbesitzungen und kommunaler Infrastruktur führten zur finanziellen Verzahnung der Energiewirtschaft."[58]

---

58 Kleinwächter S. 67

2.2. Das Energiewirtschaftsgesetz von 1935

Das Energiewirtschaftsgesetz von 1935[59] war Abbild dieser Strukturen. „Um die Energiewirtschaft als wichtige Grundlage des wirtschaftlichen und sozialen Lebens im Zusammenwirken aller beteiligten Kräfte der Wirtschaft und der öffentlichen Gebietskörperschaften einheitlich zu führen und im Interesse des Gemeinwohls die Energiearten wirtschaftlich einzusetzen, den notwendigen öffentlichen Einfluss in allen Angelegenheiten der Energieversorgung zu sichern, volkswirtschaftlich schädliche Auswirkungen des Wettbewerbs zu verhindern, einen zweckmäßigen Ausgleich durch Verbundwirtschaft zu fördern und durch all dies die Energieversorgung so sicher und billig wie möglich zu gestalten"[60], hat die Reichsregierung das Energiewirtschaftsgesetz beschlossen. Es präjudizierte das Ordnungsmodell leitungsgebundener Energien durch wettbewerbsfreie Gebietsmonopole. Das EnWG unterstellte die Aufsicht für die Energieversorgung dem Reich – und damit anschließend dem Bund, der die Rechtsnachfolge antrat. Energieversorgungsunternehmen sind unabhängig von ihrer Rechtsform und den Eigentumsverhältnissen alle Unternehmen, die andere Marktteilnehmer und Konsumenten mit elektrischer Energie oder Gas versorgen. Sie haben dem Wirtschaftsministerium über den Aus- oder Rückbau ihrer Anlagen Anzeige zu erstatten. Dieser entscheidet über die Pläne, und er kann sie beanstanden oder untersagen. Das alte EnWG postulierte eine allgemeine Anschluss- und Versorgungspflicht. Jeder Person innerhalb eines Versorgungsgebietes musste der Zugang zum Versorgungsnetz gewährleistet werden. Diese Anschlusspflicht bestand nur für Nachfrager. Anbieter von Strom hatten nach § 6 III EnWG keinen Anspruch auf Anschluss an das Versorgungsnetz: „Wer selbst eine Energieanlage zur Erzeugung von Elektrizität oder Gas oder eine andere gleichzusetzende Energieerzeugungsanlage betreibt, kann sich für das Grundstück, auf dem die Anlage sich befindet, und für andere eigene Grundstücke, die von der Anlage aus versorgt werden können, nicht auf die allgemeine Anschluss- und Versorgungspflicht [...] berufen." Erst mit dem Stromeinspeisungsgesetz änderte sich diese Regelung.

Energieversorgungsunternehmen sind angehalten, ihrer Versorgungspflicht ohne Einwände und Verzögerung nachzukommen. Zeigt sich ein EVU außerstande, seine Versorgungsaufgaben zu erfüllen, kann das Wirtschaftsministerium den Betrieb untersagen und ein anderes Unternehmen mit dieser Aufgabe betreuen.

---

59 Vgl. RGBl. I vom 1935, S. 1451.
60 Ebenda.

2. Ziele, Grundlagen und Akteure der Energiepolitik

2.3. Nationalstaatliche Akteure der Energiepolitik

„Die deutsche Energielandschaft ist buntscheckig wie kaum eine andere. Es gibt kein Energieministerium, sondern alleine auf Bundesebene vier Ministerien, die ebenso wie Länder und Gemeinden sorgsam auf ihre energiepolitischen Kompetenzen bedacht sind."[61]

In Deutschland agieren neben der Bundesregierung die Bundesländer als Akteure der Energiepolitik. Regelungen zur Energiewirtschaft unterliegen der konkurrierenden Gesetzgebung des Grundgesetzes. In der konkurrierenden Gesetzgebung besitzen die Länder nur dann die Gesetzgebungskompetenz, wenn der Bund nicht von seinem Gesetzgebungsrecht Gebrauch macht. Die Regelung der Energiewirtschaft fällt nach Art. 74 Abs. 1 Nr. 11 GG in die konkurrierende Gesetzgebung mit Gesetzgebungsrecht des Bundes, da nach Art. 72 II GG die Herstellung gleichwertiger Lebensverhältnisse im Bundesgebiet oder die Wahrung der Rechts- oder Wirtschaftseinheit im gesamtstaatlichen Interesse eine bundesgesetzliche Regelung erforderlich macht. Der Bund besitzt daher die primäre Kompetenz um energiepolitische Fragen zu regeln, wodurch die Bundesregierung als wichtigster nationalstaatlicher energiepolitischer Akteur auftritt.

Die Länder treten nicht nur als ausführende Organe der bundesdeutschen energiepolitischen Vorgaben auf, sondern sie besitzen selbst Gestaltungsrecht, da sie über die Kompetenz zur Gestaltung der Raumordnung nach Art. 72 III von der Bundesgesetzgebung abweichende Regelungen treffen können. Sie verfügen darüber hinaus über die Entscheidungsbefugnis für den Ausbau von Energienetzen. Schließlich sind die Länder selbst für die Energiesparinvestitionen in landeseigenen Gebäuden zuständig und sie können über Programme selbst innovative Entwicklungen fördern.[62] Da die Bundesländer eigene energiepolitische Programme erlassen, ist der Bund auf ihre Mitwirkung bei der Umsetzung seiner Vorgaben angewiesen. Zwar kann Berlin mit Förderprogrammen und Anreizsystemen wesentliche Grundlagen schaffen. Die Länder vermögen jedoch durch eigene Energie- und Klimaprogramme den energiewirtschaftlichen Wandel zu beschleunigen oder zu verlangsamen, denn es obliegt ihren Landesentwicklungsplänen, Flächen für den Ausbau regenerativer Energieanlagen in größerem oder kleinerem Maße auszuweisen.

Die Kommunen als dritte Instanz der staatlichen Verwaltung besitzen ebenfalls eigene energiepolitische Gestaltungsrechte. Die „Energiebeauftragten" die-

---

[61] Ulrich Steger: Herausforderungen der Energiepolitik, in: Georg Kurlbaum/Uwe Jens (Hrsg.): Beiträge zur sozialdemokratischen Wirtschaftspolitik. Mit einem Vorwort von Helmut Schmidt, Bonn 1983. S. 178.
[62] Vgl. Elke Dünnhoff: Die Unterstützung des kommunalen Energiemanagements durch die Bundesländer, Heidelberg 2000, S. 3.

nen als Koordinierungsorgane für die kontinuierliche Energieverbrauchserfassung und Schwachstellenanalyse. Sie besitzen ebenso wie Bund und Länder die Option, investive Energiesparmaßnahmen durchzuführen und die Energieversorgung sicherzustellen, z.B. durch Einflussnahme auf die Stadtwerke.[63] Seit der Energieeinsparverordnung sind die kommunalen Immobilien wiederholt Adressat für Energieeffizienzmaßnahmen gewesen. Die Städte und Gemeinden weisen im letzten Schritt im Rahmen der kommunalen Hoheit in ihren Flächennutzungs- und Bauleitplänen die Gebiete für die Erneuerbaren-Energien-Anlagen aus. Ihnen obliegt die Umsetzung der Energiewende vor Ort.

---

63 Ebenda.

3. Energiepolitik im Wandel wirtschaftspolitischer Paradigma

3.1. Modelle deutscher Wirtschaftspolitik

3.1.1. Ordnungspolitische Grundzüge unter Erhard

Am 14. August 1949 fand die erste Bundestagswahl statt. Es formierte sich eine Koalition aus CDU/CSU, FDP und der DP. Zum ersten Kanzler wählte der Bundestag Konrad Adenauer, den ehemaligen Oberbürgermeister von Köln und früheren Präsidenten des Parlamentarischen Rates. Die Wirtschaftspolitik der Nachkriegszeit war durch den Wiederaufbau der zerstörten Infrastruktur bestimmt, der bis in die 1950er Jahre reichte. In diese frühe Phase der wirtschaftlichen Entwicklung der Bundesrepublik fiel die Entscheidung über das Ordnungsmodell für die Strukturierung der ökonomischen Prozesse. Die auf Bundesebene dominante CDU/CSU präjudizierte mit ihrer langjährigen Regierungsbeteiligung von 1949 bis 1966 das ordoliberale Modell der Sozialen Marktwirtschaft. Politischer Protagonist des Ordnungsmodells war der Minister für die Wirtschaft Ludwig Erhard. Die Entscheidung für eine kapitalistische freie Verkehrswirtschaft fiel bei den beteiligten Protagonisten nicht von Anfang an.

Die CDU vereinte in der zweiten Hälfte der 1940er Jahre vielfältige politische Strömungen und ihr wirtschaftspolitisches Profil war noch nicht zugunsten der Marktwirtschaft geschärft. Im Ahlener Programm der nordrhein-westfälischen CDU fanden sich neben den dirigistischen Forderungen wie der Verstaatlichung auch wirtschaftsliberale Elemente. Erst mit den Düsseldorfer Leitsätzen entschied sich die Partei für ein marktwirtschaftliches Ökonomiemodell[64], das Erhard maßgeblich gegen beträchtliche Widerstände als Wirtschaftsordnung durchsetzte.

Die Soziale Marktwirtschaft ordoliberaler Prägung war ein von Alfred Müller-Armack und Walter Eucken sowie der Freiburger Schule erdachtes Wirtschaftssystem, das für die Organisation der ökonomischen Prozesse einen Mittelweg zwischen dem Laissez-faire-Kapitalismus und einer Zentralverwaltungswirtschaft wählte. Weitere Vordenker dieser Konzeption waren Wilhelm Röpke, der Wirtschaftsnobelpreisträger Friedrich August von Hayek, Eugen Schmalenbach und Ludwig von Mises.[65] Differenzen in den Modellen der Wirtschaftstheoreti-

---

64 Vgl. Heinrich Oberreuter/Uwe Kranenpohl: Die politischen Parteien in Deutschland. Geschichte, Programmatik, Organisationen, Personen, Finanzierung, München 2000, S. 102.
65 Zu den Unterschieden in den Konzeptionen findet sich eine prägnante Darstellung bei Karl Georg Zinn: Soziale Marktwirtschaft. Idee, Entwicklung und Politik der bundesdeutschen Wirtschaftsordnung, Mannheim 1992.

3. Energiepolitik im Wandel wirtschaftspolitischer Paradigma

ker traten im Vergleich zur Menge der Gemeinsamkeiten als unbedeutend zurück.[66] Eine Reduktion der Sozialen Marktwirtschaft auf die Steuerung ökonomischer Prozesse wäre jedoch eine Verkürzung der philosophischen Grundlegung dieser Gesellschaftsordnung. Armack fasst diesen weitgreifenden Charakter des Ordnungssystems prägnant zusammen, wenn er konstatiert, „dass in den Jahren von 1948 bis 1966 diese Ordnung eine unvergleichliche Stabilität [...] ermöglicht hat"[67].

Die Ausgestaltung der Wirtschaftsordnung ist eng mit der politischen Struktur der Gesellschaft verbunden, denn es besteht eine Beziehung zwischen dem politischen und dem wirtschaftlichen Partizipationsmodell. Monistische Systeme besitzen häufig Zentralverwaltungswirtschaften während pluralistische Systeme ihre Bedürfnisse über den Mechanismus der freien Verkehrswirtschaft stillen. Wirtschafts- und Gesellschaftsordnung greifen eng ineinander. Die Theoretiker der Sozialen Marktwirtschaft strukturierten das gesellschaftliche Gesamtsystem in einem Parallelverfahren, mit dem sie die beiden Sphären voneinander trennten. „Die Soziale Marktwirtschaft ist somit ein Programm zur Verteilung und Kontrolle von politischer, sozialer und wirtschaftlicher Macht. Sie verhindert insbesondere eine Konzentration wirtschaftlicher und politischer Macht in den gleichen Händen."[68] Für die angewandte Politik hieß dies für die Jahre von 1948 bis 1966, eine Intervention des Staates in die Volkswirtschaft durch direkte Beteiligung an ökonomischen Prozessen als wirtschaftliches Subjekt zu vermeiden. Er sollte sich nicht selbst wirtschaftlich betätigen.

Gleichzeitig vermied es die Wirtschaftspolitik, Wirtschaftssubjekte an staatlichen Entscheidungen teilhaben zu lassen. Für Erhard galt ein Credo: „Die Verantwortung für die Wirtschaftspolitik hat allein der Staat zu tragen."[69] Keineswegs darf die Wirtschaftspolitik die Interessen der Wirtschaft ignorieren, denn „das Interesse der Unternehmer an der Wirtschaftspolitik ist zwar gewiss legitim und folglich auch ihr Anliegen auf Anhörung, aber sie haben nicht selbst und auch nicht in ihren Organen Wirtschaftspolitik zu treiben"[70]. Die wichtigste ordnungspolitische Regel, die Erhard als Praktiker von den Theoretikern übernahm, war das Paradigma, dass der Staat nicht als Akteur in der Wirtschaft zu agieren hat, sondern nur die Rahmenbedingungen für das Spiel der Wirtschaftssubjekte

---

66 Vgl. Heinz Grossekettler: Die Wirtschaftsordnung als Gestaltungsaufgabe. Entstehungsgeschichte und Entwicklungsperspektiven des Ordoliberalismus nach 50 Jahren Sozialer Marktwirtschaft, Münster 1997, S. 77.
67 Alfred Müller-Armack: Genealogie der Sozialen Marktwirtschaft. Frühschriften und weiterführende Konzepte, Bern 1974, S. 244.
68 Warnfried Dettling: Die gelenkte Gesellschaft, Investitionslenkung und ihre Folgen, München 1976, S. 38.
69 Ludwig Erhard: Wohlstand für alle, Düsseldorf 1957, S. 140f.
70 Ebenda, S. 142.

errichtet. Die Rahmensetzung degradiert den Staat aber nicht zum Nachtwächterstaat, wie es sich in die Vorstellung der staatsfreien Wirtschaft interpretieren ließe. Erhard nutzte als prägnanten Vergleich ein Fußballspiel, das als Analogie für seine Ordnungspolitik diente. „Ich möchte hierbei das vielleicht etwas banal erscheinende Bild eines Fußballspiels gebrauchen dürfen. Da bin ich der Meinung, dass ebenso wie der Schiedsrichter nicht mitspielen darf, auch der Staat nicht mitzuspielen hat."[71]

Im Ordoliberalismus agiert der Staat als autonome Macht und ist keinem ökonomischen Gesetz unterworfen. Die Forderung der Marktkonformität bezieht sich nur auf sein wirtschaftspolitisches Handeln innerhalb der Ökonomie; seine Substanz – der Staatskörper – verbleibt in dem politischen System außerhalb der ökonomischen Sphäre. Dies impliziert, dass politische Prozesse keinen ökonomischen Zwängen unterliegen. Ihre Gestaltung erfolgt über verfassungsrechtliche Maximen, deren Grundlage das Grundgesetz bietet. Das politische System erscheint in einer von realen Systemzwängen nicht tangierten Ausprägung, wodurch es sich abseits der Ökonomie durch rein normative Vorgaben der Verfassung konstituiert.

Die Wirtschaftsordnung der Vordenker der Sozialen Marktwirtschaft und des politischen Protagonisten Erhard zeichnet sich durch konstitutive und regulative Elemente aus. Als konstitutive Elementen gelten jene Struktureigenschaften, welche den Rahmen der Wirtschaftspolitik bilden. Dazu gehören das Privateigentum, die Entscheidungsfreiheit der Wirtschaftssubjekte, freie Preisbildung durch Marktprozesse, Preisniveaustabilität und bestreitbare, d.h. offene Märkte. Zu den regulativen Elementen zählen die Internalisierung externer Effekte, sowie Umverteilungs- und Arbeitsmarktmaßnahmen.[72] Was das ordoliberale Modell ausschließt, ist die direkte Intervention in die Märkte. Diese Maxime verhindert die Einflussnahme auf die Preisfindung einzelner Wirtschaftszweige mit dem Effekt der wettbewerbswidrigen Verzerrung der volkswirtschaftlichen Preisrelationen.

Das ordoliberale Prinzip fordert schließlich die staatliche Souveränität bei wirtschaftspolitischen Entscheidungen. Vor dem Hintergrund des gesellschaftlichen Allgemeinwohls muss sie den Ausgleich der divergierenden Interessen gewährleisten. Eine Einflussnahme einzelner Gruppen führt zur Präjudizierung

---

71 Ebenda, S. 137.
72 Vgl. Hans-Günther Krüsselberg: Der wissenschaftliche Umgang mit dem Thema: Wirtschaftliche und gesellschaftliche Ordnungen. Probleme – Methoden – Experimente, in: Gerhard Kleinhenz (Hrsg.): Soziale Ausgestaltung der Sozialen Marktwirtschaft. Die Vervollkommnung einer „Sozialen Marktwirtschaft" als Daueraufgabe der Ordnungs- und Sozialpolitik, Berlin 1995, S. 93.

staatlicher Handlungsoptionen, die einer Orientierung am Gemeinwohl abträglich sein kann.

3.1.2. Konjunkturpolitik in der Globalsteuerung unter Schiller

Nach der Bundestagswahl vom 19. September 1965 formierte sich eine Koalition von CDU/CSU und FDP unter dem Vorsitz von Kanzler Ludwig Erhard. Die Koalition wurde 1966 durch die Haushaltslage stark belastet, da sich das Defizit ausweitete. Um den Etat auszugleichen, schlugen die CDU/CSU-Minister für 1967 eine Steuererhöhung vor, welche die FDP jedoch ablehnte. Die Liberalen zogen ihre Minister aus der Regierung ab, was deren Neubildung notwendig machte. Daraufhin formierte sich am 1. Dezember 1966 die erste Große Koalition auf Bundesebene, der Kurt Georg Kiesinger vorstand.

Der für das Wirtschaftsressort zuständige Karl Schiller erlangte durch seinen neuen Kurs hohe Popularität. Die Wirtschaftspolitik schwenkte von der ordoliberalen Maxime, in der der Staat die Rahmenbedingungen für das freie Spiel der Wirtschaftssubjekte errichtet, hin zum Prinzip der aktiven staatlichen Intervention im Rahmen der Globalsteuerung. Die wirtschaftlichen Probleme der Bundesrepublik, die 1966 zur ersten Nachkriegsrezession führten, wurden auf die Passivität der Erhardschen Wirtschaftspolitik zurückgeführt, die den Staat auf eine Schiedsrichterfunktion reduzierte und den Wirtschaftsverbänden die Teilhabe an der Ausformung wirtschaftspolitischer Entscheidungen verweigerte. Diese formale Trennung von Wirtschaft und Staat, sowie der Hoheitspähren der entsprechenden Entscheidungsträger war in der Wissenschaft in der zweiten Hälfte der 1960er überholt.[73] Der Staat, der sich als wirtschaftspolitisch neutral versteht und ergo nicht in ökonomische Prozesse eingreifen soll, steht trotzdem in der Pflicht, modernen, d.h. aus der kapitalistischen Produktionsweise entspringenden Aufgaben nachzukommen. „Schließlich versteht sich unser Staat nach einer Grundentscheidung unserer Verfassung als sozialer Rechtsstaat. Diese Sozialstaatsverpflichtung schließt eine Konjunktur- und Wachstumspolitik im Interesse einer stetigen Wohlstandsmehrung und -sicherung ein."[74]

---

73   Ernst Friesenhain: Parlament und Regierung im modernen Staat, in: Theo Stammen (Hrsg.): Strukturwandel der modernen Regierung, Darmstadt 1967, S. 130ff; Philipp Herder-Dorneich: Konkurrenzdemokratie – Verhandlungsdemokratie, Politische Strategien der Gegenwart, Stuttgart 1979, S. 26f
74   Alex Möller (Hrsg.): Gesetz zur Förderung der Stabilität und des Wachstums der Wirtschaft und Art. 109 Grundgesetz. Kommentar unter besonderer Berücksichtigung der Entstehungsgeschichte, Hannover 1968, S. 12.

3.1. Modelle deutscher Wirtschaftspolitik

Das neue wirtschaftspolitische Paradigma der Globalsteuerung fand Ausdruck im „Gesetz zur Förderung von Wachstum und Stabilität der Wirtschaft"[75] mit dem sich der Staat verpflichtete, seine Ausgabenpolitik im Rahmen eines stetigen Konjunkturverlaufs zu gestalten. „Bund und Länder haben bei ihren wirtschafts- und finanzpolitischen Maßnahmen die Erfordernisse des gesamtwirtschaftlichen Gleichgewichts zu beachten. Die Maßnahmen sind so zu treffen, dass sie im Rahmen der marktwirtschaftlichen Ordnung gleichzeitig zur Stabilität des Preisniveaus, zu einem hohen Beschäftigungsstand und außenwirtschaftlichem Gleichgewicht bei stetigem und angemessenem Wirtschaftswachstum beitragen."[76]

Diese Politik basiert auf den wirtschaftspolitischen Überlegungen von John Maynard Keynes, der in seiner Hauptschrift – der General Theory[77] – Annahmen der Klassiker widerlegte. Zusammengefasst deutete Keynes das wirtschaftspolitische Modell langfristig konstanter Gütermärkte um - hin zu kurzfristigen volatilen Marktanpassungsprozessen. Die klassische Wirtschaftstheorie spricht Preisänderungen einen Einfluss auf die Märkte ab. Langfristige Readjustierungen des Preissystems stellen die ursprünglichen Preisrelationen wieder her, sodass eine Anpassung der realen Produktion nicht stattfindet. Der Zusammenhang ist als klassische Dichotomie bekannt: Geld liegt als Schleier über der Warenproduktion. Dieses Credo besitzt laut Keynes seine Richtigkeit jedoch nur in der langen Frist. Kurzfristig führen Minderungen der effektiven Nachfrage zu Unterauslastung der Produktionsanlagen und Arbeitslosigkeit. Die verminderte gesellschaftliche Kaufkraft reduziert die Auslastung weiter, wodurch sich ein Kreislauf in Gang setzt, der in die Rezession führt. Die Steuerung der gesamtwirtschaftlichen Nachfrage war Keynes' Antwort auf die Wirtschaftskrisen. Auf dieser Theorie fußte Schillers Konzept.

Schiller wertete das Stabilitätsgesetz als Übergang von der „naiven" zu einer „aufgeklärten Marktwirtschaft".[78] Voraussetzung für das Gesetz war die Neuregelung des Art. 109 GG, wodurch die Grundlagen einer kooperativen statt getrennten Haushaltsführung von Bund und Ländern geschaffen wurden. Mit dieser Verfassungsänderung konnte der Bund die gesamte Haushaltsmasse für Zwecke der Konjunkturförderung einsetzten. Das Problem der getrennten Haushaltsführung von Bund und Ländern bei einer staatlich initiierten Wirtschaftssteuerung ist die Koordination der verschiedenen Budgets auf ein gemein-

---

75 Vgl. BGBl I Nr. 32 vom 13.06.1967, S. 582-589.
76 § 1 StabG.
77 Vgl. John Maynard Keynes: Allgemeine Theorie der Beschäftigung, des Zinses und des Geldes, Berlin 2006.
78 Vgl. Karl Schiller: Konjunkturpolitik auf dem Wege zu einer Affluent Society, Kiel 1968, S. 24.

3. Energiepolitik im Wandel wirtschaftspolitischer Paradigma

sames Ziel. Ohne die Verfassungsänderung hätte das Problem auftreten können, dass eine expansive Haushaltsführung des Bundes durch eine eventuell kontrahierende der Länder konterkariert worden wäre, vice versa. Die Verfassungsänderung griff in die finanzielle Autonomie der Körperschaften ein, so dass der Bund die Länder und Gemeinden anhalten konnte, Konjunkturausgleichsrücklagen anzulegen. Ebenso war der Bund auf Grundlage der Verfassungsänderung berechtigt, die Höchstbeträge und Bedingungen sowie die Fristen von Krediten für Gebietskörperschaften und Zweckverbänden festzulegen.

Das Stabilitätsgesetz bot die Grundlage für die direkte staatliche Intervention in ökonomische Prozesse, um sie durch gezielte antizyklische Konjunkturpolitik zu stabilisieren. Kiesinger konkretisierte die qualitative Änderung der staatlichen Rolle im Wirtschaftsgefüge in seiner Regierungserklärung: „Wachstumsförderung und Zusammenwirken mit allen verantwortlichen Kräften müssen in eine neue Politik der Globalsteuerung eingeordnet werden. Diese Politik schützt vor der Flucht in den Einzeldirigismus, sichert die marktwirtschaftlich-freiheitliche Ordnung und ist damit allen anderen Systemen weit überlegen. Die Bundesregierung sieht in der Verabschiedung eines umfassenden Gesetzes zur Förderung der Stabilität und des Wachstums der Wirtschaft eine notwendige Voraussetzung für diese Politik."[79]

Das dritte Element neben der Verzahnung der Haushalte und deren Einsatz als antizyklische Finanzmasse und der direkten staatlichen Intervention in ökonomische Prozesse fand sich in der Zusammenarbeit der Interessenverbände mit den staatlichen Entscheidungsgremien, der Erhard während seiner Zeit als Wirtschaftsminister überaus skeptisch gegenüberstand. Diese als „Konzertierte Aktion" bezeichnete Kooperation stellte ebenfalls ein Novum in der Wirtschaftspolitik der Bundesrepublik dar und war eine Abwandlung der korporativen Verbandswirtschaft. Im Falle der Gefährdung eines der Ziele des § 1 des Stabilitätsgesetzes stellte die Bundesregierung Orientierungsdaten für ein gleichzeitiges aufeinander angestimmtes Verhalten der Gebietskörperschaften, Gewerkschaften und Unternehmerverbände zur Erreichung der Ziele zur Verfügung. Mit der Kooperation zielte die Bundesregierung darauf ab, die Tarifparteien in ihren einkommenspolitischen Forderungen auf eine bestimmte Linie zu verpflichten, sodass die unterschiedlichen Lohnvorstellungen nicht die Intervention des Staates in die Wirtschaft konterkarieren. Der dem staatlichen Einfluss entzogene Tarifverhandlungsprozess verfügt über eine höhere disponible Finanzmasse mit entsprechendem Einfluss auf die Konjunktur als die antizyklisch verwendeten staat-

---

79 Regierungserklärung Karl Georg Kiesingers, abgedr. in: Klaus Stüwe (Hrsg.): Die großen Regierungserklärungen der deutschen Bundeskanzler von Adenauer bis Schmidt, München 1979, S. 242.

lichen Budgets.⁸⁰ Die Steuerung der Einkommenspolitik schloss damit die offene Flanke der Globalsteuerung. Die Konzertierten Aktion stellte in den Augen ihrer Initiatoren mehr als eine Diskussionsrunde dar. Schiller beschrieb sie als „eine Kampfarena für die Veränderung unserer gesellschaftlichen Landschaft, [in der] den autonomen Gruppen, das heißt auch gleichberechtigt den Gewerkschaften, die Gelegenheit gegeben wird, permanent die Vorbereitung der Wirtschafts- und Finanzpolitik des Staates zu beeinflussen und an dieser Vorformung der Politik gleichberechtigt mitzuwirken"⁸¹.

Diese drei Elemente dienten einer antizyklischen Konjunkturpolitik, die unerwünschte Ausschläge der Ökonomie entlang des Produktionsmöglichkeitenpfads verringern sollte. Bei einem Rückgang des Investitionsvolumens und der gesamtwirtschaftlichen Nachfrage sowie einem folgenden Einbruch des Bruttosozialproduktes steigert der Staat seine Ausgaben und setzt eine expansive Haushaltsführung ein. Bei einer inflationären Überhitzung des Produktionsprozesses verringert der Staat seine Ausgaben, um die gesamtwirtschaftliche Nachfrage zu drosseln und das Preisniveau zu senken.

Die Globalsteuerung erwies sich zur Überwindung der ersten Nachkriegsrezession 1967 als das geeignete Mittel. Die Wirtschaft der Bundesrepublik ließ sich durch die Maßnahmen der Regierung schnell wieder auf einen Wachstumskurs zurückführen. Danach zeigten sich jedoch die Schwächen der Globalsteuerung, welche zu einer Absage an das Konzept führten. Während die expansive Haushaltsführung politisch kein Problem darstellt, ist eine Rückführung eines etablierten Haushaltsniveaus politisch schwer vermittelbar, denn Besitzstände werden ungern aufgegeben und führen zu Ablehnung und Protest der Betroffenen. Zwar trifft eine expansive Haushaltsführung politisch auf geringe Widerstände, sie kann aber volkswirtschaftlich in eine nachfrageinduzierte Inflation münden, die per kosteninduzierter Inflation eine Stagnation provoziert. Steigende Preise und die durch ansteigende Kosten verringerten Gewinne führen zu einer sinkenden Nachfrage und zum Phänomen der Stagflation, das in einem wirtschaftspolitischen Dilemma endet. Ein Phänomen, das genau zu dem Zeitpunkt das erste Mal auftrat, als die Regierungen der Wirtschaftsnationen auf die Variablen ihrer Ökonomien durch staatliche Intervention Einfluss nahmen.⁸²

Der Globalsteuerung haftete neben der Inflationsgefahr das Problem der Prognostizierbarkeit der wirtschaftlichen Entwicklung an. Ob sich eine Volkswirtschaft auf dem Weg in eine Talsohle oder Richtung Expansionsphase bewegt, kann auch ein ausgeklügeltes Instrumentarium nicht vorhersehen. Weil die Wirt-

---

80 Vgl. Tim Schanetzky: Die große Ernüchterung. Wirtschaftspolitik, Expertise und Gesellschaft in der Bundesrepublik, Berlin 2007, S. 92.
81 Karl Schiller: Reden zur Wirtschaftspolitik, Bd. 5, Bonn 1969, S. 68.
82 Vgl. Stagflation – die neue Geißel, in: Der Spiegel 35/1971, S. 26f.

3. Energiepolitik im Wandel wirtschaftspolitischer Paradigma

schaft Teil der menschlichen Interaktion und somit Teil menschlicher Geschichte ist, lässt sie sich nicht prognostizieren wie es Fukuyamas berühmte und inzwischen von der Geschichte widerlegte These eindrucksvoll beweist. Externe Schocks, Innovationen und Probleme anderer Volkswirtschaften können die nationale Wirtschaftslage beeinflussen, sodass wirtschaftspolitische Maßnahmen nicht den Nutzen entfalten, der intendiert war. Damit ergibt sich das Problem, dass die notwendigen Mittel nicht angewandt werden, da die reale Entwicklung nicht der prognostizierten entspricht. Antizyklisch intendierte Eingriffe in die Ökonomie können aufgrund dieser Problemlage einen prozyklischen Charakter annehmen.

Die Globalsteuerung inkorporierte nicht nur den Staat als Subjekt in die Ökonomie und verändert das systemische Verhältnis zwischen Staat und Ökonomie, sondern sie zeitigte auch Konsequenzen für die Wirtschaftsteilnehmer. Schillers „aufgeklärte Marktwirtschaft" begünstigte die Konzentration von Unternehmenseinheiten, die durch voranschreitende Marktbeherrschung erst in die Lage gesetzt wurden, die gezielte Planung des Wirtschaftskreislaufes umzusetzen. In einer atomisierten Wirtschaft mit Preisnehmern, die entsprechend der Theorie der Klassiker keinen Einfluss auf die Preisbildung besitzen, könnte die Wirtschaftslenkung nicht funktionieren. Daher förderte die Globalsteuerung die Konzentration, auf der sie basierte: „Die Globalsteuerung, eingeführt als locker hinweisende Planung, nicht als befehlendes Setzen von gesamtwirtschaftlichen Daten, ist, soll sie nicht in völliger Irrelevanz versanden, angewiesen auf die Kooperation der potenten Gruppen in einer hochkonzentrierten Wirtschaft und muss diese Gruppen aufgrund ihrer Prädominanz an der Planstellung beteiligen."[83]

3.1.3. Von der Strategie zur Suche: Sozialliberale Wirtschaftspolitik

Karl Schiller verließ Brandts Kabinett 1972 aufgrund der Missachtung seiner wirtschaftspolitischen Vorgaben und der nicht zu zügelnden Ausgabenwünsche und Forderungen der Kabinettsmitglieder. Eine konsequente Anwendung seiner antizyklischen keynesianischen Nachfragepolitik war ihm unter Brandt nicht mehr möglich gewesen. Als er in der Boomphase eine kontrahierende Haushaltsführung forderte, standen ihm die Kabinettskollegen skeptisch gegenüber. Seine geldpolitischen Restriktionen scheiterten an den Forderungen von Industrie und Bundesbank. Isoliert zog er sich nach der 117. Kabinettssitzung der Bundesregierung zurück und verfasste wenige Tage später sein Abschiedsgesuch an den

---

83 Jörg Huffschmid: Die Politik des Kapitals, Konzentration und Wirtschaftspolitik in der Bundesrepublik, in: Frieder Naschold/Werner Väth: Politische Planungssysteme, Opladen 1973, S. 112.

Bundeskanzler: „Ich bin nicht bereit, eine Politik zu unterstützen, die nach außen den Eindruck erweckt, die Regierung lebe nach dem Motto: Nach uns die Sintflut."[84] Die Ära der Globalsteuerung hatte damit ihr Ende erreicht und eine stringente Fortführung der Schillerschen Konzeption lässt sich nicht feststellen. Nur unter Schiller richtete sich die Wirtschaftspolitik der Bundesregierung an konjunkturellen Erfordernissen aus, denen sie mit einer antizyklischen Ausgabenpolitik gerecht wurde.[85]

Die antizyklische Wirtschaftspolitik wurde fortan gegen eine inflationstreibende Ausgabenpolitik ohne Zusammenarbeit der relevanten Kräfte der Wirtschaft ausgetauscht. Schiller widerstrebte diese Art des realwirtschaftlich nicht angemessenen Alleingangs der Bundesregierung, die „sich verhielte wie eine Kompanie, die sich der Kriegskasse bemächtigt habe und die sie jetzt munter durchbringe"[86]. Die Präferenz für den Sozialismus, welche die Entscheidungsträger hegten, wird als Ursache für die Umgestaltung der Wirtschaftspolitik und das Ausgabengebaren der Regierung angesehen. Obwohl sich die SPD in ihrem Godesberger Programm für das Modell der Marktwirtschaft entschied, war sie nicht bereit, deren Systemlogik in ihren wirtschaftspolitischen Entscheidungen zu folgen.[87]

Die folgenden Jahre waren von einer Suche nach neuen Elementen einer den zeitgenössischen Aufgaben gewachsenen Wirtschaftspolitik geprägt. Neben die nachfrageorientierte Fiskalpolitik trat die zu Beginn als dirigistisch wahrgenommene Strukturpolitik hinzu. Schmidts erste Handlung als Wirtschaftsminister war die Zurückführung der Ausgaben des Staatshaushalts, die er jedoch in widersprüchliche Maßnahmen einbettete und die keine kohärente Linie erkennen ließ. In den folgenden Jahren stiegen die Ausgaben des Staates[88] infolge des nachfrageorientierten Fiskalismus an und erreichten im Jahr 1979 ein bis dahin nicht erreichtes Niveau. 1981 machten die öffentlichen Haushalte mehr Schulden als in den Jahren von 1950 bis 1964 zusammen.[89] Die Inflation erreichte durch die staatliche Ausgabenentwicklung ein neues Niveau. Parallel dazu lässt sich ein Rückzug der Investoren feststellen, der einerseits auf die Verdrängung privater Nachfrage durch staatliche, andererseits auf die Erwartungen der Investoren zurückgeführt werden kann. Die Beschlüsse der SPD-Parteitage und die Forderungen der Jusos verunsicherten Investoren, die ihre Margen gefährdet sahen.

---

84 Vgl. Arnulf Baring: Machtwechsel. Die Ära Brandt-Scheel, Stuttgart 1982, S. 670-676.
85 Vgl. Dieter Grosser u.a.: Soziale Marktwirtschaft. Geschichte – Konzept – Leistung, Stuttgart 1990, S. 96.
86 Vgl. Harald Scherf: Enttäuschte Hoffnungen – vergebene Chancen. Die Wirtschaftspolitik der Sozial-Liberalen Koalition 1969-1982, Göttingen 1986, S. 27.
87 Vgl. ebenda.
88 Vgl. Jörn Altmann: Wirtschaftspolitik, Stuttgart 2007, S. 272.
89 Vgl. Scherf 1986, S. 57.

3. Energiepolitik im Wandel wirtschaftspolitischer Paradigma

Das Credo der Wirtschaftspolitik der sozialliberalen Koalition findet sich in der Stützung des Arbeitsmarktes. Das prioritäre Erzielen beschäftigungspolitischer Vorgaben durch den Einsatz nachfrageorientierter Fiskalpolitik kann als die Quintessenz des wirtschaftspolitischen Modells der Sozialdemokraten gelten. „Die Inflation wurde seit 1970 auch durch hohe Lohnsteigerungen angetrieben. Dafür trug auch der Staat Mitverantwortung; die großzügigen Tarifvereinbarungen im öffentlichen Dienst wirkten sich auf alle übrigen Tarifparteien aus."[90]

Die umfassende Fiskalpolitik als wesentliches Element sozialliberaler Wirtschaftspolitik wurzelte in den geldpolitischen Restriktionen, denen die Bundesrepublik bis zur Auflösung des Bretton-Woods-Wechselkursregimes unterlag. Da sie die Im- und Exportströme durch Wechselkursadjustierung nicht steuern konnte, musste die Bundesregierung die per Kapitaltransfer importierte Inflation über das Ausgabenverhalten des Staates minimieren.

1972 lag die Inflation bei 5,2 Prozent, sodass Bonn mit stabilitätsorientierten wirtschaftspolitischen Eingriffen die Wirtschaft vor einer Überhitzung bewahren wollte. Das erste Stabilitätsprogramm vom 17. Februar 1973 zielte darauf, die kapitalimportinduzierten inflationären Effekte, welche die ausgabenfreudigen Maßnahmen der Bundesregierung verstärkten, zu senken. Dafür drosselte der Staat seine Investitionen. Um die außenwirtschaftliche Flanke zu schließen, endete die Fixierung der Wechselkurse, die von da an „floaten" konnten. Die Bundesregierung machte dem Handelspartner Frankreich Zugeständnisse, indem sie das Blockfloating gegenüber dem Dollar einführte. Damit waren die Wechselkurse des Euroraumes untereinander fixiert, während sie sich gegenüber dem Dollar frei gestalteten. Einer Verschlechterung der französischen „terms of trade" – dem Verhältnis von Export- zu Importpreisen – konnte sie so entgegenwirken.

Diesen Maßnahmen folgte ein zweites Programm, welches weitere Liquidität aus dem Markt nahm und das mit einer Abkehr der Beschäftigungsorientierung einher ging. Am 9. Mai 1973 beschloss die Regierung, einen zehnprozentigen Stabilitätszuschlag auf die Einkommensteuerschuld hoher Einkommen zu erheben, die Ausgaben der öffentlichen Hand zu drosseln und die Investitionsabschreibungen vorübergehend auszusetzen.[91] Das Problem der dirigistischen nachfrageorientierten Wirtschaftspolitik liegt darin, dass bei falscher zeitlicher Koordination antizyklische Elemente prozyklischen Charakter annehmen. Die intendierte Drosselung der wirtschaftlichen Leistung durch die Maßnahme der Bundesregierung führte 1973 in die zweite Rezession der Nachkriegszeit und zu einer allmählichen Abkehr vom bisherigen Ordnungsmodell wirtschaftspoliti-

---

90 Grosser u.a. 1990, S. 97.
91 Vgl. Bracher 1986, S. 108f.

scher Eingriffe. Die Lohnabschlüsse der Gewerkschaften im Jahr 1973 von durchschnittlich 13,5 Prozent durchkreuzten die stabilitätsorientierten Maßnahmen der Bundesregierung und veranlassten sie zu scharfer Kritik an den lohnpolitischen Forderungen. Die von Schiller erdachte Konzertierte Aktion als Koordinierungsinstrument der wesentlichen für die Preisbildung in der Bundesrepublik relevanten Kräfte konnte keine Wirksamkeit entfalten.

In dieser schwierigen Konjunkturlage wirkten die Lohnabschlüsse und die erste Ölkrise von 1973 wie ein Katalysator für den Einbruch der gesamtwirtschaftlichen Leistung. Das Preisniveau schoss durch die angestiegenen Preise der Mineralölprodukte in die Höhe, schmälerte die Gewinne der Unternehmen und führte zur Stagflation. Das wirtschaftspolitische Modell der tripartistischen Zusammenarbeit von Staat, Gewerkschaften und Arbeitgeberverbänden besaß keine Attraktivität mehr. „Die ‚Konzertierte Aktion', die nach dem Stabilitäts- und Wachstumsgesetz vor allem eine stabilitätskonforme Einkommenspolitik fördern sollte, erwies sich als wenig hilfreich. Beraten vornehmlich vom Sachverständigenrat lieferte die Bundesregierung ‚Orientierungsdaten', die von den Tarifparteien nicht ernst genommen wurden."[92]

Den im März 1973 freigegebenen Wechselkurs nutzte die Bundesbank für eine restriktive Geldpolitik. Die folgende Verteuerung der DM und schlechteren Exportprognosen führten zu einer geringeren Investitionsneigung und einem konjunkturellen Einbruch. 1974 setzte aufgrund interner Faktoren, wie Marktsättigung und demographischer Entwicklung, sowie externer Ursachen, wie einem überhöhten US-amerikanischen Zinsniveau und damit ausgelöstem Kapitaltransfer, eine Phase der Unterbeschäftigung ein.[93]

Zusammengefasst gilt die Steigerung des Lohnanteils in der volkswirtschaftlichen Faktorentlohnung als das Hauptanliegen der sozialliberalen Koalition. Die SPD verfolgte das Ziel vom „armen Staat mit reichen Bürgern"[94]. Die damit induzierten Mehrausgaben des Staates heizten die Inflation an und verringerten die Erträge der Arbeitgeber, was – durch die verringerte Investitionsneigung – zu einer Stagflation führte.

---

92 Vgl. Grosser u.a. 1990, S. 98.
93 Für eine detaillierte Darstellung vgl. ebenda S. 100f.
94 Vgl. Scherf 1986, S. 93.

3. Energiepolitik im Wandel wirtschaftspolitischer Paradigma

3.1.4. Schwarz-gelbe Koalition I: Angebotspolitik

Unter Kohl führte die Bundesregierung die wirtschaftliche Staatstätigkeit sukzessiv zurück. Das wirtschaftspolitische Modell, das unter der schwarz-gelben Koalition Anwendung fand, besaß angebotspolitischen Charakter. Vertrat die vorherige Regierung die Ansicht, durch nachfrageorientierte Stimulation den Ertrag der Gesamtwirtschaft zu steigern, ließ die Bundesregierung ab 1982 den Unternehmern größeren Spielraum, um das Bruttoinlandsprodukt zu steigern. Gleichzeitig lag kein absoluter Bruch vor, da die Politik nur einen kleinen Aktionsradius besaß, um von der Pfadabhängigkeit abzuweichen, die auf Systemzwängen, wirtschaftspolitischen Notwendigkeiten und den Aktionen der Vetospieler beruht. „Anstelle eines Abbaus der Staatsintervention erfolgte deren Umbau."[95]

Vor Beginn der Ägide Kohls waren die ökonomischen Kennziffern in Deutschland nicht auf dem Niveau, wie es gesamtwirtschaftlich erwünscht war. Nach der Jahreswende 1980/81 blieb die Wachstumsdynamik aus, die Produktion schrumpfte und fiel schließlich 1981 hinter das Niveau von 1980 zurück. Im Oktober 1981 waren 1,38 Mio. Menschen arbeitslos, was einem Anstieg gegenüber dem Vorjahr um 480.000 entsprach. Verstärkte inflationäre Tendenzen verschärften die krisenhafte Situation. Die bundesdeutsche Staatsquote besaß zu diesem Zeitpunkt einen Umfang von 47,5 Prozent.

An dieser Stelle angekommen, änderte sich die Einschätzung über die Effektivität keynesianischer Fiskalpolitik. Der SVR übte Kritik am vorherrschenden wirtschaftspolitischen Modell: „Im Inneren blieben die Antriebskräfte 1981 schwach. Die Erklärung dafür ist nur vordergründig in der verhaltenen Nachfrage zu sehen, denn zu fragen bleibt, warum diese nicht lebhafter war. Mit Blick auf den privaten Verbrauch kommen dann Einbußen beim Realeinkommen aufgrund hoher Preissteigerungen ins Bild [...] und auch im Übrigen kaum eine Verbesserung der Angebotsbedingungen, die mehr Produktion, aktuelle wie vor allem auch künftige, und damit mehr Investitionen hätte lohnend erscheinen lassen."[96] Der Sachverständigenrat regte die Stärkung der Marktkräfte an, weil der Staat selbst über keine Mittel verfügte, um die Wirtschaft durch Konjunkturprogramme anzukurbeln: „Für wachstumsfördernde Maßnahmen, die Geld kosten, fehlte dem Staat bei der angespannten Lage der öffentlichen Finanzen weitgehend der Spielraum, zum Teil wurden die entsprechenden Mittel sogar gekürzt, und für den Abbau der vielfältigen Hindernisse, die den Strukturwandel nach wie vor hemmen - etwa im Energiebereich, aber nicht nur dort -, fehlt es an Durch-

---

95 Christian Kaiser: Korporatismus in der Bundesrepublik. Eine politikfelderübergreifende Übersicht, Marburg 2006, S. 241.
96 Vgl. SVR: Jahresgutachten 1981/82. Investieren für mehr Beschäftigung, abgedruckt als BT Drs. 9/1061, S. 46.

3.1. Modelle deutscher Wirtschaftspolitik

setzungskraft."[97] Aufgrund systemischer Zwänge passte die Bundesregierung ihre Wirtschaftspolitik an.

„Konzeptionell wandte sich die Regierung ganz explizit von keynesianischen Rezepten ab; stattdessen sollten wirtschaftlichen Rahmenbedingungen verbessert werden, um Anreize für Investitionen zu schaffen. Mit dieser angebotspolitischen Orientierung der Wirtschaftspolitik korrespondierte der Verzicht auf den Versuch einer Konzertierung von Fiskal-, Geld- und Lohnpolitik."[98]

Die Angebotspolitik basiert auf dem von Jean-Baptiste Say formulierten Theorem, dass sich das Angebot seine eigene Nachfrage schafft.[99] Indem das Angebot für die Produktion von Waren Güter nachfragt und diese entlohnt, schafft es gesamtwirtschaftliche Kaufkraft und entsprechende Nachfrage. Die erzielten Einkommen fragen die produzierten Güter sofort nach und räumen den Markt. Eventuell gesparte Einkommen schöpfen die Investoren über den Kapitalmarkt ab. Unter dieser Prämisse sind es die Unternehmen, die mit ihren Produktionsplänen für die entsprechende Nachfrage, die Auslastung der Kapazitäten und steigende Beschäftigung sorgen. Das angebotspolitische Paradigma bezieht zum keynesianischen Nachfragetheorem eine diametrale Position. Sind es bei Keynes die Kräfte der Nachfrage, die den Produktionsapparat auslasten, sieht die angebotspolitische Schule das Angebot als relevante Größe für die Steigerung des gesamtwirtschaftlichen Produktionspotentials.[100]

Die schwarz-gelbe Bundesregierung kürzte die Ausgaben des Staates, um die politische Handlungsfähigkeit zurückzugewinnen. Die Haushaltsjahre 1983 und 1984 standen unter dem Zeichen der Kürzung sozialpolitischer Posten, die 1984 auf insgesamt 18 Mrd. DM geschätzt wurden.[101] Neben die Einschnitte im sozialen Bereich traten Steuererleichterungen für Unternehmen, die 1984 ca. 10,9 Mrd. DM ausmachten. Bonn führte die Konsolidierungsanstrengungen noch nach 1985 fort, als die Steuereinnahmen durch das Anziehen der Konjunktur wieder zunahmen. Die Neuverschuldung des Bundes sank von 60,3 Mrd. DM im Jahr 1982 auf 23,5 Mrd. DM 1985. Bis 1989 stieg sie allmählich wieder an.

Analog zur Ausgabenkürzung des Staates verfolgte die konservativ-liberale Koalition eine Politik der Privatisierung und Deregulierung. Der Postreform stellte sich zu Beginn nicht nur die Gewerkschaft entgegen, auch in der Union

---

97 Vgl. ebenda, S. 46f.
98 Vgl. Reimut Zohlnhöfer: Vom Wirtschaftswunder zum kranken Mann Europas?, in: Manfred G. Schmidt/ Reimut Zohlnhöfer (Hrsg.): Regieren in der Bundesrepublik Deutschland. Innen- und Außenpolitik seit 1949, Wiesbaden 2006, S. 298.
99 Vgl. Johann Baptist Say: Abhandlung über die Nationalökonomie oder einfache Darstellung der Art und Weiße, wie die Reichthümer entstehen und vertheilt und verzehrt werden, Halle 1807.
100 Beide Theoreme haben jedoch unterschiedliche Zeithorizonte zur Grundlage.
101 Grosser u.a 1989. S. 111.

3. Energiepolitik im Wandel wirtschaftspolitischer Paradigma

fehlte es an einer Mehrheit, die sich für eine umfassende Liberalisierung der Strukturen aussprach.[102] Während die FDP für eine umfassende Öffnung des Fernmeldewesens plädierte, verwarf Edmund Stoiber diese Gedanken als Auswürfe „puristischer Marktwirtschaftspäpste"[103]. Nach langen Verhandlungen fand sich die Lösung durch Abspaltung von drei Unternehmen aus der Bundespost: die Postbank, der Postdienst und die Telekom. Die Privatisierung besaß nicht den Umfang wie ihn andere europäische Länder anstrebten. 90 Prozent der Erlöse der Deutschen Telekom blieben weiterhin durch Monopolschranken geschützt, die Bundespost behielt sogenannte wettbewerbsfreie Pflichtleistungen und die drei Unternehmen waren über einen Finanzverbund verschränkt. Es erfolgten weitere Privatisierungen der VIAG, der Bundesanteile von VW, der Salzgitter AG und der Bundesanteile der Lufthansa. Lockerungen in der wettbewerbspolitischen Struktur ergaben sich aus dem „Gesetz zur Einführung eines Dienstleistungsabends". Das Gesetz ermöglichte es, die Ladenöffnungszeiten am Donnerstag auf 20.30 Uhr zu verlängern.

Vor dem Hintergrund der geringen Privatisierungsgewinne urteilt Zohlnhöfer zurückhaltend über das Thema Privatisierung unter schwarz-gelb. „Die Erfolge der Regierung Kohl in den 80er Jahren im Bereich der Deregulierung und Privatisierung sind äußerst bescheiden."[104] Für die Bestimmung des wirtschaftspolitischen Paradigmas ist das - eventuell durch einen Vergleich mit anderen Regierungen gewonnene - relative Niveau jedoch nicht unbedingt entscheidend. Es geht um das zugrunde liegende Prinzip. Unter dieser Prämisse werten auch Skeptiker die Wirtschaftspolitik unter Kohl als Zäsur: „In der Folge des Regierungswechsels vom Oktober 1982 [kam es] tatsächlich in allen betrachteten Politikfeldern zu einem Politikwechsel."[105]

Die konjunkturelle Lage gestaltete sich bis 1987 stetig und trotz vielfältiger Herausforderungen hielt das Wirtschaftswachstum an. Die Preissteigerungen fielen 1986 und 1987 moderat aus, nach deflationären Tendenzen 1986 stiegen die Preise im darauf folgenden Jahr um 1,5 Prozent. Der Staatsverbrauch blieb im Jahr 1987 niedrig, was auf das geringe Ausgabenvolumen der Städte und Gemeinde zurückzuführen war. Die Geldpolitik stärkte die Wechselkurse und sorgte für weniger starke Ausschläge; indem die Bundesbank die Zinsen senkte, wirkte sie einer zu starken Aufwertung entgegen.

---

102 Vgl. Reimut Zohlhöfer: Der Wirtschaftspolitik der Ära Kohl. Eine Analyse der Schlüsselentscheidungen in den Politikfeldern Finanzen, Arbeit und Entstaatlichung 1982 – 1998,Opladen 2001, S. 145ff.
103 Vgl. ebenda, S. 149.
104 Zohlnhöfer 2001, S. 167.
105 Ebenda, S. 170.

1989 legten die Unternehmen ihre Skepsis ab und unterstützten damit ein investitionsbasiertes Wachstum. Der SVR wertete die angebotspolitischen Maßnahmen der Bundesregierung als wirtschaftspolitische Grundlage des Wachstums. Um so wichtiger war es für den SVR mit Blick auf den Geldwert wie auf weitere Beschäftigungserfolge, dass die Kosten nicht sprunghaft stiegen und die Angebotsbedingungen günstig bleiben sollten. Die positive Entwicklung machte geld- und fiskalpolitische Eingriffe des Staates weitgehend überflüssig, und so beschränkte sich das gouvernementale Instru-mentarium auf die Sicherung einer hohen Geldwertstabilität, um weiteren Preisauftriebstendenzen entgegenzutreten. Der SVR wandte sich ausdrücklich gegen Eingriffe des Staates, wie sie das „Gesetz zur Förderung der Stabilität und des Wachstums der Wirtschaft" ermöglicht. Seiner Ansicht nach kehrte die Bundesrepublik kurz vor der politischen Zäsur 1990 zu ihren Erhardschen Grundlagen zurück. „So wie die Wirtschaftspolitik den Strukturwandel nicht fördert, indem sie ihn lenkt, sondern indem sie ihm Hindernisse aus dem Weg räumt, so fördert sie das Wachstum der Wirtschaft nicht, indem sie es verordnet, sondern indem sie den Wachstumskräften, die aus den Präferenzen entstehen, Raum gibt, also günstige und verläßliche Rahmenbedingungen schafft und die Märkte offenhält. Wachstumspolitik ist damit vor allem anderen Ordnungspolitik."[106]

3.1.5. Schwarz-gelbe Koalition II: Dirigismus durch die Vereinigung

1990 setzte sich die starke Aufwärtsentwicklung der ab 1988 boomenden westdeutschen Wirtschaft fort. Getrieben von ausländischer Nachfrage griff die Dynamik systematisch auf die inländische Nachfrage über.[107] Die Entlastung durch gesunkene Importpreise kehrte sich mit dem Ausbruch der Golfkrise in ihr Gegenteil, und die gestiegenen Ölpreise stellten fortan eine Belastung dar. Diese schlug auf die konjunkturelle Entwicklung jedoch nicht durch, da die deutschen Unternehmer durch die Perspektiven der deutschen Vereinigung ein positives Zukunftsszenario prognostizierten. Die Wirtschaftspolitik unterstützte diese Erwartungshaltung durch eine expansive Finanzpolitik.

1990 setzten die Gebietsköperschaften einen konjunkturellen Impuls in Höhe von 56 Mrd. DM. „Einschließlich der Ausgaben des Fonds Deutsche Einheit beliefen sich diese Mehraufwendungen zugunsten der ehemaligen DDR auf 48 Mrd DM. Aber auch die übrigen Ausgaben der Gebietsköperschaften stiegen

---

106 Vgl. SVR: Jahresgutachten 1989/90. Weichenstellung für die neunziger Jahre, abgedruckt als BT Drs. 11/5786, S. 144.
107 Vgl. SVR: Jahresgutachten 1990/91. Die wirtschaftliche Integration in Deutschland. Perspektiven – Wege – Risiken, abgedruckt als BT Drs. 11/8472, S. 82.

3. Energiepolitik im Wandel wirtschaftspolitischer Paradigma

rascher als in den Jahren zuvor. Höhere Personalausgaben und ein deutlicher Zuwachs der Käufe von Sachgütern und Dienstleistungen spielten hierbei ebenso eine Rolle wie die kräftige Aufstockung der Investitionsbudgets." Die Wirtschaftspolitik wandte sich unter den Erfordernissen der deutschen Einheit vom angebotspolitischen Kurs der Stärkung der Marktkräfte ab und ergriff temporär die Initiative in der deutschen Wirtschaft. Die dirigistische Notwendigkeit resultierte aus Zwängen der Wiedervereinigung, denen sich die Bundesregierung beugte. Im Hintergrund jedoch diente das angebotspolitische Modell weiterhin als Schablone für die wirtschaftspolitischen Entscheidungen.

Mit dem Sonderfonds Deutsche Einheit schuf sie ein Finanzvolumen, welches für die Verpflichtungen der Bundesrepublik aus Art. 28 des Staatsvertrag mit der DDR zur Verfügung stand. Der Fonds umfasste ursprünglich 115 Mrd. DM, die bis 1993 auf 163 Mrd. DM aufgestockt wurden und die für Transferleistungen an die neuen Bundesländer zur Verfügung standen. Über den Fonds Deutsche Einheit hinaus erfolgten Zuweisungen über weitere Sonderhaushalte, den Bund, die westdeutschen Länder und die Sozialversicherungen. Insgesamt beliefen sich die Zahlungen in den Osten der Republik von 1991 bis 1995 auf 886 Mrd. DM, die überwiegend in konsumtive Zwecke flossen.[108] Ein Großteil der staatlichen Ausgaben lässt sich auf die Konsequenzen des gewählten Modus der Wiedervereinigung zurückführen. Dazu zählten die Anschubfinanzierung der Sozialversicherung für Ostdeutschland, der Devisenfonds für den Umtausch der Mark in D-Mark, umfangreiche Infrastrukturprojekte und das Management der Besucherströme in die Bundesrepublik.[109] Ein großer Teil des Staatshaushaltes war durch die Wiedervereinigung verplant und stellte einen nicht disponiblen Faktor da. Andererseits entwicklte der Staat in dieser Situation selbst eine verstärkte Investitionstätigkeit. „In diesem Jahr standen hinter dem hohen konjunkturellen Impuls neben Steuerentlastungen die finanziellen Übertragungen in die ostdeutschen Länder. Diese Übertragungen beanspruchten die Produktionskapazitäten im bisherigen Gebiet der Bundesrepublik zwar nicht unmittelbar, aber doch mittelbar. [...] Es erscheint [...] plausibel, dass der durch die unentgeltlichen Übertragungen bedingte Einkommenszuwachs nicht oder nur in sehr geringem Umfang gespart wurde, sondern überwiegend in zusätzlichen Konsum floß. Die zusätzlichen Konsumausgaben dürften sowohl für Käufe von lokalen Gütern verwendet worden sein, als auch eine erhöhte Nachfrage nach westdeutschen Gütern ausgelöst haben."[110]

---

108 Vgl. Alfred Boss/Astrid Rosenschon: Öffentliche Transferleistungen zur Finanzierng der deutschen Einheit. Eine Bestandsaufnahme, Kiel 1996, S. 1.
109 Vgl. SVR: Jahresgutachten 1990/91. Auf dem Wege zur wirtschaftlichen Einheit Deutschlands, abgedruckt als BT Drs. 11/8472, S. 137.
110 Ebenda, S. 145.

3.1. Modelle deutscher Wirtschaftspolitik

In der ersten Hälfte der 1990er Jahre verfolgte die Bundesregierung trotz der volkswirtschaftlichen Herausforderungen einen angebotspolitischen Kurs. „Zeit zum Handeln ist für die staatliche Wirtschaftspolitik: Sie muß konsequent durch Deregulierung und Privatisierung mehr Raum für Privatinitiative und Wettbewerb schaffen, sie muß sich auf einen finanzpolitischen Konsolidierungskurs festlegen, der glaubhaft Aussichten auf ein Sinken der Steuerlast eröffnet, sie muß für eine effiziente Gestaltung des Systems der sozialen Sicherung sorgen und vermeiden, daß Ausgaben und Abgabenlast außer Kontrolle geraten. [...] Die Wirtschaftspolitik kann und muß die geeigneten Rahmenbedingungen für die Bewältigung unternehmerischer Aufgaben schaffen; die Aufgaben selbst zu übernehmen, dazu ist sie nicht in der Lage. Alle Akteure sind zum Handeln aufgerufen. Zeit zu verlieren, das können wir uns nicht leisten."[111]

Die wirtschaftliche Dynamik schwächte sich 1992 bereits wieder ab und 1993 gerieten die alten Bundesländer in eine Rezession. Das Produktionsvolumen sank zwei Prozent unter das Niveau von 1992, die Ausrüstungs- und Bauinvestitionen verringerten sich um zwölf Prozent und die Anzahl der Erwerbspersonen war um 500.000 rückläufig.[112] Der anfängliche Boom in den neuen Bundesländern brach aufgrund dieser Vorgaben unvermittelt wieder ein. Das Investitionsvolumen der westdeutschen Unternehmen in den Kapitalstock der ehemaligen DDR schrumpfte aufgrund der problematischen Situation in den Mutterunternehmen schnell wieder zusammen. Ursächlich für diese Entwicklung betrachtete der SVR die staatlichen Nachfrageimpulse, die zu einer weitgehenden Auslastung der Produktionskapazitäten führten. Inflationäre Prozesse – verstärkt durch die 1990er Lohnabschlüsse – förderten die Geldentwertung, die zu einer restriktiven Politik der Bundesbank führte. Die gestiegenen Zinssätze wirkten sich negativ auf die Investitionsneigung aus und die öffentliche Auseinandersetzung um die Widersprüche zwischen der Notwendigkeit von Staatsinvestitionen und der erwünschten Konsolidierung des Haushalts verunsicherte die Unternehmer.[113] Die Geldpolitik der Bundesbank schließlich führte noch tiefer in die konjunkturelle Schwächephase.

Die Bundesregierung musste sich spätestens 1993 den Herausforderungen des gewählten Transformationsmodells stellen. Die wirtschaftspolitischen Entscheidungen der folgenden Jahre lassen sich durch zwei Merkmale charakterisieren. Sie zeichneten sich einerseits durch fiskalpolitische Restriktionen aufgrund der finanziellen Verpflichtungen durch die Wiedervereinigung aus, während sie andererseits weiterhin ein angebotspolitisches Modell verfolgten. Im Juni 1993

---

111 SVR: Jahrsgutachten 1993/94. Zeit zum Handeln. Antriebskräfte stärken, abgedruckt als BT Drs. 12/6170, S. III.
112 Vgl. ebenda.
113 Ebenda, S. 64f.

nahmen die Gesetze zur Umsetzung des Spar-, Konsolidierungs- und Wachstumsprogramms (SKWPG) Einschnitte in das System der sozialen Sicherung vor. Mit 49 Maßnahmen schuf die Bundesregierung im Jahr 1994 ein Einsparvolumen von 21 Mrd. DM beim Bund und von 25 Mrd. DM bei allen Gebietskörperschaften. Bis 1996 sollten sich die Minderausgaben auf insgesamt 63 Mrd. DM belaufen. Diese Ausgabenreduktion basierten nicht nur auf dem angebotspolitischen wirtschaftspolitischen Modell. Ausgehend von Steuermindereinnahmen durch die einbrechende Konjunktur und Mehrausgaben für die daraus resultierende Notwendigkeit der sozialen Sicherung sah sich die Bundesregierung gezwungen, ihre Ausgaben zu reduzieren: „Ohne Eingriffe würden diese veränderten Ausgangsdaten allein beim Bund zu einem Anstieg der Nettokreditaufnahme von rund 67 Mrd. DM im Jahr 1993 auf über 90 Mrd. DM im Jahr 1994 führen. Eine solche Neuverschuldung wäre aber auch bei schwacher Wirtschaftsentwicklung nicht zu verantworten."[114] Zohlnhöfer spricht daher von einer Wirtschaftspolitik der „fiskalischen Konsolidierungsnotwendigkeit."[115]

Dieser Begriff verlangt jedoch eine gewisse Relativierung, da mit den Kürzungen im System der Arbeitslosenversicherung ebenso einer wirtschaftspolitischen Maxime der Angebotspolitik Rechnung getragen wurde. Die Streichungen folgten der These, dass der Arbeitsmarkt eine abgeleitete Größe sei, die nicht originär gesteuert werden könne, sondern die sich aus dem Wirken der Güter- und Geldmärkte ableiteten würde. „Auch bei anderen arbeitsmarktpolitischen Instrumenten sollten Kürzungen vorgenommen werden, da die aktive Arbeitsmarktpolitik vor dem Hintergrund, dass sie nur flankierende Funktionen bei der Schaffung neuer Arbeitsplätze wahrnehmen kann, an die Grenzen der Finanzierbarkeit und ordnungspolitischen Vertretbarkeit geraten sei."[116] Schwarz-gelb maß nicht der Arbeitsmarktpolitik an sich die Relevanz bei, sondern betrachtete ein gutes angebotspolitisches Umfeld als Voraussetzung für neue Arbeitsplätze. Die Instrumente der Bundesregierung intendierten daher eine Veränderung der ordnungspolitischen Struktur und beruhten nicht nur auf fiskalischen Restriktionen. Die flankierenden Maßnahmen zur Stimulation der Produktionstätigkeit und der Umstand, dass keine Steuererhöhungen vorgenommen wurden, erhärten die These des weiterhin angebotspolitischen Kurses der Bundesregierung. Um die ökonomische Entwicklung zu stärken, verzichtete das SKWPG auf verlängerte Abschreibungszeiten, vereinfachte Verfahren und flexibilisierte den Arbeitsmarkt.

Die Konstruktion der Treuhandanstalt stellt ein weiteres Moment für den angebotspolitischen Kurs der schwarz-gelben Koalition dar. Zwar lässt sich der Regierung mit der Tätigkeit der THA im Osten der Republik der Vorwurf machen,

---

114 BT Drs. 12/5502, S. 19.
115 Zohlnhöfer 2001, S. 224.
116 Ebenda, S. 225.

sie hätte zu wenig aktive Marktordnungspolitik betrieben in der Erwartung, „dass der Markt ohne Marktordnungspolitik automatisch funktioniere"[117]. Allerdings war der gewählte Weg der Privatisierung ein Indiz auf das Vertrauen der Bundesregierung in die Selbstheilungskräfte des Marktes und ein Ausdruck der Angebotspolitik. Der wirtschaftspolitische Ruck hin zu einer nachfrageorientierten Politik resultierte damit allenfalls aus den unvermeidlichen Anforderungen der gewählten Schock-Therapie. Von Beyme verweist in diesem Zusammenhang treffend auf einen „Vereinigungskeynesianismus wider Willen"[118].

3.1.6. Die „moderne" Wirtschaftspolitik der rot-grünen Koalition

Anders als in der sozialliberalen Regierung entschieden sich die Sozialdemokraten 1998 nicht wieder für eine nachfrageorientierte Wirtschaftspolitik. Das neue Credo umfasste einen Mix wirtschaftspolitischer Instrumente. „Durch eine sinnvolle Kombination von Angebots- und Nachfragepolitik wird die Bundesregierung die Rahmenbedingung für die Schaffung neuer Arbeitsplätze und für eine nachhaltige Wirtschaftsentwicklung verbessern."[119]

Die Literatur bescheinigt der rot-grünen Koalition eine Tendenz zur Auflösung bestehender langfristiger Leitplanken des deutschen Wirtschaftsmodells. Beck/Scherrer sehen in den wirtschaftspolitischen Initiativen von rot-grün den Abschied vom „Modell Deutschland".[120] Siegel bestätigt diese Annahme, ohne dafür der Politik die Führungsposition zuzusprechen.[121] Wesentliche Wandlungsprozesse ergaben sich nach dieser Darstellung einerseits im Produktionsregime, andererseits in der sozialen Sicherung. So löste sich mit dem Amtsantritt der rot-grünen Bundesregierung die Kooperation zwischen Finanzkapital und Unternehmen zugunsten eines stärker am „shareholder value" orientierten Finanzmarktka-

---

117 Roland Sturm: Wettbewerbs und Industriepolitik. Zur unterschätzten Ordnungsdimension der Wirtschaftspolitik, in: Antonia Gohr/Martin Seeleib-Kaiser (Hrsg.): Sozial- und Wirtschaftspolitik unter Rot-Grün, Wiesbaden 2003, S. 90.
118 Klaus von Beyme: Verfehlte Vereinigung – verpasste Reformen? Zur Problematik der Evaluation der Vereinigungspolitik in Deutschland seit 1989, in: Journal für Sozialforschung, H. 3, Jg. 24 (1994) S. 249-269.
119 Zitiert nach: Roland Sturm: Wettbewerbs und Industriepolitik. Zur unterschätzten Ordnungsdimension der Wirtschaftspolitik, in: Antonia Gohr/Martin Seeleib-Kaiser (Hrsg.): Sozial- und Wirtschaftspolitik unter Rot-Grün, Wiesbaden 2003, S. 90.
120 Vgl. Stefan Beck, Christoph Scherrer: Der rot-grüne Einstieg in den Abschied vom „Modell Deutschland": Ein Erklärungsversuch, in: PROKLA. Zeitschrift für kritische Sozialwissenschaft, H. 138, Jg. 35 (2005) 111-130.
121 Vgl. Nico Siegel: Rot-Grün und die Pfeiler des deutschen Kapitalismus, in: Christoph Egle/Reimut Zohlnhöfer (Hrsg.): Das Ende des rot-grünen Projektes, Wiesbaden 2007, S. 388.

3. Energiepolitik im Wandel wirtschaftspolitischer Paradigma

pitalismus auf. „Die Deutschland AG zeichnete sich im internationalen Vergleich durch insgesamt eher geringe Marktkapitalisierung und starke Kapital- und Personalverflechtungen in Aufsichtsgremien aus. Eine vorwiegend an kurzfristig vorzeigbaren Erfolgen ausgerichtete shareholder-Orientierung stellte für breite Teile der Wirtschaft bis in die 1990er Jahre nicht in dem Maße dominante und handlungsleitende Maximen dar, wie das in (idealtypisch stilisierten) liberalen Marktökonomien der Fall war."[122] Eine mögliche Interpretation für diese Entwicklung bietet die Konzeption des Neoliberalismus, die von wiederkehrenden Konjunkturen des Liberalismus spricht.[123] Für diese Wertung sprechen die von den Sozialdemokraten verfolgte Angebotspolitik, die Reformen mit den Einschnitten in die soziale Sicherung sowie umfassende Privatisierungen. Zohlnhöfer weist darauf hin, dass die rot-grüne Koalition höhere Privatisierungserlöse erzielte als es die Kohl-Regierung vermochte.[124]

Die rot-grüne Politik gliedert sich in drei Phasen.[125] Die „Lafontaine-Trittin-Phase" erstreckte sich von September 1998 bis März 1999. Unter Lafontaine kam es zu Ausgabensteigerung. In diese Phase fiel die Rivalität zwischen den „Traditionalisten" um Lafontaine, die auf nachfrageorientierte Konzepte setzten, und den „Modernisierern", die ein eigenes sozialdemokratisches Reformprofil anstrebten.[126] Dem schloss sich eine „Eichel-Riester-Phase" an, die von April 1999 bis Februar 2002 reichte. Hier fanden Ausgabensenkung unter Eichel statt, der mit den Modernisierern um Schröder versuchte, die Angebotsseite zu stärken. Der Finanzminister kürzte den Bundeshaushalt um 7,5 Mrd. Euro. 2001 erfolgte die Senkung der Körperschaftssteuersätze für einbehaltene Gewinne von 40 bzw. 30 Prozent auf 25 Prozent.[127] Rot-grün schuf die Möglichkeit der Anrechenbarkeit der Gewerbesteuer gegen die Einkommensteuerschuld. Ab 2002 stellte die Koalition Gewinne steuerfrei, die aus der Veräußerung von Beteiligungen an Kapitalgesellschaften resultierten. Sie intendierte damit eine Auflösung der „Deutschland AG",[128] d.h. der intensiven Kapitalverflechtung zwischen den Unternehmen. März 2002 trat die Politik in die „Hartz-Clement-

---

122 Ebenda, S. 385.
123 Vgl. Mario Candeias: Konjunkturen des Neoliberalismus, in: Christina Kaindl (Hrsg.): Subjekte im Neoliberalismus, Marburg 2007, 9-18.
124 Vgl. Zohlnhöfer 2009, S. 337.
125 Vgl. Eichenhorst Zimmermann 2005, S. 11; Markus M. Müller/Roland Sturm: Wirtschaftspolitik kompakt, Wiesbaden 2010, S. 113f.
126 Vgl. Müller/Sturm 2010, S. 113.
127 Vgl. Reimut Zohlnhöfer: Mehrfache Diskontinuitäten in der Finanzpolitik, in: Egle/Zohlnhöfer 2007, S. 76.
128 Vgl. ebenda.

3.1. Modelle deutscher Wirtschaftspolitik

Phase", in welcher der Angebotspolitik eine Absenkung des Sozialstaatsniveaus folgte.[129]

Das wirtschaftspolitische Paradigma der rot-grünen Regierung charakterisiert die Literatur als angebotsorientiert.[130] Vor dem Hintergrund einer perzipierten Strukturkrise der deutschen Wirtschaft bot die Angebotspolitik ein probates Mittel, um Märkte wieder bestreitbar, Unternehmen wettbewerbsfähiger und damit das gesamtwirtschaftliche Anreizsystem effizienter zu gestalten. Der Sachverständigenrat attestierte der Regierung, mit der verminderten Steuer- und Abgabenlast wesentliche Voraussetzungen für eine erhöhte Investitionstätigkeit geschaffen zu haben. Dabei gelang es der Bundesregierung, die Konsolidierung des Bundeshaushalts voranzutreiben, womit sie zusätzliche finanzpolitische Spielräume schuf.[131] Das Gesetz über die Reform der Einkommens- und Körperschaftssteuer senkte den Eingangssteuersatz auf 15 und den Spitzensteuersatz auf 42 Prozent. „Das Entlastungsvolumen der Steuerreform ist beträchtlich. Nimmt man alle einkommensteuerpolitischen Maßnahmen seit dem Regierungswechsel von 1998 zusammen, addiert man also die sich daraus jeweils ergebenden Entlastungen, so ergibt sich für das Jahr 2005 ein Gesamtbetrag von etwa 95 Mrd. DM [...]. Davon gehen ganz sicher konjunkturell stützende Effekte aus, zudem ist damit zusätzlicher Freiraum für private wirtschaftliche Aktivitäten geschaffen worden."[132]

Zu ordnungspolitischen Ansätzen besaß die rot-grüne Bundesregierung ein ambivalentes Verhältnis. Zu freien Märkten und Strukturen, welche die Konkurrenz fördern, bekannte sich die rot-grüne Bundesregierung nicht. Verminderter Wettbewerb stellte für die Bundesregierung von 1998 bis 2005 ein kleiner Preis dar, wenn es darum ging, globale und auf den Weltmarkt handlungsfähige Unternehmen zu stützen. Sturm konstatiert in diesem Sujet einen „industriepolitischen Nationalismus"[133] Diese Haltung korrespondierte mit der angebotsorientierten Konzeption der rot-grünen Wirtschaftspolitik, denn sie wertete die Interessen der Unternehmen an verstärkter Konzentration höher als die allokativen-gesamtwirtschaftlichen Effekte, die vom Wettbewerb ausgehen.

Das Problem der Kooperation zwischen Körperschaften und Staat löste die rot-grüne Koalition in der Anfangszeit durch eine dezidierte Zusammenarbeit im Rahmen des „Bündnis für Arbeit". Am tripartistischen Bündnis für Arbeit, Aus-

---

129 Vgl. Beck/Scherer, S. 111.
130 Vgl. Kaiser 2006, S. 445.
131 Vgl. SVR: Jahresgutachten 2000/01. Chancen auf einen höheren Wachstumspfad, abgedruckt als BT Drs. 14/4792, S. 197.
132 Ebenda, S. 198.
133 Zitiert nach: Roland Sturm: Wettbewerbs und Industriepolitik. Zur unterschätzten Ordnungsdimension der Wirtschaftspolitik, in: Antonia Gohr/Martin Seeleib-Kaiser (Hrsg.): Sozial- und Wirtschaftspolitik unter Rot-Grün, Wiesbaden 2003, S. 99.

bildungsplätze und Wettbewerbsfähigkeit nahmen – analog der Konzertierten Aktion ab 1967 – alle arbeitsmarktrelevanten Institutionen teil. Die Bundesregierung intendierte durch Kooperation mit den Arbeitgeberverbänden und den Gewerkschaften, die auf Tarif- und Sozialpolitik Einfluss nehmen, die offene Flanke ihrer Fiskal-, Steuer- und Sozialpolitik zu schließen.[134] Der DGB listete in seinem 1998 veröffentlichten Strategiepapier insgesamt sieben Leitbilder auf, die für ein tragfähiges Bündnis sprachen. Dazu zählte auch eine arbeitsplatzschaffende Umwelt- und Energiepolitik.[135] Kritiker sahen die Wirkmächtigkeit dieser Zusammenarbeit beschränkt, da Berlin keine eigene Strategie entwickelt hätte, die Arbeitgeberverbände hingegen sehr weitreichende Strukturreformen anpeilten während die Gewerkschaften am Status quo festhielten. „Schließlich entfiel die Kooperation, weil sich die Akteure aufgrund ihrer Interessendivergenzen auf keine Tauschgeschäfte einigen konnten."[136] Nach der Bundestagswahl des Jahres 2002 belebten die Akteure das Bündnis nicht wieder. Mit dem Scheitern endete vorerst das tripartistische und korporatistische Modell gesellschaftlicher Kooperation. Von einer ernsthaften Zusammenarbeit innerhalb des Bündnis für Arbeit konnte von Seiten der Politik keine Rede sein. Sie nutzte das Bündnis als taktisches Instrument, um über die Problematik einer perzipierten Reformunwilligkeit innerhalb der Verbandsspitzen für einen Politikwechsel zu plädieren, den sie dann mit der Agenda-Politik umsetzte. „Korporatismus hatte sich im Lauf der Jahre von einem ausgeprägten System wegentwickelt und war nur noch 'ein möglicher, durch historisch bestimmte Konstellationen begünstigter Unterfall.' Deutschland ist keine korporatistische Gesellschaft mehr. Das Bündnis für Arbeit sieht von Alemann konsequenterweise weder als System noch als Strategie, sondern lediglich als politische Taktik."[137]

Umfassende Reformen fanden in der Sozial-, Renten- und Arbeitsmarktpolitik statt, die auf einen Rückzug des Staates sowie eine dezidiert angebotsorientierte Wirtschaftskonzeption schließen lassen. Die Reform der Arbeitsmarktgesetzgebung stellte das Pendant zur Entlastung der Unternehmen dar. Das Produktionspotential lässt sich nur stärker auslasten, wenn die Arbeitnehmer ein verstärktes Interesse an der Arbeitsaufnahme haben, weshalb das „Vierte Gesetz für moderne Dienstleistungen am Arbeitsmarkt" Arbeitslosenhilfe und Sozialhilfe zum Arbeitslosengeld II zusammenlegte. Damit ging eine Absenkung des

---

134 Cornelia Fraune: Neue Soziale Pakte in Deutschland und den Niederlanden: Das Bündnis für Arbeit, Ausbildung und Wettbewerbsfähigkeit und der Museumpleinakkoord 2004 im Vergleich, Wiesbaden 2011, S. 154.
135 Vgl. Nico Fickinger: Der verschenkte Konsens. Das Bündnis für Arbeit, Ausbildung und Wettbewerbsfähigkeit 1998 - 2002, Wiesbaden 2005, S. 130.
136 Vgl. Christian Kaiser: Korporatismus in der Bundesrepublik Deutschland. Eine politikfeldübergreifende Übersicht, Marburg 2006, S. 425.
137 Thomas Hanke: Der neue Kapitalismus. Republik im Wandel, Hamburg 2006, S. 102f.

Leistungsniveaus einher. Durch die Kalkulation von Partnereinkommen und Vermögen in sogenannte Bedarfsgemeinschaften verringerte sich der Anteil der empfangsberechtigten Haushalte um ein Fünftel. Mit der Reform setzte die Bundesregierung Anreize zugunsten eines verstärkten Engagements der Arbeitslosen auf dem ersten Arbeitsmarkt. Durch die „Ich-AG" und „Mini-Jobs" zielte die Arbeitsmarktreform auf ein erhöhtes Arbeitskräfteangebot, wenn nötig mit Unterstützung durch staatliche Alimentierung.

Obwohl die rot-grüne Regierung versuchte, die Staatshaushalte zu entlasten, ließen die angewandten Finanzierungsmodelle unter Eichel eine solche Konsolidierung nicht zu. Zwar sank die Ausgabenquote des deutschen Staates.[138] Dies gelang aber nur durch eine Haushaltsplanung, die schließlich nicht als nachhaltig zu bezeichnen war. „Statt des international üblichen Budgetierens mit Notreserven war jeder Eichel-Haushalt 'auf Kante genäht' und deshalb extrem krisenanfällig. [...] Alle Sozialsysteme waren am Ende der rot-grünen Koalition von einer tiefgreifenden finanziellen Krise erfasst bzw. bereits oder in naher Zukunft [...] ohne massive Steuerzuschüsse pleite."[139]

3.1.7. Ambivalente Wirtschaftspolitik in der zweiten Großen Koalition

Die von einer Große Koalition getragene Bundesregierung konnte in den ersten zwei Jahren auf eine positive wirtschaftliche Entwicklung zurückblicken. Aufgrund der Reformen und damit erzielten strukturellen Öffnung des Arbeitsmarktes nahm die wirtschaftliche Leistungsfähigkeit zu. Ein konjunkturelles Hoch entlastete den Staatshaushalt und die finanzielle Situation der Sozialkassen entspannte sich. „Stellt man der gesamtwirtschaftlichen Situation der Jahre 2002 bis 2005 das gegenwärtige wirtschaftliche Umfeld gegenüber, wird deutlich, dass bei vielen Problemen eine spürbare Entspannung eingetreten ist. Die Zahl der Arbeitslosen hat sich erheblich verringert, und der Rückgang betraf nicht nur Arbeitslosengeldbezieher und damit die Arbeitslosenversicherung, sondern erfasste zudem die arbeitslosen Empfänger des Arbeitslosengeld II, die durchweg schlechtere Arbeitsmarktchancen hatten und haben. Der schon seit Längerem zu beobachtende Anstieg der Erwerbstätigkeit beschleunigte sich und erfasste insbesondere die sozialversicherungspflichtige Beschäftigung, die im Jahr 2007 um kräftige 2,2 Prozent zunahm."[140]

---

138 Vgl. SVR: Jahresgutachten 2006/07. Widerstreitende Interessen – ungenutzte Chancen, Wiesbaden 2006, S. 533.
139 Müller/Sturm 2010, S. 119.
140 Vgl. SVR: Jahresgutachten 2007/08. Das Erreichte nicht verspielen, Wiesbaden 2007, S. 6.

3. Energiepolitik im Wandel wirtschaftspolitischer Paradigma

Welches wirtschaftspolitische Modell verfolgte die Große Koalition von 2005 bis 2009? An den Themenfeldern Privatisierung/Regulierung und Arbeitsmarktpolitik sowie der Reaktion auf die krisenhaften Erscheinungen der 2008 virulent werdenden Banken- und der sich anschließenden Wirtschaftskrise zeigt sich die Ambivalenz der wirtschaftspolitischen Entscheidungen.

Die angebotspolitische Konzeption der Vorgängerregierung griff die Große Koalition nicht wieder auf. Mit der Erhöhung der Mehrwertsteuer auf 19 Prozent demonstrierte sie den gouvernementalen Willen nach vielen Jahren des Sparkurses dem Staat wieder mehr Handlungsfreiheit einzuräumen. Die von der Großen Koalition getragene Bundesregierung beschritt auch nicht den Weg der weiteren Liberalisierung. Obwohl die Vorgängerregierung unter Führung der SPD diesen Weg ging und auch die CDU-geführten Regierungen auf marktorientierte-liberale wirtschaftspolitische Entscheidungen setzten, nahm die Geschwindigkeit der Liberalisierungen ab. „Im Bereich der Regulierung beispielsweise kann man [...] jedenfalls nicht von einer generellen Tendenz zur Liberalisierung sprechen - eher im Gegenteil. Und die zentralen Privatisierungsprojekte der großen Koalition, insbesondere die geplante Bahnreform, wurden zu symbolträchtigen Auseinandersetzungen um das richtige Verhältnis zwischen Markt und Staat."[141]

Eine einseitige Rückkehr des Staates in die soziale Sicherung seiner Bürger fand jedoch nicht statt. Die Große Koalition senkte das Leistungsniveau der Gesetzlichen Kranken- und Rentenversicherung, wobei sie den Druck auf Arbeitslose und Sozialhilfebezieher erhöhte, um sie zur Arbeitsaufnahme zu bewegen.[142] Im Bereich der Arbeitsmarktpolitik verkürzte die Bundesregierung die Bezugsdauer des Arbeitslosengeldes von 18 auf zwölf Monate. Die Ambivalenz der wirtschaftspolitischen Entscheidungen zeigte sich an der Entscheidung zugunsten branchenspezifischer Mindestlöhne in einem Umfeld des sinkenden Sozialstaatsniveaus.

Finanzielle Spielräume, die sich durch die Erhöhung der Umsatzsteuer auftaten, nutzte der Bund, um seine Ausgaben auszuweiten. Dazu zählten pauschale Unterstützungsleistungen, Elterngeld, Mitarbeiterbeteiligung in Form von Kapitalbeteiligungen und energiepolitische Förderinstrumente.[143] Mit den Turbulenzen auf den Finanzmärkten und der auf die Realwirtschaft übergreifenden Bankenkrise verlor die Große Koalition ihren Handlungsspielraum. Aufgrund

---

141 Nicole Herweg/Reimut Zohlnhöfer: Die Große Koalition und das Verhältnis von Markt und Staat: Entstaatlichung in der Ruhe und Verstaatlichung während des Sturms?, in: Christoph Egle/Reimut Zohlnhöfer (Hrsg.): Die zweite Große Koalition. Eine Bilanz der Regierung Merkel 2005-2009, Wiesbaden 2010, S. 254 .
142 Vgl. Christoph Butterwegge: Krise und Zukunft des Sozialstaates, Wiesbaden 2012, S. 132.
143 Vgl. SVR 2007, S. 11.

3.1. Modelle deutscher Wirtschaftspolitik

der in eine Depression abrutschenden Ökonomie war die Bundesregierung gezwungen, einen keynesianischen wirtschaftspolitischen Kurs zu verfolgen, um eventuellen Produktionseinbrüchen entgegenzuwirken. Mit den beiden Konjunkturpaketen, der als Abwrackprämie betitelten Umweltprämie, Mittelstandprogrammen und der Entlastung der Bürger bei den Sozial- und Krankenversicherungsbeiträgen zielte die gouvernementale Wirtschaftspolitik darauf, die Nachfrage zu stimulieren.

Am 5. November 2008 verabschiedete das Bundeskabinett das Maßnahmenpaket „Beschäftigungssicherung durch Wachstumsstärkung" - bekannt als Konjunkturpaket I. Mit diesem Maßnahmenbündel setzte die gouvernementale Wirtschaftspolitik Impulse für eine Belebung der deutschen Wirtschaft. Das Konjunkturpaket I investierte insgesamt 50 Mrd. Euro und enthielt sowohl angebotspolitische als auch nachfrageorientiert-keynesianische Elemente. Es diente vor allem als Investitionsprogramm für die Forcierung von Infrastrukturmaßnahmen: Zwei Mrd. Euro flossen in die Sanierung und den Ausbau der Schienen- und Wasserwege sowie die Instandhaltung und den Ausbau der Bundesfernstraßen. 500 Mio. Euro flossen in die CO_2-Gebäudesanierung und das länderbasierte Sonderprogramm „Verbesserung der regionalen Wirtschaftsstruktur". Knapp 4,5 Mrd. Euro investierte das Konjunkturpaket in die Erhöhung des Kindergeldes um zehn auf 164 Euro und die Erhöhung des Kinderfreibetrags. Mit 7,82 Mrd. Euro ermöglichte die Bundesregierung die volle steuerliche Berücksichtigung der geleisteten Beiträge zur Kranken- und Pflegeversicherung. 900.000 Euro sah das Konjunkturpaket I für eine Finanzmasse vor, mit der Handwerksleistungen steuerliche Begünstigung erhielten. PKW, welche zwischen dem 5. November 2008 und 30. Juni 2009 zugelassen wurden, erhielten für ein Jahr eine Kfz-Steuerbefreiung. Das Wohngeld stieg von 92 auf 142 Euro. 7,2 Mrd. Euro flossen in die Senkung des Beitragssatzes der Arbeitslosenversicherung. Insgesamt 120 Mio. Euro setzte die KfW für Sonderkredite auf, um mittelständischen Unternehmen bei ihren Investitionen zu unterstützen.

Am 14. Januar 2009 verabschiedete das Bundeskabinett den „Pakt für Beschäftigung und Stabilität in Deutschland zur Sicherung der Arbeitsplätze, Stärkung der Wachstumskräfte und Modernisierung des Landes." Verhandlungen über den Inhalt des zweiten Konjunkturprogramms begannen einen Monat zuvor am 14. Dezember 2008. Bei einem Krisengipfel im Bundeskanzleramt debattierten die Bundesregierung, Arbeitgeber und -nehmer sowie Experten aus der Wissenschaft über Impulse für die Konjunktur. Das Konjunkturpaket II investierte weitere knapp 50 Mrd. Euro in den Wirtschaftskreislauf. 17,33 Mrd. Euro flossen in den Bau von Kindertagesstätten, Schulen, Straßen und Krankenhäuser sowie Autobahnen und in ein energetisches Gebäudesanierungsprogramm, 500

3. Energiepolitik im Wandel wirtschaftspolitischer Paradigma

Mio. Euro in die Förderung zukunftsfähiger Fahrzeugantriebe mit Brennstoffzellen- und Wasserstofftechnologie. Für zwei Jahre stellt die Bundesregierung mittelständischen Unternehmen jeweils 450 Mio. Euro für Forschungsvorhaben zur Verfügung.

Ein Bestandteil des Konjunkturpakets war die Umweltprämie, die jedoch als Abwrackprämie bekannt wurde. Die Abwrackprämie erachtete die Bundesregierung als Instrument, den stotternden Konjunkturmotor Deutschlands wieder zum Laufen zu bringen, oder wie Andrea Nahles pointiert sagte: „Da nimmt die Abwrackprämie mit Verlaub eine Schlüsselposition ein, um eine Leitindustrie in diesem Land wieder flottzumachen."[144] Sie stellte ein nachfrageorientiertes Instrument dar.

Bereits die Vorarbeiten zu den Konjunkturpaketen besaßen eine korporatistische Tendenz, denn die seit 2008 schwelende Wirtschaftskrise machte eine Wiederbelebung tripartistischer Zusammenarbeit notwendig. Auf dem Krisengipfel vom 14. Dezember 2008 im Kanzleramt debattierten Merkel, Vertreter der Wirtschaft, Experten der Wissenschaft und die Gewerkschaften über Optionen zur Krisenbewältigung. Den korporatistischen Ansatz nutzten die Entscheidungsträger ebenfalls, um das Problem der Kreditklemme zu bewältigen.

3.1.8. Das angebotspolitische Modell der schwarz-gelben Koalition

Das wirtschaftspolitische Leitmotiv der schwarz-gelben Bundesregierung war eine schärfere Akzentuierung angebotspolitischer Strukturen. Die Rahmenbedingung dafür sah sie in niedrigen Steuern und einem ausgeglichenen Haushalt.[145] Neben diesen allgemeinen Ausführungen definierte die konservativ-liberale Koalition dafür Merkmale, die dem ordoliberalen Leitbild Erhardscher Prägung entsprechen. „Die Ordnungspolitik setzt in der Sozialen Marktwirtschaft die Rahmenbedingungen. Deren oberstes Ziel muss sein, dass Bürger und Unternehmen ihre produktiven Kräfte entfalten und ihr Eigentum sichern können. Dabei ist es eine Daueraufgabe des Staates, diesen Ordnungsrahmen den gesellschaftlichen und wirtschaftlichen Entwicklungen anzupassen und zu verbessern. Wir verfolgen eine Wirtschaftspolitik, die auf Stetigkeit, Solidität und Verlässlichkeit ausgerichtet ist und mit der richtigen Ausrichtung aus Ordnungs-, Steuer-, und Innovationspolitik entschlossen handelt."[146]

---

144 BT PlPr. 16/198, S. 21450.
145 Vgl. Wachstum. Bildung. Zusammenhalt, Koalitionsvertrag zwischen CDU, CSU und FDP, 17. Legislaturperiode, Berlin 2009, S. 5.
146 Ebenda, S. 9.

Zu Beginn setzte sie Teile dieser Ambitionen durch eine Senkung der Mehrwertsteuern für das Hotelgewerbe durch, doch in den darauf folgenden Monaten banden die Erfordernisse der Finanzkrise die Ressourcen der schwarz-gelben Koalition. Zwar war der konjunkturelle Einbruch von 2009 zu Beginn des Jahres 2012 überwunden, allerdings bestanden weitere Unsicherheiten über die zukünftige Entwicklung aufgrund der Unwägbarkeiten der europäischen Schuldenkrise. Dieser Komplikationen zum Trotz erreichte die deutsche Wirtschaft ein Niveau, das dem vor der Krise entsprach. Berlin nutzte dieses gute Umfeld, um den Bundeshaushalt zu konsolidieren,[147] denn die Schuldenstandsquote betrug Ende 2011 ca. 80 Prozent.[148]

Das Niveau der Subventionen sank, was auf das Auslaufen des Programms zur Stärkung der Pkw-Nachfrage und die Abschaffung der Eigenheimzulage zurückzuführen war.[149] Während die Finanzhilfen rückläufig waren, stieg das Niveau der Steuervergünstigungen bis 2010 auf 18,6 Mrd. Euro an, bevor es im Jahr 2012 wieder sank.[150] Diese Politik der „ruhigen Hand" deutete auf die ordnungspolitische Komponente der schwarz-gelben Regierung, wobei die Steuervergünstigungen den angebotspolitischen Charakter konturierten.

3.2. Das Modell wirtschaftspolitischer Paradigma

Der gestraffte Rückblick auf die wirtschaftspolitischen Konzeptionen verdeutlicht die zwei verschiedenen Konfliktlinien in den Modellen. Das „Steuerungsmodell" der Wirtschaftspolitik zeichnet den Unterschied zwischen der nachfrageorientiert-keynesianischen und der angebotspolitisch-liberalen Ausgestaltung der Wirtschaftspolitik nach. Ein weiterer Dualismus findet sich im wirtschaftspolitischen „Kooperationsmodell". Dieses differenziert einerseits zwischen der Abschottung staatlicher Hoheitszentren von ökonomischen Entscheidungsträgern und andererseits dem Korporatismus bzw. der Kooperation von Staat und Wirtschaft. Korporatismus steht hierbei für die Zusammenarbeit wesentlicher gesellschaftlicher Gruppen. Das Kooperationsmodell unterscheidet zwischen Trennung oder Integration des politischen und ökonomischen Subsystems der Gesellschaft. „Wann immer in Deutschland wirtschaftspolitische Schwierigkeiten auftauchen, ertönt der Ruf nach korporatistischen Lösungen: Nach organisierter Verhaltensabstimmung kollektiver Akteure unter Beschrän-

---

147 SVR: Jahresgutachten 2011/12. Verantwortung für Europa wahrnehmen, Wiesbaden 2011, S. 13.
148 Vgl. ebenda, S. 177.
149 Vgl. BT Drs. 17/6795, S. 12.
150 Vgl. ebenda, S. 5.

3. Energiepolitik im Wandel wirtschaftspolitischer Paradigma

kung des Wettbewerbs, nach einem Bündnis für Arbeit, für Ausbildung. Nach klarer hat es Ludwig von Mises definiert: In der korporatistischen Utopie wird der Markt ersetzt durch das Zusammenspiel der Korporationen, d.h. der als Körperschaften organisierten Gesamtheit der in einem Produktionszweig tätigen Personen. Ein Pakt muss her, so hören wir, zwischen den Generationen, den Interessengruppen, den Klassen und Wirtschaftssubjekten."[151] Dem steht die dezisive Souveränität der Gruppen gegenüber, deren Verhaltensabstimmung sich über Marktprozesse gestalten.

Die Synthese von wirtschaftspolitischen Steuerungs- und Kooperationsmodell führt zur Matrix wirtschaftspolitischer Paradigma. Entlang der Spalten findet sich das Steuerungsmodell, die Zeilen bilden die Kooperationsmodi ab.

Abb.1 Matrix wirtschaftspolitischer Paradigma

	Angebotspolitik	Nachfragepolitik
Trennung	unabhängig-hoheitliche Potentialsteuerung	unabhängig-hoheitliche Produktionssteuerung
Integration	korporatistisch-kooperative Potentialsteuerung	korporatistisch-kooperative Produktionssteuerung

Quelle: Eigene Darstellung

Die deutsche Wirtschaftspolitik lässt sich in diese vier verschieden Idealtypen gliedern. Es gilt zu betonen, dass diese Idealtypen nicht in Reinform in der Realität anzutreffen sind. Als theoretische Konstrukte besitzen sie aber den Wert und die Nützlichkeit, spezielle Eigenheiten deutscher wirtschaftspolitischer Entscheidungen abzubilden.

Trifft das angebotspolitische Steuerungsmodell auf eine Trennung von staatlichen und wirtschaftlichen Entscheidungszentren liegt eine unabhängig-hoheitliche Potentialsteuerung vor. Statt des Begriffs Angebotspolitik bevorzugt diese Analyse den Begriff Potenzialsteuerung. Im Grunde drückt er dasselbe Prinzip aus. Durch Stärkung der Marktkräfte – was in diesem Sinne einer Stärkung der Besitzer der Produktionsmittel entspricht – versucht das politische Entscheidungssystem die Unternehmer für Investitionen zu gewinnen. Der Begriff Potentialsteuerung verdeutlicht aber den Konflikt, dass die angebotsorientierte Politik zwar darauf abzielt, durch Abschaffung von Handels-, Investitions- und Steuerhemmnissen eine stärkere ökonomische Tätigkeit zu stimulieren. Dem

---

151 Norbert Berthold/Rainer Hank: Bündnis für Arbeit. Korporatismus statt Wettbewerb, Tübingen 1999, S. 27.

3.2. Das Modell wirtschaftspolitischer Paradigma

muss aber nicht eo ipso und zwingend eine Ausweitung der Produktionsmöglichkeiten folgen. Das Maximum einer Produktionsfunktion ändert sich beispielsweise nicht, wenn die Regierung die Steuern senkt. Daher bietet die Angebotspolitik das Potenzial für Produktionssteigerungen, sie schafft jedoch keine Garantie. Statt einer Anpassung der Unternehmensstrategie ist der Potentialsteuerung die Gefahr inhärent, Extragewinne für die Angebotsseite zu realisieren. Die Eigenheit der unabhängig-hoheitlichen Potentialsteuerung liegt in der souveränen Ausgestaltung der Wirtschaftspolitik durch den Staat, der hoheitlich die Rahmendaten für die Marktteilnehmer setzt.

Das Pendant zur unabhängig-hoheitlichen Potentialsteuerung findet sich in der korporatistisch-kooperativen Potentialsteuerung. Im Zentrum dieses Modells steht die Stärkung der Angebotskräfte, deren Grundlagen jedoch nicht unter der hoheitlichen Unabhängigkeit staatlicher Entscheidungszentren erarbeitet werden. Im Gegensatz zur unabhängig-hoheitlichen Potentialsteuerung finden Interessen und Ansprüche der Wirtschaftsteilnehmer Eingang in die Ausgestaltung wirtschaftspolitischer Entscheidungen. Die Bestimmung des Kooperationsmodus als korporatistisch-kooperativ deutet auf zwei Eigenheiten. Einerseits umschreibt er die Möglichkeit der Zusammenarbeit von Staat, Arbeit und Kapital. Andererseits hält er die Option offen, dass nur einer der Produktionsfaktoren auf die staatlichen Entscheidungsfindung Einfluss nimmt. Unter der Prämisse einer einzelnen Einflussnahme ist jedoch zu erwarten, dass die Angebotsseite in dieser wirtschaftspolitischen Konstellation auf den Staat einwirkt. Zumindest erscheint es unwahrscheinlich, dass die Vertreter des Faktors Arbeit eine Potentialsteuerung erstreben, die auf eine reine Stärkung der Angebotskräfte abzielt. In Rechtsstaaten und in Ländern mit dem Recht zur freien Vereinsbildung dürfte sich dieses Modell nicht finden lassen – allerdings existierte dieses Option im Italien unter Mussolini oder in Brasilien während der Phase des „Estada novo" des Getúlio Dornelles Vargas.

Rückt das Steuerungsmodell die nachfrageorientierte Wirtschaftspolitik in den Mittelpunkt, lässt sich zwischen der unabhängig-hoheitlichen und korporatistisch-kooperativen Produktionssteuerung unterscheiden. Die unabhängig-hoheitliche Produktionssteuerung deutet auf genuin gouvernementale Entscheidungen, ohne Mitwirkung wirtschaftlicher Subjekte. Der Begriff Produktionssteuerung relativiert Elemente der Nachfragepolitik. Per staatlichem Eingriff ist es zwar möglich, die Produktionskapazitäten auszulasten. Es stellt wirtschaftspolitisch kein Problem dar, eine Unterauslastung des gesellschaftlichen Produktionsapparates durch Wirtschaftsprogramme zu beheben. Problematisch erscheint jedoch jede weitergehende Stimulation der Ökonomie mit nachfrageorientierten Elementen. An dem Punkt, an dem der Produktionsapparat mit voller Leistung arbeitet, birgt jeglicher zusätzlicher Nachfrageschub durch staatliche Intervention das Risiko der inflationären Aufblähung des Preisniveaus in sich. Wenn die Realwirtschaft das Produktionsmaximum erreicht, kann die weitere Stimulation der Nachfrageseite einen Preisanstieg provozieren, da die extensive Ausdehnung der Geldmenge auf bereits voll ausgelastete Produktionsanlagen trifft. Die nachfrageorientierte Politik ist somit zwar fähig, die vorhandenen Produktionsmöglichkeiten zu beeinflussen, sie ist jedoch nur bedingt in der Lage, Kapazitäten auszubauen oder das Produktionspotential auszuweiten. Sie ist daher im Gegensatz zur Potential- eine Produktionssteuerung. Ein weiteres Problem versteckt sich hinter der Nachfragepolitik. Staatliche Betätigung kann zu einem Verdrängungseffekt[152], dem sogenannten „crowding out" führen. Indem der Staat Investitionen tätigt und auf dem Kapitalmarkt Geld nachfragt, steigen die Zinssätze, wodurch er private Wirtschaftssubjekte in ihren Entscheidungen beeinflusst. In diesem Szenario behindert die staatliche Intervention ebenfalls den privaten Ausbau weiterer Kapazitäten, und sie beschränkt die Wirtschaftspolitik daher auf eine Produktionssteuerung. Wolfgang Stützel widerspricht diesem Bild der Verdrängung und verweist in seiner Darstellung auf die Analogie eines Springbrunnens. Das staatliche Geldkapital findet Eingang in die Zirkulation und kann von dort erneut nachgefragt werden. Somit verdrängt es keine privaten Investoren – ähnlich einer Fontäne, die geliehene Geldmittel wieder in den Kreditkreislauf zurückführt.[153]

In der korporatistisch-kooperativen Produktionssteuerung nehmen organisierte Interessen Einfluss auf die staatliche Entscheidungsfindung. Die Einflussnahme des Kapitals in der korporatistisch-kooperativen Produktionssteuerung ist wahrscheinlicher als die des Faktors Arbeit in der korporatistisch-kooperativen Potentialsteuerung, denn durch staatlich finanzierte Nachfragestärkung profitieren auch die Besitzer der Produktionsanlagen und die Eigentümer des Kapitals. Der Interessengegensatz ist in diesem Falle wesentlich geringer, als wenn der Faktor Arbeit an angebotspolitischen Elementen mitwirken soll.

---

152 Vgl. Robert Dohm: Staatsverschuldung mit Verdrängungseffekt?, in: Diethard Simmert/Kurt Dieter Wagner (Hrsg.): Staatsverschuldung kontrovers, Köln 1981, S. 381ff.
153 Vgl. Renate Ohr: Budgetpolitik in offenen Volkswirtschaften. Eine modelltheoretische Analyse ihrer binnen- und außenwirtschaftlichen Wirkungen, Berlin 1987, S. 32.

4. Energiepolitik der CDU-geführten Regierungen 1949 – 1966

4.1. Energiepolitik in den Regierungserklärungen Adenauers und Erhards

Energiepolitische Fragestellungen waren in den Anfangsjahren der Bundesrepublik aus Sicht der Bundesregierung keine gesellschaftspolitischen Probleme. Obwohl der Ruhrbehörde die Kontrolle der Kohlereserven oblag und sich aus der Kapitalknappheit in der Kohleindustrie Investitionsprobleme ergaben, besaß die staatliche Planung energiewirtschaftlicher Prozesse für die ersten zwei Regierungserklärungen Adenauers keine Relevanz. Die weitgehende Ausklammerung gründete vielleicht auf dem taktischen Kalkül Adenauers, denn Kohle war zu diesem Zeitpunkt nicht nur ein energie-, sondern ebenso ein außenpolitisches und europarechtliches Problem. Indem Adenauer das Thema nicht ansprach, vermied er Spannungen mit den Westmächten.

In der dritten Regierungserklärung Adenauers vom 29. Oktober 1957 kündigte der Kanzler die Diversifikation der bundesdeutschen Energieversorgung an. Mit der finanziellen Unterstützung der atomaren Kraftwerkswirtschaft und der verstärkten Integration des Öls in den deutschen Energiemarkt erhoffte sich Adenauer eine sichere und umfassende Energieversorgung der Bundesrepublik. „Die Kernenergie wird sich im Laufe der Jahre als gleichberechtigter und gleichwertiger Energiefaktor neben Kohle, Wasserkraft und Öl stellen, vielleicht den einen oder anderen Energieträger überflügeln. Diese Entwicklung soll von dem Ministerium gefördert werden, weil der ständige steigende Bedarf an Kraft und Wärme die Nutzbarmachung neuer Energiequellen fordert."[154] Das Hauptinteresse lag in der Senkung des Preisniveaus der Energie. Aus der von Wirtschaftsminister Erhard geförderten Ölintegration resultierten in den Folgejahren jedoch strukturelle Probleme für die Steinkohlewirtschaft. In der vierten Regierungserklärung vom 29. November 1961 standen diese Probleme aber nicht im Mittelpunkt. Erst nach dem Abtritt Adenauers am 15. Oktober 1963 und der Wahl Erhards zum Kanzler rückten energiewirtschaftliche Aspekte wieder auf die Tagesordnung.

Unter Erhard änderte sich nichts an den prinzipiellen Zielstellungen der gouvernementalen Energiepolitik. Die Maxime Erhards blieb jene, die er bereits als Wirtschaftsminister verfolgte: die Preisgünstigkeit der Energieversorgung. „Die Bundesregierung wird sich auch künftig der energiewirtschaftlichen Probleme mit Sorgfalt annehmen. Für die gesamtwirtschaftliche Entwicklung und die Wettbewerbsfähigkeit der Wirtschaft ist eine preisgünstige und sichere

---

154 Vgl. Konrad Adenauer: Regierungserklärung vom 29. Oktober 1957, abgedruckt in: Klaus Stüwe (Hrsg.): Die großen Regierungserklärungen der deutschen Bundeskanzler von Adenauer bis Schröder, Opladen 2002, S. 72.

4. Energiepolitik der CDU-geführten Regierungen 1949 – 1966

Versorgung mit Energie von grundlegender Bedeutung."[155] Erhard verwies auf die Vorteile der mineralölpolitischen Entscheidungen, die bei Senkung des Preisniveaus jedoch tiefgreifende strukturelle Wandlungen in der Energiewirtschaft, speziell im Steinkohlenabbau nach sich zogen. „Durch ihre Energiepolitik wird die Bundesregierung dafür sorgen, dass die Vorteile des derzeitigen Strukturwandels im Energiebereich der gesamten Wirtschaft optimal nutzbar gemacht werden."[156] Die von Adenauer initiierte Steinkohlesubventionspolitik führte Erhard fort, gleichwohl er harte Anforderungen stellte und Anpassungsfähigkeit von den Kumpels erwartete. „Die Bundesregierung ist indessen gewillt, ihre Bemühungen um eine Gesundung der Verhältnisse im Steinkohlenbergbau fortzusetzen. Vom Steinkohlenbergbau erwartet sie, dass dieser alle seine Kräfte mobilisiert und alle Möglichkeiten zur Steigerung seiner Leistungskraft wahrnimmt. Die besondere Förderung [...] einseitig strukturierter Regionen ist [...] ein wichtiges Instrument der Wachstumspolitik."[157]

4.2. Maßnahmen für den Kohlesektor

4.2.1. Neubeginn der Kohlepolitik - Fortführung der Preisbewirtschaftung

Den Neubeginn der westdeutschen Energiepolitik im Kohlesektor zeichneten Einschränkungen der Souveränität durch alliierte Restriktionen aus. Nach dem Krieg stand einzig die Kohle als Energieträger zur Verfügung. Ihre Verfügbarkeit war jedoch eingeschränkt. Das am 28. April 1949 von den USA, den Beneluxstaaten, Frankreich und dem Vereinigten Königreich unterzeichnete Ruhrstatut entzog die Montanindustrie des Ruhrgebiets der deutschen Hoheit und unterstellte sie der neu gegründeten Ruhrbehörde.[158] Die Preis- und Mengensteuerung der deutschen Kohle-, Koks- und Stahlproduktion unterlag nicht mehr der gouvernementalen Kontrolle. Am 22. November 1949 trat die Bundesrepublik mit dem „Petersberger Abkommen" der Ruhrbehörde bei, denn Adenauer setzte sich für einen stärkeren deutschen Einfluss in dem Gremium ein. Von den 15 Stimmen in der Behörde gehörten den Deutschen drei. Der Beitritt der Bundesrepublik änderte vorerst faktisch nichts an ihren hoheitlichen Rechten. Wäre die Bundesrepublik jedoch nicht beigetreten, hätte dies als feindliche Ab-

---

155 Ludwig Erhard: Regierungserklärung vom 10. November 1965, abgedruckt in: ebenda, S. 131.
156 Ebenda.
157 Ebenda.
158 Vgl. Manfred Görtemaker: Geschichte der Bundesrepublik Deutschland. Von der Gründung bis zur Gegenwart, München 1999, S. 282ff.

4.2. Maßnahmen für den Kohlesektor

sichtserklärung gewertet werden können. Nachdem ein deutscher Vertreter als Beobachter entsandt wurde, erkannten die Deutschen das Potenzial, welches die Zusammenarbeit mit den anderen Ländern bot.

Am 3. April 1951 unterzeichneten die drei hohen Kommissare ein „Abkommen betreffend die Überwachung der Industrie". Die Leistungsfähigkeit der deutschen Stahlindustrie blieb damit zwar beschränkt, aber im Falle eines Verteidigungsfalls hätte der Ausstoß über die vereinbarten elf Mio. t Rohstahlproduktion hinaus ausgedehnt werden können. Diese partielle Marktöffnung fand parallele Anstrengungen durch den Schuman-Plan. Der am 9. Mai 1950 veröffentlichte Plan intendierte die Zusammenfassung der gesamten französischen und deutschen Kohle- und Stahlproduktion in einer Organisation, die auch anderen Ländern offen stehen sollte. Am 18. April 1951 unterzeichneten die Teilnehmerländer den „Vertrag zur Gründung der Europäischen Gemeinschaft für Kohle und Stahl" (EGKS) in Paris. Neben Deutschland und Frankreich traten Italien, Belgien, Luxemburg und die Niederlande der Montanunion bei. Während die Franzosen mit der EGKS eine Bindung der westdeutschen Schwerindustrie anstrebten, war sie für die Deutschen ein Instrument, eben diese Fessel abzulegen. Die EGKS war auch unter dem Drängen der USA entstanden, welche „die Eingliederung Westeuropas in den westlichen Block, d.h. die längst ins Auge gefasste Remilitarisierung ökonomisch absichern sollte"[159]. Ein weiterer positiver Aspekt ergab sich für die Bundesrepublik aus dem Wegfall der besatzungsrechtlichen Beeinträchtigungen des Ruhrstatuts. Die industriellen Beschränkungen fielen durch die Gründung der EGKS und der damit einhergehenden Auflösung der Ruhrbehörde weg. Die 1952 gegründete Hohe Behörde war in den folgenden Jahren für die Preisfindung zuständig und übernahm die Aufgaben der Ruhrbehörde. Zwei Verträge – einer zwischen den drei Hohen Kommissaren und einer zwischen den USA, Großbritannien, Frankreich und den Beneluxstaaten – besiegelte die erste funktionalistische Zusammenarbeit in Europa.

Mit der Gründung der Gemeinschaft entstand ein Kartell, obwohl sie gegensätzliches bezweckte: „Die Preise wurden nämlich nicht von den Unternehmen im Einzelnen, sondern in gemeinsamen Einvernehmen zwischen ihnen und unter Mitwirkung nationaler Organisationen festgesetzt [...] Kurz, die Preise wurden so gehandhabt. als ob es sich weiterhin um Kartellpreise handeln würde und ein echter Wettbewerb konnte sich [...] nicht entwickeln."[160]

In den frühen Jahren der Bundesrepublik litt die Kohleindustrie unter erheblichem Kapitalmangel. Sie konnte ihren Kapitalbedarf nur ungenügend decken und hatte durch den 1936 verhängten Preisstopp nicht die Möglichkeit, über

---

[159] Schaaf 1978, S. 41.
[160] Zitiert nach Schaaf 1978, S. 42.

4. Energiepolitik der CDU-geführten Regierungen 1949 – 1966

Preissteigerungen ihre finanzielle Ausstattung zu verbessern. Die Bundesregierung unternahm hierfür Anstrengungen mit dem „Änderungsgesetz zur Neufassung des Einkommensteuergesetzes" vom 29. April 1950, mit dem sie nicht entnommene Gewinne begünstigte.[161] Da dies den Kapitalbedarf nicht stillte, erließ der Gesetzgeber das „Gesetz über die Investitionshilfe der gewerblichen Wirtschaft". Am 8. Januar 1952 trat das Investitionshilfegesetz (IHG) in Kraft. Ziel des IHG war es, der Kohle-, Stahl- und Grundstoffindustrie finanzielle Mittel zukommen zu lassen, damit sie ihren Kapitalbedarf decken konnte. Das Finanzvolumen in Höhe von einer Mrd. DM war von der gewerblichen Industrie aufzubringen, welche die Expansion der preisgebundenen Grundstoffindustrie finanzieren sollte. Das Geld floss in eine Zwangsanleihe: Jeder Gewerbebetrieb musste einen Beitrag in Höhe von etwa 3,5 Prozent seines durchschnittlich 1950/51 erzielten Gewinns in einen Fonds einzahlen. Per Schuldverschreibung, die von den Unternehmen der Grundstoffindustrie ausgegeben wurden, hatten die verpflichteten Betriebe ein Anrecht, ihr Geld mit vier Prozent Verzinsung zurückzufordern. Dieses Gesetz war bei den Firmeninhabern der Gewerbebetriebe nicht unumstritten.[162] Von der aufgebrachten Summe erhielt die Kohleindustrie einen Anteil von 228 Mio. DM. Neben der direkten finanziellen Hilfe unterstützte die Bundesregierung die Kohleindustrie mit Abschreibungsmöglichkeiten nach §36 des IHG, die 850 Mio. DM freisetzten. Alle Maßnahmen der Kohlestützung summierten sich auf ein Volumen in Höhe von acht Mrd. DM.[163] Schaaf weist bei dieser Intervention des Staates zugunsten der Schwerindustrie auf die negativen Effekte in der Preisbildung hin, da die verbesserten Abschreibungsmethoden in den Preisen ihren Niederschlag fanden. In der Kohlewirtschaft und der Stahlindustrie stiegen die Preise 1957 überproportional an.[164]

Mit vier weiteren Maßnahmen unterstützte die Bundesregierung die Kohlewirtschaft in der zweiten Legislaturperiode. Folgende Rahmenbedingungen dienen für ein besseres Verständnis dieser Eingriffe: Die Steinkohleproduktion nahm im Vergleich zum Referenzjahr 1936 nur um zwölf Prozent zu und stagnierte gegenüber der gesamtwirtschaftlichen Produktion.[165] Die Pro-Kopf-Produktion unter Tage sank auf 73 Prozent des Vorkriegsniveaus. Zwischen September 1953 und September 1955 verringerte sich die Anzahl der Beschäftigten im Steinkohlebergbau um 13.000, so dass sich die Politik einem Produktivitätseinbruch in dem für die Energieversorgung wichtigen

---

161 Vgl. Schaaf 1978, S. 43.
162 Vgl. Die Quelle floß so schön, in: Der Spiegel 44/1954.
163 Vgl. Horn 1972, S. 242.
164 Vgl. Schaaf 1978, S. 43ff.
165 Vgl. Verhandlungen des Deutschen Bundestages, 2. Wahlperiode (1953), Bd. 38, Bonn 1957, S. 6729.

4.2. Maßnahmen für den Kohlesektor

Kohlebergbau gegenüber sah. Für eine konstante Energieversorgung griff die Wirtschaft deshalb verstärkt zu Kohleimporten.

Um diesen Problemen zu begegnen, setzte die Bundesregierung verschiedene Instrumente ein, denn sie war überzeugt, „dass die Kohle das Blut der deutschen Wirtschaft ist, das wir gesund zu erhalten im eigensten Interesse verpflichtet sind"[166]. Die Attraktivität des Berufs des Bergarbeiters erhöhte sie mit der Bergarbeiterprämie. Für jede verfahrene Schicht stellte sie eine steuerfreie Schichtprämie in Aussicht. Die Mittel für diese Prämie zog die Bundesregierung aus dem Lohnsteueraufkommen, so dass es keine Preiserhöhungen der Kohle nach sich zog. Eine zweite Möglichkeit für die Steigerung der Rendite der Kohleproduktion boten vergünstigte Abschreibungsmöglichkeiten des Bergbauvermögens unter Tage. Zusätzliche Abschreibungen in Höhe von 360 Mio. DM führten zu einer Kostenentlastung von 47 Pf/t abgesetzter Kohle. Am 23. Oktober 1951 schuf der Gesetzgeber mit dem „Gesetz zur Förderung des Bergarbeiterwohnbaus" die Grundlage für die Erhebung einer Kohleabgabe für den Bergarbeiterwohnbau an der Ruhr.[167] Schließlich, als vierte Maßnahme, übernahm der Bund 6,5 Prozent des Arbeitgeberanteils der Rentenversicherung für Bergleute. Mit diesen Maßnahmen konnte die Bundesregierung die Forderung der Kohleproduzenten, die sechs DM je abgesetzter Tonne mehr forderten, auf zwei DM reduzieren. Die Instrumente der Bundesregierung zielten auf eine Renditeerhöhung der Kohleindustrie bei gleichzeitigem Verzicht auf jegliche Preiserhöhung, die sich negativ auf das gesamtwirtschaftliche Wachstum ausgewirkt hätten, wie es Staatssekretär Ludger Westrick in den Verhandlungen des Bundestages betonte. „Bei den Erwägungen der Bundesregierung ist die Erwägung maßgebend gewesen, eine Preiserhöhung zu vermeiden oder zumindest auf das geringste Maß zurückzuführen."[168] Trotz der Preisregulierung fanden bis 1956 zwölf Preiserhöhungen statt, sodass kein wirklicher Preisstopp vorlag.

4.2.2. Freie Preisbildung im Steinkohlesektor

Mit diesen Ausführungen konfligierte die spätere Freigabe des Kohlepreises zum 1. April 1956, die notwendig wurde, um den steigenden Bedarf an Kohle decken zu können, und um zur „Preiswahrheit"[169] zurückzukehren. Die Hohe Behörde, die bis zu diesem Zeitpunkt für die Höchstpreisfestsetzung für die Kohle zustän-

---

166 Verhandlungen des Deutschen Bundestages, 2. Wahlperiode (1953), Bd. 38, Bonn 1957, S. 6733.
167 Vgl. Schaaf 1978, S. 45.
168 Verhandlungen des Deutschen Bundestages, 2. Wahlperiode (1953), Bd. 38, Bonn 1957, S. 6736.

4. Energiepolitik der CDU-geführten Regierungen 1949 – 1966

dig war, ließ die bis dahin bestehende Regelung auslaufen, was zu einem freien Preismechanismus führte. Das BMWi prognostizierte für das Kohlejahr 1957/58 ein Defizit von 8,2 Mio. t Kohle, die durch Einfuhren aus den USA hätten gedeckt werden müssen.[170] Aus diesem Grund hob die Bundesregierung die Preisbindung auf, um die produzierte Menge zu erhöhen. Durch die Freigabe des Kohlepreises kehrte sie zu der vor 1953 praktizierten expliziten Förderung der Kohleindustrie zurück. Das Wirtschaftsministerium votierte für diese Option, da ihm nach Gesprächen mit Vertretern der einzelnen Zweige der Energiewirtschaft bewusst wurde, dass der inländische Kohlebergbau für die nächsten Jahre der bedeutendste Energielieferant bleiben würde.[171]

Die Preisaufhebungen durch die Bundesregierung, die den Kohlepreis nicht mehr regulieren wollte, lässt sich ordnungspolitisch begründen. Die Verantwortlichen der Energiepolitik prognostizierten mit der Freigabe einen verstärkten Konkurrenzdruck, der die Preise verringert hätte. Doch statt dass sich die Zechen gegenseitig unterboten, reichten sie kurz nach der Bundestagswahl vom 17. September 1957 gemeinsam neue Preislisten bei der Hohen Behörde ein und erhöhten am 1. Oktober kollektiv die Preise.

Bonn fühlte sich von diesem konzertierten Vorstoß vor den Kopf gestoßen. Erhard war erzürnt aufgrund der vielfältigen Maßnahmen, die er zuvor zur Stützung der Steinkohle eingeleitet hatte. „Wenn sie weiterhin Wert darauf legen, mit der Regierung in gutem Einvernehmen zu bleiben, und wenn sie Wert darauf legen, dass die Regierung nicht nur heute, sondern auch in Zukunft Verständnis für Ihre Anliegen aufbringen und wenn diese Regierung nicht ihre ganze Kohlepolitik neu überprüfen soll, dann können Sie die Regierung nicht in dieser Weise vor den Kopf stoßen."[172]

Das Wirtschaftsministerium setzte daraufhin das Öl als Konkurrenzenergieträger bewusst ein, um die Marktmacht der Kohle zu brechen. „Nachdem es dem Minister nicht gelungen war, die Bergbauunternehmer an der Ruhr zum Einlenken zu bringen, sollten sie von der losgelassenen Konkurrenz in die Enge getrieben werden."[173] Die intensive Förderung der Ölindustrie und die Preiserhöhungen der Ruhrkohle führten zu einer weiteren Verringerung der Konkurrenzfähigkeit deutscher Steinkohle, die bereits ein Jahr später die Industrie an der Ruhr hart treffen sollte.

---

169 Vgl. Die Bundesregierung: Die Kabinettsprotokolle der Bundesregierung 1956-1957. Kabinettsausschuss für Wirtschaft, München 2000, S. 99.
170 Vgl. ebenda, S. 42.
171 Vgl. ebenda, S. 41.
172 Zitiert nach Friedrich Spiegelberg: Energiemarkt im Wandel. Zehn Jahre Kohlenkrise an der Ruhr, Baden-Baden 1970, S. 24.
173 Ebenda.

4.2.3. Krise der deutschen Steinkohle I: Subvention und Strukturerhalt

1958 litt die Kohleindustrie der Bundesrepublik unter ihrer ersten Krise. Noch 1957 stand einer starken Nachfrage ein geringes Angebot gegenüber, welches zu Preissteigerungen führte. Um den durch die heimische Industrie nicht gedeckten Bedarf zu befriedigen, stieg der Anteil der importierten Kohle aus den USA. Doch innerhalb kürzester Zeit war die Knappheit einem Überfluss gewichen.[174] Auf dem Weltenergiemarkt sank die Nachfrage nach Kohle rapide, US-amerikanische Importe senkten das Preisniveau und verdrängten die einheimische Steinkohle, welche durch die Preiserhöhungen vom 1. Oktober 1957 nun nicht mehr wettbewerbsfähig war.[175] Die niedrigen Weltmarktpreise der Kohle waren auf die überschüssigen Frachtkapazitäten zurückzuführen, die sich durch die Schließung des Suez-Kanals und die damit verbundene ausgeweitete Tankerproduktion für dessen Kompensation ergaben. Als der Suez-Kanal frühzeitig wieder öffnete, sanken die Kosten für die Frachtgebühren und damit für US-amerikanische Kohle.[176] Hinzu trat eine sinkende Stahlproduktion in der Bundesrepublik, die zu einem Rückgang des Energiebedarfs um drei Prozent[177] und einem Überangebot an Steinkohle führte. Dieser Überschuss führte 1958 zu einem Lagerbestand von 13,1 Mio. t, der bis Juli 1959 auf 17,2 Mio. t anstieg.[178] Am 22. Februar 1958 legten erstmals sechs Zechengesellschaften Feierstunden ein.

Die Bundesregierung reagierte zu Beginn der Krise zurückhaltend, da sie ihr Ausmaß unterschätzte und dem Bergbau gute Chancen bei der eigenverantwortlichen Gesundung zusprach.[179] Das BMWi vermochte die krisenhafte Entwicklung zu korrigieren, indem es 1958 neue Kohleimporte unterband[180] und die Liberalisierung des Kohlemarktes faktisch wieder aufhob. 1959 traten weitere Maßnahmen hinzu. Um dem Problem des Überangebots zu begegnen, erhob die Bundesregierung einen Einfuhrzoll von 20 DM/t bei einer gleichzeitigen zollfreien Exportkontingentierung von 5,13 Mio. t. Die Kohlewirtschaft stellte der Wirtschaftsminister im Vergleich zur Ölindustrie besser, indem er die Umsatzsteuerbefreiung, welche für eine energiewirtschaftliche Expansion des Öls in den deutschen Energiemarkt erlassen wurde, aufhob. Die Dauer der Importlieferverträge verkürzte sich von drei Jahren auf 18 Monate. Erhard gab sich überzeugt,

---

174 Vgl. hierzu ausführlich: Spiegelberg 1970, S. 29f.
175 Vgl. Evelyn Kroker: Zur Entwicklung des Steinkohlebergbaus an der Ruhr zwischen 1945 und 1980, in: Hohensee/Salewski 1993, S. 82.
176 Vgl. Christoph Nonn: Ruhrbergbaukrise. Entindustrialisierung und Politik 1958-1969, Göttingen 2001, S. 28.
177 Vgl. Horn 1977, S. 244.
178 Vgl. Löcher im Kartell, in: Der Spiegel, 33/1959, S. 30f.
179 Vgl. Junker-John 1974, S. 187.
180 Vgl. Spiegelberg 1970, S. 33.

4. Energiepolitik der CDU-geführten Regierungen 1949 – 1966

dass „die augenblicklichen Schwierigkeiten des Bergbaus durch Augenblicksmaßnahmen abgestellt werden könnten".[181]

Druck von Seiten der Gewerkschaften führte am 1. September 1958 zur Verabschiedung eines „Fünf-Punkte-Programms". Es beinhaltete Rabatte für die zusätzliche Abnahme von Steinkohle, Preisgarantien bis zum 31. März 1959 und den Tausch deutscher gegen importierte Kohle.

Als Ursache für die Kohlenkrise wurde die rasche Ausbreitung des Energieträgers Öl gesehen. Ein Kartellvertrag zwischen der Kohle- und Ölindustrie sollte den Konkurrenzdruck für die Kohlewirtschaft mindern, denn unter ökonomischen Aspekten war das Öl der Kohle nicht nur im Energieäquivalent überlegen. Es ließ sich einfacher transportieren, leichter lagern und insgesamt effizienter nutzen. Am 20. Dezember 1958 gründeten die Vertreter beider Energiebranchen das „Kohle-Öl-Kartell", in dem sich die Vertreter der Ölindustrie verpflichteten, die Tonne schweres Heizöl für 88 DM zu verkaufen, um so die weniger rentable Kohleindustrie zu stützen.[182] Wirksamkeit konnte das Kartell jedoch nicht entwickeln, da sich die Marktaußenseiter nicht an die Abmachungen hielten. Binnen weniger Monate erlangten Firmen wie die Purfina Mineralölraffinerie, Ruhrchemie sowie Kleinholz und Co. einen Marktanteil von 25 Prozent. Nachdem auch staatliche Betriebe wie die Deutsche Bundesbahn und die Verwaltung des Bundeshauses, in dem von 1949 bis 1999 die Plenarsitzungen des Deutschen Bundestages stattfanden, außerhalb des Kartells ihr Heizöl bezogen, waren seine Tage gezählt. Dem Vorschlag von Vertretern der BP und Esso, ein Zwangskartell zu errichten, um auch die Außenseiter in die Kartellrestriktion einzubinden, konnte Erhard unter Berufung auf das ordnungspolitische Modell der Sozialen Marktwirtschaft nicht folgen. Am 13. August 1959 löste sich das Kohle-Öl-Kartell wieder auf.[183]

Als Lösung für die Probleme des unrentablen Bergbaus ersann die Bundesregierung die Wiedereinführung der 1952 abgeschafften Mineralölsteuer, die der Expansion des Öls in den Energiemarkt gedient hatte. Mit deren Wiedereinführung verteuerte sich die Tonne schweres Heizöl zum 1. Mai 1960 um 25 DM. Das vom Bundeskabinett bereits am 16. September 1959 verabschiedete Konzept scheiterte zweimal im Bundesrat, da nicht alle Bundesländer – vor allem Bayern – mit der Verteuerung des Öls zugunsten der Kohle konform gingen. Das leichte Heizöl belegte die Bundesregierung mit zehn DM/t. Durch diese Hilfsmaßnahme wollte der Bundesminister der Wirtschaft expressis verbis eine wesentliche Beruhigung der Arbeitnehmer im Bergbau herbeiführen.[184] Die Steuer, die

---

181 Zitiert nach Schaaf 1978, S. 59.
182 Vgl. Löcher im Kartell, in: Der Spiegel, 33/1959.
183 Vgl. Horn 1977, S. 246.
184 Vgl. BR KabPr. 78/16.09.1959.

4.2. Maßnahmen für den Kohlesektor

Erhard auf einen Zeitraum bis 1962 beschränken wollte, verlängerte das Bundeskabinett in seinem Beschluss vom 14. Mai 1962[185] bis zum Jahr 1969. Die Ursache für die Verlängerung lag in der Verwendung des Steueraufkommens für die Zwecke der Unterstützung des Bergbaus. Da diese Maßnahmen mehr Zeit in Anspruch nahmen als ursprünglich geplant, musste Bonn auch die Steuer als einzige Finanzierungsquelle für diese Mittel verlängern.[186]

Am 3. Februar 1959 gründete sich die „Notgemeinschaft deutscher Steinkohlenbergbau GmbH". Die darin zusammengefassten Unternehmen konzentrierten sich auf die Ablösung von Kohleimportverträgen mit den USA. Mit Hilfe von Bürgschaften und öffentlichen Zuschüssen in Höhe von 351 Mio. DM ersetzte sie 20 Mio. t eingeführter Kohle.[187] In den folgenden Jahren reduzierte die Notgemeinschaft die Menge an eingeführter Kohle auf acht Mio. t. Die Bundesregierung unterstützte die Notgemeinschaft mit einer Garantie für die zur Finanzierung der Ablösung aufgenommenen Bankkredite. Darüber hinaus bewilligte Bonn 50 Mio. DM aus dem Aufkommen der Heizölsteuer für soziale Beihilfen der Notgemeinschaft für Kumpels, welche durch Feierschichten finanzielle Einbußen hinnehmen mussten.[188]

Die Entspannung für die Kohleindustrie war nur temporärer Natur. Zwischen 1960 und 1962 beschäftigte sich die Bundesregierung in ihren Kabinettssitzungen wiederholt mit den Problemen, die aus der Unrentabilität der Kohle und dem zügigen Vordringen des Heizöls in den Wärmemarkt und die Elektrizitätsherstellung resultierten. Dabei vertrat sie keine einheitliche Linie. Während Erhard die ordnungspolitische Bedeutung der Konkurrenz im Energiesektor betonte, sprach sich Adenauer vehement gegen eine eventuelle Abwicklung der Steinkohle aus. Der Kanzler vertrat die Meinung, „man müsse die Steinkohlewirtschaft so lange irgend möglich am Leben erhalten"[189]. Die nach außen kommunizierte Position der Regierung war jene Adenauers, denn Erhard führte am 16. Mai 1962 in der Energiedebatte im Bundestag im Rahmen der großen Anfrage der SPD-Fraktion vom 4. April aus, dass die Bundesregierung „keine bruchartige Entwicklung durch überstürztes Vordringen anderer Energieträger zulassen [werde]"[190]. Sie intendierte die Sicherung des Förderniveaus von 140 Mio. t Steinkohle.

---

185 Vgl. BR KabPr. 27/14.05.1962
186 Vgl. BR KabPr. 57/12.12.1962.
187 Vgl. Matthes 2000, S. 123.
188 Vgl. BR KabPr. 78/16.09.1959.
189 BR KabPr. 149/31.05.1961.
190 Verhandlungen des Deutschen Bundestages, 4. Wahlperiode (1961), Bd. 51, Bonn 1962, S. 1266ff.

4.2.4. Krise der deutschen Steinkohle II: Anpassung und Wandel

Die Regierung war jedoch nicht mehr bereit, die Steinkohle vorbehaltlos mit Subventionen zu unterstützen. Als dieses Thema im Februar 1962 erneut im Kabinett behandelt wurde, war die Entscheidung gefallen, künftige Unterstützungsleistungen von Rationalisierungsmaßnahmen der Kohlewirtschaft abhängig zu machen. Die Regierung forderte, einen öffentlich-rechtlichen Rationalisierungsverband zu schaffen, der Prämien für stillgelegte Zechen zahlen sollte und plante daher ein „Gesetz zur Förderung der Rationalisierung im Steinkohlenbergbau" zu erlassen. Adenauer bekräftigte die Rationalisierungsforderungen an die Kohlewirtschaft und konkretisiere diese mit dem Appell, dass die Pro-Kopf-Leistung eines Bergmanns statt der bisherigen 2.400 zumindest 3.000 Kg Kohle betragen müsse. Die Gelder für die Stilllegung stammten aus dem Steueraufkommen der Heizölsteuer, aus dem auch eine Gasleitung nach Nordbayern finanziert werden sollte.[191] Gleichzeitig senkte die Bundesregierung mit diesem Steueraufkommen die Frachtkosten der Kohle beim Schiffs- und Bahntransport um 8,6 Prozent, um ihre Rentabilität zu erhöhen.[192] Die Umsetzung der Pläne zur Rationalisierungsgesellschaft verzögerten sich erst bis zum Dezember 1962, da die Bundesregierung das Land Nordrhein-Westfalen an der Finanzierung der Stilllegungsprämie beteiligen wollte. Neben den 12,50 DM, die der Bund pro stillgelegte Tonne Kohle zu zahlen bereit war, sollte sich das Land mit demselben Betrag beteiligen. Düsseldorf lehnte eine Mitfinanzierung vorerst ab, so dass der Bund die Kosten der Rationalisierungsmaßnahmen allein tragen sollte.[193] Weil das BMFi keinen Leertitel über die entsprechenden Kosten einstellte, wurde das „Gesetz zur Förderung der Rationalisierung im Steinkohlebergbau" erst am 29. Juli 1963 erlassen und trat am 1. September 1963 in Kraft. Es sah insgesamt 1,5 Mrd. DM an staatlichen Mitteln vor, die zur Rationalisierung im Bergbau Verwendung fanden. Der Rationalisierungsverband gründete sich als Körperschaft öffentlichen Rechts mit einer Pflichtmitgliedschaft für alle Unternehmen, die Großschachtanlagen betrieben. Diese erhielten Steuererleichterungen und konnten Rücklagen bilden, die sich steuerfrei auflösen ließen. Das wichtigste Instrument war jedoch die Zahlung der 25 DM/t stillgelegter Förderung. Die Stilllegungsaktion lief bis zum 31. August 1968.[194]

In der Kabinettssitzung vom 7. März 1963 fand eine Grundsatzdebatte über die Situation des deutschen Energiemarktes statt. Neben den Mitgliedern des Kabinetts waren die Ministerpräsidenten Nordrhein-Westfalens und des Saarlands

---

191 Vgl. BR KabPr. 14/08.02.1962.
192 Vgl. Bundesanzeiger Nr. 123 vom 30. Juni 1960, S. 1.
193 Vgl. BR KabPr. 57/12.12.1962.
194 Vgl. Schaaf 1978 S. 70.

4.2. Maßnahmen für den Kohlesektor

anwesend.[195] In seiner Erörterung über die Situation des deutschen Energiemarktes zeigte sich Erhard zufrieden über die Situation. Diese sei jedoch auf einen sehr kalten Winter zurückzuführen gewesen, der die Halden des Kohlebergbaus geleert hätte.[196] Adenauer trat als sein Gegenspieler auf und zeigte sich skeptisch über die Lage. Er befürchtete, die energiepolitische Situation würde spätestens 1970 eine Rückkehr zur Steinkohle notwendig machen und kritisierte die unter sicherheitspolitischen Aspekten gefährliche Abhängigkeit vom Öl aus dem Ausland. Gleichzeitig befürchtete Adenauer Akzeptanzprobleme der kohlepolitischen Maßnahmen bei die Bevölkerung, denn zu einem Teil entsprachen seine energiepolitischen Konzepte den Erfordernissen des Wahlkampfes. Dies verdeutlichte die Ausführung Adenauers zu Prognosen über die Stilllegung von 35 Zechen bis 1965: „Diese Stilllegungen müssten im Wahljahr erhebliche Unruhen erzeugen, zumal in Nordrhein-Westfalen und im Saarland fast ein Drittel der Wahlberechtigten wohnhaft seien."[197] Adenauer betrachtete das devisengebundene Öl zudem als sicherheitspolitisch bedenklich und wertete eine einmal erfolgte industrielle Umstellung als nur schwer umkehrbar. Unterstützung erhielt er hierbei von den betroffenen Ministerpräsidenten. In dieser Kabinettssitzung forderten alle Anwesenden erstmals ein langfristiges gesamtgesellschaftliches Energiekonzept.

Der Steinkohlebergbau entsprach den Forderungen der Bundesregierung: 1960 gründete sich die Aktionsgemeinschaft Ruhrbergbau, um eine geordnete Reduktion der Produktionsmengen zu koordinieren. Zwischen 1959 und 1964 schlossen zehn Zechen, wobei die Förderung von ungefähr 140 Mio. t an Steinkohle aufrechterhalten werden konnte. Der Anteil vollmechanisch gewonnener Kohle stieg um das fünffache. Durch diese Maßnahmen ließ sich die von Adenauer geforderte Erhöhung der Pro-Kopf-Leistung auf knapp 3.000 kg Kohle erzielen.[198] Bis Ende 1965 verringerte die Steinkohleindustrie insgesamt 30 Mio. t an Förderkapazitäten.[199] Zu den gewünschten traten nicht intendierte Effekte hinzu. Neben unrentablen wurden gewinnbringende Flöze stillgelegt, da die Stilllegungsprämie auch für diese effizienten Betriebe einen Anreiz darstellte, die Arbeit einzustellen.[200]

Die Regierung befürchtete im Zuge der anhaltenden Rationalisierungen und des gleichzeitigen Eindringens des Öls in den Energiemarkt ein Umschlagen des Anpassungsprozesses der Kohlewirtschaft in einen Schrumpfungsprozess, wo-

---

195 Vgl. BR KabPr. 67/07.03.1963.
196 Horn 1977, S. 253.
197 BR KabPr. 67/07.03.1963.
198 Vgl. Kroker: Entwicklung des Steinkohlebergbaus, in: Hohensee/Salewski 1993, S. 85.
199 Vgl. Helmut Burckhardt: 25 Jahre Kohlepolitik, Baden-Baden 1981, S. 19.
200 Vgl. Horn 1977, S. 250f.

4. Energiepolitik der CDU-geführten Regierungen 1949 – 1966

durch sich das präferierte Ziel von 140 Mio. t Jahresförderung nicht aufrechterhalten ließe. Als Ursache für die Probleme des Bergbaus werteten Kohlewirtschaft, Landespolitik und die Opposition im Bund die stetige Expansion des Öls in der Energiewirtschaft. Die Ideen einer Einfuhrbeschränkung von Öl, der Ausweitung der Maßnahmen des Energiewirtschaftsgesetzes oder einer zentralen Einfuhrstelle für Öl lehnte Wirtschaftsminister Erhard jedoch unter Berufung auf das ordnungspolitische Modell der freien Marktwirtschaft ab.[201]

Mit dem Kanzlerwechsel vom 16. Oktober 1963 lässt sich zu Beginn kein Wandel im ordnungspolitischen Modell der Energiepolitik verbinden. Solch eine Zäsur wäre vielleicht zu erwarten gewesen, da der ehemalige Wirtschaftsminister Erhard als Kanzler über die Richtlinienkompetenz nach Art. 65 GG verfügte und die Wirtschaftspolitik damit stärker auf eine Liberalisierung der Energiemärkte hätte zielen können, wie es seinem Paradigma der Sozialen Marktwirtschaft entsprach. Der neue Wirtschaftsminister Kurt Schmücker setzte jedoch auf Instrumente wie die freiwillige Selbstbeschränkung der Ölwirtschaft, um die Probleme, die aus der strukturellen Krise der Kohlewirtschaft rührten, zu lindern. Diese Zurückhaltung war jedoch nur kurzfristig und nach der Bundestagswahl von 1965 änderte sich die Haltung gegenüber der Steinkohlewirtschaft.

Das Bundeskabinett setzte die Probleme der Kohlewirtschaft am 4. November 1964 im Rahmen der Diskussion über die Situation auf dem Energiemarkt erneut auf die Tagesordnung. Staatssekretär Neef aus dem Wirtschaftsministerium schlug verschiedene Konzepte vor, um den Absatz der Steinkohle zu sichern. Erstens sah das Wirtschaftsministerium eine Verstromungsgarantie von Kohlebeständen vor, die zu einer Absatzsteigerung von zehn Prozent in den folgenden sieben Jahren führen sollte.[202] Unternehmen, die neue Kraftwerke in Betrieb nahmen und sich auf einen zehnjährigen Einsatz von Steinkohle verpflichteten, konnten eine steuerfreie Rücklage von 40 Prozent der Investitionskosten bilden. Diese Maßnahme traf auf Widerstand im Kabinett, da der Finanzminister mit diesem Instrument das Steueraufkommen überfordert sah. Weil das Wirtschaftsministerium eine Steigerung des Anteils des Gases am Energieverbrauch für die nächsten Jahre prognostizierte, bezweifelte Neef, dass die bis dahin von der Bundesregierung als Förderziel proklamierte Menge von 140 Mio. t Kohle aufrechtzuerhalten sei. Gleichzeitig verkündete Schmücker über seinen Staatssekretär, den Unruhen unter den Bergleuten aufgrund der Unsicherheit über die Zukunft des Bergbaus zu begegnen.

Zweitens zog es die Bundesregierung in Betracht, den Stilllegungsprozess bei den Zechen erst 1966 auszulösen, was die SPD zwei Wochen später im Bundes-

---

201 Vgl. Horn 1977, S. 258.
202 Vgl. BR KabPr. 142/04.11.1964.

4.2. Maßnahmen für den Kohlesektor

tag als rein wahltaktisches Manöver kritisierte[203], aber vom Parlament letztlich abgelehnt wurde. Drittens überlegte das Kabinett, ob eine generelle Rente ab 55 für die Bergarbeiter einen Anreiz bieten würde, die Arbeit niederzulegen. An diesem Tag gab die Bundesregierung die Absicht auf, die Steinkohleproduktion auf dem Vorkriegsniveau zu halten. „Man solle prüfen, in welchen Bereichen die Kohle künftig noch Absatzmöglichkeiten haben werde."[204] Erhard beharrte auf seiner Meinung, die Probleme der Kohle nicht durch Einschränkungen im Ölsektor zu lösen. Gleichzeitig setzte er sich für sozialverträgliche Stilllegungen der Zechen ein. Das Kabinett kam schließlich überein, vorerst am politischen Ziel von einer Fördermenge von 140 Mio. t Steinkohle festzuhalten.[205] Dabei betonten die Beteiligten, dass dieses Ansinnen einem wehr- jedoch keinem wirtschaftspolitischen Kalkül entsprach.

Die Unruhen, die zu dieser Zeit unter den Bergleuten herrschten, sollten durch die Antwort auf die Großen Anfragen der Parteien beruhigt werden. Bis 1964 waren 200.000 Kumpels aus dem Bergbau ausgeschieden und die verbliebenen befürchteten, dass sie ihre Lebensgrundlage verlieren würden. In den Großen Anfragen der Fraktionen der CDU/CSU und FDP[206] sowie der SPD[207] fragten die Parlamentarier, welche Maßnahmen die Bundesregierung zu ergreifen gedenke, um die Absatzmenge von 140 Mio. t Steinkohle zu sichern. Die CDU/CSU-Fraktion wehrte sich gegen einen Verdrängungswettbewerb, der die Steinkohle vernichten würde und forderte weiterhin eine staatlich gestützte Fördermenge von jährlich 140 Mio. t Steinkohle.[208] Die Bundesregierung legte ihre im Kabinett debattierten Maßnahmen dar und Wirtschaftsminister Schmücker griff drei Themen heraus, denen er besondere Effektivität zumaß. Kohle sollte in großem Maße verstromt, Mittel für den Bau von Blockheizkraftwerken bereitgestellt und eine Meldepflicht für den Bau von Raffinerien eingeführt werden.

Im Dezember 1964 erließ die Bundesregierung zusätzlich eine Einfuhrgenehmigungspflicht für den Import von Ölprodukten. Da sie eine verpflichtende Kontingentierung von Mineralölimporten jedoch ablehnte, setzte sie auf die freiwillige Selbstbeschränkung der Mineralölindustrie. Am 1. Dezember 1964 erklärten die Mineralölfirmen ihre Bereitschaft, sich freiwillige Restriktionen auf-

---

203 Vgl. Verhandlungen des Deutschen Bundestages, 4. Wahlperiode (1961), Bd. 56, Bonn 1965, S. 7246.
204 Ebenda.
205 Vgl. ebenda.
206 Vgl. BT Drs. 4/2695.
207 Vgl. BT Drs. 4/2721.
208 Vgl. Verhandlungen des Deutschen Bundestages, 4. Wahlperiode (1961), Bd. 56, Bonn 1965, S. 7243.

4. Energiepolitik der CDU-geführten Regierungen 1949 – 1966

zuerlegen, um die Verdrängung der Kohle in der deutschen Energiewirtschaft zu verlangsamen. Allerdings hielten sie sich nur in einem Fall an die Abmachung.[209]

Das Kabinett betonte gegen Ende des Jahres 1964, dass „die Energiepolitik der Bundesregierung auf die Erhaltung eines leistungsfähigen Steinkohlenbergbaus bei gleichzeitiger organischer Entwicklung aller anderen Energieträger gerichtet ist."[210] Damit folgte sie der Linie der Kohleförderung bei gleichzeitiger Unterstützung der Ölindustrie und der Gas- und Atomwirtschaft. Die im November 1964 vorgeschlagene Verzögerung der Stilllegung von unrentablen Zechen und die Maßnahmen bei der Verstromung bestätigte das Kabinett am 10. Februar 1965.[211] Das Verstromungsgesetz und das „Gesetz zur Änderung des Gesetzes zur Förderung der Rationalisierung im Steinkohlebergbau" passierten am 23. Juni 1965 den Bundestag, der sie einstimmig bestätigte. Das erste Verstromungsgesetz[212] stellte die langfristige Verwendung deutscher Steinkohle in der Energiewirtschaft sicher: Betreiber eines Kraftwerks konnten eine den steuerlichen Gewinn mindernde Rücklage bilden, wenn sie das Kraftwerk vom Betriebsbeginn an zehn Jahre lang ausschließlich mit Stein- und Pechkohle oder mit Braunkohle mit einem Anteil von Tiefbaubraunkohle von mindestens 25 Prozent betrieben.

Nach der formalen Bestätigung Erhards als Kanzler in der Bundestagswahl von 1965 ergriff die Bundesregierung erstmals unpopuläre Maßnahmen in der Kohlepolitik. Zu diesem Zeitpunkt waren die Halden mit 15,7 Mio. t Kohle gefüllt, die einer Kapitalbindung von einer Milliarde DM entsprachen. Die Steinkohleförderung verlängerte Bonn nicht mehr pauschal – eine Fördergarantie wie die bisher bezifferten 140 Mio. t lehnte die Regierung ab, und sie forderte die Kohlewirtschaft auf, ihre Fördermengen an die Nachfrageseite anzupassen. Sie proklamierte damit jene Entscheidung, die sie bereits im November 1964 im Kabinett gefällt hatte. Unter dem Aspekt der Langfristigkeit dieser Absicht steckten in den energiepolitischen Maßnahmen zur Sicherung der Absatzförderung, die noch 1965 verabschiedet wurden, wahltaktische Motive. Dass die „Kohlesituation" im Wahlkampf von 1965 nicht als Thema rangierte, wäre schließlich auf die Maßnahmen der Bundesregierung zurückzuführen gewesen, wie es Staatssekretär Wolfram Langer im September 1965 ausführte.[213]

---

209 Vgl. Schaaf 1978, S. 71.
210 Vgl. BR KabPr. 143/11.09.1964.
211 Vgl. BR KabPr. 152/10.02.1965.
212 Vgl. BGBl. I Nr. 38 vom 17.08.1965, S. 777-779.
213 Vgl. BR KabPr. 178/01.09.1965.

4.3. Maßnahmen für den Kernenergiesektor

4.3.1. Verfehlter Start: Der Versuch eines Bundesatomgesetzes

In der Atomenergieforschung war Deutschland vor dem Zweiten Weltkrieg führend in der Welt. In den Wirren des Kriegschaos und durch die Emigration zahlreicher Wissenschaftler verlor es den Anschluss an die nun führenden Supermächte. Frankreich und England hatten ebenfalls Atomindustrien aufgebaut, welche der deutschen überlegen waren. Zu dieser Erkenntnis gelangten die deutschen Entscheidungsträger spätestens, als sie die erste Genfer Atomkonferenz im August 1955 besuchten, die ihnen den Fortschritt der anderen Industrienationen vor Augen führte. Bereits vor der Konferenz waren in der Bundesrepublik erste Schritte unternommen wurden, um Grundlagen für eine eigene Atomwirtschaft zu schaffen. Bis 1953 legte das BMWi fünf Entwürfe für ein Atomgesetz vor, die jedoch am Widerspruch der Alliierten scheiterten. Deren Haltung konfligierte mit jener der Bundesregierung über die Eigentumsfrage an Brennstoffelementen, die Geheimhaltung und die gouvernementalen Eingriffsrechte. Die Alliierten forderten, das Eigentum am Brennstoff dem Staat zuzusprechen, wogegen sich die Regierung vehement aussprach, da sie die Privatinitiative bei der Erforschung der Kernenergie fördern wollte. Als 1954 eine einvernehmliche Regelung getroffen werden konnte, ließ sich das Gesetzgebungsverfahren noch immer nicht einleiten, da durch den bis dahin nicht ratifizierten EVG-Vertrag das Atomgesetz an der fehlenden Souveränität der Bundesrepublik scheiterte.[214] Eine bereits 1952 von Werner Heisenberg, der neben der kernphysikalischen Sonderkommission des Deutschen Forschungsrates ab 1952 der Senatskommission für Atomphysik der deutschen Forschungsgemeinschaft vorstand, frühzeitig angestrebte Atomforschung scheiterte an Adenauer, der dieses Sujet zugunsten der Erlangung der Souveränität zurückstellte.[215] Erste Forschungsarbeiten erstellte deshalb die geheim agierende Physikalische Studiengesellschaft am Max-Planck-Institut.

Nach der Ratifizierung der Pariser Verträge und dem darin integrierten Deutschlandvertrag, mit dem die Bundesrepublik am 5. Mai 1955 weite Teile ihrer Souveränität wieder erlangte, begann zügig der Aufbau der deutschen Atomwirtschaft. Am 6. Oktober 1955 entschied das Kabinett, dass ein Bundesministerium für Atomfragen geschaffen werden müsse, um der Bedeutung der Kernenergie für Deutschland gerecht zu werden. Dieses Ministerium sollte auf Bundesebene angesiedelt und dem Zugriff der Legislative weitgehend entzogen

---

214 Vgl. Wolfgang D. Müller: Geschichte der Kernenergie in der Bundesrepublik Deutschland. Anfänge und Weichenstellungen, Stuttgart 1990, S. 530.
215 Vgl. Michael Eckert/Maria Osietzki: Wissenschaft für Macht und Markt. Kernforschung und Mikroelektronik in der Bundesrepublik Deutschland, München 1989, S. 26.

4. Energiepolitik der CDU-geführten Regierungen 1949 – 1966

werden[216], was den Anspruch der Bundesregierung bekräftige, eine Zentralinstanz mit bundesrechtlicher Verfügungsgewalt zu schaffen. Der Bundestag plante zu diesem Zeitpunkt eine eigene Bundesanstalt für Atomforschung zu gründen. Am 20.Oktober 1955 entstand das Ministerium für Atomfragen, das am 1. Dezember des Jahres seine Arbeit aufnahm. Zuständiger Minister für Atomfragen war von 1955 bis 1956 Franz Josef Strauß. Mit der Regierungsneubildung von 1956 übernahm Siegfried Balke am 16. Oktober die Führung des Ministeriums für Atomfragen. Damit entzog Adenauer dem Wirtschaftsministerium die atomrechtlichen Kompetenzen – auch um Erhards Machtfülle nicht weiter auszudehnen.[217] Drei Wochen später entschied sich das Kabinett, eine Atomkommission (DAtK) zu gründen[218], deren Stellenwert über dem eines Beirates liegen sollte und die hochkarätig besetzt wurde.[219] Ein Interministerieller Atomausschuss koordinierte die Arbeit zwischen den Ressorts. Die DAtK setzte sich aus Vertretern aller relevanten Zweige der Atombranche zusammen. In dem zeitweise 200 Personen zählenden Gremium waren die Forscher, Energieunternehmer, die Reaktorwirtschaft, Gewerkschaften und Behörden zusammengefasst.[220] Die ersten Forschungsgruppen bestanden aus Vertretern der Privatwirtschaft, Forschern und Initiatoren aus der Politik. „Das Motiv für die Kernforschungspolitik der Bundesrepublik ist somit eine Gemengelage reputationsträchtiger Forschungschancen, lukrativ erscheinender Investitionschancen und politisch opportun erscheinende[r] Handlungschancen."[221]

Im Juli 1956 beriet das Kabinett über verfassungsrechtliche Probleme beim Aufbau der Atomwirtschaft. Probleme ergaben sich vor allem bei den Kompetenzzuweisungen zwischen Bund und Ländern. Während der Bund die Rechte für die wirtschaftliche Nutzung der Kernenergie besaß, oblag den Ländern die Überwachung der Kernenergieforschung. Das Kabinett entschied, die Kompetenzzuweisung dem Bund zuzuführen und dafür eine Grundgesetzänderung anzustrengen. In der Kabinettssitzung wiederholten die Verantwortlichen ihr Anliegen, die Privatindustrie am weiteren Ausbau der Atomindustrie zu beteiligen und dafür die Eigentumsrechte an Brennstoffelementen zu privatisieren sowie den staatlichen Einfluss zu minimieren.[222] Die Grundlinien der Atompolitik bestanden in einer schlanken Verwaltung mit geringer Staatsquote, die lediglich die Ergebnisse dezentraler Forschung unter Einschaltung der Industrie auswerten und

---

216 Vgl. BR KabPr. 99/06.10.1955.
217 Vgl. Müller 1990, S. 153.
218 Vgl. BR KabPr. 110/21.12.1955.
219 Vgl. Müller 1990, S. 162.
220 Vgl. Tempel 1981, S. 18.
221 Zitiert nach Eckert/Osietzki 1989, S. 26.
222 Vgl. BR KabPr. 144/20.07.1956.

4.3. Maßnahmen für den Kernenergiesektor

umsetzen sollte.[223] Damit unterlag die Atompolitik zu Beginn dem Paradigma der Sozialen Marktwirtschaft, das eine staatliche Intervention in die Märkte nicht vorsah. Gleichzeitig lehnte Strauß Eigentumsrechte an deutschen Brennstoffen durch die gemeinsame Atomgemeinschaft ab, was einem staatszentrierten Politikstil der Bundesregierung bei Energiefragen entsprach.

Die Ziele und Inhalte der Atompolitik sollten im „Gesetz über die Erzeugung und Nutzung der Kernenergie und den Schutz gegen ihre Gefahren" fixiert werden. Der Gesetzentwurf sprach sich für eine Förderung einer möglichst freien und ungehinderten Entwicklung der Kernenergie sowie ihrer friedlichen Nutzung aus. Gleichzeitig forderte er, mit der Entwicklung der Kernenergie internationalen Verpflichtungen der Bundesrepublik auf diesem Gebiet nachkommen zu können. In der Frage des Eigentums an Kernbrennstoffen optierte das Gesetz auf Privateigentum bei gleichzeitiger staatlicher Verwahrung. Beim Thema des Genehmigungsverfahrens votierte die Bundesregierung für einen Rechtsanspruch der Kernkraftwerksbetreiber. Der Bundesrat sprach sich an dieser Stelle für eine Konzessionsregelung aus, die es dem Staat ermöglichte, den Bau eines Kraftwerks zu genehmigen.[224] Die Gründe für diesen Zielkonflikt waren einsichtig. Während die Länder die Probleme eventueller Störfälle vor Ort beheben mussten und deren Konsequenzen direkt verantworteten, lag das Interesse des Bundes an einer zügigen Bereitstellung privater Mittel für die Kernenergieforschung. Es war nicht in seinem Interesse, privates Kapital durch eventuelle langwierige Konzessionsverfahren abzuschrecken.

Das Kabinett leitete seinen Entwurf vom Juli 1956[225] über den Bundesrat an den Bundestag, der in der ersten Lesung vom 22. Februar 1957 darüber debattierte[226], um es im Anschluss in die Ausschüsse zu überweisen.[227] Während der Bundestag das Atomgesetz in seinen Ausschüssen behandelte, galt es das Problem der verfassungsrechtlichen Kompetenzzuweisung zu klären, womit sich das Kabinett in seiner Sitzung von 20. Juli 1956 erstmals beschäftigte. Das Grundgesetz sollte in Art. 74 durch eine neue Nummer 11a erweitert werden. Erzeugung und Nutzung der Kernenergie, den Bau und Betrieb von Anlagen, die diesen Zwecken dienen, den Schutz gegen Gefahren, die bei Freiwerden von Kernenergie oder durch Strahlung radioaktiver Stoffe entstehen und die Beseitigung radioaktiver Abfallstoffe gedachte die Bundesregierung in die konkurrierende Gesetzgebung aufzunehmen. In der zweiten und dritten Lesung vom 27. Juni

---
223 Vgl. Tätigkeitsbericht des Bundesministeriums für Atomfragen für das Jahr 1956, S. 7.
224 Vgl. Müller 1990, S. 536f.
225 Vgl. BR KabPr. 144/20.07.1956.
226 Vgl. Verhandlungen des Deutschen Bundestages, 2. Wahlperiode (1953), Bd. 35, Bonn 1957, S. 11049ff.
227 Vgl. ebenda, S. 11090.

4. Energiepolitik der CDU-geführten Regierungen 1949 – 1966

1957, welche die Kompetenzprobleme zwischen Bund und Ländern zugunsten des Bundes klären sollte, wurde die Grundgesetzänderung jedoch nicht bestätigt. Das „Gesetz zur Ergänzung des Grundgesetzes" plante, die Rechte für den Bau und Betrieb von Kernenergieanlagen im Rahmen der konkurrierenden Gesetzgebung auf den Bund zu übertragen und damit als Grundlage für das Atomgesetz zu dienen. Es scheiterte an zwei fehlenden Stimmen, weil sich die FDP gegen eine Grundgesetzänderung wehrte – sie hatte einen eigenen Antrag eingebracht, der diese unnötig machte. Die Liberalen stimmten der intendierten Grundgesetzänderung nicht zu, da das Atomgesetz, das auf der Verfassungsänderung basierte, die Verantwortlichkeiten für Erforschung und Planung der Atomkraft den Ländern übertrug. Die FDP-Fraktion befürchtete eine Zersplitterung der Kompetenzen und Ansätze, die einer Vereinheitlichung und zügigen Umsetzung des Atomkonzeptes widersprachen. Das Atomgesetz wurde in derselben Sitzung von der Tagesordnung abgesetzt, weil die verfassungsgemäße Vorlage aufgrund der gescheiterten Grundgesetzänderung fehlte.[228]

In einer breiten interfraktionellen Zusammenarbeit legten CDU/CSU, SPD, DP und der BHE einen neuen Entwurf vor, der am 2. Juli 1957 zur Debatte stand. Dieser scheiterte ebenfalls im Parlament, weil in ihm der Passus gestrichen war, der den Umgang mit der Bundesrepublik zur Verfügung gestellten Atomwaffen regelte. Das Gesetz sollte keine Anwendung finden auf alle Regelungen, die sich abseits der friedlichen Nutzung von Kernelementen ergaben, wie der Lagerung von Atomwaffen.[229] Dass diese Regelung im Gesetzestext fehlte, war für Abgeordnete der CDU der Grund gewesen, gegen das Gesetz zu stimmen. Die SPD vermutete, Verbandsinteressen des Ruhrkohlebergbaus hätten sich gegen die Umsetzung des Atomgesetzes stark gemacht[230], um Konkurrenten auf dem Energiemarkt vorläufig auszuschalten.

Die Bundesregierung reagierte auf die Ablehnung mit einem vorläufigen Atomgesetz, das die wissenschaftliche und wirtschaftliche Anwendung der Kernenergie regelte. Das vorläufige Atomgesetz stützte sich auf Art. 74 Ziffer 19 GG, welcher die Maßnahmen im Umgang mit gemeingefährlichen Krankheiten regelte und der konkurrierenden Gesetzgebung zuschrieb. Es sollte die Rechtsgrundlagen für den Umgang mit radioaktiven Stoffen und eventueller Kontamination schaffen. Das vorläufige Gesetz passierte den Bundestag in der zweiten Legislaturperiode jedoch nicht mehr.[231] Der erste Anlauf der Bundesregierung, eine deutsche Atomindustrie zu schaffen, war gescheitert.

---

228 Vgl. Verhandlungen des Deutschen Bundestages, 2. Wahlperiode (1953), Bd. 37, Bonn 1957, S. 12773.
229 Vgl. Müller 1990, S. 549.
230 Vgl. ebenda.
231 Vgl. BR KabPr. 190/24.07.1957.

4.3. Maßnahmen für den Kernenergiesektor

4.3.2. Zweiter Anlauf zum Atomgesetz

Im Mai 1958 beschäftigte sich das Kabinett erneut mit der Atomgesetzgebung. In der Zwischenzeit hatten sich die Positionen und Ansichten zu einem Atomgesetz und atomrechtlichen Verantwortlichkeiten im Bundestag geändert. Die SPD – vormals Gegner des Entwurfs der Bundesregierung – sprach sich inzwischen für ein Atomgesetz mit entsprechender Grundgesetzänderung aus. Kanzler Adenauer votierte aus parteitaktischen Aspekten gegen einen erneuten Versuch einer Grundgesetzänderung, da er sich nicht in eine politische Abhängigkeit zur SPD begeben wollte. Diesbezüglich fragte er das Kabinett, „ob man sich durch das Erfordernis einer Grundgesetzänderung wieder in die Hand der SPD begeben solle"[232]. Daraufhin empfahl der Bundeskanzler dem Minister für Atomkernenergie die Regierungsvorlage derart umzugestalten, dass eine Grundgesetzänderung nicht notwendig sei. „Ein unvollkommenes Atomgesetz sei ihm [...] lieber als gar kein Atomgesetz."[233] Es war Adenauer zu diesem Zeitpunkt aber auch lieber als ein vollkommenes Atomgesetz mit Hilfe der SPD. Um den Schutz vor ionisierender Strahlung schließlich doch in das Atomgesetz zu implementieren, entschied sich die Regierung für den erneuten Versuch einer Änderung des Grundgesetzes.

Die Abänderung des „Fünften Entwurfs eines Gesetzes über die friedliche Nutzung der Kernenergie" sollte zum Erfolg führen. Am 15. Oktober brachte es der Bundesminister für Atomfragen in das Bundeskabinett ein. Die wehrpolitische Problematik, die dem zweiten Anlauf im Wege stand, wurde aus § 57 Abs. 2 AtG gestrichen und in § 24 Abs. 3 AtG aufgenommen. Damit erhielt das Bundesministerium für Verteidigung die Kompetenzen für den Umgang mit Strahlenmaterial, sofern es in dessen Geschäftsbereich fällt. Um ein erneutes Scheitern im Bundestag zu verhindern, setzte sich der Bundeskanzler in einer Besprechung von Vertretern der CDU/CSU- und SPD-Fraktionen für diese Lösung ein, welche die Fraktionsspitzen genehmigten.[234] Am 23. Dezember 1959 verabschiedete der Bundestag das „Gesetz über die friedliche Verwendung der Kernenergie und den Schutz gegen ihre Gefahren", das am 1. Januar 1960 in Kraft trat.

Zweck des Gesetzes war es, „die Entwicklung und die Nutzung der Kernenergie zu friedlichen Zwecken zu fördern, Leben, Gesundheit und Sachgüter vor den Gefahren der Kernenergie und der schädlichen Wirkung ionisierender Strahlen zu schützen [und] zu verhindern, dass durch Anwendung oder Freiwerden der Kernenergie die innere oder äußere Sicherheit der Bundesrepublik gefährdet

---

232 Vgl. BR KabPr. 24/07.05.1958.
233 Ebenda.
234 Vgl. BR KabPr. 85/11.11.1959.

4. Energiepolitik der CDU-geführten Regierungen 1949 – 1966

wird."[235] Es regelte die Erforschung, Entwicklung und die Nutzung der Kernenergie zu friedlichen Zwecken, den Schutz von Leben, Gesundheit und Sachgütern vor der schädlichen Wirkung ionisierender Strahlen und die Erfüllung internationaler Verpflichtungen auf dem Gebiet der Kernenergie und des Strahlenschutzes. Ein- und Ausfuhr, Beförderung und Aufbewahrung von Kernbrennstoffen waren laut Atomgesetz genehmigungspflichtig und die gesamte Handhabung und Verwertung von Kernbrennstoffen unterlagen der staatlichen Aufsicht. Per Rechtsverordnung konnten Anweisungen gegeben werden, welche Maßnahmen zum Schutz gegen Strahlendosen zu ergreifen waren. Es regelte die Höhe der Vorsorge für die gesetzliche Schadensersatzverpflichtung – die Deckungsvorsorge –, die in einem angemessenen Verhältnis zur Gefährlichkeit der Anlage stehen musste. In dem Gesetz waren die Modalitäten erfasst, welche die Entschädigung für den Widerruf einer erteilten Genehmigung regelten. Die Entschädigung war begrenzt auf die Höhe der vom Betroffenen gemachten Aufwendungen, bei bereits errichteten Anlagen durch die Höhe des Zeitwerts. Entschädigungen konnten versagt werden, wenn der Widerruf auf erheblichen Mängeln einer Anlage und einer dadurch hervorgerufenen Gefährdung der Allgemeinheit beruhte. Die Verwaltungsaufgaben der staatlichen Überwachung übernahmen im Auftrag des Bundes die Länder.

4.3.3. Der Bund als Finanzier erster Reaktoren

Entsprechend der ordnungspolitisch angedachten Gestaltung des Kernenergiemarktes lagen die finanzielle Starthilfe und die Forschung in den Händen des Staates, der damit jedoch nur Anreize für privatwirtschaftliches Engagement setzen wollte. Wie es Strauß formulierte, sollten private Kapitalgeber die Entwicklung der Kernenergie vorantreiben. Die Initiativfunktion übernahm jedoch der Staat mit der Gründung von drei Forschungszentren. Als Keimzelle der Kernforschung gilt die Forschungsanlage in Karlsruhe, für deren Gründung sich der Atomminister im Juni 1956 einsetzte.[236] Am 19. Juli 1956 unterzeichnete Strauß den Gründungsvertrag für die Reaktorstation in Karlsruhe, die 1961 fertiggestellt wurde. Da zu diesem Zeitpunkt die Atomgesetzgebung noch nicht beim Bund lag, übernahmen die Länder die Initiativfunktion. Am 11. Dezember 1956 beschloss der Landtag Nordrhein-Westfalens den Bau der Atomforschungsanlage Jülich, die 1962 den Betrieb aufnahm. Die Finanzierung erfolgt über staatliche Mittel. Eine dritte Anlage wurde in Geesthacht nahe

---

235 BGBl I Nr. 53 vom 24.12.1959, S. 814.
236 Vgl. KabPr. 137/06.06.1956.

4.3. Maßnahmen für den Kernenergiesektor

Hamburg errichtet und beschäftigte sich mit der Nutzung der Kernenergie für maritime Zwecke.[237]

1957 verabschiedete die beim Bundesministerium für Atomenergie und Wasserkraft angegliederte DAtK mit dem Eltviller Programm das erste Atomprogramm, das den Bau von fünf Reaktoren mit Leistungen von jeweils 100 MW vorsah. Die Bundesregierung begründete die umfangreiche Unterstützung mit der gesamtgesellschaftlichen Bedeutung der Kernkraft als Energiequelle. „Der ständig steigende Energiebedarf in der Welt zwingt dazu, die Grundlage der Energieversorgung, die bislang von den klassischen Primärenergieträgern gebildet wird, zu erweitern und die technische Nutzung der Atomenergie in diese Erweiterung einzubeziehen. Über die Energiegewinnung hinaus wird die Atomtechnik neuartige technische Möglichkeiten eröffnen und damit eine sehr allgemeine Bedeutung gewinnen. Ein hoch industrialisiertes Land wie die Bundesrepublik muss deshalb an der Entwicklung von Anlagen zur Gewinnung von Atomenergie teilnehmen. Eine solche Entwicklung berührt weite Zweige der Technik."

Das Eltviller Programm, das vom „Arbeitskreis Kernreaktoren" der DAtK am 25./26. Januar 1957 im Eltviller Gästehaus der Hoechst erarbeitet wurde, war das erste Atomprogramm des Bundes, das jedoch keinen gouvernementalen Charakter besaß. Da es den Bau von fünf 100-MW-Reaktoren vorsah, trug es auch den Namen 500-Megawatt-Programm. An der Planung beteiligten sich Siemens, AEG, BBC/Krupp und Deutsche Babcock & Wilcox. Aufgrund des finanziellen Aufwands erschien es den Firmen vorteilhaft, wenn der Bund Zuschüsse gewährte.[238] Es waren Reaktoren verschiedener Baulinien, die den unterschiedlichen Vorstellungen der fünf Industriekonsortien entsprachen.[239] Dieses Programm war als erstes Forschungsprogramm zu verstehen, das keine Richtung vorgab. Es scheiterte an der Typenvielfalt der verschiedenen Reaktoren[240], die keiner Wirtschaftlichkeit entsprach und das einheitliche Forschungskonzept konterkarierte.

Am 30. Oktober 1957 ging am Stadtrand von München der erste Atomreaktor in Betrieb. Dieser Reaktor war ein Exportprodukt der USA, den die Eisenhower-Administration im Rahmen des „Atom for peace"-Programms in 25 Länder exportierte. Auf der Genfer Konferenz nahmen deutsche Forscher Kontakt mit der US-amerikanischen Industrie auf, um ein solches Modell zu bestellen. Auf

---

237 Vgl. Klaus Barthelt/Klaus Montanus: Begeisterter Aufbruch. Die Entwicklung der Kernenergie in der Bundesrepublik Deutschland bis Mitte der siebziger Jahre, in: Hohenee/Salewski 1993, S. 91.
238 Vgl. Karen Königsberger: Vernetztes System? Zur Geschichte des Deutschen Museums 1945-1980, S. 260.
239 Eckert/Osietzki 1989, S. 27
240 Vgl. Barthelt/Montanus, in: Hohensee/Salewski 1993, S. 91.

4. Energiepolitik der CDU-geführten Regierungen 1949 – 1966

Strauß' Engagement hin kam es am 13. Februar 1956 zum Abschluss des deutsch-amerikanischen Forschungsreaktorabkommens. Strauß' schnelles Vorgehen bei der Bestellung mehrerer Forschungsreaktoren aus den USA war seinem Argwohn gegenüber der EURATOM begründet, deren Monopolstellung in der Versorgung mit Brennstoffen er durch bilaterale Abkommen verhindern wollte.[241] Nachdem Heisenberg verärgert von der Reaktorforschung zurücktrat, weil ihm die Bundesregierung einen eigenen Forschungsreaktor versagte und er die amerikanischen Forschungsreaktoren als zu triviale Konstruktionen einschätzte, wurde Heinz Maier-Leibnitz von der Technischen Hochschule München beauftragt, den Reaktor in den USA zu bestellen.

Dabei zeigten sich die Energieversorgungsunternehmen zu diesem Zeitpunkt gegenüber dem Betrieb von Kernreaktoren skeptisch, da deren wirtschaftliche Nutzung und Vermarktung als nicht gesichert galt und noch Jahre in Anspruch nehmen konnte.[242] Um sie zur Mitarbeit zu bewegen, sollten sie nur die Kosten konventioneller Kraftwerke tragen, während Fördermaßnahmen den Differenzbetrag für die neue Technologie ersetzten.[243] Die Chemieindustrie hingegen war ein Befürworter des neuen Wirtschaftszweigs, weil sie mit Produkten wie schwerem Wasser aber auch der Nachbereitung der Brennelemente an der Wertschöpfungskette der Kernenergiewirtschaft mitwirken konnte.[244] Benötigte finanzielle Mittel für die Entwicklung der Atomwirtschaft stammten kaum aus dem privatwirtschaftlichen Bereich, wodurch die Intention des Bundes, bloß die Rahmenbedingungen für die privatwirtschaftliche Gestaltung zu setzen, keine funktionalen Strukturen errichtete. „Sie [die Industrieunternehmen] waren aber weder in Lage, die zur industriellen Auswertung erforderlichen Voraussetzungen - qualifizierte Arbeitskräfte, technisches Wissen - zu schaffen, noch waren sie bereit, die mit der kerntechnischen Entwicklung verbundenen Kosten und Risiken zu tragen. Angesichts des ausländischen Vorsprungs - erste Kernkraftwerksprototypen waren in mehreren Ländern bereits in Betrieb bzw. kurz vor der Fertigstellung - sowie angesichts der Tatsache, dass die Nutzung der Kernenergie überall durch massive Initiative des Staates in Gang gebracht und gefördert worden war, gelangten die interessierten Konzerngruppen alsbald zu der Auffassung, dass eine Atomwirtschaft in der BRD ebenfalls nur mit kräftiger staatlicher Hilfe aufgebaut werden könnte."[245] Die Forschungsförderung musste laut Siegfried Balke

---

241 Vgl. Eckert/Osietzki 1989, S. 79.
242 Vgl. Herbert Kitschelt: Kernenergiepolitik. Arena eines gesellschaftlichen Konflikts, Frankfurt am Main 1980, S. 38f.
243 Vgl. Barthelt/Montanus, in: Hohensee/Salewski 1993, S. 91.
244 Vgl. Müller 1990, S. 342.
245 Karsten Prüß: Kernforschungspolitik in der Bundesrepublik Deutschland. Projekt Wissenschaftsplanung, Frankfurt am Main 1974, S. 34.

4.3. Maßnahmen für den Kernenergiesektor

forciert werden, um den Rückstand aufzuholen. Dieses Defizit gedachte die deutsche Atomforschung zu beheben. Heinz Ludwig Krekeler, der deutsche Vertreter der EURATOM, traf sich deshalb am 18. Oktober 1960 mit Adenauer. Krekeler war der Auffassung, dass das von der Bundesregierung aufgesetzte Programm zur friedlichen Nutzung der Kernenergie nicht umfassend genug gestaltet sei, um den deutschen Rückstand in der Atomtechnik aufholen zu können und forderte entsprechend mehr finanzielle Mittel.[246] Damit konform ging die Industrie, die ebenfalls ein stärkeres finanzielles Engagement forderte.[247]

Um die Grundlagenforschung voranzutreiben, folgte dem Eltviller Programm 1963 das Spitzingsee-Programm, das den Bau von Versuchsreaktoren kaum erprobter Konstruktionstypen und von schnellen Brütern empfahl. Dieses zweite Programm hatte den Titel „Atomprogramm der Bundesrepublik Deutschland 1963-1967". Es konstatierte einen Rückstand Deutschlands gegenüber dem Ausland und zielte deshalb auf eine umfassende Schulung und Ausbildung von Kernphysikern, Strahlenschutzexperten und Kraftwerksingenieuren. Auf die Forderungen der Industrie hin erhielt die Grundlagenforschung im zweiten Atomprogramm eine Förderung in Höhe von einer Milliarde DM, während es die angewandte Forschung und den Reaktorbau mit 1,5 Mrd. DM unterstützte, denn „die in der vergangenen Zeit vorherrschende Auffassung, dass jede technische Auswertung auf diesem Gebiet vor allem aus der freien Initiative der Wirtschaft kommen müsse, hat sich als nicht tragfähig erwiesen, da die Industrie die im Bereich der Kernenergie zwangsläufig sehr hohen Leistungen [...] aus eigener Kraft nicht zu erbringen vermochte."[248] Ausdrücklich betonte es die Bedeutung des Staates für die Weiterentwicklung der Kerntechnologie in Deutschland: „Notfalls wäre der Bau im Auftrag der öffentlichen Hand ins Auge zu fassen." Für die Bundesregierung stand fest, dass die Energiesicherheit und -forschung in das staatliche Hoheitsgebiet fiel.

Die DAtK sprach sich nun gegen eigene Forschungsversuche aus und drängte auf die Übernahme des amerikanischen Reaktormodells des Leichtwasserreaktors.[249] Das zweite deutsche Atomprogramm schrieb keine stringente Linie vor, sondern empfahl lediglich bestimmte Entwicklungslinien. Da das Atomministerium die Empfehlungen der DAtK ohne Ergänzungen in den Atomprogrammen umsetzte und es damit ausdrücklich keinen eigenen Weg zur Kernenergie vorschrieb, urteilen Eckert/Osietzki, dass die Politik des Atommi-

---

246 Vgl. KabPr. 125/19.10.1960.
247 Vgl. Eckert/Osietzki 1989, S. 27.
248 Zitiert nach Prüß 1974, S. 78.
249 Vgl. Eckert/Osietzki 1989, S. 28

4. Energiepolitik der CDU-geführten Regierungen 1949 – 1966

nisteriums Grundlagen- und Forschungspolitik und weniger Energiepolitik war.[250]

Der Bund avancierte damit allmählich zum Geldgeber für die Initialisierung der Atomwirtschaft, vor allem weil die ersten Reaktoren Verlustgeschäfte darstellten. Obwohl die deutsche Wirtschaftsverfassung eine privatwirtschaftliche Initiative vorsieht und dem Staat die Rolle des Hüters des Ordnungsrahmens zuweist, übernahm er die Verlustminimierung und agierte als Risikofinanzier. Kitschelt stellt deswegen fest, das „BMAt hätte sich von Anfang an als Interessenvertretung der zukünftigen Reaktorindustrie" [251] etabliert. In diesem Sinne verstand die Industrie das BMAt: Es sollte keine weitreichenden Kompetenzen und keine zentralistische Struktur schaffen, sondern gegenüber der Wirtschaft als „Verhandlungspartner im Kabinettsrang agieren".[252]

Das Forschungszentrum Karlsruhe finanzierte sich anfangs paritätisch durch Bund, Länder und die Industrie. Jedoch beteiligte sich die Industrie nur anfänglich an den Kosten der Forschung. Als sich das Forschungszentrum Karlsruhe von einem Reaktorforschungszentrum zu einem Großforschungszentrum entwickelte, stieg die Privatwirtschaft aus dem Projekt aus. Von diesem Punkt an übernahm der Bund die alleinige Finanzierung des später in Karlsruhe entwickelten Mehrzweckforschungsreaktors. In Jülich übernahm der Bund ebenfalls die Kosten für die Forschung.[253] In Geesthacht forschte der Staat mit dem Ziel der industriellen Nutzung atomarer Antriebe, sodass von einer „staatlichen Forschung für die Industrie"[254] gesprochen werden konnte. Bis 1967 hatte der Bund knapp 5,3 Mrd. DM an Fördergeldern für die Forschung mit atomaren Anlagen bereitgestellt.[255] Obwohl Strauß in seiner Amtszeit als Atomminister die Initiativfunktion der Privatwirtschaft übertragen wollte, ging diese schließlich vom Staat aus.

Der staatliche Impuls für die Privatwirtschaft erwies sich bald als erfolgreich. 1958 entstand das privat finanzierte Versuchskernkraftwerk Kahl (VAK), das die AEG für das RWE und das Bayernwerk errichtete. 1967 begann die rein kommerzielle Nutzung der Atomenergie in den Kernkraftwerken Würgassen und Stade. Der Baubeginn von Biblis A verdeutlichte den Durchbruch der kommerziellen Atomwirtschaft, die sukzessiv größere Reaktoren konstruierte. Das bis dahin größte Atomkraftwerk der Welt demonstrierte den Fortschritt, den die deutsche

---

250 Vgl. ebenda, S. 87.
251 Vgl. Susan Boenke: Entstehung und Entwicklung des Max-Planck-Instituts für Plasmaphysik 1955 – 1971, Frankfurt am Main 1991, S. 23.
252 Zitiert nach Prüß 1974, S. 39.
253 Vgl. Bernd Musiolek: Das Forschungszentrum. Eine Geschichte der KFA Jülich von der Gründung bis 1980, Frankfurt am Main 1996, S. 277-286.
254 Boenke 1991, S. 27.
255 Vgl. Karl G. Tempel: Kernenergie in der Bundesrepublik, Berlin 1981, S. 19.

Atomforschung in den Jahren seit 1955 erzielt hatte. Bis 1969 war der Abstand zu den anderen Ländern aufgeholt.

Die staatliche Anschubfinanzierung und Initialisierung soll den Erfolg der Wirtschaft und der engagierten Ingenieure nicht schmälern.[256] Zwar gingen wesentliche Impulse von den Ambitionen der Politik und den Physikern der Forschungszentren aus, doch galt es letztlich, die Theorie in die Praxis umzusetzen. An diesem Punkt muss die Leistung der Ingenieure bei den Kernkraftwerksproduzenten Siemens und AEG hoch geschätzt werden, denn schließlich setzte die Wirtschaft den kommerziellen Reaktorbau um, der zu einem Exportprodukt der Bundesrepublik avancierte. Im Kern ist der Start der Bundesrepublik in die atomare Stromgewinnung jedoch durch staatliche Anstrengungen gekennzeichnet. „Die Grundphilosophie der Bundesregierung, selbst keine Aufträge zur Entwicklung oder Errichtung von Kernkraftwerken zu erteilen, sondern nur Projekte der zukünftigen Reaktorlieferanten zu erteilen bzw. der Energieversorgungsunternehmen durch Förderung zu unterstützen, erwies sich im Folgenden als nicht tragfähig. Erst nach einer Wende der Förderpolitik wurden ab 1962 die ersten Versuchskernkraftwerke durch die Großforschungszentren, also in staatlicher Eigentümerschaft errichtet."[257]

4.3.4. Endlagerung: Asse

Mit dem Ausbau der Kernkraft als Energiequelle stellte sich das Problem der Entsorgung des über Jahrhunderte strahlenden Atommülls. Die Zukunft der Kernkraft war abhängig von der Lösung dieser Problematik, denn wenn keine Lagermöglichkeit gefunden worden wäre, hätten die Kernkraftwerke nicht betrieben werden können. Damals bestanden als Optionen die Versenkung im Meer oder die Einlagerung im Untergrund. Weil innerhalb der Vereinten Nationen die Verklappung stark umstritten war, entschieden sich die Referenten des BMAt für die Einlagerung unter Tage. Der für Abfallbeseitigung zuständige Arbeitskreis der DAtK votierte ebenfalls für eine unterirdische Lagerung. Die Referenten trafen mit diesem Vorhaben jedoch auf den Widerstand des übrigen Ministeriums, das aufgrund geringer Abfallmengen eine oberirdische Lagerung bevorzugte. Weitere Erschwernisse in der Endlagerungsfrage ergaben sich aus

---

256 Vgl. Joachim Radkau: Fragen an die Geschichte der Kernenergie. Perspektivenwandel im Zuge der Zeit (1975-1986), in: Hohensee/Salewski 1993, S. 120.
257 Vgl. Detlef Möller: Endlagerung radioaktiver Abfälle in der Bundesrepublik Deutschland. Adminstrativ-politische Entscheidungsprozesse zwischen Wirtschaftlichkeit und Sicherheit, zwischen nationaler und internationaler Lösung, Frankfurt am Main 2009, S. 143.

4. Energiepolitik der CDU-geführten Regierungen 1949 – 1966

der fehlenden Endlagerungsregelung im Atomgesetz und Kompetenzwirrwarr zwischen Bund und Ländern. Nachdem Prognosen 1963 mit erheblichen Kosten für die Zwischenlagerung des atomaren Abfalls von Jülich rechneten, setzte in der Diskussion ein Umdenkprozess ein: Ein preisgünstiges Bergwerk könnte die Zeit bis zum Bau eines Endlagers überbrücken. Zudem ergab sich mit dieser Option die Möglichkeit, die Eigenschaften des atomaren Mülls während der Einlagerung zu erforschen. Zu diesem Zeitpunkt gab es zwei potentielle Kandidaten - das ehemalige Salzbergwerk Asse in der Nähe von Wolfenbüttel und der Salzstock Gorleben. Zwar wurde als Standort für die Endlagerung der radioaktiven Abfälle für Gorleben votiert, allerdings bestand mit dem Bergwerk Asse die Möglichkeit, die Endlagerung zu erforschen. Die Gesellschaft für Strahlenforschung erwarb die Schachtanlage 1965 und begann mit der experimentellen Einlagerung radioaktiven Mülls.[258]

Die Verantwortlichen entschieden sich trotz sicherheitstechnischer Bedenken für das ehemalige Bergwerk Asse II, denn das Problem einsickernden Wassers war bekannt.[259] Hinzu traten Probleme mit veralteten Förderanlagen, einer brandgefährdeten Belüftungsanlage und einer nicht bekannten Abbaupraxis unter Tage.[260] Jedoch bot das alte Salzbergwerk eine preiswerte Lösung der Endlagerproblematik, da der Neubau eines Bergwerks wesentlich höhere Investitionssummen veranschlagt hätte. Möller vertritt die These, diese Entscheidung beruhte auf strategischem Kalkül, denn trotz zweifelhafter Langzeitsicherheit plante die Bundesregierung den Einsatz des Bergwerks bis 2000. „Der Atomwirtschaft und den zögernden Energieversorgungsunternehmen konnte signalisiert werden, dass die Endlagerungsfrage dem wirtschaftlichen Durchbruch der Atomenergie nicht im Weg stehen würde."[261]

4.4.   Maßnahmen für den Mineralölsektor

4.4.1.   Übernahme des Energiekonzeptes der Alliierten

Der Wiederaufbau der Ölwirtschaft begann mit einer Zäsur des angewandten energiepolitischen Modells. Dafür zeichnete weniger die Bundesregierung als vielmehr die Alliierten nach dem Ende des Zweiten Weltkriegs verantwortlich. Die Ölversorgungsstrategie des Dritten Reichs basierte auf einer extensiven Importpolitik bereits fertiger Mineralölprodukte. Die Alliierten verwarfen diese

---

258   Vgl. ebenda, S. 338f.
259   Vgl. ErA-Notiz Nr. 12 für die Schachtanlage Asse vom 3. März 1964.
260   Möller 2009, S. 149.
261   Ebenda, S. 337f.

4.4. Maßnahmen für den Mineralölsektor

Strategie und strukturierten die Ölwirtschaft um. Sie bevorzugten den Import von Rohöl, das heimische Raffinerien vor Ort in Mineralölprodukte verfeinerten, wodurch sie Kosteneinsparungen während ihrer Besatzung kalkulierten. Die Notwendigkeit für die Neustrukturierung der Ölwirtschaft war auch durch die ablehnende Haltung der Alliierten gegenüber der synthetischen Öl-Herstellung und durch die Vorgaben des Marshall-Plans begründet.[262]

1951 war die Mineralölwirtschaft gesundet, ebenso wie die Phase des „Wirtschaftswunders" erste Steigerungen des Wohlstands ermöglichte. In diese Periode fiel die verstärkte Motorisierung der deutschen Gesellschaft. Lag in der Bundesrepublik im internationalen Vergleich anfangs die Zahl der Personen- und Lastkraftwagen weit hinter dem Niveau anderer Staaten zurück, stieg sie in der Mitte der 1950er Jahre rapide an. Die verstärkte Motorisierung führte zu einer Forcierung des Individualverkehrs, die eine zusätzliche Nachfrage nach Mineralölprodukten nach sich zog und in einer Wachstums- und Expansionsphase der Mineralölwirtschaft resultierte. Der steigende Bedarf nach Benzin und Diesel sicherte die privatwirtschaftliche Struktur, welche die internationalen Ölkonzerne in Deutschland errichteten und staatliche Eingriffe unnötig machten. Staatliche Monopole lehnte die Bundesregierung ab, so dass für die bundesdeutsche Ölversorgung die „seven sisters" verantwortlich zeichneten.

4.4.2. Marktliberalisierungen und Restriktionen

In dieser frühen Phase der Ölwirtschaft in der Bundesrepublik unterstützte die Bundesregierung das Angebot an Kraftstoffen, indem sie die Preisfestsetzung aufhob und damit die freien Marktkräfte in den Ölsektor dringen ließ. Am 11. November 1949 beschloss das Kabinett die Bewirtschaftung der Ölindustrie aufzuheben. Mit dieser Methode kämpfte die Regierung gegen den Schwarzmarkt, denn laut Bundesverkehrsministerium wurden zu diesem Zeitpunkt 80 bis 90 Prozent der Kraftstoffe schwarz gehandelt.[263] Die Freigabe führte außerdem zur Möglichkeit der Besteuerung, die laut Finanzminister für den Haushalt als günstig einzuschätzen war. Damit ging eine Abschaffung des 1939 von den Nationalsozialisten für die Kriegswirtschaft geschaffenen „Zentralbüros für Mineralöl GmbH" einher, das ab Kriegsbeginn für die Einfuhr und die Verteilung der Kraftstoffe zuständig war. Das Zentralbüro übernahm auch in der Bundesrepublik die Verantwortung für die Rationierung und Zuteilung der Kraftstoffe. Der Bundestag machte seine Zustimmung zu einem von der Regierung geplanten

---

262 Vgl. Rainer Karlsch/Raymond G. Stokes: Faktor Öl. Die Mineralölwirtschaft in Deutschland 1859 – 1974, München 2003, S. 247-274.
263 Vgl. BR KabPr. 21/11.11.1949.

4. Energiepolitik der CDU-geführten Regierungen 1949 – 1966

„Gesetz zur Veränderung der Mineralölbesteuerung und der Liberalisierung der Märkte" von der Abschaffung des Zentralbüros abhängig.

Im Zuge der Liberalisierung wurden die Preise erhöht und das Mineralöl einer stärkeren Besteuerung unterworfen, die am 16. Februar 1951 verkündet wurde. Das neue Mineralölsteuergesetz gestaltete sie umfassender als seinen Vorgänger von 1930, wodurch es Einnahmen von 455 Mio. DM erbrachte, zur fiskalischen Haupteinnahmequelle avancierte und in den darauffolgenden Dekaden blieb.

Diese von der Bundesregierung vorangetriebene Liberalisierung beschränkte sich jedoch auf den einheimischen Markt und diente nicht der Öffnung nach außen und der Integration in die Weltmarktstrukturen. Die erste Phase kann damit als „Nationalisierung" der Ölwirtschaft bezeichnet werden. Dafür sprachen konkrete Interventionen bei Transaktionen auf dem Ölmarkt und das neu errichtete Zoll- und Steuersystem. Die 1926 von der Shell, Esso und I.G. Farben gegründete Mineralölgesellschaft Gasolin A.G. stand nach dem Krieg auf Anweisung der Alliierten im Zuge der Liquidation des Farbenkonzerns zum Verkauf. Dem dafür eingesetzten Liquidationsausschuss lagen in- und ausländische Gebote vor. Die Interessenten waren die amerikanische Caltex, ein Joint Venture der späteren Firmen Texaco und Chevron, sowie die Gulf Oil Corporation als auch die deutschen Firmen Wintershall und die DEA. Die Bundesregierung bevorzugte deutsche Firmen, da ihrer Meinung nach der heimische Erdölmarkt bereits zu stark von ausländischen Firmen durchdrungen war. „Im Bundeswirtschaftsministerium neige man zu einem Verkauf nur an Inländer, da das Ausland ohnehin fast zu großen Einfluss auf den deutschen Treibstoffmarkt gewonnen habe."[264] Obwohl die Gasolin A.G. über Dollarverbindlichkeiten verfügte, die aufgrund der Devisenschwäche der Bundesrepublik für einen Kauf an ein kapitalstarkes US-amerikanisches Unternehmen sprachen, waren es Befürchtungen vor einer weiteren ausländischen Einflussnahme auf den deutschen Ölmarkt, welche die Bundesregierung dazu bewegten, zugunsten eines deutschen Anbieters zu intervenieren.[265] Bundesminister Hans-Christoph Seebohm bekräftigte ungeachtet der Belastung der deutschen Devisenbilanz, dass eine weitere Einflussnahme ausländischer Firmen nicht erwünscht sei. Der Kabinettsausschuss empfahl daher dem Liquidationsausschuss, die Entscheidung zugunsten eines deutschen Anbieters zu fällen, was die staatsorientierten Ambitionen in der Ölpolitik verdeutlichte. Die Gasolin AG erstanden schließlich die deutschen Firmen Wintershall und DEA.

Dieselbe staatszentrierte Position spielte eine Rolle bei wirtschaftspolitischen Erwägungen zu den Fischer-Tropsch-Werken, die bereits in der Kriegswirtschaft der Nationalsozialisten Kohle in synthetische Kraftstoffe verflüssigt hatten. Die

---

264 Vgl. KabPr. 22/19.06.1952.
265 Vgl. Karlsch/Stokes 2003, S. 279ff.

4.4. Maßnahmen für den Mineralölsektor

Regierung wehrte sich gegen eine von der Hohen Alliierten Kommission angeordnete Demontage. Adenauer sprach vermehrt bei der Kommission vor, um eine Stilllegung zu verhindern.[266] Bis zur Entscheidung der Hohen Kommission am 2. Juni 1950, welche die Möglichkeit der Produktionsumstellung vorsah, unterstützte die Bundesregierung die Zahlung der anfallenden Fixkosten, die sich durch die Beurlaubung der Mitarbeiter ergaben.[267] Obwohl sich der Kanzler bei seiner Argumentation auf die durch die Stilllegung hervorgerufene Arbeitslosigkeit bezog, scheinen industriepolitische Aspekte für diese wirtschaftspolitische Entscheidung einen höheren Stellenwert besessen zu haben. Im Vergleich zu den insgesamt 35.000 Arbeitern, die in den Werken angestellt waren, wog der strategische Wert, den die Veredelung von Kohle in flüssige Kohlenwasserstoffe besaß, wesentlich höher. Der jährliche Produktionswert der sechs Fischer-Tropsch-Werke lag bei 200 Mio. DM, aus 17.000 t Koks konnten 4.000 t hochwertige Kohlenwasserstoffe produziert werden.[268] Deren Einfuhr hätte eine weitere Devisenbelastung bedeutet und die deutsche Versorgung von Diesel- und Ottokraftstoffen, aber auch von anderen ölbasierten mineralischen Rohstoffen stärker vom Ausland abhängig gemacht.

Neben die Rettung der Fischer-Tropsch-Werke vor der Demontage durch die Alliierten, um die heimische Kraftstoffproduktion zu erhöhen und den ausländischen Anteil an Mineralölprodukten zu verringern, trat eine langfristige fiskalische Unterstützung der Werke. Der durchschnittliche Steuersatz für synthetisches Benzin lag 120 DM unter dem Satz für reguläres Benzin. Steuerliche Anreize kurbelten die inländische Kraftstoffherstellung an, um devisenbelastende Abhängigkeiten zu verringern. Die von 1953 bis 1964 im Vergleich zur regulären Raffination niedrigere Besteuerung der im Fischer-Tropsch-Verfahren hergestellten Kraftstoffe[269] demonstrierte die langfristige Begünstigung der synthetischen Kraftstoffherstellung.

Das von den Alliierten installierte System der heimischen Exploration und Raffination von Mineralölprodukten übernahm die Bundesregierung in ihr eigenes wirtschaftspolitisches Energiemodell. Zu den bereits beschriebenen Maßnahmen der Minderung des ausländischen Einflusses auf dem deutschen Ölmarkt und der Verringerung devisenbelastender Importe trat eine inländische Industrieförderung. Zu diesem Zweck verhängte die Bundesregierung auf Rohölimporte einen Zoll von 129 DM/t. Diese Kosten errechnete die 1951 von der Bundesregierung eingesetzte Öl-Enquete, welche die Aufwendungen für eine Tonne inlän-

---

266 Vgl. KabPr. 35/13.01.1950.
267 Vgl. KabPr. 68/23.05.1950.
268 Vgl. Aus strategischen Gründen, in: Der Spiegel, 26/1949.
269 Vgl. Bundesministerium der Finanzen (Hrsg.): Entwicklung der Mineralölsteuersätze für Benzin und Diesel in der Bundesrepublik Deutschland, Berlin 2001, S. 2ff.

4. Energiepolitik der CDU-geführten Regierungen 1949 – 1966

disches Öl auf 190 DM bezifferte. Abzüglich der Vergünstigungen auf bestimmte Mineralölprodukte belief sich die Nettozolllast auf 85 DM/t Rohöl.[270] Da sich der Preis für eine Tonne importiertes Rohöl auf 108 DM belief, war der Nettozoll ungefähr in der Höhe, die notwendig war, das inländische Öl mit dem ausländischen preislich gleichzustellen. Mit diesem Instrumentarium sollte die einheimische Ölexploration gefördert, die verfügbare Menge von Mineralölprodukten erhöht und der devisenbelastende Import von Mineralöl gemindert werden. Zollschutz und Steuervergünstigungen führten zu einem Anteil der Hydrierwerke von 40 Prozent an der deutschen Kraftstoffherstellung.

Die wirtschaftspolitischen Eingriffe der Bundesregierung wiesen an dieser Stelle einen strukturpolitischen Charakter auf, denn mit den fiskalischen Maßnahmen errichtete sie einen Rahmen, der den Ausbau der heimischen Ölindustrie förderte. Die Maßnahmen zeigten innerhalb weniger Jahre Erfolg. Die Ölfördermenge in der Bundesrepublik verdoppelte sich von 1953 bis 1958 von 2,2 auf 4,4 Mio. t und die Investitionen in der Ölwirtschaft stiegen auf 1,33 Mrd. DM.

Der erhöhte Anteil des Öls an der Energiebilanz der Bundesrepublik war vor diesem Hintergrund Ergebnis der bewussten Steuerung der Regierung. Um das Ölangebot auszuweiten, bot die Bonn attraktive Rahmenbedingungen, weshalb 1952 die Mineralölsteuer abgeschafft wurde. 1956 formulierte der Staatssekretär im Bundesministerium für Wirtschaft, Ludger Westrick, das langfristige gouvernementale Ziel, neben dem vorhandenen Energieträger Kohle, „Heizöl als echten Ergänzungsfaktor für die Energiebilanz des Bundesgebietes einzuschalten"[271]. Die Bundesregierung sah zu diesem Zeitpunkt einen steigenden Energiebedarf der Wirtschaft voraus und wollte diesem durch einen ausgewogenen Energiemix begegnen „Der Energiebedarf wird so stark steigen, dass alle Möglichkeiten auszunutzen sein werden, um eine Deckung des Bedarfs zu erreichen."[272] Aus diesem Grund erhielt das Bundeswirtschaftsministerium den Auftrag, den Importzoll für Heizöl, der im Februar 1956 bei 15 DM/t lag, aufzuheben.[273]

Mitte der 1950er Jahre setzte die intendierte Wirkung der Ölintegration auf weiteren Sektoren ein. Neben dem Einsatz im Transportsektor stieß das Heizöl in den Wärmemarkt vor und verdrängte die Kohle weiter. Schließlich wurde Öl nach Überwindung technisch-organisatorischer Probleme[274] als Grundstoff der chemischen Industrie erkannt und nachgefragt.

Die expansive Förderung des Öls in die deutsche Energiewirtschaft gab die Bundesregierung wenige Jahre später zumindest verbal wieder auf. Vor dem

---

270 Karlsch/Stokes 2003, S. 287f.
271 Verhandlungen des Deutschen Bundestages, 2. Wahlperiode (1953), Bd. 38, S. 6734.
272 Ebenda.
273 Vgl. ebenda.
274 Vgl. Karlsch/Stokes 2003, S. 293f.

4.4. Maßnahmen für den Mineralölsektor

Hintergrund der Probleme, welche der deutschen Steinkohle durch die Konkurrenz mit dem Öl entstanden, entschied sich die Bundesregierung, die Expansion des Öl zugunsten einer Anpassung des Kohlebergbaus zu verlangsamen.

Die Ausbreitung des Öls als Energieträger verlief entsprechend dem Energiehunger der in der Phase des „Wirtschaftswunders" befindlichen Bundesrepublik stürmisch. Zwischen 1956 und 1963 vervierfachte sich die Produktion heimischer Raffinerien, der Anteil des Heizöls am Verbrauch stieg auf 40 Prozent im Jahr 1963 und die Heizöl-Importe verfünffachten sich auf 13 Mio. t.[275] Die billige Verfügbarkeit des Öls und der daraufhin einsetzende Substitutionsprozess nahm in den folgenden Jahren sogar noch zu. 1959 erließen die USA Importrestriktionen gegen Ölimporte und in der Nordsee wurde erstmals Ölfunde gemeldet. Durch beide Entwicklungen erhöhte sich die Verfügbarkeit von Öl weiter.

1962 betonte Bonn „keine bruchartige Entwicklung durch überstürztes Vordringen anderer Energieträger zu[zu]lassen"[276]. Bereits am 1. Mai 1960, nur vier Jahre nach dem couragierten Ziel die Energieversorgung zu diversifizieren, belegte die Bundesregierung das Heizöl mit der 1952 abgeschafften Steuer, welche die Tonne schweres Heizöl um 25 DM und leichtes um zehn DM verteuerte.[277] Diese Maßnahme ließ sich mit den sozialen Problemen begründen, welche die Verdrängung der Kohle durch das Öl verursachte. Die durch die Substitution ausgelöste verringerte Nachfrage nach Kohle resultierte in Stilllegungen und einem Arbeitsplatzabbau in den Kohlerevieren, die zu erheblichen Spannungen bei den Arbeitnehmern in der Kohleindustrie führten. Den aufgrund der forcierten Ölintegration ausgelösten Zielkonflikt gedachte die Bundesregierung durch Konzessionen an den Kohlebergbau zu lindern. In Anbetracht der zu diesem Zeitpunkt hohen inländischen Förderquote wirkt der Importzoll jedoch wie ein Instrument zur Beruhigung der erhitzten Gemüter und weniger als effizientes Mittel, um den Vormarsch des Anteils des Öls an der Energiebilanz des Bundesgebietes zu stoppen. Die Heizölsteuer entwickelte sich gleichzeitig zu einer potenten Einnahmequelle des Bundes, der sie in der Folge bis zum 31. Dezember 1979 verlängerte.

Um kurzfristig auf die Einfuhr des Öls reagieren zu können, erließ die Bundesregierung am 11. März 1963 eine Verordnung, welche den genehmigungsfreien Abschluss von Importverträgen für Roh- und Heizöl auf die Dauer von neun Monaten verkürzte.[278]

---

275 Vgl. Karlsch/Stokes 2003, S. 312.
276 Verhandlungen des Deutschen Bundestages, 4. Wahlperiode (1961), Bd. 51, Bonn 1962, S. 1266ff.
277 Vgl. Horn 1977, S. 247.
278 Vgl. Verhandlungen des Deutschen Bundestages, 4. Wahlperiode (1961), Bd. 56, Bonn 1965, S. 7251.

4. Energiepolitik der CDU-geführten Regierungen 1949 – 1966

Die Bundesregierung ergriff in den folgenden Jahren weitere Maßnahmen, um die selbst initiierte Expansion des Öls zu stoppen oder wenigstens zu verlangsamen. Dafür boten sich drei Methoden an. Eine bewusste staatliche Intervention, der reine Appell an privatwirtschaftliche Zurückhaltung und die staatliche Sicherung privatwirtschaftlicher Absprachen. Entsprechend dem ordnungspolitischen Modell Erhards entschied sich die Bundesregierung für die dritte Variante: Die Regierung verabredete daher mit der Ölindustrie eine geringere Expansionsgeschwindigkeit. In der Antwort der Bundesregierung auf die Große Anfrage der Fraktionen von CDU/CSU und der FDP betonte Schmücker den festen Willen der Bundesregierung, die Mineralölwirtschaft zu regulieren, sollte sie sich nicht an die Absprachen halten.[279]

Die Möglichkeit der Intervention betonte die Bundesregierung dezidiert, da die tatsächlichen Raffineriekapazitäten der Ölindustrie um 2,7 Mio. t über den prognostizierten lagen. Für 1965 und 1966 gingen die Planungen mehr als 16 Mio. t über die ursprünglich anvisierten Ausweitungen der Raffineriekapazitäten hinaus.[280] Die Bundesregierung begrüßte diese Entwicklung zwar mit Hinblick auf die preisgünstige Energieversorgung, betonte jedoch gleichzeitig, ihre langfristigen Entscheidungen nicht auf diese temporäre Phase zu stützen. Am 1. Dezember 1964 erklärten sich die Mineralölfirmen daher bereit, die angebotene Menge freiwillig zu beschränken. Der prozentuale Zuwachs an bereitgestelltem Öl sollte nur in der Höhe steigen, wie der Energiebedarf in Westdeutschland zunahm. Dadurch würde die Relation unter den Primärenergieträgern gewahrt. Wirtschaftsminister Schmücker unterstützte diese Maßnahme durch die Anwendung von § 10 Außenwirtschaftsgesetz, das die Beschränkung von Warenimporten per Kontingentierung oder Lizenzierung ermöglichte. Dabei war der Paragraph ein fast stumpfes Schwert, da nach §226 EWG Kontingentierungen nur gegenüber Drittländern möglich waren, gegenüber EWG-Ländern jedoch die Kommission zu entscheiden hatte.

Im April 1965 setzte die Bundesregierung die vom Bundeswirtschaftsministerium im Oktober 1964 im Kabinett vorgeschlagene Erhöhung der Bevorratung von Heizöl um. Am 9. September verkündete sie das „Gesetz über Mindestvorräte an Erdölerzeugnissen"[281], das die Selbstbeschränkung der Ölindustrie flankierte und am 1. Januar 1966 in Kraft trat. Es war ausdrücklich dafür gedacht, die Expansion der Ölunternehmen zu verlangsamen und der Kohlewirtschaft einen Zeitkorridor zu errichten, in dem sie Anpassungsprozesse vollziehen konnte.[282] Mit diesem Gesetz wurden Unternehmen vorratspflichtig, die Mineralölprodukte einführten oder aus eingeführtem Erdöl herstellten. Sofern

---

279 Vgl. ebenda, S. 7253.
280 Vgl. ebenda, S. 7253.
281 Vgl. BGBl Nr. 49 vom 14.09.1965, S. 1217-1221.

die Unternehmen mit den Produkten nur handelten, fielen sie nicht unter die Vorratspflicht. Produkte aus deutschem Erdöl blieben bei der Berechnung außer vor. Die Unternehmer waren nicht gezwungen, die Mengen unmittelbar zu führen, sondern konnten diese in mittelbarem Besitz verwahren, sofern die Verfügung des jeweiligen unmittelbaren Besitzers auf die Dauer der Verwahrung beschränkt blieb.[283]

4.4.3. Schutz der nationalen Ölwirtschaft gegen Konkurrenz

Eine einseitige Abfertigung der heimischen Ölindustrie zugunsten der Steinkohle fand jedoch nicht statt. Darauf deuteten die Restriktionen des am 1. Januar 1964 in Kraft getretenen „Gesetzes über die Umstellung der Abgaben auf Mineralöl". In dieser Regelung passte die Bundesregierung die Zölle und Steuern auf Mineralölprodukte und Rohöl an. Obwohl sie versuchte, den 1953 eingeführten Zoll zu erhalten, scheiterte Bonn in den Verhandlungen zur Gründung der EWG am Widerstand Frankreichs und Italiens. Frankreichs Rohölimport war relativ gering und Italien war an einer stärkeren Belastung von Mineralölprodukten nicht gelegen.[284] Der Mineralölzoll für Rohöl und wichtige Mineralölprodukte wurde aufgehoben und Rohöl in der Folge nicht mehr durch die Mineralölsteuergesetzgebung erfasst, während sich die Steuersätze für Mineralölprodukte, wie Benzin, erhöhten. Da das ausländische Rohöl auf die einheimischen Erzeuger nun einen erhöhten Konkurrenzdruck ausübte, stützte die gouvernementale Energiepolitik die inländische Ölförderung durch Anpassungshilfen[285], die sich auf 1,2 Mrd. DM beliefen.[286] Die steuerliche Unterstützung für Produkte der Fischer-Tropsch-Werke strich sie im Zuge dieser Steuerreform ebenfalls.

Im Rahmen des Mineralölsteuerneuregelungsgesetzes gewährte Bonn Unternehmen Finanzhilfen, die über keine umfassende Rohstoffbasis verfügten. Die Bundesregierung plante, den Unternehmen 800 Mio. DM für die Exploration ausländischer Ölfelder zur Verfügung zu stellen, allerdings waren die deutschen Tochterfirmen ausländischer Konzerne ausgenommen. Die deutschen Ölfirmen

---

282 Vgl. Verhandlungen des Deutschen Bundestages, 5. Wahlperiode (1965), Bd. 67, Bonn 1968, S. 9588.
283 Vgl. BverfGE 30, 292 – Erdölbevorratung RN 21.
284 Vgl. Albrecht Mulfinger: Auf dem Weg zur gemeinsamen Mineralölpolitik. Die Interventionen der öffentlichen Hand auf dem Gebiet der Mineralölindustrie im Hinblick auf den gemeinschaftlichen Mineralölmarkt, Berlin 1972, S. 77f.
285 Vgl. Rolf Funck: Straßenverkehrssteuern, in: Willi Albers (Hrsg.): Handwörterbuch der Wirtschaftswissenschaft, Bd. 7, Stuttgart 1977, S. 470.
286 Karlsch/Strokes 2003, S. 350.

4. Energiepolitik der CDU-geführten Regierungen 1949 – 1966

sollten für diese Zwecke in einer neuen Gesellschaft zusammengefasst werden, der Deutschen Mineralölexplorationsgesellschaft mbH – DEMINEX.[287]

Die Ursache für diese Überlegungen waren die Befürchtungen, die deutschen Ölfirmen besäßen zu wenig Eigenkapital und zu geringe Ölreserven, um der ausländischen Konkurrenz dauerhaft die Stirn bieten zu können. Nicht nur die Konkurrenzsituation, die sich aus der Reform der Mineralölsteuergesetzgebung von 1964 ergab, bekräftigte diese Annahme. Die Übernahme der Deutschen Mineralöl Aktiengesellschaft DEA durch die US-amerikanische Texaco bot ebenfalls ein Beispiel dafür, wie deutsche Firmen der ausländischen Konkurrenz, die durch starke Kapitalgeber und umfangreiche Ölvorkommen enorme Marktmacht besaßen, unterlegen waren.[288]

Mit der Zusammenfassung der deutschen Firmen[289] in einer einheitlichen Gesellschaft ließen sich die Strukturen straffen und Eingriffe besser koordinieren. Die Bundesregierung plante, dass die Firmen der neuen Gesellschaft Konzessionen und Kapital überschreiben sollten. Um die Gründung der DEMINEX zu forcieren, wurde das Wirtschaftsministerium im Juli 1966 angewiesen, nur noch Bohrdarlehn an die Gesamtgesellschaft zu vergeben. Die Firmen präferierten jedoch ein anderes Konzept. Sie wollten ihr Kapital nicht der neuen Gesellschaft überschreiben, sondern bevorzugten eine Geschäftsform mit geringem Eigenkapital, schlanken Strukturen und einem Vorstand, der sich einzig um die Akquisition der staatlichen Darlehn kümmern sollte.[290] Es kristallisierte sich heraus, „dass die Gründung der DEMINEX vor allem dazu diente, finanzielle Hilfe vom Staat zu erhalten."[291] Das Kabinett lehnte solche Pläne ab und verweigerte die Ausgabe von Darlehen, solange die Firmen nicht in einer Gesellschaft aufgegangen waren. Am 27. Oktober 1966 einigten sich die Vertragspartner auf den Gesellschaftsvertrag, der am 31.Oktober beglaubigt wurde.

Die DEMINEX hatte drei Probleme, die der intendierten Funktionalität entgegenstanden. Für eine umfassende Explorationstätigkeit war die Ausstattung zu gering[292]. Außerdem blieben die beteiligten Firmen von der DEMINEX unabhängig und behielten sich das Recht vor, Geschäfte auf eigene Rechnung zu tätigen. Das eigentliche Problem der Mineralölexplorationsgesellschaft war jedoch der latente Kapitalmangel, den auch die Bundesregierung nicht beheben konnte. Die ursprünglich auf 800 Mio. DM bezifferten Mittel standen nach der Gründung der

---

287 Vgl. Zug erwischt, in: Der Spiegel 19/1967.
288 Vgl. zur Übernahme der DEA durch die Texaco: Karlsch/Stokes 2003, S. 353-358.
289 Deilmann, Deutsche Schachtbau, Preußag, GBAG, Scholven Chemie AG, Saarbergwerke AG und Union Kraftstoff Wesseling sowie die Hydrierwerke.
290 Vgl. Karlsch/Stokes 2003, S. 361.
291 Ebenda, S. 362.
292 Vgl. Zug erwischt, in: Der Spiegel 19/1967.

4.4. Maßnahmen für den Mineralölsektor

Gesellschaft Ende 1966 nicht mehr zur Verfügung. Für das Haushaltsjahr 1966 belief sich die Fördersumme auf 37 Mio. und für 1967 auf 45 Mio. DM. Für umfangreiche Explorationen waren diese Mittel zu gering, so dass die Erfolge der DEMINEX bis Ende 1966 gering ausfielen und sie dem Anspruch, einen Platz unter den „seven sisters" zu erlangen, nicht genügte.

4.4.4. Geopolitische Handelshemmnisse

1963 untersagte die Bundesregierung den Export von Röhren in den Ostblock. Mit dem Röhrenembargo verhinderte die Bundesregierung auf Drängen der USA den geplanten Export von Röhren in die UdSSR. Das Volumen umfasste 163.000 t von 40-Zoll-Stahlröhren in einem Gesamtwert von 28 Mio. Dollar. [293] Die Sowjetunion benötigte für den in Verzug geratenen Bau der Pipeline Druschba (Freundschaft) Großröhren, die sie von der darin weltweit führenden Bundesrepublik zu importieren gedachte. Die Pipeline führt aus dem Wolga-Ural-Gebiet bis nach Schwedt a. d. Oder. Am 5. Oktober 1962 unterschrieben sowjetische und deutsche Firmen den Vertrag über die Veredlung russischen Roheisens zur Lieferung in die Sowjetunion. Am 21. November empfahl der NATO-Rat, die Lieferung von Großrohren an die Sowjetunion zu verbieten, woraufhin die Bundesregierung am 18. Dezember die Liste genehmigungspflichtiger Güter per Verordnung erweiterte. Neben den militärischen Vorteilen, die aus dem Pipeline-Bau für die sowjetische Armee resultierte, fürchteten die USA die Eroberung westlicher Ölmärkte durch sowjetische Energiefirmen.

Die Bundesregierung folgte der US-amerikanischen Position und verhinderte das Geschäft. Daraufhin erfüllten Italien und Großbritannien die Lieferverträge mit der UdSSR.

4.5. Maßnahmen für den Erdgassektor

1950 erließ Bonn zur Behebung des Energienotstands das „Energienotgesetz des Vereinigten Wirtschaftsgebietes". Das „Gesetz über Notmaßnahmen auf dem

---

[293] Vgl. Markus Engels/Petra Schwarz: Alliierte Restriktionen für die Außenwirtschaftspolitik der Bundesrepublik Deutschland. Das Röhrenembargo von 1962/63 und das Erdgas-Röhren-Geschäft von 1982, in: Berlin-Brandenburgische Akademie der Wissenschaften (Hrsg.): „...die volle Macht eines souveränen Staates..." - Die alliierten Vorbehaltsrechte als Rahmenbedingung westdeutscher Außenpolitik 1949 – 1990. Ergebnisse eines Kolloquiums der Berlin-Brandenburgischen Akademie der Wissenschaften / BBAW, 6.-8. Juli 1995, Berlin 1996, S. S. 227ff.

4. Energiepolitik der CDU-geführten Regierungen 1949 – 1966

Gebiet der Elektrizitäts- und Gasversorgung" vom 10. Juni 1949 ermöglichte eine restriktive Energieversorgung durch den Direktor der Verwaltung für Wirtschaft, dem Pendant des späteren Bundeswirtschaftsministers. „Der Direktor kann Elektrizitätsbezirken und Gasbezirken durch Anweisungen an die Hauptlastverteiler und an die Hauptgasverteiler die Abgabe, Weiterleitung oder Abnahme (Elektrizität und Gas) auflegen. Er kann die obersten Landesbehörden anweisen, den Gesamtstromverbrauch und Gesamtgasverbrauch in den Ländern in einem bestimmten Ausmaß einzuschränken."

Am 23. Dezember ordneten die Wirtschaftsminister der Länder des ehemaligen vereinigten Wirtschaftsgebietes aufgrund des Energienotgesetzes die Teilabschaltung der Energieversorgung an, um die Mangelsituation aus der Kohleverknappung zu überbrücken. Zwar hielten die Vertreter des BMWi diese Maßnahmen für ineffizient, erachteten sie jedoch unter psychologischen Gesichtspunkten für unverzichtbar. Im Januar sanktionierten die Ländervertreter die Anordnung der Bundesregierung und am 10. Januar 1950 wurde das Gesetz per Verordnung in den Ländern Baden, Rheinland-Pfalz, Württemberg-Hohenzollern und den bayerischen Kreis Lindau in Kraft gesetzt.

1959 eröffnete die Sichtung eines der größten europäischen Erdgasfelder in Slochteren in den Niederlanden die Option eines überregionalen Gasnetzes. Aufgrund des geringen Anteils des Gases am Energiemix bestand zu diesem Zeitpunkt noch kein Markt für Gas.[294] Erdgasproduzierende und -importierende Unternehmen schufen zu Beginn der 1960er Jahre die Preisbindung, welche den Gaspreis an den Ölpreis koppelte: Der Gaspreis folgt dem Ölpreis in einem halbjährlichen Abstand, wobei der Referenzwert auf einem sechsmonatigen Durchschnittswert basiert. Die Preisgleitklausel bildete seitdem die Grundlage für eine Vielzahl langfristiger Lieferverträge. Sie ermöglichte die Einführung des Erdgases in den Wärmemarkt, indem sie den Erdgasproduzenten eine langfristige Investitionssicherheit bot.

1963 hielt Erdgas noch immer einen verschwindend geringen Anteil an der Primärenergieversorgung der Bundesrepublik. Sein Anteil betrug 1,8 Mio. t SKE, was weniger als ein Prozent des Gesamtenergieverbrauchs entsprach.[295] Dieser Anteil verdoppelte sich bis 1964 und vervierfachte sich bis 1967. Mit der rapiden Entwicklung der Ölförderquoten ging eine Ausweitung der Gasförderquoten einher, da Gas als Nebenprodukt des Öls prädestiniert war, in die Versorgungsstruktur integriert zu werden. Ebenso wie das Öl in den 1950er Jahren erst in den Energie- und dann in den Chemiemarkt vordrang, vollzog sich eine parallele Entwicklung im Gassektor. 1957 basierten drei Viertel aller Chemikalien auf

---

294 Vgl. BT Drs. 16/506, S. 1.
295 Vgl. Verhandlungen des Deutschen Bundestages, 4. Wahlperiode (1961), Bd. 56, Bonn 1965, S. 7253.

Kohle. Dieser Anteil sank in den in folgenden Jahren kontinuierlich. 1963 bestanden zwei Drittel aus Gas oder Öl.

Einer Integration des Erdgases in den Energiemarkt Deutschlands stand die Bundesregierung zwar prinzipiell wohlwollend gegenüber, einen Konflikt wie mit dem Öl als Primärenergieträger gedachte sie jedoch zu verhindern. Obwohl sie privatwirtschaftliche Initiativen begrüßte, war sie bereit, mit gesetzgeberischen Maßnahmen diesen Markt zu ordnen. 1963 schätzte Bonn die Bedeutung des Erdgases für die deutsche Energieversorgung allerdings als marginal ein. Zwar wertete das BMWi den Energieträger Erdgas als potentiellen Konkurrenten der Steinkohle[296], aber erst zukünftig könne ihm Bedeutung zuwachsen. Darauf mag der Umstand zurückzuführen zu sein, dass der Energieträger Gas in Deutschland keiner Preisaufsicht unterzogen wurde.

4.6. Fazit

Die Energiepolitik der Bundesregierungen von 1949 bis 1965 setzte auf einen Energiemix. Neben der Förderung der Steinkohle unterstützte die Bundesregierung den Ausbau der Atomwirtschaft und forcierte die Integration des Öls in die Energiewirtschaft. In der Literatur finden sich verschiedene Ansätze, welche diese Politik beschreiben. Dorn sieht den Sinn der deutschen Energiepolitik bis 1972 in einer „Wachstums- und Industriepolitik ‚par excellence'"[297]. Sicherheits- oder ordnungspolitischen Aspekten widmet dieses Urteil keinen Raum, und es wertet die Energiepolitik als eine abgeleitete Funktion des Wirtschaftswachstums des magischen Vierecks, das 1967 Eingang in das Stabilitätsgesetz gefunden hatte. Dieses Urteil Dorns trifft allerdings nur bedingt zu – für die Energiepolitik der Bundesregierung bis in das Jahr 1956.

Bonn verfolgte ab 1953 eine gesamtgesellschaftliche Wachstumspolitik, die auf Stärkung aller Sektoren der Volkswirtschaft zielte. Die Förderung einzelner Energiewirtschaftszweige folgte diesem Motiv. In der frühen Phase ihrer Energiepolitik unterstützte die Bundesregierung die Kohleförderung, wie es das Investitionshilfegesetz von 1952 verdeutlichte. Sie erkaufte diese Förderung auf Kosten der Gewerbebetriebe. Vier Jahre später verfolgten die kohlepolitischen Maßnahmen aber nicht mehr nur das industriepolitische Ziel der Unterstützung des Kohlesektors, sondern der gesamten Energiewirtschaft. War die Kohleförderung 1952 noch auf Kosten anderer Sektoren erkauft worden, die per Zwangsanleihe für die Mittel der Kohleindustrie aufkommen mussten, gestalteten sich die

---

296 Vgl. BR KabPr. 142/04.11.1964.
297 Vgl. Dorn 1977, S. 204.

4. Energiepolitik der CDU-geführten Regierungen 1949 – 1966

weiteren Maßnahmen zu Förderung der Kohleindustrie preisneutral. Energiepolitik stellte damit ein Instrument für eine gesamtwirtschaftliche Entwicklung dar. Die dezidierte Ölförderpolitik der Bundesregierung ab 1956 bekräftigt diese Annahme.

Gleichzeitig steckte in den Maßnahmen ein Stück Erhardsche Ordnungspolitik. Die Freigabe des Kohlepreises und die Abschaffung des Ölimportzolls waren Instrumente, welche die Konkurrenz unter den Energieträgern förderten. Dieser Energiepolitik lag die ordnungspolitische Maxime der freien Preisgestaltung zugrunde, welche für eine Marktwirtschaft ein konstitutives Element darstellt. Die Integration des Öls in die Energiewirtschaft, die aus ordnungspolitischen Gründen erfolgte, ist als Instrument zu werten, Prinzipien der Marktwirtschaft in den Energiesektor einzuführen.[298] Die Freigabe des Kohlepreises, die einer Förderung der einheimischen Kohlewirtschaft entsprach, zeigt, dass die Regierung das ehemalige Preisproblem der Energieversorgung nun als ein Mengenproblem einschätzte. Strebte sie bis 1956 dem Ziel entgegen, das gesamtwirtschaftliche Wachstum mit preiswerter Energie zu sichern, wandelte sich ihre Strategie ab 1957. Den gestiegenen Energieverbrauch zahlte die Wirtschaft mit höheren Preisen. Die Freigabe des Kohlepreises förderte die einheimische Kohlewirtschaft, indem sie sie in ein reguläres Preisgefüge mit einem marktorientierten Preisfindungsmechanismus integrierte. Daraus resultierende Preissteigerungen sollten mit der gleichzeitigen Abschaffung des Importzolls auf Heizöl jedoch so gering wie möglich gehalten werden.

Mit der Kohlekrise änderte sich die Politik der „preiswerten Energie" durch die ordnungspolitisch geschaffene Konkurrenzsituation unter den Energieträgern wieder und die Bundesregierung gab die reine Wettbewerbssituation zugunsten der Förderung der Kohle wieder auf. Die verschiedenen Maßnahmen zur Verteuerung des Öls sind dafür Beispiele. Ordnungspolitische Ziele traten in der Krise hinter sozialpolitische zurück. Der Spiegel urteilt über die Maßnahmen der Ölverteuerung als „Heilung der Kohlenkrise auf dem Rücken der kartellgebundenen Mineralölgesellschaften"[299]. Von einer reinen Wachstumspolitik mit dem Instrument billiger Energie konnte nicht mehr gesprochen werden. Der Bundesrat legte gegen die Ölverteuerung Widerspruch ein und demonstrierte damit, dass nicht allen Ländern an einer protektionistischen Energiepolitik gelegen war.

Unter diesen Aspekten sind Teile der Energiepolitik der CDU-geführten Bundesregierungen, die sich auf die Kohleförderung beziehen, als Sozial- und damit Gesellschaftspolitik zu verstehen. Die Besteuerung der Öls diente dem

---

298 Vgl. Nonn 2001, S. 54.
299 Vgl. Löcher im Kartell, in: Der Spiegel, 33/1959.

4.6. Fazit

Zweck – wie es Erhard im Bundestag formulierte – zur Beruhigung der Bergarbeiter beizutragen. Die Stilllegung weiterer Zechen der unrentablen Steinkohle und deren Substitution hätten im Ruhrgebiet, in dem ein Großteil der Menschen in diesem Zweig arbeitete, zu schweren Missständen geführt. Adenauer betonte die Bedeutung des Ruhrgebiets, wo knapp ein Drittel der Wahlberechtigten wohnten.

Das Urteil, die Energiepolitik der Bundesregierung wäre „zweifellos auf das Ziel ausgerichtet gewesen, den Energiebedarf mit möglichst niedrigen Kosten zu decken"[300], bedarf genauerer Betrachtung. Zielt man auf den Marktpreis einer Energieeinheit ab, so ist diesem Urteil nicht zuzustimmen. Zu diesem Zweck hätte die Bundesregierung die Expansion des Öls in die Energiewirtschaft nicht gezügelt und keine Importrestriktionen für ausländische Steinkohle erlassen, was zu niedrigeren Preisen für die Energieversorgung geführt hätte. Bezieht man die gesamtgesellschaftlichen Kosten ins Kalkül, so ist dieses Urteil jedoch treffend. Eine schnelle Abwicklung der Steinkohle hätte hohe soziale Kosten verursacht, die einer geringeren Entlastung durch gestrichene Kohlesubventionen gegenüber gestanden hätten.

Bei der Abwägung im Zielkonflikt zwischen ordnungs- und sozial- sowie gesellschaftspolitischen Leitbildern standen sich Erhard und Adenauer gegenüber. Während Erhard das ordnungspolitische Leitbild der ordoliberalen Marktwirtschaft vertrat, räumte Adenauer sozial- und sicherheitspolitischen aber auch wahltaktischen Motiven größeren Raum ein. Vor diesem Hintergrund ist die gouvernementale Kohlepolitik nicht nur als reine Wachstumspolitik durch niedrige Energiepreise zu werten, sondern es traten auch sicherheitspolitische Aspekte hinzu, die auf der Unsicherheit über die Entwicklung auf den Energiemärkten basierten. Kohle wurde 1960 noch als wichtigster Energieträger für die kommende Dekade betrachtet. Die Abschottung der Kohlewirtschaft und die preisfixierte Abgabe sollte die Versorgung der Wirtschaft mit heimischen Energieträgern sicherstellen – ein Paradigma, das der Denkweise traditioneller Nationalpolitik entsprach. Die Ölförderpolitik wies ebenfalls Akzentuierungen nationalorientierter Politikmotive auf. Die Stimulation der Investitionen in den Ölsektor durch die Steuervergünstigungen und die Zollrestriktionen sollten den deutschen Anteil in der Ölwirtschaft erhöhen und den ausländischen Einfluss verringern. Schmücker betonte 1964, dass „eine Selbstständigkeit ohne energiepolitischen Aktionsraum eine wacklige Sache ist"[301].

Schließlich lassen sich devisenwirtschaftliche Motive in den Entscheidungen finden. Kohle war ein heimischer Grundstoff, dessen Kauf keine Devisen koste-

---
300 Horn 1977, S. 198.
301 Vgl. Verhandlungen des Deutschen Bundestages, 4. Wahlperiode (1961), Bd. 56, Bonn 1965, S. 7255.

4. Energiepolitik der CDU-geführten Regierungen 1949 – 1966

te. Die junge und kapitalschwache Bundesrepublik musste bei ihren Wirtschaftsverflechtungen auf die Verfügbarkeit von Devisen achten, so dass sich die einheimische Kohle und das deutsche Rohöl als Primärenergieträger anboten.

Das bestimmende Paradigma der wirtschaftspolitischen Phase von 1949 bis 1966 gestaltete sich als hoheitlich-souveräne Potentialsteuerung. Erhard setzte im Kooperationsmodell auf eine Abschottung des staatlichen Entscheidungszentrums gegenüber der Einflussnahme organisierter Interessen an der Ausgestaltung der Wirtschaftspolitik. Im Steuerungsmodell lag eine Stimulation der Angebotskräfte vor.

Inwiefern finden sich die Eigenheiten dieses Paradigmas konkret in der Energiepolitik wieder? Der Blick auf die ordnungspolitische Gestaltung der deutschen Energiepolitik in den von der CDU geführten Koalitionsregierungen zeigt Übereinstimmungen und Abweichungen mit dem wirtschaftspolitischen Modell der Zeit von 1949 bis 1966. Das Kooperationsmodell deutet auf eine weitgehende Kongruenz zwischen Eigenheiten des wirtschaftspolitischen Paradigmas und den Merkmalen der Energiepolitik. Allerdings ist eine differenzierte Überprüfung notwendig, das sich die Kooperationsmodi unterschiedlich gestalteten. Erhard versuchte, die Gruppeninteressen energiepolitischer Konzerne nicht an der Wirtschaftspolitik teilhaben zu lassen und folgte damit dem Credo, dass sie nicht an der Ausformung der staatlichen Entscheidungen beteiligt werden sollten. Er hatte diese Maxime ebenso für die Entscheidungen in der Energiewirtschaft bestätigt. Dabei verfolgte er in den verschiedenen Sektoren verschiedene Kooperationsmodi.

Im Steinkohlesektor, der aufgrund der Konkurrenzsituation durch das Erdöl geschwächt und auf staatliche Hilfen angewiesen war, fand eine weitgehende Abschottung der Entscheidungsfindung des Wirtschaftsministeriums statt. „Adressat der Gruppenappelle war zunächst das Bundeswirtschaftsministerium. Jedoch wandten sich die Gruppen zunehmend auch unmittelbar an Bundeskanzler Adenauer – verständlicherweise, denn die Dokumentation der IB Bergbau verzeichnet zahlreiche Zitate von Erhard, die dessen anfängliche Aversion gegen staatlichen Schutz vor ausländischer Konkurrenz verdeutlichen, etwa: 'Wir haben auch die Elektrizität eingeführt ohne Rücksicht auf die Petroleumlampe.' oder 'Die Kohle, die in Deutschland gefördert wird, wird bei dem ständig steigenden Energiebedarf hier im Lande und im Verbund mit anderen Ländern immer ihren Absatz finden. Wobei nicht jeder heilig angesprochen werden kann, auch nicht jeder Pütt am Rande.'"[302] Erhard befand sich in dieser Situation in der stärkeren Position. Der Wirtschaftsminister hatte Gelder zu vergeben, während er gleichzeitig die Gefahr der Wettbewerbsverzerrung und des mit Steuergeldern fi-

---

302 Junker-John 1974, S. 189.

nanzierten Strukturerhalts im Blick hatte. Ein großer Anteil der Stützungsmaßnahmen im Steinkohlesektor dürfte daher auf die Intervention Adenauers zurückzuführen gewesen sein. Was hatte der Steinkohlebergbau der Politik zu bieten? Adenauer brachte es auf den Punkt: Wählerstimmen.

Das Steuerungsmodell der Steinkohle weist auf Diskrepanzen zwischen den allgemeinen Paradigma und der Energiepolitik im Speziellen. Im allgemeinen Paradigma findet sich eine Stärkung der Angebotskräfte und deren Balance durch freie Märkte. Im Bereich der Steinkohle ist am deutlichsten die Diskrepanz zwischen der wirtschaftspolitischen Konzeption freier Energiemärkte und der etablierten energiepolitischen Realität zu verzeichnen. Zwar ist diese Analyse mit Restriktionen behaftet, weil die Kohleindustrie von Beginn an der nationalstaatlichen Kontrolle entzogen war. Mit der Freigabe der Kohlepreise musste sich der Steinkohlebergbau jedoch nur kurzfristig am Markt behaupten. Dass er dieser Konkurrenzsituation in keiner Weise gewachsen war, zeigte der Einbruch der abgesetzten Kohlemengen und die wachsenden Halden ab 1958. Umfangreiche staatliche Alimentierungen verhinderten einen freien Preiswettbewerb mit anderen Energieträgern und daraus resultierende strukturelle Anpassungsprozesse. Einerseits wurde die Kohle durch Zölle vom Weltmarkt abgeschottet, andererseits durch Steuern auf das Öl vor Konkurrenzdruck durch andere Primärenergieträger bewahrt. Diese Subvention widerspricht dem Modell der an freien Märkten ausgerichteten Marktwirtschaft. Die nachfrageorientierten Maßnahmen wie die Verstromung der Steinkohle in Kraftwerken laufen ebenfalls der Stärkung der Marktmechanismen durch Stimulation der Angebotsseite zuwider, wie es das Paradigma der allgemeinen Wirtschaftspolitik vermuten ließe.

Im Ölsektor fand sich eine andere Konstellation, die zu einem anderen Verhältnis zwischen der Energiepolitik im Speziellen und dem Paradigma der Wirtschaftspolitik im Allgemeinen führt. Auf staatliche Hilfen war die Ölindustrie nicht angewiesen, sofern es sich um die deutschen Töchter der ausländischen Konzerne handelte. Die in deutscher Hand befindlichen Unternehmen benötigten Staatshilfen nur, um gouvernementalen Zielen zu entsprechen, etwa um einer verstärkten Explorationstätigkeit nachzugehen oder die Abhängigkeit Deutschlands von ausländischen Konzerneignern zu mindern. Nicht die Ölindustrie erschien als Bittsteller. Vielmehr war es der Staat, der – aufgrund der Verpflichtungen gegenüber der Steinkohle – die Mineralölindustrie zu Zugeständnissen bewegen musste. Erhard war daher gezwungen, zeitweilig von seinem hoheitlich-souveränen Kooperationsmodell abzurücken, um gesamtgesellschaftliche Ziele zu erreichen. Ein Beispiel bietet der Kartellvertrag zwischen Bundesregierung und Ölfirmen, der durch Kooperation zustande kam. Die freiwillige Selbstbeschränkung der Ölfirmen deutet ebenfalls auf den

4. Energiepolitik der CDU-geführten Regierungen 1949 – 1966

kooperativen Modus der Entscheidungsfindung – Erhard verzichtete auf hoheitlich-souveränen legislativen Zwang. Allerdings zeitigten diese Maßnahmen kaum Effektivität.

Das Ausmaß staatlichen Eingriffs in die Strukturen des Ölsektors war wesentlich weniger umfangreich als jenes im Kohlesektor. Die Versorgung der Bundesrepublik garantierten die sieben internationalen Ölfirmen – die „seven sisters" –, weshalb die Bundesregierung staatliche Eingriffe für nicht notwendig erachtete.[303] Durch Stärkung der Angebotsseite sicherte die Bundesregierung die Versorgung über Marktprozesse. Diese rein privatwirtschaftliche Organisation des Ölmarktes fand zwar punktuell Eingriffe, wie sie die Stützungsmaßnahmen für die deutsche Ölwirtschaft andeuten, sie korrespondiert aber größtenteils mit dem Paradigma der Potentialsteuerung. Die Stimulation der Angebotskräfte führte jedoch zu einer Marktpenetration durch ausländische Konzerne, die in kurzer Zeit eine Dominanz errangen.

Im Gassektor kann in der Periode von 1949 bis 1965 von einer vollständigen Adaption des wirtschaftspolitischen Paradigmas auf die konkrete Energiepolitik gesprochen werden. Der Handel und die Verteilung der Gasressourcen oblag den Unternehmen, eine staatliche Stützung existierte nicht. Zwar sicherte die Preisbindung für das Erdgas ein bestimmtes Preisniveau entsprechend dem des Erdöls, allerdings garantierte dieses Instrument nicht die Abnahme durch die Konsumenten – und sie war keine staatlich instruierte, sondern eine privatwirtschaftliche Absprache.

Im Atomsektor fanden sich im Steuerungsmodell angebotspolitische Elemente. Dabei fiel die Intensivierung der Angebotskräfte kaum mehr in einen marktkonformen Rahmen, denn Finanzierung und Risiko der Atomforschung übernahm fast vollständig der Staat. Die Abkehr vom allgemeinen Paradigma begründete die Regierung mit der gesamtgesellschaftlichen Bedeutung der Kernenergie. Das energiepolitische Kooperationsmodell gestaltete sich kooperativ und rückte vom allgemeinen hoheitlichen ab.

---

303 Vgl. Kokxhoorn 1974, S. 187.

5. Energiepolitik der Großen Koalition 1966 – 1969

5.1. Energiepolitik in der Regierungserklärung Kiesingers

Unter Kiesinger beschränkte sich die gouvernementale Wahrnehmung der energiepolitischen Probleme auf die virulent gewordenen Probleme des Steinkohlebergbaus, der seit 1957 an krisenhaften Erscheinungen litt. „Der schwierige Anpassungsprozess, der sich in den Steinkohlengebieten vollzieht, verlangt dringend wohlgeplante Maßnahmen, die eine dauernde Heilung versprechen. Es muss dafür gesorgt werden, dass der Steinkohlenabsatz bei der Elektrizität und der Stahlindustrie stabilisiert wird. Die Ansiedlung von Ersatzindustrien und andere Maßnahmen müssen die wirtschaftliche und soziale Zukunft der von unvermeidlichen Zechenstilllegungen gefährdeten Menschen gewährleisten. Die betroffenen Länder vermögen dies aus eigenen Kräften allein nicht. Sie und der Bund müssen gemeinsam Mittel zur Bereinigung der schwierigen Lage bereitstellen."[304]

5.2. Maßnahmen für den Kohlesektor

5.2.1. Strukturkrise der deutschen Steinkohle

Erhards und Schmückers energiepolitische Maßnahmen, welche sich durch eine extensive Subventionierung, Steuervergünstigungen und direkte Zuwendungen auszeichneten, „machten die Zechengesellschaften gegen das Abbröckeln ihrer Anlagenproduktivität relativ immun".[305]

Die Krise des Bergbaus weitete sich aufgrund der staatlichen Maßnahmen und der Monopolstellung der Steinkohle aus. Zwischen 1958 und 1967 schlossen 63 Schachtanlagen, die 1957 knapp 40 Mio. t Steinkohle förderten. Von 600.000 Arbeitnehmern 1958 blieben bis 1966 nur 354.000. Hinzu trat die günstigere Verwertung des im Bergbau angelegten Kapitals durch die Realisierung von Stilllegungsgewinnen. Die Stilllegung einer Zeche brachte sofort die Gewinne, die sonst erst nach jahrelangem Steinkohleabbau hätten realisiert werden können. Graf Bismarck, eine der rentabelsten Zechen im Revier, schloss, um Prämien aus der Stilllegung zu kassieren. Die intendierte Wirkung der Bundesregierung kehr-

---

304 Kurt Georg Kiesinger: Regierungserklärung vom 13. Dezember 1966, abgedruckt in: Klaus Stüwe (Hrsg.): Die großen Regierungserklärungen der deutschen Bundeskanzler von Adenauer bis Schröder, Opladen 2002, S. 153.
305 Vgl. Schaaf 1978, S. 76.

5. Energiepolitik der Großen Koalition 1966 – 1969

te sich ins Gegenteil: Nicht nur die unrentablen, sondern ebenso die rentablen Zechen schlossen.

Gegenüber 1965 verringerte sich die Produktion 1966 um weitere 9,1 Mio. t. 1967 sank sie erneut um 13,9 Mio. t auf 112,1 Mio. t. Mit einem 46-prozentigen Anteil des Erdöls am Primärenergieverbrauch lag der Konkurrenzenergieträger knapp neun Prozentpunkte vor der heimischen Steinkohle. Die Mineralölindustrie förderte den beschleunigten Niedergang der Steinkohle durch Nichtbeachtung der in der freiwilligen Selbstbeschränkung vereinbarten Restriktionen. Die Preispolitik der Mineralölkonzerne deutete auf eine Dumpingstrategie, mit der es den Mineralölfirmen gelang, die Kohle sukzessive aus dem Produktionsprozess zu verdrängen. Während leichte Produkte wie Benzin sehr hohe Preisaufschläge verzeichneten, boten sie schwere Produkte wie Heizöl relativ billig an. „Damit hatte die Krise des Steinkohlenbergbaus ein Stadium erreicht, das mit dem bisherigen Flickwerk energiepolitischer Maßnahmen nicht mehr gesteuert werden konnte."[306]

Den Problemen des Kohlesektors sprach Schiller eine hohe Bedeutung zu. Dabei erkannte er die Probleme, denen sich die Kohle durch den Verdrängungswettbewerb aufgrund der Konkurrenz mit dem Öl ausgesetzt sah. Eine traditionelle wirtschaftspolitische Lösung hielt er für diesen Problemzusammenhang für dysfunktional. Bereits vor seiner Tätigkeit als Wirtschaftsminister entwarf er Konzepte gegen die Verwerfungen im Steinkohlebergbau. „Seit 1958 haben wir eine Strukturkrise im deutschen Steinkohlebergbau. Die derzeitigen Konkurrenzprobleme lassen sich mit einer Laissez-faire-Politik nicht lösen."[307] Sein Konzept der „planenden Wirtschaftspolitik" betrachtete er eher als erfolgversprechend für den Kohlesektor. „Hier ist es erforderlich, dass eine vorausschauende Energiepolitik auf gleiche Wettbewerbsmöglichkeiten der verschiedenen Primärenergieträger hinwirkt."[308]

Der Ruhrkohlebergbau steckte 1966 tiefer in der strukturellen Krise als je zuvor und daran hatten auch die Maßnahmen Erhards und Schmückers nichts ändern können. Die wirtschaftspolitischen Maßnahmen der Vorgängerregierung hatten außer dem ersten Verstromungsgesetz palliativen Charakter, welche die sozial unerwünschten Folgen der geringeren Kohleförderung abfedern sollten.

Erste Initiativen für einen strukturellen Wandel gingen 1966 von den Wirtschaftsverbänden aus. Das ehemals vorrangig von den Gewerkschaften aufgegriffene Sujet der Ruhrkohleneustrukturierung fand über den Umweg der Betrachtungen der wissenschaftlichen Institute Eingang in die Strategieplanung der Unternehmer. Erste Neuordnungspläne, die von den Rheinischen Stahlwerken

---

306 Schaaf 1978, S. 247.
307 Vgl. Wir stehen vor neuen Herausforderungen, in: DW vom 17.06.1965.
308 Ebenda.

ausgingen, fanden keine weiteren Erörterungen, da sie der Großteil der Bergbauunternahmen zu diesem Zeitpunkt ablehnte.[309] Willy Ochel, Vorstandsvorsitzender der Hoesch AG, schlug vor, die gesamte Bergbauindustrie in einer Einheitsgewerkschaft zu verstaatlichen. Kritik an diesem Vorhaben kam überraschend von der IGBE, die eine Verstaatlichung ablehnte. Diese Haltung war auf die wirtschaftspolitische Kehrtwende zurückzuführen, welche die SPD mit dem Godesberger Programm vollzogen hatte. „Niemand wollte den sozialdemokratischen Wirtschaftsminister Professor Schiller in Verlegenheit bringen, der sich gerade für eine privatwirtschaftliche Lösung der Kohlenkrise ausgesprochen hatte."[310] Insgesamt elf verschiedene Pläne lagen für die Neustrukturierung des Ruhrbergbaus vor[311], von denen schließlich der Rheinstahlplan als Grundlage der Maßnahmen der Bundesregierung diente.[312] Der im Juli 1967 in der FAZ vorgestellte Rheinstahlplan sah eine Verpachtung des Bergbauvermögens an eine oder zwei Betriebsführungsgesellschaften über 20 Jahre vor, ohne die Kraftwerke und den Wohnbesitz der Zechengesellschaften in die Gesellschaft einzubeziehen. Die Höhe des Pachtzinses sollte sich auf 360 Mio. DM belaufen, deren liquide Sicherung durch eine staatliche Bürgschaft von 7,2 Mrd. DM für 20 Jahre zu sichern war. Der Plan forderte ebenso eine Stilllegung von 20 Mio. t der Förderkapazität, für die der Staat Prämien zahlen sollte.

5.2.2. Zweites Verstromungsgesetz und Kokskohlenbeihilfe

Bevor das Wirtschaftsministerium die strukturelle Neuordnung aufgriff, unterstützte die Große Koalition den Kohlesektor mit traditionellen Instrumenten. Schiller nahm sich unmittelbar nach der Übernahme des Ressorts der Wirtschaft den Problemen des Bergbaus an. Die erste unterstützende Maßnahme bestand im Erlass des zweiten Verstromungsgesetzes, dem „Gesetz zur Sicherung des Steinkohleneinsatzes in der Elektrizitätswirtschaft" am 5. September 1966.[313] Mit dem Steinkohlensicherungsgesetz erstrebte die Bundesregierung einen Steinkohleanteil von knapp 50 Prozent an der Elektrizitätsversorgung. Bis 1971 übernahm sie die Kosten, die sich aus der Differenz des Einsatzes der teureren heimischen Steinkohle und dem Konkurrenzenergieträger Öl in den Elektrizitätswerken erga-

---

309 Vgl. Spiegelberg 1970, S. 143.
310 Ebenda, S. 145.
311 Vgl. Siegmar Streckel: Die Ruhrkohle AG. Entstehungsgeschichte und Zulässigkeit, Frankfurt am Main 1973, S. 59-63.
312 Vgl. Horn 1977, S. 267.
313 Vgl. BGBl I Nr. 42 vom 10.09.1966, S. 545-548.

ben. Die Verfeuerung von Öl in Heizkraftwerken stellte das zweite Verstromungsgesetz genehmigungspflichtig. Die Kosten für die Zuschüsse der Kohleverstromung beliefen sich bis 1981 auf 1,55 Mrd. DM.[314] Allerdings setzte die intendierte Wirkung des Gesetzes nicht ein, denn statt des 50-prozentigen Anteils erreichte die Kohle nur einen Beitrag von 35 Prozent in der Verstromung.

1966 eroberte billige US-Kokskohle den deutschen Markt. Auf diese Entwicklung reagierte die Bundesregierung mit einem Importzoll und Einfuhrbeschränkungen, mit denen sie die deutschen Kohlereviere unterstützte. Der Absatz von Kokskohle an die Stahlindustrie war eine der wichtigsten Einnahmequellen der Kohleproduzenten. Allerdings zeigte sich die Stahlindustrie nicht willig, aufgrund einer strukturellen Krise der deutschen Steinkohle selbst finanzielle Nachteile hinzunehmen. Sie sah sich aufgrund der gouvernementalen Restriktionen gezwungen, auf die teurere deutsche Kokskohle zurückzugreifen und erlitt daher im internationalen Wettbewerb Nachteile, da sich ausländische Stahlproduzenten mit billigerer Importkokskohle versorgten. „Die Stahlindustrie an der Ruhr ist nicht bereit, sich durch die Kohlekrise und den zum Schutz des Steinkohlenbergbaus dekretierten prohibitiven Zoll ihrerseits in eine nachhaltige existenzgefährdende eigene Krise hineindrängen zu lassen. [...] Entweder wird der Kohlezoll aufgehoben oder die Bundesregierung zahlt den Preisunterschied zwischen Ruhr- und US-Kohle in Form einer weiteren Subvention von rund 300 Mio. DM an den deutschen Kohlebergbau. Damit können die Zechen dann die Kohle zum amerikanischen Preis an die Stahlindustrie abgeben", forderte Hans Günther Sohl, Vorsitzender des Stahlverbandes im BDI und Vorstandsvorsitzender der August-Thyssen-Hütte AG.[315] Die Bundesregierung zahlte eine einheitliche Beihilfe von 6,80 DM/t Kokskohle, 1967 summierten sich die Beihilfen auf 180, 1968 auf knapp 218 Mio. DM.

5.2.3. Gesetz zur Gesundung der deutschen Steinkohle

Den Gedanken des Rheinstahlplans folgend, plante die Bundesregierung eine Einheitsgesellschaft zu gründen, in der alle Bergbauunternehmen aufgehen sollten. Dafür fand am 23./24. Februar 1967 eine erste Konzertierte Aktion des Ministers mit den Steinkohleunternehmen, der Landesregierung von Nordrhein-Westfalen und der IGBE statt. Drei Monate später folgte Schillers Drei-Phasen-Plan. Der Drei-Phasen-Plan gliederte sich in eine Vorbereitungsphase, die bis Ende 1967 reichte, eine Anpassungsphase für den Zeitraum von Ende 1967 bis

---

314 Vgl. BT Drs. 4/3379, S. 5 und BT Drs. 5/3184, S. 5.
315 Zitiert nach Schaaf 1978, S. 267.

Anfang 1969 und eine daran anschließende Stabilisierungsphase. In die Vorbereitungsphase fielen Unterstützungsmaßnahmen und erste Prozesse, die zur strukturellen Anpassung führen sollten. Zu den Unterstützungsmaßnahmen zählten flankierende soziale Instrumente wie das Abfindungsgeld für Bergarbeiter und die auf 15 DM/t erhöhte Stilllegungsprämie. In dieser Periode verabschiedete der Bundestag das „Gesetz zur Gesundung des Bergbaus". In der Anpassungsphase erfolgt eine verstärkte Rationalisierung und die Rückführung der Kapazitäten auf Markterfordernisse. Die daran anschließende Stabilitätsphase datierte die Zeitplanung auf die Jahre 1969/70. In dieser sollten die finanziellen Mittel in flankierende Maßnahmen umgeleitet werden. Dazu zählten die Erhöhung der Heizölsteuer und eine Beschränkung der Importkontingente für Kohle.

Für die erste Phase verabschiedete die Bundesregierung das „Gesetz zur Anpassung und Gesundung des deutschen Steinkohlebergbaus und der deutschen Steinkohlenbergbaugebiete".[316] Nach intensiver öffentlicher Diskussion[317] fanden Elemente des Rheinstahlplans Eingang in das Gesetz. Die verschiedenen Unternehmen sollten in Auffanggesellschaften eingehen, deren Umfang der Gesetzentwurf anfangs in der ungenauen und schwammigen Kategorie der optimalen Unternehmensgröße beschrieb. Schließlich mussten sie in einer Gesamtgesellschaft zusammengefasst werden. Dass die Politik für eine Einheitsgesellschaft votierte, in der das Anlagevermögen der verschiedenen Steinkohleunternehmen eingehen sollte, lässt sich auf die Unterstützung dieses Elements des Rheinstahlplans durch die IGBE und die Kohleunternehmen zurückführen.[318] Während die IGBE darin das Ziel der Sozialisierung erblickte, stellte die Einheitsgesellschaft für Schiller ein rein technokratisches Problem für die Anpassung und Rationalisierung des Bergbaus dar. „Es geht darum, dass den optimalen Unternehmenseinheiten die Auflage gegeben wird, einen in sich – durch zwischenbetrieblichen Vergleich – möglichen Anpassungsplan aufzustellen, den wir bisher – da wir in die einzelnen Firmen nicht hineinsehen können – nicht aufstellen konnten."[319]

Im Frühjahr 1967 legte die Bundesregierung den Gesetzentwurf zum Steinkohleanpassungsgesetz vor.[320] Die Diskussion des Gesetzes fiel in eine Zeit tiefer Verunsicherung der Bergarbeiter, die durch die Stilllegungsmaßnahmen des Rationalisierungsverbandes um ihre Existenz bangten. Weitere Stilllegungen während der Gespräche schürten die Ängste und gaben extremen Kräften Auftrieb.

---

316 Vgl. BGBl I Nr. 29 vom 18.05.1968, S. 365-384.
317 Vgl. Spiegelberg 1970, S. 166.
318 Vgl. Streckel 1973, S. 67.
319 Vgl. Verhandlungen des Deutschen Bundestages, 5. Wahlperiode (1965), Bd. 67, Bonn 1968, S. 6689.
320 Vgl. BT Drs. 5/2078.

5. Energiepolitik der Großen Koalition 1966 – 1969

Es war jener Zustand eingetreten, vor dem Adenauer stets gewarnt hatte. Schiller reagierte auf diese Entwicklung, in dem er die Stilllegungsprämien vorerst strich und eine weitere Demontage des Bergbaus bis zum in Kraft treten des Steinkohlenanpassungsgesetzes verzögerte.[321] Gleichzeitig ließ er in den „Kohle-Gesprächen" mit Vertretern der Unternehmensverbände, der Landesregierungen Nordrhein-Westfalens und des Saarlands sowie der IG Metall keinen Zweifel an dem voranschreitenden Schrumpfungsprozess. „In diesen Gesprächen bestand volles Einvernehmen darüber, dass eine nachhaltige Besserung der Absatzlage des europäischen Steinkohlenbergbaus nicht zu erwarten und eine Einschränkung der Förderkapazität auf die Absatzmöglichkeiten unausweichlich ist."[322]

Das am 3. April verabschiedete Gesetz wurde am 15. Mai 1968 verkündet und trat tags darauf in Kraft. Das Steinkohleanpassungsgesetzes zielte während der Anpassungsphase auf die Rückführung und Anpassung der Förderkapazität an die Gegebenheiten des Marktes. Diese richtete sich eng an den Vorgaben der Absatzmöglichkeiten aus, denn, wie Schiller zur Energiedebatte im Bundestag ausführte, „wenn in einer Gesellschaft der freien Konsumwahl der Absatz nicht unterzubringen ist, dann hilft die Förderzahl nichts mehr."[323] Dafür setzte die Regierung mit § 1 als Bundesbehörde den Bundesbeauftragten des Steinkohlebergbaus ein: „Zur Förderung der aus gesamtwirtschaftlichen Gründen und zur Vermeidung tiefgreifender sozialer und wirtschaftlicher Schäden notwendigen Anpassung der Produktionskapazität des deutschen Steinkohlenbergbaus an die energiewirtschaftliche Entwicklung wird der Bundesbeauftragte für den Steinkohlenbergbau eingesetzt." Er hatte die Aufgabe, „unter Beachtung des Vertrages über die Gründung der Gemeinschaft für Kohle und Stahl vom 18. April 1951, der allgemeinen Wirtschaftspolitik der Bundesregierung und der Notwendigkeit, den technischen Fortschritt in der Energiewirtschaft nicht zu behindern, darauf hinzuwirken, dass unter Berücksichtigung der gesamtwirtschaftlichen Belange sowie der besonderen sozialen und regionalwirtschaftlichen Verhältnisse der Steinkohlenbergbaugebiete, die Bergbauunternehmen ihre Produktionskapazitäten auf die Absatzmöglichkeiten des deutschen Steinkohlenbergbaus ausrichten und die Steinkohlenbergwerke mit der nachhaltig stärksten Ertragskraft ihre Produktionskapazität ausnutzen können." Dem Bundesbeauftragten gehörte als beratender Ausschuss der Kohlenbeirat an, der auf Vorschlag der einzelnen Energieverbände aus 26 Mitgliedern bestand. Der Beirat koordinierte den Absatz der Steinkohle unter energiewirtschaftlichen Aspekten und Restriktionen.

---

321 Vgl. Spiegelberg 1970, S. 169.
322 Siegfried Sack/Hubert Wawrzinek: Energiewirtschaftlicher Strukturwandel im Zeichen des Profits, Berlin 1970, S. 83.
323 Vgl. Verhandlungen des Deutschen Bundestages, 5. Wahlperiode (1965), Bd. 67, Bonn 1968, S. 6690.

5.2. Maßnahmen für den Kohlesektor

Das Gesetz gliederte sich in drei Abschnitte. Der erste Teil umfasste Maßnahmen zur Anpassung der Produktion und des Absatzes, der Förderung der Unternehmenskonzentration sowie Begünstigungen. Abschnitt zwei regelte die sozialen Maßnahmen für Arbeitnehmer und der dritte führte die Bestimmungen über die Verbesserung der Wirtschaftsstruktur in den Steinkohlenbergbaugebieten aus.

Der Beauftragte hatte die Aufgabe, die kurz- und mittelfristigen Absatzchancen der Unternehmen zu analysieren und Informationen der Bergbauunternehmen auszuwerten. Er erhielt dafür von den Unternehmen Informationen über die Produktionskapazität von Steinkohle und Steinkohleerzeugnissen, die Anzahl der Arbeitnehmer, die Haldenbestände und die Vorräte unter Tage sowie die prognostizierte Entwicklung dieser Kennzahlen für einen Zeitraum von drei Jahren. Bei Stilllegungsmaßnahmen hatten die Unternehmungen den Sozialplan einzuhalten und dem Bundesbeauftragten vorzulegen, wobei sie die Pflicht besaßen, diese Informationen zu erteilen. Anhand der Auskünfte erörterte der Bundesbeauftragte zusammen mit dem Kohlenbeirat unter Berücksichtigung der intendierten Zielsetzung diese Meldungen. Daraufhin konnte er Empfehlungen über Ausweitung und Drosselung der Kapazitäten aussprechen. Er war berechtigt, Empfehlungen zur Felderbereinigung oder zu sonstigen Maßnahmen zur betrieblichen und überbetrieblichen Rationalisierung aussprechen, wobei er auf die ökonomischen Gegebenheiten der Betriebe zu achten hatte. Die Anweisungen sollten der Höhe der Produktion, den Produktionszielen und dem Arbeitskräftebedarf des Bergbauunternehmens in angemessener und zumutbarer Weise Rechnung tragen. Die Verkaufsgesellschaften hatten diesen Empfehlungen des Bundesbeauftragten ebenfalls Folge zu leisten.

Um das Ziel der Bündelung der Unternehmensressourcen zu erreichen, sah das Gesetz die Förderung der Unternehmenskonzentration vor, regelte die rechtlichen Aspekte der Umwandlung der Kapitalgesellschaften in Gesellschafter der Gesamtgesellschaft und stellte Bürgschaften zur Erleichterung der Unternehmenskonzentration in Höhe von zwei Mrd. DM zur Verfügung. Der Bundesbeauftragte war verpflichtet, Unternehmen mit optimaler Unternehmensgröße zu schaffen. Da die Bundesregierung unter der optimalen Unternehmensgröße eine Einheitsgesellschaft verstand, zielten die Maßnahmen des Bundesbeauftragten auf die schrittweise Konzentration hin zur Gesamtgesellschaft.

Bei Umwandlung von einer Kapitalgesellschaft, deren Anlagevermögen zu mindestens einem Drittel aus Bergbauanlagenvermögen bestand, durch Übertragung ihres Vermögens auf einen Gesellschafter, konnte sie Steuervorteile erlangen. Für Fusionen der Unternehmen bot das Gesetz ebenfalls steuerliche Vorteile.

5. Energiepolitik der Großen Koalition 1966 – 1969

Als Pendant zur betrieblichen Stützung regelte der zweite Abschnitt Abfindungen für Bergarbeiter, die das 35. Lebensjahr überschritten und eine Betriebsangehörigkeit von mindestens zehn Jahren nachzuweisen hatten. Als Instrument zur Verbesserung der Wirtschaftsstruktur bot das Gesetz im dritten Abschnitt eine zehnprozentige Investitionsprämie als Unterstützung privatwirtschaftlichen Engagements sowie – als Druckmittel – die Möglichkeit der Enteignung in Verbindung mit dem im ersten Abschnitt angedrohten Entzug von Subventionen. Sollten sich die Betriebe nicht dafür entscheiden, in der Einheitsgesellschaft aufzugehen, ließen sich die unter der Vorgängerregierung geschaffen Stilllegungsprämien und Beihilfen für den Verkauf von Kokskohle und Hochofenkoks entziehen.

5.2.4. Die Ruhrkohle AG

Die vom Wirtschaftsministerium ursprünglich auf den 1. Januar datierte Neuordnung des Bergbaus dauerte länger als geplant. Am 14. Februar 1968 war weder auf der Seite der Arbeitnehmer noch bei den Unternehmen die Bereitschaft zu verzeichnen, in einer Gesamtgesellschaft aufzugehen.[324] Doch mit dem am 3. April verabschiedeten Steinkohleanpassungsgesetz und den darin verankerten geplanten Begünstigungen und angedrohten Subventionsstreichungen besaß die Bundesregierung ein Druckmittel, um die Bergbauunternehmen an den Verhandlungstisch zu zwingen. Die Gespräche dauerten bis zum 14. Juni, bis alle Parteien in der Grundsatzvereinbarung eine erste einvernehmliche Lösung fanden.

Die Unternehmen brachten ihr Vermögen und ihre Schulden ein. Die Forderungen der einzelnen Unternehmen gegen die Einheitsgesellschaft ergaben sich aus deren Differenz. Die Gesamtforderung summierte sich auf 2,1 Mrd. DM, die in 20 Jahresbeträgen mit einem Zins von sechs Prozent getilgt wurden, wodurch sich eine Annuität von 185 Mio. DM ergab. Gleichzeitig verzichteten die Unternehmen auf Dividendenausschüttung für 20 Jahre. Damit war die Ruhrkohle AG zwar als „non-dividend"- aber keineswegs als „non-profit"-Organisation konzipiert. Um die Rückzahlung der 2,1 Mrd. DM zu garantieren, erhielt die Ruhrkohle AG eine staatliche Bürgschaft, die zu zwei Drittel der Bund und zu einem Drittel das Land Nordrhein-Westfalen trug. Die erwirtschafteten Gelder mussten die Unternehmen wieder investieren, um den Strukturwandel voranzutreiben und den Subventionsaufwand zu minimieren. Die Betriebsgrundstücke, Halden und Bergmannswohnungen gingen in die Gesamtgesellschaft ein. Jedoch ging nicht

---

324 Vgl. Spiegelberg 1970, S. 173.

5.2. Maßnahmen für den Kohlesektor

das gesamte Kapital auf die Ruhrkohle AG über, so dass Kritiker bei dieser Lösung von einem „skelettierten Bergbau" sprachen.[325]

Da nicht alle Kraftwerke der Bergbauunternehmen in die Gesellschaft eingingen, bestand die Gefahr, dass Energiefirmen wie die RWE erhöhte Preise für den Kohlebezug zahlen müssten, da die nun von ihnen getrennten Kohlezechen Preiserhöhungen gegenüber den Kraftwerken durchsetzen konnten.[326] Dieses Problem regelte der Kraftwerksvertrag mit einer 20-jährigen Preissicherung zwischen Zechenkraftwirtschaft und Gesamtgesellschaft. Mit der eisenproduzierenden Industrie wurden analoge „Hüttenverträge" geschlossen.

Am 27. November 1968 gründeten 19 Gesellschaften mit einem Förderanteil von knapp 75 Prozent die Ruhrkohle AG.[327] Junker-John führt diese Bereitschaft der Unternehmen auf die Einstellungsänderung der Vorstände zurück. „Die Eigentümer des Bergbaus begannen, das Interesse an der Fortführung der Steinkohlenproduktion auf eigenes Risiko zu verlieren, da sie das Vertrauen in die langfristige Rentabilität des Steinkohlenbergbaus aufgaben."[328]

Am 1. Januar 1969 nahm die Ruhrkohle AG den Geschäftsbetrieb auf. Sie agierte jedoch erst als Rumpfgesellschaft, da zahlreiche Bergbauunternehmen zu diesem Zeitpunkt noch nicht beigetreten waren. Daher führten die Altgesellschaften ihre Geschäfte selbstständig weiter. Der von der Bundesregierung eingesetzte Steinkohlebeauftragte Gerhard Woratz warnte die Gesellschaften, aufgrund ihrer Unwilligkeit die im Anpassungsgesetz angedrohte Subventionskürzung vorzunehmen, falls die nicht beigetretenen Bergbauunternehmen zu keiner Einigung gelangten. Die beitrittsunwilligen Gesellschaften monierten, dass der Wert ihrer Unternehmen in der Gesamtgesellschaft nach Vermögen und nicht nach Ertragskraft berechnet würde. Damit verlören sie jedoch den Barwert, den sie durch umfangreiche Investitionen in ihre Ertragskraft erst gesteigert hatten. Um diesem Problem entgegenzusteuern, legte die Regierung einen Härtefonds an, der mit 400 Mio. DM diese Sonderfälle berücksichtigte.[329] Am 14. Oktober trafen sich die Verantwortlichen der Kohleindustrie zu weiteren Verhandlungen mit Staatssekretär Dieter Arndt.[330]

Nach langwierigen Verhandlungen unterschrieben am 18. Juli 1969 weitere Unternehmen den Grundvertrag, wodurch die Gesamtgesellschaft über 85 Prozent der Marktanteile verfügte. „Der heutige Abschluss des Vertrages über die Neuordnung des Steinkohlenbergbaus an der Ruhr ist das Ergebnis der gemein-

---

325 Vgl. Sack/Wawrzinek 1970, S. 98f.
326 Vgl. Horn 1977, S. 270.
327 Vgl. Streckel 1973, S. 69.
328 Junker-John 1974, S. 233.
329 Vgl. Spiegelberg 1970, S. 180.
330 Vgl. Schaaf 1978, S. 310.

5. Energiepolitik der Großen Koalition 1966 – 1969

samen Bemühungen des Bundes, des Landes Nordrhein-Westfalen, der Bergbauunternehmen an der Ruhr und der Industriegewerkschaft Bergbau und Energie. Mit der Gründung der Ruhrkohle AG verfolgen die Beteiligten das Ziel, für den Steinkohlenbergbau an der Ruhr und die in ihm beschäftigten Menschen die Grundlage für eine gesunde wirtschaftliche und soziale Entwicklung in der Zukunft zu legen. Eine solche Entwicklung ist zugleich ein Beitrag zur Strukturverbesserung im gesamten Ruhrgebiet. Die Beteiligten erwarten, dass die Ruhrkohle AG alle notwendigen Maßnahmen treffen wird, um die Wettbewerbsfähigkeit der Steinkohle auf dem Energiemarkt zu verstärken und so die Sicherheit der Arbeitsplätze zu gewährleisten."[331] Zu diesem Zeitpunkt hatten sich alle ausländischen Zechenbesitzer aus dem deutschen Steinkohlegeschäft zurückgezogen. Zum 15. August verfügte die Gesamtgesellschaft über 93,54 Prozent des Anteils der Steinkohleproduktion. Damit war das Ziel erreicht: Die angestrebte Revitalisierung der Steinkohlengebiete konnte beginnen, wobei die reinvestierten Gesellschaftsanteile nur ganz allmählich zu einem Strukturwandel führten. Spiegelberg urteilte, dass „die 1958 begonnene Kohlenkrise ihr Ende gefunden [hatte]".[332] Die Entwicklung zeigte, dass diese erfreuliche Einschätzung in ihr Gegenteil umschlug.

Die Ruhrkohle AG beendete die Zersplitterung der Kohleindustrie und schuf eine horizontale Gesellschaftsstruktur aus den einzelnen Unternehmen. Die Produktionsgesellschaften gliederten sich entsprechend der Struktur der Lagerstätten: Im Westen residierte die Bergbau AG Niederrhein, in der Mitte die Bergbau AG Lippe und im Osten die Bergbau AG Westfalen. Mit der Gründung der Ruhrkohle AG entstand eine Gesellschaft mit 175.000 Mitarbeitern und 72 Mrd. DM Jahresumsatz. Obwohl staatlich instruiert, war die Ruhrkohle AG ein privatwirtschaftliches Unternehmen[333], das jedoch erhebliche Probleme bei der Marktbehauptung hatte – und deshalb entgegen der Intention des Wirtschaftsministers ein Sorgenkind des Staates blieb. Dafür waren insbesondere die Verträge der Ruhrkohle AG mit ihren Aktionären ursächlich. Als wichtige Bestandteile des Vertragswerks galten der Hütten- und der Kraftwerksvertrag. Der Hüttenvertrag regelte die Optionen, unter denen die neu gegründete Ruhrkohle AG an ihre Aktionäre – die einzelnen kohleverbrauchenden Gesellschaften – Kohle lieferte. Aufgrund der Verbundlösung im Steinkohlewesen besaßen Stahlproduzenten ihre eigenen Kohleunternehmungen. Die Aktionäre fürchteten durch die Ausla-

---

331 Vgl. Hans-Helmut Kuhnke: Die Ruhrkohle AG im Rahmen der Neuordnung des Steinkohlenbergbaus, Essen 1969, Anlage 6, S. 66.
332 Vgl. Spiegelberg 1970, S. 194.
333 Vgl. Karl Schiller: Marktwirtschaft und unternehmerische Entscheidung auf dem Prüfstand, in: Bundesministerium für Wirtschaft (Hrsg.): Reden zur Wirtschaftspolitik, Bd. 6, Bonn 1970, S. 25.

gerung der Bergwerke die Gefahr von Preissteigerungen der nun in der Ruhrkohle AG gebündelten Kohleproduzenten. Daher verpflichtete der Hüttenvertrag die Ruhrkohle AG zur Lieferung von Steinkohle an ihre Aktionäre zu Preisen, welche die Wettbewerbsfähigkeit der Aktionäre sichern sollten. Die Ruhrkohle AG war verpflichtet, ihre gesamte Produktion an die Stahlwerke zu liefern, die wiederum keiner Abnahmepflicht unterlagen. Damit war die Ruhrkohle AG im Wärmemarkt dem Wettbewerb ausgesetzt, denn sie musste die Preise an das Weltmarktniveau anpassen. Sie verpflichtete sich, jenes Preisniveau, welches sie anderen Stahlproduzenten anrechnete, auch ihren eigenen stahlproduzierenden Aktionären anzubieten. „Das heißt [...], dass der Bergbau selbst Preiszugeständnisse machen muss oder die Stahlindustrie das Recht erhält, Konkurrenzenergien einzusetzen."[334]

Der Kraftwerksvertrag regelte analog dem Hüttenvertrag die Lieferung von Kohle der Ruhrkohle AG an Kraftwerke auf Steinkohlebasis, die sich weiterhin im Eigentum der Aktionäre befanden. Darüber hinaus klärte der Kraftwerksvertrag die Modalitäten, mit denen die Ruhrkohle AG Ballastkohle – d.h. minderwertige Kohle – an die Kraftwerke zu verkaufen hatte. War sie nicht in der Lage, eine bestellte Referenzmenge Ballastkohle zu liefern, verpflichtete sie sich, den Fehlbetrag in hochwertiger Kohle zu liefern. Verbilligte die Ruhrkohle AG die Kohle für andere westdeutsche Kraftwerke, war sie angehalten, ihren Aktionären ebenfalls diesen Preisnachlass zu gewähren. Wenn schließlich die Kraftwerksbetreiber erhöhte Preise durch die Verstromung von Steinkohle nicht auf die Endverbraucher weitergeben konnten, musste die Ruhrkohle mit diesen Kraftwerksbetreibern neue Vertragsbedingungen aushandeln.

In beiden Verträgen lagerten die Aktionäre das unternehmerische Risiko auf die in ihrem Eigentum befindliche Ruhrkohle AG aus. Mit den Verträgen trug die Ruhrkohle AG die vollen Kosten der Produktion und die Vertragsverpflichtungen, während die Aktionäre jederzeit den Bezug wechseln konnten und keinerlei Abnahmepflichten unterlagen. Throm stellt hierbei eine Privatisierung der Gewinne und Sozialisierung der Verluste fest. „Wie beim Hüttenvertrag liegt also auch beim Kraftwerksvertrag das gesamte Risiko des Energiemarktes bei der Ruhrkohle AG, die der Staat – so wird offen zugegeben – ja nie im Stich lassen könnte."[335] Die Differenzen zwischen dem Weltmarktpreis und den Ruhrkohlepreisen glich deshalb die öffentliche Hand durch die Kokskohlenbeihilfe aus, denn im Wärmemarkt befand sich die Ruhrkohle AG im freien Wettbewerb mit anderen Energieträgern wie dem Heizöl.[336]

---

334 Zitiert nach Schaaf 1978, S. 323.
335 Wilhelm Throm: Der Staat soll auch das Risiko des Energiemarktes tragen, in: FAZ vom 05.02. 1969.

5. Energiepolitik der Großen Koalition 1966 – 1969

Der Staat war letztlich der Bürge für mögliche Verluste der Einheitsgesellschaft. „Der staatliche Einfluss nähert die Gesellschaft einem staatlichen Eigenunternehmen an, falls die Bürgschaft in Anspruch genommen werden muss."[337] Da die staatliche Bürgschaft eine Rückzahlung des von den Aktionären in die Ruhrkohle AG eingebrachten Kapitals auch bei Verlusten der Ruhrkohle AG garantierte, konnte von einer wettbewerbsorientierten oder marktwirtschaftlichen Lösung nicht gesprochen werden. Ein Anreizsystem zur Steigerung der Wettbewerbsfähigkeit fehlte.

5.3. Maßnahmen für den Kernenergiesektor

Mit Beginn der Großen Koalition richteten sich die Interessen in der Kernenergienutzung allmählich auf konkrete Ziele und Anwendungen. Kernenergie hatte nicht mehr den Charakter einer diffusen und unbestimmten Zukunftsinnovation, sondern sie nahm die Form einer Gegenwartstechnologie an. Die Entscheidung über die kommerzielle Nutzung der Atomenergie verengte den Entscheidungsspielraum der Politik durch zunehmende Sachzwänge.[338]

1967 trat die Kernenergie von der Test- in die Nutzungsphase über. Die bundesdeutsche Energiepolitik beschleunigte und finanzierte den Einsatz der Atomkraft in der kommerziellen Nutzung dabei ebenso, wie sie bereits die Grundsteine für die Erforschung der Kernenergie finanziert hatte. Auf Initiative der Bundesregierung begannen Verhandlungen mit der Atomindustrie und den Energieversorgungsunternehmen über den Einstieg in die kommerzielle Kernenergienutzung. Diese staatliche Initialisierung war notwendig, da sich die EVU nicht freiwillig bereit erklärten, die neue Technik in ihren Kraftwerkspark aufzunehmen. Die Verhandlungsmuster entsprachen dem Schillerschen Prinzip der Konzertierten Aktion und wiesen Parallelen zum Kooperationsmodus in der Kohlewirtschaft auf.[339] Der Interessenverband der deutschen Atomindustrie überzeugte die

---

336 Vgl. Klaus-Peter Kienitz: Die Ruhrkohle AG – eine unternehmerische Antwort auf die Strukturkrise der Steinkohle in den 60er Jahren, in: Lothar F.Neumann (Hrsg.): Die Ruhrkohle AG. Sozialökonomische Unternehmensbiographie eines Konzerns, Bochum 1987, S. 18f.
337 Hans Peter Ipsen: Europäisches Gemeinschaftsrecht, Tübingen 1972, S. 894.
338 Vgl. Jürgen Häusler: Der Traum wird zum Alptraum - Das Dilemma einer Volkspartei. Die SPD im Atomkonflikt, Berlin 1988, S. 114f.
339 Vgl. Joachim Radkau: Aufstieg und Krise der deutschen Atomwirtschaft 1945-1975. Verdrängte Alternativen in der Kerntechnik und der Ursprung der nuklearen Kontroverse, Reinbek 1983, S. 212.

5.2. Maßnahmen für den Kohlesektor

Bundesregierung, durch steuerliche Abschreibungen und Kreditvergabe die Investitionen in die kommerzielle Nutzung der Kernenergie zu beschleunigen.[340]

Die Große Koalition schrieb die Atomprogramme der Vorgängerregierungen fort. Das dritte Atomprogramm folgte im Jahr 1967 und bewilligte Mittel bis in das Jahr 1972. Mit knapp 6,2 Mrd. DM[341] war es umfassender als die beiden vorhergehenden Programme zusammen.

Das dritte Atomprogramm stellte nicht nur in der allgemeinen Kernforschung eine Kontinuität her. Die bereits im zweiten Atomprogramm vorgezeichneten Linien behielt die Bundesregierung bei, denn die Regierungsbeteiligung der Sozialdemokraten änderte nichts an den Grundlinien der Forschung. Das dritte Atomprogramm war das erste eigene von der Bundesregierung in Auftrag gegebene Forschungsprogramm, nachdem die ersten Programme auf der Initiative von DAtk und dem Atomministerium gründeten.

Im dritten Atomprogramm wurde konstatiert, dass Deutschland den Rückstand gegenüber der internationalen kernphysikalischen Gemeinschaft aufgeholt hatte. „Dank der Maßnahmen der ersten beiden Atomprogramme gelang es, in vielen Teilbereichen den Anschluss an den internationalen Forschungsstand wiederzugewinnen. Es galt, diese Position zu halten und weiter auszubauen."[342] Das zweite Atomprogramm zielte darauf, die erforschten Grundlagen technisch umzusetzen. Deshalb plante es nun punktuell einzelne Forschungslinien weiterzuverfolgen und von der allgemeinen Kernforschung abzurücken. Diese Forschungspolitik im Themenfeld der Kerntechnik korrespondierte mit der Zielstellung der Energiepolitik, Atomkraftwerke für die kommerzielle Nutzung in der Energiewirtschaft einzusetzen. Schwerpunkte des dritten Atomprogramms lagen bei der Konstruktion von Schwerionenbeschleunigern, der Vorbereitung für den Bau eines Zyklotrons sowie eines Deutschen Elektronen-Synchrotrons (DESY) und der deutschen Beteiligung am schweizerischen CERN, der Europäischen Organisation für Nuklearforschung.

In der Folge baute AEG verschiedene Isochron-Zyklotrone für die KFA Jülich und die Universität Bonn.[343] Das Land Hessen gründete in dieser Periode die Gesellschaft für Schwerionenforschung (GSI). Der forcierte Ausbau von DESY führte zum Bau von Doppelspeicherringen, welche Forschungsarbeiten über die Wechselbeziehungen zwischen Elektronen und Positronen ermöglichten. Schließlich flossen umfangreiche Gelder in die Forschungszentren und Universi-

---

340 Vgl. Schaaf 2002, S. 19ff.
341 Vgl. Tempel 1981, S. 19.
342 BMBF (Hrsg.): 3. Atomprogramm der Bundesrepublik Deutschland: 1968-1972, Bonn 1972, S. 3.
343 Vgl. Prüß 1974, S. 92.

täten, um die Kooperation der Industrie mit der Wissenschaft stärker zu verzahnen.

5.4. Maßnahmen für den Mineralölsektor

Am 23. Dezember1966 kürzte die Große Koalition die Bohrdarlehn, die für die Auslandstätigkeit an die deutschen Erdölfirmen, nicht jedoch an die deutschen Töchter ausländischer Ölkonzerne, vergeben wurden. Der Bund zahlte von den 800 Mio. DM nur einen Bruchteil aus. Die Entscheidung, die erst am 1. Januar 1964 bewilligten Mittel wieder zu streichen, könnte einerseits auf die „Kurzfristigkeit"[344] wirtschaftspolitischer Entscheidungen der Bundesregierung zurückgeführt werden. Sie gründete andererseits auf der schlechten finanziellen Lage des Bundes im Zuge der ersten Nachkriegsrezession. Die Intention der Bundesregierung, die in der Deutschen Mineralölexplorationsgesellschaft mbH (DEMINEX) zusammengeschlossenen deutschen Gesellschaften – Wintershall, GBAG, Scholven, Preußag, Deutsche Schachtbau, Union Kraftstoff AG Wesseling, Deilmann Bergbau und Saarbergwerke – zu stärken, scheiterte im ersten Anlauf.

Die von der Großen Koalition getragene Bundesregierung mit Wirtschaftsminister Schiller war sich der Probleme der deutschen Mineralölfirmen bewusst. Sie litten unter sinkenden Benzinpreisen, waren der ausländischen Konkurrenz durch Zollschutzliberalisierungen der EWG ausgesetzt und verloren weitere Einnahmen wegen des Auslaufens der steuerlichen Vergünstigung für Hydrierprodukte. Die Ursache für ihre schlechte Position erblickten die Mineralölunternehmen in der Besteuerung durch die Bundesregierung. Andere Industrienationen schützten ihre heimische Produktion mit Zöllen und Steuern, weshalb ausländische Konzerne ihren Überschuss im wenig regulierten Markt der Bundesrepublik zu geringen Preisen verkauften.[345] Um den Problemen zu begegnen, erörterte die Bundesregierung Maßnahmen in einem Entwurf der allgemeinen Ölpolitik.[346]

Die Initiative für ein stärkeres ausländisches Engagement deutscher Firmen ging in den folgenden Monaten aber von den Ölförderländern aus. Um den Einfluss US-amerikanischen und englischen Kapitals zu verringern, nahmen argentinische, algerische und saudiarabische Vertreter Kontakt mit den Firmen in der Bundesrepublik auf. Sie verfolgten die Absicht, diese für eine verstärkte Explorationstätigkeiten in ihren Ländern zu gewinnen. Neben den Interessen, die von ausländischer Seite an die Bundesrepublik herangetragen wurden, waren es inländische und nationale Aspekte, welche die Bundesregierung bewegten, die hei-

---

344 Vgl. Horn 1977, S. 273.
345 Vgl. Karlsch/Stokes 2003, S. 368.
346 Vgl. Basisprogramm für die Mineralölpolitik vom 24. Februar 1969.

5.4. Maßnahmen für den Mineralölsektor

mische Erdölwirtschaft zu kräftigen. Ende der 1960er Jahre befand sich die deutsche Mineralölwirtschaft zu großen Teilen in den Händen ausländischer Konzerne, die über knapp 80 Prozent der deutschen Erdölversorgung verfügten.[347]

Schiller plante daher, die Versorgungsbasis der einheimischen Raffineriegesellschaften zu sichern, um das Preisniveau der deutschen Energiewirtschaft gering zu halten. „Wir denken nicht an eine simple Sicherheit im üblichen geographischen oder militärischen Sinne, sondern wir wollen unsere Rohstoffversorgung absichern, etwa im Sinne einer ‚Sperrminorität' für die deutsche Hand. [...] Wir wollen auch in Zukunft ein niedriges Energiepreisniveau in der Bundesrepublik halten."[348] Die Bundesregierung ersann den Plan, mit der DEMINEX im Ausland die Ölbasis für die Raffineriekapazität der heimischen Ölfirmen zu sichern.

Am 17. Juli 1969 fand deswegen ein erneuter Anlauf zur Konzentrierung der Mineralölfirmen statt, und der Bund gründete eine neue Gesellschaft, die Deutsche Mineralölversorgungsgesellschaft mbH DEMINEX. Im Rahmenvertrag verpflichtete er sich von 1970 bis 1974 mindestens 575 Mio. DM in die Förderung der Auslandsaktivitäten deutscher Ölunternehmen zu investieren, die bei Fündigkeit zu 75 Prozent zurückzuzahlen waren. Das Programm unterstützte die Firmen mit Zuschüssen für den Erwerb von Ölfeldern außerhalb der EG, bei dem der Staat 30 Prozent des Kaufpreises übernahm. Im Rahmen der DEMINEX-Explorationstätigkeit im Ausland gezahlte Steuern ließen sich auf die bundesdeutschen Einkommensteuern anrechnen. Die DEMINEX setzte sich zusammen aus der Gelsenberg AG, der Veba Chemie AG, der Wintershall AG, der Union rheinische Braunkohlen Kraftstoff AG, der Deutschen Schachtbau GmbH, der Saarbergwerke AG und der Preußag AG.[349] Entscheidungen über die Aktivitäten der DEMINEX mussten die Gesellschafter einstimmig treffen.

Die Partner konnten wie im vorherigen Gesellschaftsvertrag ihre eigenen Projekte fortführen und brauchten nicht alle Konzessionen in die neue Gesellschaft einbringen. Dieser Passus im Vertragswerk war ein Zugeständnis an die GBAG mit ihrem Engagement in Libyen. Es steckten korporatistische Elemente in der Entscheidung, der neu gegründeten Gesellschaft die Mittel zu übereignen. Während die Darlehen der ersten DEMINEX an die einzelnen Firmen flossen und damit privatwirtschaftlicher Planung unterlagen, bot die neue Gesellschaft, in welcher der Bund Kontrollrechte besaß, ein Beispiel korporatistischer privatwirt-

---

347 Vgl. Karl Schiller: Im Kreis der Kardinäle der Marktwirtschaft, in: BMWi (Hrsg.): Reden zur Wirtschaftspolitik, Bd. 6, Bonn 1970, S. 185.
348 Karl Schiller: Marktwirtschaft und unternehmerische Entscheidung auf dem Prüfstand, in: ebenda, S. 25.
349 Vgl. Kokxhoorn 1974, S. 191.

5. Energiepolitik der Großen Koalition 1966 – 1969

schaftlich-staatlicher Verflechtung. Mit der Verpflichtung des Bundes, die Gelder zur Verfügung zu stellen, war die Verknüpfung zwischen Staat und Privatwirtschaft umfassender als in der Vorgängergesellschaft. Der Bund behielt sich die Subventionen als Instrument vor, die Firmen zur Bündelung ihrer Explorationsvorhaben zu bewegen.[350] „Das Ziel dieser Erdölversorgungsgesellschaft ist in der Tat für die kommende Zeit etwa 25 Prozent der deutschen Erdölimporte über diese gemeinsame Tochter der acht deutschen Firmen zu leiten."[351]

Allerdings änderte die Neukonzeption nichts an der Problematik der zu geringen Kapitalausstattung der Gesellschaft und die daraus resultierende beschränkte Einflussnahme auf die Tätigkeit deutscher Firmen im internationalen Umfeld. Von den für den Zeitraum von 1970 bis 1980 geschätzten 25 Mrd. DM[352] an notwendiger Investitionsmasse zur Stärkung der deutschen Rohölbasis im Ausland stellten die bewilligten 575 Mio. DM nur einen Bruchteil dar.

Unbeachtet der Anstrengungen der Bundesregierung, die nationale Basis der Mineralölwirtschaft zu stärken, um einen stärkeren Einfluss auf die Preisgestaltung nehmen zu können, entwickelte sich die Situation auf dem deutschen Mineralölmarkt in Richtung einer stärkeren Auslandsabhängigkeit. Den Bestrebungen der US-amerikanischen Konzerne, weitere Anteile an der westdeutschen Mineralölwirtschaft zu erwerben, konnte die Bundesregierung aufgrund der angespannten Haushaltslage nur schwer Herr werden. Trotzdem setzte sie sich für den Verbleib der Ölfirmen in nationaler Hand ein.

Nach der Übernahme der DEA durch die US-amerikanische Texaco verblieb als einzige Mineralölfirma Wintershall in deutscher Hand. Die Bundesregierung plädierte energisch gegen den Verkauf Wintershalls ins Ausland. Allerdings litt Wintershall ebenso wie die restlichen von ausländischen Konzernen übernommenen Mineralölfirmen unter der internationalen Konkurrenz, der schwachen Rohölbasis und dem Wegfall der Steuervergünstigungen. Mit Unterstützung Bonns gelang es, Wintershall von der BASF übernehmen zu lassen, für die Wintershall seither als Lieferant für Rohstoffe und Ressourcen dient.

5.5. Fazit

Die energiepolitischen Eingriffe Schillers lassen darauf schließen, dass seine Energiepolitik keinem Sicherheitsparadigma unterlag. Schiller zielte auf ein niedriges Preisniveau der Energiewirtschaft. Die Nationale Ölgesellschaft und

---

350 Vgl. Horn 1977, S. 277.
351 Karl Schiller: Im Kreis der Kardinäle der Marktwirtschaft, in: BMWi (Hrsg.): Reden zur Wirtschaftspolitik, Bd. 6, Bonn 1970, S. 178.
352 Vgl. Koxkshoorn 1974, S. 192.

der deutsche Anteil von 25 Prozent am Rohölumsatz garantierten die Preisstabilität und Kostengünstigkeit der Energieversorgung. Im Ölsektor finden sich keine Indizien, dass Schiller – trotz des angestrebten staatlichen und nationalen Einflusses – eine genuine Politik der nationalen Versorgungssicherheit verfolgte. Gerade durch die Verzahnung ausländischer Konzerne mit der deutschen Wirtschaft erhoffte sich der Wirtschaftsminister die Sicherung der Ressourcen. „Die Bundesregierung [...] ist nicht der Auffassung, dass sich aus der Höhe des Anteils von ausländischem Kapital an westdeutschen Unternehmen nachteilige Folgen ergeben. Die Bundesregierung sieht derzeit keine Veranlassung, besondere Maßnahmen gegen internationale Monopolunternehmen oder Kartelle zu ergreifen."[353] Der Wirtschaftsminister besaß somit eine Motivation, die mit der Phase eines umfassenden Angebots von Energie korrespondierte, denn dieses machte eine Sicherheitspolitik überflüssig.

Das Motiv der Preisstabilität für die Energieträger lag auch der Konstruktion der Ruhrkohle AG zugrunde. Die Umstrukturierungsmaßnahmen für die Steinkohle hatten zum Ziel, die Wettbewerbsfähigkeit des heimischen Energieträgers durch Absenkung der Kosten wiederherzustellen. Allerdings konfligierte die Intention mit der wettbewerbspolitischen Gestaltung, denn das Konstrukt der Ruhrkohle AG besaß keinerlei Anreizsystem für eine Senkung der Kosten.

Um die Energie gesamtwirtschaftlich zu verbilligen, unterstützte die Bundesregierung die Kernkraft, um sie aus der Phase der Erprobung in die Nutzung zu überführen. Für dieses Ziel wandte sie entsprechende Summen auf: Der Staat schulterte die Lasten, um ein niedriges Preisniveau in der Energiewirtschaft zu ermöglichen.

Schillers Globalsteuerung stellt ein fast idealtypisches Beispiel für die korporatistisch-kooperative Produktionssteuerung dar. Der Steuerungsmodus zielte auf eine weitgehende Auslastung nicht beanspruchter Produktionskapazitäten durch staatliche Anreize, um die Nachfrage nach Arbeitskräften zu stärken. Gleichzeitig enthielt Schillers Wirtschaftspolitik antizyklische Elemente, die eine Überhitzung der Konjunktur vermeiden sollen. Der Kooperationsmodus Schillerscher Wirtschaftspolitik setzte auf eine Zusammenarbeit aller wesentlichen volkswirtschaftlichen Kräfte. Per Kooperation trafen Staat, monetäre Institutionen, Arbeitgeber und Gewerkschaften aufeinander abgestimmte Entscheidungen, um einen optimalen Konjunkturpfad zu beschreiten. Auf diese Weise sollten nicht nur Fehlallokationen vermieden, sondern ebenso Preisauftriebstendenzen oder Deflations-Szenarien verhindert werden.

Schiller wandte jedoch nicht in jedem Politikfeld jene Elemente an, die auf das Paradigma der korporatistisch-kooperativen Produktionssteuerung schließen

---

353 Zitiert nach Sack/Wawrzinek 1970, S. 34.

5. Energiepolitik der Großen Koalition 1966 – 1969

lassen. Unter seiner Ägide fanden sich je nach energiepolitischem Sektor Unterschiede in der realen Ausprägung des wirtschaftspolitischen Paradigmas. In der Kohlepolitik deutet das Kooperationsmodell auf eine klare Regelung zugunsten der korporatistisch-kooperativen Zusammenarbeit zwischen den Steinkohleunternehmen und der Bundesregierung. Die Ruhrkohle AG war ein staatlich-privatwirtschaftliches Unternehmen, in dem die Risiken für die Aktionäre durch staatliche Bürgschaft nahezu ausgeschaltet wurden. Der Kohlebeirat mit Vertretern der Energiewirtschaft bot einen Präzedenzfall für die Durchdringung der Entscheidungsträger der Wirtschaftspolitik mit dem Sachverstand und Interessen der wirtschaftspolitisch zu regulierenden Objekte. Er stellt damit ein Beispiel der korporatistischen Verzahnung von Staat und Ökonomie dar. Das Steuerungsmodell der Kohlepolitik war im Gegensatz zu den Grundzügen der gesamten Wirtschaftspolitik aber eine angebotsorientierte Potenzialsteuerung. Durch Verbesserung der Betriebsstrukturen nahm die sozialliberale Regierung Einfluss auf die Verwertungsbedingungen auf Arbeitgeberseite. In Ergänzung zur Verstromungsgarantie, die einen nachfrageorientierten Charakter aufwies, setzte Schiller auf die Stärkung der Angebotsseite.

Im Ölsektor überwog die Akzentuierung der korporatistisch-kooperativen Potenzialsteuerung. Eine nachfrageorientierte Produktionssteuerung hätte für die Mineralölwirtschaft keinen Nutzen gehabt, da die Schwierigkeiten der deutschen Ölindustrie nicht aus der Unterauslastung der Kapazitäten resultierten. Die dringendsten Probleme spiegelten sich in der ausländischen Konkurrenz und den geringen Gewinnmargen der deutschen Firmen wieder. Motive der Bundesregierung waren aus diesem Grund die Stärkung der Angebotsseite durch die Förderprogramme der DEMINEX, die eine Ausweitung des deutschen Förderanteils und damit eine Verdrängung der ausländischen Konkurrenz intendierte. Für dieses Ziel arbeitete die Bundesregierung in der DEMINEX eng mit den Firmen zusammen und die neue DEMINEX sicherte im Gegensatz zur Vorgängerorganisation einen stärkeren staatlichen Einfluss in der Entscheidungsfindung der Unternehmen.

Im Atomsektor fand sich im Kooperationsmodus wie im Kohlesektor das korporatistische Modell. Durch Zusammenarbeit mit den kernkraftwerksproduzierenden Unternehmen verringerte die Bundesregierung die anfänglichen finanziellen Risiken bei der Einführung der neuen Technik. Das Steuerungsmodell deutete auf die Produktionssteuerung. Durch Vergünstigungen stimulierte Bonn die Innovationsneigung der EVU und verbesserte das Nachfrageverhalten.

Die wettbewerbspolitische Ausgestaltung der Energiepolitik in der Großen Koalition von 1966 bis 1969 war nicht mit den parteiprogrammatischen Vorgaben kongruent. Mit Wirtschaftsminister Karl Schiller übernahm erstmals ein Sozialdemokrat die Verantwortung für die westdeutsche Wirtschaftspolitik. Bis zum Godesberger Programm befürwortete die SPD eine sozialistische Wirtschaftsordnung, während sie mit der parteipolitischen Zäsur von Bad Godesberg im Jahr 1959 die Grundzüge der ordoliberalen Marktwirtschaft in ihre Programmatik übernahm. Zwar stellte sie ihr Programm unter das Motto des Sozialismus, doch die wirtschaftspolitischen Ausführungen besaßen marktwirtschaftlichen Charakter. „Freie Konsumwahl und freie Arbeitsplatzwahl sind entscheidende Grundlagen, freier Wettbewerb und freie Unternehmerinitiative sind wichtige Elemente sozialdemokratischer Wirtschaftspolitik. [...] Deshalb bejaht die Sozialdemokratische Partei den freien Markt, wo immer wirklich Wettbewerb herrscht. [...] Wettbewerb soweit wie möglich - Planung soweit wie nötig!"[354] Von Wettbewerb konnte bei der Lösung der Steinkohlekrise jedoch keine Rede sein, denn eine wettbewerbsorientierte Konstruktion stellte die Ruhrkohle AG nicht dar. Mit dem „Gesetz zur Gesundung des Steinkohlenbergbaus" fand eine Zwangszusammenfassung aller Zechen unter weitgehender Ausschaltung jeglichen Risikos für die als Aktionäre agierenden Altgesellschaften statt: Die Ruhrkohle AG fügte sich in ein enges Korsett für sie unvorteilhafter Verträge mit ihren Anteilseignern ein und der Staat kam für ihre Verluste auf.

---

354 Vorstand der SPD (Hrsg.): Grundsatzprogramm der Sozialdemokratischen Partei Deutschlands. Beschlossen vom Außerordentlichen Parteitag der Sozialdemokratischen Partei Deutschlands in Bad Godesberg vom 13. bis 15. November 1959, Bonn 1959, S. 13f.

6. Energiepolitik der sozialliberalen Koalitionen 1969 – 1982

6.1. Energiepolitik in den Regierungserklärungen Brandts und Schmidts

Die deutsche Steinkohle gesundete auch durch Gründung der Ruhrkohle AG nicht. Zu diesem Zeitpunkt zeigte sich die Bundesregierung entschlossen, die Steinkohle zu unterstützen, um Massenentlassungen und deren soziale Folgen zu vermeiden und den Strukturwandel langsam zu vollziehen. Brandt führte dazu aus, dass „die Industriewirtschaft auf ein stetiges und billiges Angebot von Energie und Rohstoffen angewiesen [sei]. Wir werden die Politik der Gesundung des Steinkohlenbergbaus, der Sicherung der Mineralölerzeugung, der Öffnung der Märkte und der Verbesserung des Wettbewerbs in der Elektrizitätswirtschaft ausbauen."[355] Erstmals beschrieb die Bundesregierung ein mögliches Ausfallszenario in der Energieversorgung. „Die Vorsorge für Krisensituationen erfordert auch einen ausreichenden Vorrat an lebenswichtigen Importwaren."[356] Damit nahm der Bundeskanzler eine Entwicklung vorweg, die wenige Jahre später mit der Ölkrise reale Züge annahm.

Während die Vorgängerregierungen über ein ausreichendes Energiepotenzial verfügten, das es ermöglichte, Ausfallerscheinungen des Bergbaus mit dem Substitutionsenergieträger Erdöl zu beheben, spürte die sozialliberale Bundesregierung erstmals die Folgen einer Verknappung des Erdöls. Nachdem die Versorgungssicherheit in den vorherigen Legislaturperioden kein wesentliches Merkmal der Energiepolitik darstellte, realisierte die Bundesrepublik mit der ersten Ölkrise von 1973 ihre Importabhängigkeit beim Erdöl. Aufgrund der geringen eigenen Fördermengen und der starken weltwirtschaftlichen Verflechtung der deutschen Mineralölwirtschaft bewies die Bundesrepublik eine starke Responsivität gegenüber Förderausfällen ausländischer Ölproduzenten. Bonn erkannte die Notwendigkeit der Erarbeitung eines energiepolitischen Programms noch vor der ersten Ölkrise. „Wir werden unsere Vorstellungen von einem energiepolitischen Gesamtkonzept beiden gesetzgebenden Körperschaften noch in diesem Jahr vorlegen"[357], sagte Brandt zu Beginn seiner zweiten Amtsperiode. Das Energieprogramm vom September 1973, das aufgrund der ersten Ölkrise schnell überholt war, und seine erste Fortschreibung rückten im Mineralölsektor die Versorgungssicherheit in den Mittelpunkt. Mit weiteren Maßnahmen wie dem

---

355 Willy Brandt: Regierungserklärung vom 28. Oktober 1969, abgedruckt in: Klaus Stüwe (Hrsg.): Die großen Regierungserklärungen der deutschen Bundeskanzler von Adenauer bis Schmidt, Opladen 2002, S. 173.
356 Ebenda.
357 Ders.: Regierungserklärung vom 18. Januar 1973, abgedruckt in: Klaus Stüwe (Hrsg.): Die großen Regierungserklärungen der deutschen Bundeskanzler von Adenauer bis Schmidt, Opladen 2002, S. 187.

6. Energiepolitik der sozialliberalen Koalitionen 1969 – 1982

DEMINEX-Programm, einem nationalen Ölkonzern und der Pflichtbevorratung intendierte die Bundesregierung die Ölversorgung zu verstetigen. Mit der zweiten Fortschreibung sicherte sie die Rentabilität der Mineralölwirtschaft.

Schmidt sah in seiner Regierungserklärung nach den Erfahrungen aus der ersten Ölkrise erstmals die Notwendigkeit, Energie effizienter einzusetzen. „Die Energiekrise der vergangenen Monate wird ja über Jahre hin andauern. Niemand darf sich täuschen: Auch wenn wir genug Öl haben, die Krise ist trotzdem nicht verschwunden. Energie ist so teuer geworden, dass wir es uns bei jedem Quentchen Energie überlegen müssen, ob wir es benutzen."[358] Die Antrittsrede Schmidts war die erste, in der Probleme abseits des Steinkohlenbergbaus in den Vordergrund rückten – es fand eine Prioritätenverschiebung statt, die aus der Ölkrise resultierte. „Die Bundesregierung wird weitere Maßnahmen ergreifen, um langfristig den Ölanteil an unserer gesamten Energieversorgung zu reduzieren und andere Energieträger, nämlich Erdgas, Kernenergie, Steinkohle, Braunkohle stärker zu entwickeln."[359] Kurzfristig konnte der Kanzler weitere Störungen der Energieversorgung jedoch nicht ausschließen.

Schmidts zweite Regierungserklärung wies bereits in die sich anbahnende öffentliche Umweltdebatte um die Ausgestaltung der deutschen Energieversorgung. Mit der sich formierenden Anti-AKW-Bewegung entstand eine Kraft, die sich gegen die weitere Nutzung der Kernkraft für die Stromerzeugung wehrte. Schmidt nahm sich dieser Entwicklung am 16. Dezember 1976 an. „Kernenergie bleibt zur Deckung des vorhersehbaren Strombedarfs vorhersehbar und unerlässlich. Ohne ihren Beitrag wäre es auch nicht möglich, die Energieträger so vielfältig einzusetzen, wie es im Interesse der Sicherheit unserer Stromversorgung geboten ist."[360] Allerdings sah Schmidt Diskrepanzen zwischen den energiepolitisch gewünschten Diversifikationseffekten in der Stromversorgung und den gesellschaftspolitischen Ansprüchen der Bürger auf mehr Mitbestimmung in der Planungsphase des Kernkraftwerksbaus. „Die Bundesregierung prüft deshalb die Möglichkeit der Einführung einer praktikablen Form der Verbandsklage im atomrechtlichen Genehmigungsverfahren. Die Bundesregierung hält die bisherige regelmäßige Praxis, den Bau von Kernkraftwerken ungeachtet der Einwendungen durch sofortigen Vollzug zu beginnen, für unbefriedigend."[361] Darüber hinaus erkannte Bonn das Problem des atomaren Abfalls und des zum damaligen

---

358 Helmut Schmidt: Regierungserklärung vom 17. Mai 1974, abgedruckt in: ebenda, S. 203.
359 Ebenda, S. 214.
360 Helmut Schmidt: Regierungserklärung vom 16. Dezember 1976, abgedruckt in: Klaus Stüwe (Hrsg.): Die großen Regierungserklärungen der deutschen Bundeskanzler von Adenauer bis Schmidt, Opladen 2002, S. 224.
361 Ebenda, S. 225.

6.1. Energiepolitik in den Regierungserklärungen Brandts und Schmidts

Zeitpunkt fehlenden Entsorgungskonzeptes. „Die Wirtschaftsunternehmen müssen jetzt die noch finanziellen und organisatorischen Fragen klären und das Entsorgungskonzept zur Beurteilung der Sicherheitsauflagen vorlegen."[362]

Die dritte Antrittsrede Schmidts war geprägt von den Eindrücken der zweiten Ölkrise. „Die zweite Ölpreisexplosion seit 1978 hat in unserer Volkswirtschaft unübersehbare Spuren hinterlassen: steigende Kosten und steigende Preise, Leistungsbilanzdefizit, steigende Arbeitslosigkeit. Die höhere Ölrechnung entzieht den Bürgern reales Einkommen in der Größenordnung von etwa 30 Mrd. DM pro Jahr! [...] Seit 1973 haben sich die Bundesregierungen konsequent darauf eingestellt. Die Ziele unserer Politik sind und bleiben: Weg vom Öl, sparsamer und rationeller Einsatz von Energie, Vorrang der heimischen Kohle, begrenzter Ausbau der Kernenergie – ich komme darauf – Entwicklung und Einführung erneuerbarer Energien."[363] Erstmals erwog die Bundesregierung den verstärkten Ausbau erneuerbarer Energien. Um die Auslandsabhängigkeit durch Ölimporte zu reduzieren, plante Schmidt dem Bundestag das Angebot zu machen, Öl gänzlich aus der Stromproduktion zu bannen.

Trotz der Treuebekenntnisse zum deutschen Steinkohlebergbau und der kohleaffinen Haltung der SPD kündigte Schmidt in seiner dritten Regierungserklärung an, die Unterstützung für die Steinkohle zu reduzieren. „Die Subventionierung der Kohle stößt an finanzwirtschaftliche Grenzen. Stahl und Kohle müssen sich darauf einrichten, dass die Kokskohle künftig nicht mehr im bisherigen Umfang subventioniert werden kann."[364] Aufgrund der „Weg-vom-Öl"-Politik, der nur begrenzt nutzbaren Kernenergie und der zu teuren deutschen Steinkohle sah die Bundesregierung in den erneuerbaren Energien die Alternative zur bisherigen konventionellen fossil-atomaren Energieversorgung. „Die Bundesregierung erwartet weitere Beiträge an [...] sanfter Energie: Aus Solaranlagen, aus Wärmepumpen, aus neuen Erfindungen insgesamt."[365]

---

362 Ebenda.
363 Helmut Schmidt: Regierungserklärung vom 24. November 1980, abgedruckt in: Klaus Stüwe (Hrsg.): Die großen Regierungserklärungen der deutschen Bundeskanzler von Adenauer bis Schmidt, Opladen 2002, S. 255
364 Ebenda.
365 Ebenda, S. 256.

6. Energiepolitik der sozialliberalen Koalitionen 1969 – 1982

6.2. Maßnahmen für den Kohlesektor

6.2.1. Rettung der Ruhrkohle AG

Schillers forcierte Unternehmenskonzentration im Bergbau und die Gründung der Ruhrkohle AG führten nicht zur intendierten Gesundung der deutschen Steinkohle. Bereits 1969 zeigten sich Startschwierigkeiten als die Ruhrkohle AG das erste Geschäftsjahr mit einem Verlust von 200 Mio. DM abschloss. Bereits 1970 litt die Einheitsgesellschaft unter Finanzproblemen, und sie verbuchte einen Verlust von 500 Mio. DM. Bis 1972 summierten sich die Verluste auf 1,2 Mrd. DM.

Während der Absatz von Kohle 1971 auf einem etwa konstanten Niveau verharrte, sank der Koksabsatz um 26 Prozent auf 19 Mio. t. Aufgrund der gesamtwirtschaftlich angespannten Lage fand die Ruhrkohle AG keine Abnehmer, welche den Ausfall durch die Stahlindustrie hätten kompensieren können. 1972 reduzierten sich die abgesetzten Mengen weiter. Der Kohleabsatz verringerte sich um acht Prozent und stagnierte bei 71,6 Mio. t. Die Haldenbestände der Kohle stiegen 1972 um 2,7 Mio. t auf 5,6 Mio. t, die von Koks auf insgesamt 8,3 Mio. t. Die Geschäftsberichte der Ruhrkohle AG bezeugten den Rückgang des Umsatzes um zehn Prozent innerhalb von zwei Jahren.

Der Bund und das Land Nordrhein-Westfalen verfügten deshalb eine Schuldbuchforderung, d.h. eine Darlehensforderung, für die Ruhrkohle AG in Höhe von einer Milliarde DM. Der Finanzierungsschlüssel zwischen Bund und dem Land Nordrhein-Westfalen betrug 2 zu 1. Allein 400 Mio. DM nutzte die Firma, um die Verluste aus dem Jahr 1971 wett zu machen.[366] Der Bund und NRW erklärten sich dazu nur bereit, da die Aktionäre einwilligten, die fällige Annuität zu stunden und für die Kohlelieferungen Vorauszahlungen zu tätigen.[367] Allerdings waren der Bundesregierung für weitere Anreize weitgehend die Hände gebunden. Das erste Energieprogramm der Bundesregierung vom 26. September 1973 fiel in einen Zeitraum, in dem der Steinkohlenbergbau erneut durch Krisenerscheinungen bedrängt wurde. 1973 fiel die Steinkohleförderung erstmals unter 100 Mio. t.[368] Die bereits unter Erhard praktizierte Verstromung deutscher Steinkohle fand einen erneuten Einsatz in der Steinkohleförderung des ersten Energieprogramms. Für die Bundesregierung erwies es sich als problematisch, dass die Elektrizitätsunternehmen an einer Verstromung der Kohle nicht interessiert waren. Sie experimentierten mit alternativen Brennstoffen oder bevorzugten Gas,

---
366 Vgl. Ein Milliardenspiel, in: DW vom 09.06.1972.
367 Vgl. Schaaf 1978, S. 381.
368 Vgl. Kroker, in: Hohensee/Salewski 1993, S. 88.

was sie langfristig als billiger und sicherer einschätzten als die deutsche Steinkohle.

6.2.2. Drittes Verstromungsgesetz

Die erste Fortschreibung des Energieprogramms im November 1974 sah eine Bevorratung von Steinkohle mit einem Umfang von 10 Mio. t vor. Gleichzeitig verstärkte die Bundesregierung die Anstrengungen im Hambacher Forst, in dem Braunkohle in größeren Mengen abgebaut werden sollte. Die bereits im ersten Energieprogramm eingesetzten Verstromungsmaßnahmen erweiterte die erste Fortschreibung. Die ursprünglich 30 Mio. t/a Steinkohle für den Einsatz in Kraftwerken bis 1980 erhöhte die Bundesregierung in der ersten Fortschreibung des Energieprogramms auf 33 Mio. t. Am 13. Dezember 1974 erfolgte der Erlass des dritten Verstromungsgesetzes[369] („Gesetz zur weiteren Sicherung des Einsatzes von Gemeinschaftskohle in der Elektrizitätswirtschaft") welches diese Menge festschrieb. Das dritte Verstromungsgesetz regelte die Ausgleichsabgabe für die Differenz zwischen der teureren deutschen Steinkohle zum Heizöl neu. Die Mehrkosten für den Einsatz von Steinkohle in der Stromwirtschaft in Höhe von 15 DM/t aus dem zweiten Verstromungsgesetz trug ab 1975 der Verbraucher, was zu einer Entlastung des Staatshaushaltes führte.[370] Die Differenz zwischen dem Preis der eingesetzten Steinkohle und dem Heizöl glich der „Kohlepfennig" ab, den jeder Stromverbraucher zu zahlen hatte. Die durch den Kohlepfennig generierte Finanzmasse floss in den Ausgleichsfonds zur Sicherung des Steinkohleneinsatzes, der Zuschüsse zur Förderung des Einsatzes von Steinkohle in der öffentlichen Elektrizitätswirtschaft und der industriellen Kraftwirtschaft gewährte. Das dritte Verstromungsgesetz enthielt darüber hinaus restriktive Vorgaben für den genehmigungspflichtigen Bau von Heizölkraftwerken und Regelungen über Subventionen für den Bau von Kohlekraftwerken. Neben den Erhalt des deutschen Steinkohlebergbaus traten Aspekte der Versorgungssicherheit. Um eventuelle Verzögerungen im Ausbau der Kernkraftwerkstechnologie aufzufangen, stellte der verstärkte Einsatz von Steinkohle die deutsche Stromversorgung sicher.

1975 verringerte sich aufgrund der Rezession die eingesetzte Menge von Steinkohle in den Kraftwerken von 32,1 auf 24,5 Mio. t. Der vermehrte Einsatz von Erdgas und Kernkraft führte zu einer Substitution von Steinkohle und sinkender Nachfrage. Daraufhin verabschiedete die Bundesregierung am 29. März

---

369 Vgl. BGBl I Nr. 135 vom 17.12.1974, S. 3473-3479.
370 BT Drs. 7/1991.

1976 die erste Novelle des dritten Verstromungsgesetzes. Diese regelte die Erhöhung des Kohlepfennigs aufgrund des Preisverfalls des Heizöls und der dadurch gestiegenen Differenz zwischen dem Preis der Steinkohle und dem preisgünstigeren Öl. Der Spielraum für den Kohlepfennig wurde von 3,5 auf 5,0 Prozent des Strompreises erhöht. Die daraus resultierende Finanzmasse fand Verwendung für den Ausgleich der Mehrkosten für den Betrieb von Steinkohlekraftwerken sowie zur Erhöhung des Investitionskostenzuschusses bei der Errichtung von Kohlekraftwerken in Höhe von 150 auf 180 DM/kW Leistung.

6.2.3. Maßnahmen der Energieprogramme für den Kohlesektor

In der ersten Fortschreibung des Energieprogramms forcierte die Bundesregierung die Rationalisierungsmaßnahmen im Steinkohlebergbau. Dafür hob sie die Investitionshilfe von 160 auf 210 Mio. DM jährlich an, erhöhte die vom Rationalisierungsverband eingesetzten Mittel von 1,5 auf 3,0 Mrd. DM und investierte von 1974 bis 1977 weitere 330 Mio. DM in die Erforschung effizienter Technologien.[371] Die Investitionen in nachhaltige Bergbaustrukturen wurden nach einer langen Phase der negativen Rationalisierung notwendig, in der Zechen auch in rentablen Gebieten stillgelegt wurden. Die von den Zechenbetreibern forcierte Erschließung neuer Abbaugebiete führte zu einer Stagnation in der Schichtleistung aufgrund zu leistender Vorarbeiten, die jedoch notwendig waren, um keinen Raubbau zu betreiben.[372]

In der zweiten Fortschreibung vom 14. Dezember 1977 bekräftigte die Bundesregierung ihre Absicht, Stein- und Braunkohle als Energieträger weiterhin zu nutzen, da beide für die einheimische Förderung in ausreichendem Maße vorhanden seien. Das Energieprogramm bezeichnete die Steinkohle als den bedeutendsten heimischen Energieträger neben der Braunkohle. Aus Aspekten der Versorgungssicherheit intendierte die Bundesregierung, die Steinkohleförderung auf einem Niveau von jährlich 94 Mio. t zu halten.[373] Bis in das Jahr 1987 plante sie daher einen jährlichen Einsatz von durchschnittlich 33 Mio. t in den Kraftwerken für die Zwecke der Verstromung.[374]

Als privatwirtschaftliche Grundlage des angedachten Steinkohleverbrauchs schloss die Steinkohlewirtschaft mit dem VDEW am 10. Mai 1977 einen Kohle-Stromvertrag ab – den Zehnjahresvertrag –, der zusammen mit der Nachfolgeregelung von 1980 Teil des „Jahrhundertvertrags" war. „Diesen Vertrag hatte der

---

371 Vgl. Meyer-Renschhausen 1981, S. 82f.
372 Vgl. ebenda.
373 BT Drs. 8/569 S. 4.
374 Ebenda S. 5.

6.2. Maßnahmen für den Kohlesektor

Gesetzgeber den Stromerzeugern durch erhebliche Verbesserungen des bisherigen Subventionssystems schmackhaft gemacht."[375] Im Zehnjahresvertrag verpflichtete sich die Stromwirtschaft zu einem jährlichen Verbrauch von 33 Mio. t Steinkohle bis 1987. Um die Kostennachteile der heimischen Kohle auszugleichen, ermöglichte die Bundesregierung in der zweiten Fortschreibung des Energieprogramms eine weitere umfassende öffentliche Subventionierung der Kohle.[376]

Das dritte Verstromungsgesetz hatte die Ausgleichsabgabe eingeführt, die nun verlängert wurde. Um die Kohleverstromung zu finanzieren, zahlten die Elektrizitätshersteller eine von den erzielten Erlösen abhängige Ausgleichsabgabe in einen Ausgleichsfonds zur Sicherung des Steinkohleneinsatzes ein. Diesen Betrag konnten die EVU auf den Strompreis aufschlagen und den Endkonsumenten – in Form des Kohlepfennigs – in Rechnung stellen. Das dritte Verstromungsgesetz gewährte von 1974 bis 1977 Subventionen in Höhe von 8,7 Mrd. DM, die Bund und Länder sowie die Verbraucher über die Ausgleichsabgabe finanzierten. Für das Jahr 1978 prognostizierte die Bundesregierung 4,1 Mrd. DM notwendiger Mittel für die Steinkohleverstromung. Um die Belastung des Staatshaushalts durch die Verwendung der Steinkohle in der Stromwirtschaft weiterhin gering zu halten, erließ die Bundesregierung die zweite Novelle des dritten Verstromungsgesetzes am 19. Dezember 1977. Mit dieser Novelle schuf sie die rechtliche Grundlage für die weitere Ausgleichsabgabe des Zehnjahresvertrags. Ab dem 1. Januar 1978 subventionierten die deutschen Elektrizitätsnutzer die Kohleverstromung weiterhin mit jährlich zwei Mrd. DM über den Kohlepfennig.

Angebotsrestriktionen gegenüber ausländischer Kohle ergänzten die nachfrageorientierten Verstromungsmaßnahmen. Das Kohlezollkontingentgesetz beschränkte die jährliche Importhöhe von Kohle auf fünf Mio. t bis 1981. Nicht nur die Energiesicherheit stand im Zielkatalog der Bundesregierung. Dafür hätte sie Kohlelieferungen aus den USA ermöglichen können, die dem Ziel der preiswerten Energie eher gerecht geworden wären, da die US-amerikanische Steinkohle billiger war. Von den USA gingen gleichzeitig geringe politische Risiken aus. Der Energiepolitik waren andere politische Elemente inhärent: Dass die deutsche Steinkohle nicht durch ausländische substituiert werden sollte, offenbarte die sozial- und strukturpolitischen Dimensionen der Energiepolitik. Eine einmalige Zechenstilllegung in Deutschland bedeutet andererseits eine dauerhafte Minderung des Produktionsvolumens, da sich die deutschen Untertageabbaugebiete nicht einfach reaktivieren lassen. Eine Substitution deutscher Steinkohle durch billigere ausländische Kohle konnte in eine langfristige Abhängigkeit der Bundesrepu-

---

375 Vgl. Gerhard Fels/Axel D. Neu: Reform der Kohlepolitik als Beitrag zur Sicherung der Energieversorgung, Kiel 1980, S. 15.
376 BT Drs. 8/1357, S. 6.

6. Energiepolitik der sozialliberalen Koalitionen 1969 – 1982

blik von ausländischen Lieferanten münden, was unter Aspekten der Energieautonomie nicht erwünscht war. Die übrigen europäischen Staaten folgten dem bundesdeutschen Weg der Nutzung der heimischen Kohle nicht und steigerten ihren Anteil an preisgünstigerer importierter Kohle.

Damit die verstärkte Nutzung der Steinkohle in den Kraftwerken nicht zu Umweltbelastungen führte, setzte sich die Bundesregierung dafür ein, den Kraftwerkspark durch neue und umweltschonende Anlagen zu ergänzen und zu erweitern.[377] Die Energiewirtschaft antizipierte diese Forderung durch Ausbau der Kraftwerksleistung um 5.000 Megawatt mit Kraftwerken, die geringwertige Kohle verstromten. Kraftwerksneubauten, die durch entsprechende technische Maßnahmen den umweltpolitischen Erfordernissen gerecht wurden, erhielten staatliche Zuschüsse.

Die weitere Nutzung der deutschen Steinkohle erfolgte in diesem Zeitraum zum größten Teil in der Stahlindustrie, in der Kokskohle Verwendung findet. Die Bundesregierung stützte die teurere deutsche Kokskohle mit den Kokskohlebeihilfen[378], die jedoch nicht die Kosten der Produktion deckten, weshalb sie für eine Flexibilisierung warb. Im Frühjahr 1978 erhöhten sich die Kokskohlebeihilfen von 13,5 auf 38,4 DM/t[379], und um deutscher Steinkohle langfristig einen Platz in der Energieversorgung zu sichern, investierte Bonn von 1977 bis 1980 knapp eine Mrd. DM in die Erforschung alternativer Verfahren wie die Kohlevergasung und -verflüssigung, den Kraftwerksbau mit Rauchgasentschwefelung und die effizientere Gewinnung von Steinkohle.[380]

6.2.4. Der Jahrhundertvertrag

Am 23. April 1980 erfolgte eine Ergänzungsvereinbarung zum Zehnjahresvertrag von 1977 mit einer 15-jährigen Laufzeit. Der Jahrhundertvertrag – obgleich ein privatrechtlicher Vertrag – kam nur unter erheblichen Druck der Bundesregierung zustande. Die Energieversorgungsunternehmen waren zu diesem Zeitpunkt nur noch widerwillig bereit, eine weitere Steinkohleverstromung zu sichern. Die durch die Verstromungsgesetze praktizierte Umlegung des höheren deutschen Preisniveaus auf die Endkunden stellte für sie einen Wettbewerbsnachteil dar. Die EVU signalisierten der Bundesregierung daher, dass eine Anschlussfinanzierung wettbewerbsneutral erfolgen müsse, da sie sich sonst lang-

---

377 Ebenda S. 7.
378 Vgl. Tae-Young Cho: Die Stahlindustrie Südkoreas im internationalen Vergleich. Ein Vergleich mit der deutschen Stahlindustrie, Göttingen 1992, S. 85.
379 Vgl. Meyer-Renschhausen 1981, S. 185.
380 BT Drs. 8/1357, S. 8.

6.2. Maßnahmen für den Kohlesektor

fristigen Problemen in einem liberalisierten europäischen Strommarkt gegenüber sähen. Grundlage für den Jahrhundertvertrag war die von der IGBE propagierte Verbundstrategie von Kohle und Kernenergie. Diese erteilte der von der SPD verfolgten Steinkohlevorrangpolitik eine Absage. Statt der Steinkohle den Vorzug zu geben und nur die Diskrepanz zwischen von ihr gedeckter Energienachfrage und zusätzlichem Bedarf mit Kernenergie zu stillen, besaßen beide Energieträger im Verbundkonzept eine gleichwertige Rolle. Diese Position sorgte für eine bundesweite Akzeptanz der Steinkohlesubventionen, bei der revierferne CDU-regierte Länder mit SPD-geführten Bergbauländern zusammenarbeiten mussten. Der Vertrag hatte eine Laufzeit von 15 Jahren bis 1995. Den Jahrhundertvertrag und seine flankierende Maßnahmen bezeichneten die Verantwortlichen als „Kohlepaket". Der 1980 geschlossene Zusatzvertrag erhöhte die im dritten Verstromungsgesetz festgeschriebenen Mengen von 33 Mio. t schrittweise auf 46,5 Mio. t, die später jedoch wieder reduziert wurden. Das Kohlepaket sah eine Aufstockung der Importkohlekontingente für Kraftwerksbetreiber von vier Mio. t in der ersten Hälfte der 1980er Jahre auf zwölf Mio. t in den neunziger Jahren vor. Dem industriellen Sektor wurden diese Kontingente ebenfalls zur Verfügung gestellt.

Über die im Vertrag hinausgehende Mengen an Kohle – sog. Neumengen – erhielten die Kraftwerksbetreiber keinen Subventionszuschlag. Als Ausgleich konnten die Kraftwerksbetreiber Zollkontingentscheine zum Bezug von Importkohle aus Drittländern einlösen. Bis 1987 betrug das Verhältnis 2 : 1, danach 1 : 1. Minderte sich jedoch die Strom- und damit die Kohlenachfrage, war der Bedarf durch eine geringere Importkohlemenge auszugleichen. „Die Kraftwerksbetreiber haben dann höhere Durchschnittskosten, und letztlich müssen die Stromverbraucher höhere Strompreise bezahlen."[381]

6.3. Maßnahmen für den Kernenergiesektor

6.3.1. Neuausrichtung der Kernenergiepolitik

In der sozialliberalen Koalition vollzogen sich nicht nur Änderungen in den Zuständigkeitsbereichen und der Struktur der forschungspolitischen Institutionen, sondern auch die Haltung der Bevölkerung gegenüber der Kernkraft wandelte sich. 1971 löste sich die DAtK auf. Ab 1972 fiel die Reaktorsicherheit in den Zuständigkeitsbereich des Innenministeriums. Die Auflösung der DAtK führte zu keinen Zäsuren in der Kernforschung, die sich als eigenständige Forschungsrich-

---

381 Gerhard Fels/Axel D. Neu 1980, S. 30.

6. Energiepolitik der sozialliberalen Koalitionen 1969 – 1982

tung etabliert hatte. Das Deutsche Atomforum und die Fachausschüsse für Kernforschung und Strahlentechnik übernahmen zu einem großen Teil die Funktionen der Atomkommission.[382] 1974 beschloss die Bundesregierung das vierte Atomprogramm für den Zeitraum bis 1976. Mit dem vierten Programm erhöhte sie das Budget auf neun Mrd. DM.

Gleichzeitig entwickelte sich unter der Ägide der sozialliberalen Regierung in der Bevölkerung eine zunehmend kritische Haltung gegenüber der Nutzung der Kernenergie. Einen ersten organisatorischen Kern erhielt die Anti-AKW-Bewegung 1970/71 durch die ablehnende Haltung der ansässigen Bevölkerung gegen den Bau weiterer Atomkraftwerke. Die Standortplanungen für das AKW in Breisach mussten aufgrund von Protesten aufgegeben und der Standort nach Wyhl verlagert werden. Im April 1974 händigten die Gegner dem Landratsamt Emmendingen knapp 100.000 Unterschriften für den Stopp des Bauvorhabens aus. Der Landtag Baden-Württembergs genehmigte den Bau im Januar 1975 trotzdem, woraufhin die Protestanten zivilen Ungehorsam praktizierten.[383] Im Anschluss an die Räumung durch die Polizei demonstrierten täglich tausende, um ihrer Ablehnung gegen das Projekt weiterhin Ausdruck zu verleihen. Nach einer erneuten mehrmonatigen Besetzung der Baustelle lenkten die Behörden ein, erhöhten die Sicherheitsanforderungen und verzögerten das Genehmigungsverfahren. Dieser Besetzung folgten weitere in Brokdorf, Kalkar, Grohnde und später Wackersdorf. „Das im Umfeld der Anti-AKW-Bewegung verbreitete Staatsverständnis und die dort entwickelten Konzepte standen quer zu den vorherrschenden politischen und ökonomischen Ordnungsentwürfen: zum sozialdemokratischen Planungsstaat ebenso wie zum christdemokratischen-konservativen Ordnungsstaat, zur keynesianisch Konjunktursteuerpolitik wie zur [...] neoliberalen Angebotspolitik."[384] 1975 initiierte das Bundesforschungsministerium den „Bürgerdialog Kernenergie", mit dem es erstmals einen staatlich finanzierten jedoch gleichzeitig staatskritischen Dialog entfachte.[385] Hans Matthöfer, Bundesminister für Forschung und Technologie, schuf damit eine Kommunikationsplattform für eine verbesserte Verständigung zwischen der kritischen Bevölkerung und der Bundesregierung. Eine herausragende und später tragische Rolle im Bürgerdialog spielte Hartmut Gründler, der nach der Initiative des Bundesfor-

---

382　Eckert/Osietzki 1989, S. 29.
383　Vgl. Max Matter: Regio Basiliensis-Dreyeckland-Regio TriRhena. Grenzen-Räume-Zugehörigkeiten, in: Thomas Hengartner/Johannes Moser (Hrsg.): Grenzen und Differenzen. Zur Macht sozialer und kultureller Grenzziehungen, Leipzig 2006, S. 445.
384　Thomas Dannenbaum: „Atom-Staat" oder „Unregierbarkeit". Wahrnehmungsmuster im westdeutschen Atomkonflikt der siebziger Jahre, in: Franz-Josef Brüggemeier/Jens Ivo Engels (Hrsg.): Natur- und Umweltschutz nach 1945. Konzepte, Konflikte, Kompetenzen, Frankfurt am Main 2005, S. 274
385　Vgl. BT Drs. 8/4371, S. 4.

schungsministeriums eine umfassendere Informierungspflicht der Bundesregierung forderte. Daraufhin trat er in den Hungerstreik.

Die Bundesregierung kam diesem Anliegen in der Absicht nach, die Kritiker durch den Bürgerdialog auf ihre Seite zu bringen und die Anti-AKW-Bewegung zu spalten. Anfangs war sie zudem guten Glaubens, die Protestbewegung basiere auf der Unwissenheit der Bürger. Am 22. Juli 1975 nahm der Bürgerdialog Kernenergie seine Arbeit auf, die 1977 endete. Nach einer Vielzahl von Treffen verebbte das Interesse, da diese Institution vom politischen Entscheidungsverfahren über die Nutzung der Kernenergie abgekapselt war. Mit dem Bürgerdialog ließ sich keinerlei Einfluss auf die Entscheidungen der Bundes- aber auch Landesregierungen nehmen. Bonn verfolgte mit dem Bürgerdialog eine Institutionalisierung der Proteste, ohne ihnen Wirkmächtigkeit zu verschaffen. Aufgrund der Unverbindlichkeit des Bürgerdialogs und der unveränderten Energiepolitik verbrannte sich Hartmut Gründler als Protest gegen die „fortgesetzte regierungsamtliche Falschinformation" während des SPD-Parteitages in Hamburg selbst. Ob dieser Institution jedoch die umfassende Bedeutung für die Stärkung der Kernkraftgegner zukam, ist fraglich, da in vier Jahren insgesamt nur 30.000 Teilnehmer am Bürgerdialog partizipierten.[386]

Die Kontroverse über die Nutzung der Kernenergie zu Zwecken der Diversifikation der bundesdeutschen Energieversorgung führte zur Großen Anfrage der Fraktion der CDU/CSU im Bundestag. Darin forderten die Christdemokraten die Bundesregierung auf, eine langfristige Energieplanung zu eruieren und den Ölanteil zugunsten der Kernenergie zu verringern. Aufgrund der Energierohstoffarmut der Bundesrepublik setzte sich die sozial-liberale Bundesregierung für den Ausbau der Kernenergie ein.[387] Dabei teilte die Bundesregierung nicht die Ansicht der AKW-Gegner, andere Energieträger als Alternative stärker zu fördern oder in einem Austausch die Kernenergie zu ersetzen. Sie war der Meinung, dass „in Anbetracht des für Wachstum und Beschäftigung erforderlichen Energiebedarfs sowie der Grenzen des Einsatzes anderer Energieträger die Kernenergie in dem zur Sicherung unbedingt erforderlichen Ausmaß stetig ausgebaut werden muss."[388]

Zwischen 1971 und 1975 stellten die Energieunternehmen 14 Anträge auf Errichtung von Kernkraftwerken mit Leistungen von bis zu 1.300 Megawatt. Dieser Anstieg in der Nachfrage nach Kernkraftwerken resultierte aus den Bestimmungen des ersten Energieprogramms der Bundesregierung, das 45.000 MW Energieleistung durch Kernkraftwerke befriedigen wollte. „Bei anhaltender politischer Unterstützung waren insbesondere die große Anzahl von Kernkraftwerks-

---

386 Vgl. BT Drs. 8/4371, S. 2.
387 Vgl. BT Drs. 8/569, S. 2.
388 Vgl. BT PlPr. 8/55, S. 4301.

aufträgen von Energieversorgungsunternehmen sowie die Monopolisierung der Anbieter Charakteristika dieser Phase."[389]

In den am 23. März 1977 veröffentlichten Grundlinien und Eckwerten für die zweite Fortschreibung des Energieprogramms betonte die Bundesregierung erneut ihr Ziel, den Anteil des aus Atomenergie erzeugten Stroms in Deutschland zu erhöhen. In der Bundesrepublik sollten bis 1985 weitere 30.000 MW Stromleistung durch Kernenergie gedeckt werden. Diese Planung war Bestandteil einer Politik, die den Energiemix durch Diversifikation der Primärenergieträger unabhängiger vom Öl machen wollte. Aufgrund einer Prognose des DIW kalkulierte die Bundesregierung im Juni 1977 ein mögliches Stromdefizit von zehn Prozent bis zum Jahr 1990. „Für die Energiepolitik und Energiewirtschaft ergibt sich hieraus die Konsequenz, dass auf einen maßvollen und stetigen Ausbau der Kernenergie nicht verzichtet werden kann."[390]

Gegen Ende des Jahres 1977 hatte sich die Haltung der Bundesregierung gegenüber der Kernkraft geändert. In der zweiten Fortschreibung des Energieprogramms vom Dezember 1977 prognostizierte sie keine Zielwerte mehr für die Kernenergienutzung. Vor dem Hintergrund der einsetzenden Debatte relativierte Bonn das ehrgeizige Konzept des Kernenergieausbaus und rückte die Braun- und Steinkohle in den Mittelpunkt künftiger Energieerzeugung. „Auch nach vorrangiger Nutzung anderer Möglichkeiten, insbesondere [...] der Nutzung anderer Energieträger, insbesondere der deutschen Stein- und Braunkohle hält die Bundesregierung zur Deckung des mittel- und langfristigen Kapazitätsbedarfs [...] den Bau weiterer Kernkraftwerke in einem so begrenzten Ausmaß für unerlässlich und [...] für vertretbar."[391]

Bonn maß nun den Sorgen und Ängsten der Bevölkerung größeren Raum in den energiepolitischen Entscheidungen bei. „Planung und Vorauswahl von Standorten für Kernenergieanlagen berühren wichtige Lebensinteressen der Bürger. Die Bundesregierung hält es für wünschenswert, dass über derartige Fragen von grundsätzlicher Tragweite vor jenen Gremien debattiert wird, die in einem demokratisch verfassten Staat zur Entscheidung über Grundsatzfragen des Gemeinwohls legitimiert und berufen sind, nämlich den Länderparlamenten."[392]

Auch in der dritten Fortschreibung des Energieprogramms blieb die nun skeptische Haltung der sozialliberalen Bundesregierung bestehen. „Kernenergie muss aus den dargelegten energie- und industriepolitischen Gründen – Grenzen für die Nutzung der anderen Energieträger, weiter wachsender Strombedarf, Strompreisniveau und Wettbewerbsfähigkeit der deutschen Wirtschaft – einen weiter stei-

---

389 Matthes 2000, S. 146.
390 Vgl. BT Drs. 8/569, S. 9.
391 Vgl. BT Drs. 8/1357, S. 8.
392 Ebenda.

genden Beitrag zur Stromerzeugung in der Grundlast leisten."[393] Die Formulierung deutete auf den „Ersatzcharakter", welcher der Kernenergie nun anhaftete. Der Schwenk in der Beurteilung der Kernenergie beruhte auf den Ereignissen im amerikanischen Kernkraftwerk Three Mile Island bei Harrisburg, in dem sich 1979 eine Kernschmelze ereignete.[394] Allerdings kann auf einen von der Bundesregierung initiierten Umdenkprozess durch die Ereignisse in Harrisburg nicht geschlossen werden. Sie hielt die Unfallszenarien von Harrisburg und den deutschen Kernkraftwerken für nicht identisch und sah keine grundsätzlichen Unterschiede in der Bewertung der Kernenergie nach dem Unfall auf Three Mile Island. „Die beim Störfall von Harrisburg aufgetretenen Verhältnisse sind nicht generell auf die Auslegungsstörfälle anwendbar, welche bei deutschen Kernkraftwerken im Genehmigungsverfahren zugrunde zu legen sind. Insofern sieht die Bundesregierung derzeit keine Veranlassung, von einem geänderten Stand von Wissenschaft und Technik auszugehen."[395]

Trotz der Befürwortung des Einsatzes der Kernkraft durch die Bundesregierung entstand zwischen den Koalitionären eine Diskrepanz bei der Bewertung des atomaren Risikos. Vertreter der SPD wiesen wiederholt auf die technischen und wirtschaftlichen Gefahren der weiteren Kernenergienutzung hin.[396]

6.3.2. Endlagerung: Integriertes Entsorgungskonzept

Mitte der 1970er wurde die Problematik der Endlagerung virulent. Bis zu diesen Zeitpunkt lagerten die Kernkraftwerksbetreiber den Atommüll in Fässern verpackt im ehemaligen Salzbergwerk Asse. Die Einlagerung stellte jedoch nur eine „Versuchseinlagerung" dar. Zeitgleich deponierten die Kernkraftwerke und Forschungszentren ihren Atommüll in der Nähe der Anlagen, weil zu wenig Zwischenlager vorhanden waren. Die deutsche Atomwirtschaft produzierte mehr Müll als sie entsorgen konnte. In Bonn votierten die Verantwortlichen für die Öffnung der Asse als Endlager, um dieses Problem zu lösen.[397] Allerdings erfolgte diese geplante Öffnung unter dem Vorwand „die Forschungs- und Entwicklungsarbeiten in der Asse" voranzutreiben.

Die bereits in der Regierungserklärung Schmidts umrissene Problematik der Lagerung des atomaren Mülls griff die Bundesregierung daher 1974 mit einem

---

393 BT Drs. 9/983, S. 6.
394 Vgl. Matthes 2000, S. 146.
395 BT Drs. 9/863.
396 Vgl. Matthes 2000, S. 151.
397 Vgl. Konrad hilft nicht, in: Der Spiegel 38/1981.

6. Energiepolitik der sozialliberalen Koalitionen 1969 – 1982

Entsorgungskonzept auf, das zum Zeitpunkt seiner Veröffentlichung noch kein offizielles Programm darstellte, sondern erst im Nachgang gouvernementalen Charakter annahm.[398] Das im April 1974 vorgestellte Konzept des Referats 315 des BMFT verpflichtete die Industrie, Anlagen zur Wiederaufarbeitung und Zwischenlagerung zu errichten, während die Aufgabe Endlager zu betreiben auf den Bund überging.[399] Auf Grundlage des neuen Entsorgungskonzepts fügte der Gesetzgeber mit dem vierten Änderungsgesetz zum Atomgesetz vom 30. August 1976 die § 9a bis 9c ein. Durch diese Neuregelung ging die Verantwortung für die Endlagerung radioaktiver Abfälle auf den Bund über. „Die Länder haben Landessammelstellen für die Zwischenlagerung der in ihrem Gebiet angefallenen radioaktiven Abfälle, der Bund hat Anlagen zur Sicherstellung und zur Endlagerung radioaktiver Abfälle einzurichten."[400] Bis zu dieser Atomgesetznovelle bot die Strahlenschutzverordnung die Grundlage für die Beseitigung radioaktiver Abfälle, mit der die Einlagerung der radioaktiven Abfälle in der Asse erfolgte.[401] Mit der Novellierung des Atomgesetzes erhielt das „Endlager" erstmals juristische Konturen. Die Neuregelung sah vor, dass vor Inbetriebnahme Planfeststellungsverfahren stattzufinden haben. Da die Einlagerung in der Asse auf Basis der Strahlenschutzverordnung diese Beteiligung nicht gewährleistet hatte, wurde sie 1978 schließlich eingestellt.

Die Bundesregierung verfolgte ab 1974 ein „integriertes Entsorgungskonzept", welches vorsah, radioaktive Stoffe schadlos zu verwerten. Nur unter der Prämisse, dass diese schadlose Verwertung unter wissenschaftlichen Aspekten nicht möglich oder wirtschaftlich nicht vertretbar war, sollten die Brennelemente als radioaktive Stoffe entsorgt werden. Mit dem neuen „integrierten Entsorgungskonzept" zielte die Bundesregierung auf eine Zwischenlagerung und anschließende Wiederaufarbeitung der radioaktiven Stoffe – dieses Konzept folgte dem Prinzip der Rückführung.[402] Dem Problem des überbordenden atomaren Mülls wollte die Bundesregierung mit der Wiederaufarbeitung Herr werden.

Das „integrierte Entsorgungskonzept" wurde mit Beschluss der Regierungschefs von Bund und Ländern vom 28. September 1979 im Prinzip bestätigt. Die am 6. Mai 1977 von den Regierungschefs von Bund und Ländern festgelegten „Grundsätze zur Entsorgungsvorsorge für Kernkraftwerke" wurden somit neu

---

398 Vgl. Möller 2009, S. 340.
399 Vgl. BfS (Hrsg.): Dezentrale Zwischenlager. Bausteine zur Entsorgung radioaktiver Abfälle, Salzgitter 2008, S. 11.
400 § 9a III S. 1 AtG.
401 Vgl. BfS (Hrsg.): Endlager Asse II. Ausgangsbedingungen und Weichenstellungen seit Übernahme durch das Bundesamt für Strahlenschutz am 01.01.2009, Salzgitter 2009, S. 12.
402 Vgl. BT Drs. 11/1632, S. 3ff.

gefasst und am 19. März 1980 bekannt gemacht.[403] Mit diesem Beschluss bekräftigten die Regierungschefs von Bund und Länder das prioritäre Ziel der Wiederaufarbeitung der Brennelemente. Allerdings war eine 100-prozentige Wiederaufarbeitung der Brennelemente nicht möglich. Im Aufbereitungsprozess fielen nicht nur Uran und Plutonium an, sondern weitere hochradioaktive Spaltelemente sowie Lagerbehälter und Hülsen. Hinzu trat der wachsende Widerstand der Bevölkerung gegen die Transporte durch die Bundesrepublik in die französische Wiederaufbereitungsanlage La Hague. Daher sah der Beschluss vom 28. September 1979 nicht nur die Wiederaufarbeitung vor, sondern ebenso die direkte Endlagerung abgebrannter Brennelemente, denn die Zwischenlager waren überfüllt und die Notwendigkeit ihres Ausbaus allen Verantwortlichen bewusst. „Es besteht Einvernehmen, dass für eine Übergangszeit die Zwischenlagerkapazitäten ausgebaut werden müssen."[404] Das benötigte Endlager wurde händeringend gesucht, es stand jedoch nicht zur Verfügung. „Keine Frage [...], dass die schadlose Verwertung strahlender Stoffe und die Beseitigung zunehmend Probleme machen. So stapeln sich Reststoffe und Abfälle provisorisch in Zwischenlagern und Sammelstellen zu einer immer bedrohlicher werdenden Atommüllhalde, und schon ist zu hören, dass Kernkraftwerke mal abgeschaltet werden müssten, wenn es so weitergehe."[405]

Es stellt sich die Frage, warum die Bundesregierung das integrierte Entsorgungskonzept favorisierte und nicht nur auf die direkte Endlagerung ohne Wiederaufarbeitung setzte, um die Müllproblematik zu lösen. Staatssekretär Haunschild führte diese Entscheidung Bonns auf die Unsicherheiten in der Bewertung anderer Entsorgungskonzepte zurück. „Ich möchte darauf hinweisen, dass eine Entsorgung ohne Wiederaufbereitung mit einer Reihe von zusätzlichen Schwierigkeiten gekoppelt ist, die auch durch ein intensives Forschungs- und und Entwicklungsprogramm nicht beseitigt werden können. Dies sind insbesondere Fragen zur langfristigen Wärmebelastung des Endlagers, zu dem Plutonium-Inventar im Endlager, dem langfristigen Gefährdungspotential, der Stabilität des Endlagerprodukts, dem Kritikalitätsrisiko bei der Einlagerung von Brennelementen und der Strahlenbelastung des Einlagerungspersonals. Jede Untersuchung zu alternativen Entsorgungskonzepten muss daher zunächst klären, ob es möglich ist danach die Endlagerung ebenso sicher durchzuführen, wie nach dem Konzept der integrierten Entsorgung."[406]

---

403 Vgl. BverfG 2 BvG 1/00.
404 Aus dem Beschluss der Regierungschefs von Bund und Ländern zur Entsorgung der Kernkraftwerke vom 28.09.1979, in: Presse- und Informationsamt der Bundesregierung (Hrsg.): Bulletin 122, Bonn 1979, S. 1133.
405 Das Zeitalter der Angst?, in: Der Spiegel 13/1979.
406 BT Drs. 8/3082, S. 22.

6. Energiepolitik der sozialliberalen Koalitionen 1969 – 1982

Die Nutzung unterirdischer Lagerstätten als Endlager machte eine umfangreiche Forschungsarbeit notwendig. Als Endlager plante der Bund den Salzstock in Gorleben zu erkunden und auf Tauglichkeit für die Einlagerung von radioaktiven Elementen zu prüfen. Bis in die zweite Hälfte der 1980er Jahre sollte diese Erkundung, so der Beschluss vom 28. September 1979, abgeschlossen sein. Bis spätestens Ende der 1990er Jahre plante der Beschluss die Fertigstellung und Inbetriebnahme der Anlagen des Bundes für die Endlagerung der atomaren Reststoffe. [...]

Neben Gorleben votierte das Bundesamt für Strahlenschutz – das aus der Physikalisch-Technischen Bundesanstalt hervorging – für den Schacht Konrad als Endlager radioaktiver Stoffe. Nachdem 1975 erste Untersuchungen über die Eignung anliefen und schließlich positiv ausfielen, startete 1982 das Planfeststellungsverfahren.[407] Nach 20-jährigem Verfahren wurde am 2. Mai 2002 die Genehmigung für den Bau des Endlagers erteilt. Die Genehmigung erlaubte die Einlagerung von 303.000 m³ radioaktiven Abfalls mit vernachlässigbarer Wärmeentwicklung. Nachdem das Oberverwaltungsgericht Lüneburg weitere Widersprüche am 8. März 2006 zurückwies und das Bundesverwaltungsgericht eine Nichtzulassungsbeschwerde ebenfalls nicht annahm, steht mit Schacht Konrad nach 30-jähriger Vorbereitung das erste und einzige deutsche Endlager für schwach- und mittelradioaktive Stoffe zur Verfügung. 2019 soll es den Betrieb aufnehmen.

6.4. Maßnahmen für den Mineralölsektor

6.4.1. Sicherung der Mineralölverfügbarkeit in der Ölkrise

Noch vor der ersten Ölkrise, die der Bundesrepublik ihre Importabhängigkeit bei dem Energieträger offenbarte, setzte sich die Bundesregierung für bilaterale Gespräche ein, um die Verfügbarkeit des Öls zu sichern. Bis zu diesem Zeitpunkt vertraute Bonn auf die Sicherung der deutschen Ölversorgung durch die internationalen Ölkonzerne, ohne durch direkte staatliche Intervention Einfluss zu nehmen. Es setzte sich die Ansicht durch, dass direkte bilaterale Verbindungen mit den Ölförderländern von Vorteil sein könnten. Sie plante eine Ergänzung der privatwirtschaftlichen Struktur durch staatliche Beziehungen, um eventuellen Förderausfällen durch direkte Kontakte entgegen wirken zu können. Dieses Interesse der Verbrauchsländer korrespondierte mit dem Willen der Förderländer, ihren Vertrieb unabhängig von den internationalen Ölkonzernen direkt mit den

---

407 Vgl. BT Drs. 16/2876, S. 1.

6.4. Maßnahmen für den Mineralölsektor

Verbrauchsländern zu organisieren. Mit der bilateralen Zusammenarbeit planten sie die Macht der Ölkonzerne zu schwächen und andere Staaten durch Joint Ventures zum Ausbau der eigenen Infrastruktur zu bewegen.[408]

1972 führte die Bundesregierung Gespräche mit Teheran, um den Bezug aus den Ölförderländern zu diversifizieren. Ministerialdirektor Ulf Lantzke bekleidete Kanzler Brandt in den Iran, um dort Gespräche mit der Nationalen Iranischen Öl Gesellschaft (NIOC) aufzunehmen. Im November 1973 stellte der Schah zur regulären Liefermenge ein weiteres Kontingent in Höhe von 1,5 Mio. t Rohöl zur Verfügung.

1970 ergänzte die Bundesregierung die 1965 begründete Bevorratungspflicht der Privatwirtschaft durch eine eigene Rohölreserve. Die Bundesrohölreserve diente der Sicherung der störungsfreien Ölversorgung. Dafür benötigter Kavernenraum fand sich in den Salzstöcken in der Nähe von Wilhelmshaven. Bis 1973 erlangte diese Reserve keine praktische Bedeutung. Aufgrund der angespannten finanziellen Lage des Haushalts verpachtete die Bundesregierung die Kavernen ab 1972 an private Firmen.[409] Erst durch die Energiekrise gewann dieses Instrument ab 1973 wieder an Bedeutung.

Als Auslöser für die erste Ölkrise des Jahres 1973 gilt der Jom-Kippur-Krieg Israels mit den arabischen Staaten, der vom 6. bis zum 26. Oktober andauerte. Die „Ölwaffe" der arabischen Länder setzte sich zusammen aus einer Preiserhöhung und einem Lieferstopp. Die OPEC, die Organisation der erdölfördernden Länder, welche die arabischen Staaten unterstützte, nutzte die Macht, welche ihre Erdölförderung bot, um aktiv in den Konflikt einzugreifen. Am 16. Oktober 1973 erhöhte sie die Handelspreise für Rohöl. Einen Tag später rief Libyen zu einem Ölboykott westlicher Staaten auf. Algerien, Irak, Iran, Katar, Kuwait, Libyen, Saudi Arabien und die Vereinigten Arabischen Emirate drosselten daraufhin ihre Ölexporte um fünf Prozent, um die ölimportierenden Länder zu einem Kurswechsel zu zwingen.[410] Der Ölstopp traf einerseits die USA als direkte Verbündete Israels. Andererseits boykottierten die Ölförderländer die Niederlande. Die OPEC-Staaten kritisierten nicht nur die offene Unterstützung Israels durch die Niederlande. Mit der strategisch günstigen Boykottierung des größten europäischen Hafens Rotterdam legte die OPEC den wichtigsten Handelsplatz für Öl in Europa lahm und löste eine gesamteuropäische Kettenreaktion aus. Als Konsequenz erhöhte sich der Ölpreis von drei auf fünf Dollar.

---

408 Vgl. Meyer-Renschhausen 1981, S. 26.
409 Vgl. Drang zum Bohrloch, in: Der Spiegel 48/1972.
410 Vgl. zur prägnanten Darstellung der Entscheidungen vgl. Jens Hohensee: Böswillige Erpressung oder bewusste Energiepolitik? Der Einsatz der Ölwaffe 1973/74 aus arabischer Sicht, in: Hohensee/Salewski 1993, S. 160f.

6. Energiepolitik der sozialliberalen Koalitionen 1969 – 1982

Die Bundesregierung reagierte auf die Preisentwicklung mit dem „Gesetz zur Sicherung der Energieversorgung bei Gefährdung oder Störung der Einfuhren von Mineralöl oder Erdgas" (Energiesicherungsgesetz) vom 9. November 1973.[411] Sein Wirkungszeitraum war auf den 31. Dezember 1974 begrenzt. Mit dem Energiesicherungsgesetz erhielt Bonn die Befugnis, im Falle der Gefährdung oder Störung des Energieangebots Rechtsverordnungen zu erlassen. Mit diesen Verordnungen konnte sie die Preissetzung steuern, den Transport, die Lagerung sowie die Herstellung von Energien und Energieträgern regeln und Nachweis- und Meldepflichten über den Umgang mit diesen Energien und -trägern anweisen. Das Energiesicherungsgesetz ermächtigte die Regierung, Einfluss auf die Ausgestaltung der Elektrizitätsversorgung zu nehmen und den Verkehr stillzulegen. Für die Eingriffe in die Energiewirtschaft benötigte sie nicht die Zustimmung des Bundesrates und sie konnte die Befugnis auf das Ministerium für Wirtschaft und Technologie übertragen. Damit weitete sich der Spielraum der Bundesregierung gegenüber den Ländern aus. Da keine unabhängige Instanz wie der Sachverständigenrat die Störung der Energieversorgung konzedierte, sondern dies der Einschätzung der Bundesregierung oblag, erhielt sie neue Machtbefugnisse.

Das Energiesicherungsgesetz ermöglichte es Verbänden, Körperschaften und Anstalten des öffentlichen Rechts bei der Ausführung der Rechtsverordnungen beratend mitzuwirken, soweit ihre Interessen unmittelbar betroffen waren. Dieser Passus verdeutlicht die wirtschaftlich-staatliche Verzahnung, der die SPD-geprägte Wirtschaftspolitik seit dem Stabilitätsgesetz Auftrieb gegeben hat. Sofern eine Maßnahme des Gesetzes zu einer Enteignung führte, musste der Bund als Entschädigung eine dem Marktwert entsprechende Geldleistung erbringen.

Auf Grundlage des Energiesicherungsgesetzes setzte Bonn am 24. November 1973 das Fahrverbot für vier aufeinander folgende Sonntage durch. In der Retrospektive besaß die Maßnahme unter volkswirtschaftlichen Aspekten der Energieeffizienz einen geringen Nutzen. Allerdings sensibilisierte sie die Bevölkerung für die Knappheit der Energieressourcen und damit der Grundlagen der westdeutschen Industriegesellschaft. Die Bundesregierung entschied sich unter dieser Prämisse, nicht mehr auf eine reine Marktlösung der Energiesicherung zu vertrauen.[412]

---

411 BGBl I Nr. 89 vom 10.11.1973, S. 1585-1588.
412 Vgl. Lantzke, in: Kürten 1974, S. 44.

6.4. Maßnahmen für den Mineralölsektor

6.4.2. Maßnahmen der Energieprogramme

Noch vor der ersten Energiekrise, im September 1973, erließ die Bundesregierung das erste Energieprogramm, in dem sie erstmals eine umfassende energiepolitische Konzeption verkündete. Das erste Programm verlor bereits wenige Wochen später mit der Energiekrise seine Grundlage, weshalb im November 1974 die erste Fortschreibung erfolgte. Das Energieprogramm und die erste Fortschreibung reagierten auf die Konsequenzen der Importabhängigkeit der Bundesrepublik durch lang- und kurzfristige Instrumente. Die Maßnahmen der Sicherung des Ölflusses und der Versorgungssicherheit legte die Bundesregierung bereits im ersten Energieprogramm 1973 dar, präzisierte sie jedoch in der ersten Fortschreibung.

Zu den Instrumenten der Verstetigung des Ölbezugs zählte die Erhöhung der Bevorratungspflicht der Mineralölprodukte von Raffinerien auf einen Zeitraum von 90 Tagen. In der bis dahin geltenden Version der Bevorratungspflicht umfasste die Zeitspanne 65 Tage. Für Importeure erhöhte sich der Zeitraum von 40 auf 70 Tage. Problematisch erschien den Raffineriegesellschaften der wettbewerbsverzerrende Charakter der Maßnahme, da sie freie Importeure besser stellte.[413]

Mit dem ersten Energieprogramm flossen neue finanzielle Mittel in das DEMINEX-Programm. Im Anschluss an die erste Tranche erhielt es für den Zeitraum 1975 bis 1978 weitere 800 Mio. DM an Bohrdarlehen. Die Gesellschaftsstrukturen wurde gestrafft, indem sich die Beteiligung auf vier Raffineriegesellschaften verringerte. Die bis zu diesem Zeitpunkt erfolglose Exploration gründete nicht nur auf der unzureichenden Finanzausstattung, sondern ebenso auf organisatorischen Schwierigkeiten bei der Bestimmung einer einheitlichen Geschäftspolitik. Die verschiedenen Gesellschaften erzielten in geschäftspolitischen Fragen keine Einigkeit, da sie sich an der DEMINEX zwar als Gesellschafter gemeinsam beteiligten, auf dem deutschen Markt jedoch als Einzelgesellschaften in einer Konkurrenzsituation befanden.[414] Die Bohrtätigkeiten der DEMINEX beschränkten sich bis 1972 im Wesentlichen auf Nigeria und die Nordsee. 1972 nahm die DEMINEX Verhandlungen mit der NIOC und der BP auf, um iranisches Öl in einem integrierten Gesamtkonzept zu fördern und in Deutschland zu vermarkten und zu verarbeiten. Weil die Veba, die einen 28-prozentigen Anteil am deutschen Aral-Tankstellennetz besaß, mit diesem Programm der DEMINEX einen persischen Konkurrenten auf dem deutschen Markt befürchtete, scheiterte

---

413 Vgl. Meyer-Renschhausen 1981, S. 33.
414 Vgl. Nicole Kokxhoorn: Das Fehlen einer konkurrenzfähigen westdeutschen Erdölindustrie, in: Hartmut Elsenhans (Hrsg.): Erdöl für Europa, Hamburg 1974, S. 194ff.

6. Energiepolitik der sozialliberalen Koalitionen 1969 – 1982

die Kooperation.[415] Eine Beteiligung der DEMINEX an der Rohölförderung in Abu Dhabi verhinderte erneut der Einspruch der Veba, da die Bundesregierung nach deren Ablehnung die Mittel für die Investitionen im Emirat strich.[416]

Als Bedingung für die weitere finanzielle Unterstützung durch den Staat erachtete die Bundesregierung daher eine Straffung der Strukturen der Geschäftsführung für notwendig.[417] Aufgrund der Konzentrationsprozesse in der deutschen Mineralölwirtschaft durch die Übernahme des Mineralölbereichs der GBAG durch die Veba fand bereits eine Straffung innerhalb der Anteilseigner der DEMINEX statt. Die Anteile von Preussag und Schachtbau an der DEMINEX übertrug der Bund ebenfalls der Veba. Allerdings verblieben die Firmen im Innenverhältnis der Explorationsgesellschaft weiterhin stimmberechtigt, wodurch sie ihren Einfluss auf die Entscheidungsfindung aufrechterhielten.[418] Die DEMINEX verstärkte ihr Engagement im Nordseeraum, indem sie sich Ende 1977 einen 20-prozentigen Anteil am Thistle-Ölfeld vom kanadischen Konzern United Canso sicherte, nachdem sie den Start der offshore-exploration Anfang der 70er verpasst hatte.[419] Die DEMINEX erstrebte auch eine Beteiligung am Ninian-Ölfeld, eines der größten in der Nordsee. Aufgrund der Interessenkonflikte scheiterten jedoch die Verhandlungen mit der NIOC 1974 endgültig. Der Erwerb der US-amerikanischen Belridge Oil Corporation schlug ebenfalls fehl.

In der ersten Fortschreibung des Energieprogramms im November 1974 legte sich Bonn auf eine Verringerung des Ölanteils an der Stromversorgung fest. Als die Bundesregierung am 13. Dezember 1974 das dritte Verstromungsgesetz erließ, regelte sie auch den Neubau von Ölkraftwerken. Ihre Errichtung wurde genehmigungspflichtig und unterlag von da an behördlicher Aufsicht.

Mitte der 1970er Jahre geriet die deutsche Mineralölindustrie in eine Wirtschaftskrise. Die schlagartig angestiegenen Rohölpreise sorgten für Probleme in der Importöl-verarbeitenden Raffineriewirtschaft. Im Gegensatz zur heimischen Wirtschaft, welche preiswertes heimisches Öl raffinierte, litt sie unter Rentabilitätsproblemen. Das aus der ersten Fortschreibung des Energieprogramms erlassene dritte Verstromungsgesetz führte zu sinkender Nachfrage nach schwerem Heizöl. Schließlich war der westdeutsche Ölmarkt aufgrund der liberalen Ölimportpolitik stets stark mit billigen Ölprodukten gesättigt – es herrschten Überkapazitäten in den Raffinerien.[420] Die Bundesregierung adjustierte aus diesen Gründen ihre ölpolitischen Maßnahmen in der zweiten Fortschreibung des Energie-

---

415 Zu weiteren Konflikten in der DEMINEX vgl. Kokxhoorn, S. 194 – 197.
416 Vgl. Drang zum Bohrloch, in: Der Spiegel 48/1972.
417 Vgl. Energieprogramm Zif. 24.
418 Vgl. Meyer-Renschhausen 1981, S. 31.
419 Vgl. Wie eine Rakete, in: Der Spiegel 11/1975.
420 Vgl. Meyer-Renschhausen 1981, S. 108.

6.4. Maßnahmen für den Mineralölsektor

programms. „Die Lage der Mineralölwirtschaft ist seit 1975 durch unausgelastete Kapazitäten und eine anhaltend schlechte Ertragslage gekennzeichnet, die für einige Unternehmen ernste Probleme aufwirft."[421] Im Mittelpunkt der zweiten Fortschreibung stand nicht mehr die Versorgungssicherheit, sondern die Rentabilität der westdeutschen Mineralölwirtschaft.

Augenmerk richtete die Bundesregierung auf die Extraprofite, welche einheimische Erdölförderer gegenüber den verarbeitenden Betrieben des stark verteuerten OPEC-Öls erzielten. Nach Ansicht Bonns rechtfertigten diese Extraprofite eine stärkere Belastung der Inlandsförderung, um den strukturellen Problemen der Branche entgegenzuwirken. Gleichzeitig sollte diese Regelung den Anteil der Bundesländer am Förderzins vergrößern. 1977 begannen die Verhandlungen über die Abgabe, die 1979 zu einem Kompromiss mit der Erdölwirtschaft führte. Ab Juli 1979 erhöhte sich der Förderzins von 10 auf 15 Prozent, im Jahr 1980 stieg er auf 17 Prozent. Die geringe prozentuale Anhebung des Förderzinses begründete die Bundesregierung mit der Schonung westdeutscher Kapitale, die im Vergleich zu den Tochterfirmen ausländischer Ölkonzerne von der Abgabe stärker betroffen gewesen wären. Die Überwälzung der Kosten auf die Großindustrie, welche die Bundesregierung vermeiden wollte, war eine weitere Ursache für die Zurückhaltung.[422]

In der zweiten Fortschreibung bekräftigte die Bundesregierung ihre Absicht, den Anteil des Öls am Primärenergieverbrauch zu senken. Das Energieprogramm sah dafür eine Verlängerung der Erhebung der Mineralölsteuer für den von der Bundesregierung als risikoreich eingeschätzten Mineralölbereich vor.[423] Von dieser Erhöhung sollte die Signalwirkung ausgehen, Ressourcen sparsamer zu verwenden. Die Mittel aus der Steuer plante die Bundesregierung für Zwecke der Energieeffizienz zu reinvestieren.

Das DEMINEX-Programm erhielt mit der zweiten Fortschreibung weitere Mittel bewilligt. Für den Zeitraum von 1979 bis 1981 stellte die Bundesregierung 600 Mio. DM für Explorationszwecke zur Verfügung. Kritiker sahen in dieser Investitionssumme einen zu geringen Betrag, als das die DEMINEX zu einem nennenswerten Anteil die verarbeitenden Gesellschaften mit eigenem Öl hätte versorgen können. Das anvisierte Ziel von zwei Dritteln des jährlichen Rohöldurchsatzes von 35 Mio. t hätte einem DEMINEX-Anteil von 23 Mio. t entsprochen – davon waren die prognostizierten 18 Mio. t jedoch noch entfernt.[424]

---

421 BT Drs 8/1357, S. 10.
422 Vgl. Meyer-Renschhausen 1981, S. 199.
423 Vgl. BT Drs. 8/1357, S. 10ff.
424 Vgl. F. Hoffmann: DEMINEX – Erste Erfolge des Unternehmens in der Sicherung der Rohölbasis, in: Glückauf 114. Jg (1998), S. 446 – 448.

6. Energiepolitik der sozialliberalen Koalitionen 1969 – 1982

Neben der Verpflichtung der Privatwirtschaft, Maßnahmen zur Sicherung der Ölversorgung für die Öffentlichkeit umzusetzen, griff die Bundesregierung das Konzept einer staatseigenen Rohölreserve wieder auf. Die Up-stream-Anstrengungen ergänzte Bonn mit einer Sicherung des Ölflusses in Krisenzeiten durch den Ausbau der Bundesrohölreserve in Höhe von acht Mio. t. 1981 waren die Arbeiten an den Depots abgeschlossen. Sie befanden sich in Kavernenräumen in Wilhelmshaven, Bremen und Hamburg.

6.4.3. Initiativen nach der ersten Ölkrise

1978 schuf die Bundesregierung mit dem „Gesetz über die Bevorratung mit Erdöl und Erdölerzeugnissen"[425] den Erdölbevorratungsverband (EBV).[426] Der EBV löste die privatwirtschaftliche Mineralölbevorratung ab, die es bis 1977 den Unternehmen auftrug, strategische Reserven anzulegen und zu lagern. Der Erdölbevorratungsverband ist eine Körperschaft öffentlichen Rechts, in der alle Unternehmen Pflichtmitglieder sind, die Öl einführen oder verarbeiten. Mit dem EBV stellte die Bundesregierung die Finanzierungsmodalitäten der Erdölbevorratung um. In der privatwirtschaftlichen Regelung waren die Unternehmen angehalten, Reserven selbst vorrätig zu halten. Diese Praxis war mit einer Kapitalbindung für die Unternehmen verbunden, die sich 1978 gesamtwirtschaftlich auf knapp sechs Mrd. DM summierte. Die alte Regelung stellte zudem die Importeure besser, da sie die Vorräte für einen kürzeren Zeitraum einlagerten als die Produzenten.

Der neu geschaffene EBV finanziert sich über die Umwälzung der Kapitalkosten auf den Endverbraucher. Pro Liter schlägt der EBV 0,4 ct auf den Preis von Benzin und Heizöl auf. Wettbewerbsnachteile, die sich aus der Kapitalbindung ergaben, konnten durch den EBV ausgeschaltet werden. Das „Gesetz über die Bevorratung von Erdölerzeugnissen" sah für die Raffinerien und Importeure die Möglichkeit vor, bisherige Lagerstätten und Reserven an den EBV zu verkaufen oder zu überlassen. Die Dauer der Bevorratungspflicht betrug ursprünglich 65 Tage, bevor sie sich 1987 auf 80 und 1998 auf 90 Tage erhöhte. Um seiner Vorratspflicht nachzukommen, hat der EBV eigene Lagerkapazitäten erstanden. Darüber hinaus gehende Lagerstätten stehen ihm im Rahmen zeitlich begrenzter Lagerverträge zu Verfügung. Zehn Prozent der Bevorratungsmenge kann er per Delegationsregelung von Ölgesellschaften lagern lassen. Ein Großteil der Bestände des EBV befindet sich in oberirdischen Lagerstätten, die er sich mit anderen Fir-

---
425 Vgl. BGBl. I Nr. 41 vom 29.07.1978, S. 1073-1084.
426 Vgl. U. Mieses: Erdölbevorratung, in: Wolfgang Vitzthum (Hrsg.): Rechtliche und ökonomische Probleme der Energie- und Rohstoffversorgung in der Bundesrepublik Deutschland, München 1979, S. 245-298.

6.4. Maßnahmen für den Mineralölsektor

men teilt. Die Qualitätssicherung überwacht der Lagerhalter, der die Frischhaltung der EBV-Ware durch Umschlag mit den anderen Unternehmen sichert. Geringere Mengen, die der EBV allein in unterirdischen Kavernen hält, prüft er mit einem Qualitätssicherungssystem. Im Falle einer Verschlechterung der Qualität findet unverzüglich ein Austausch mit einem vertraglichen Partner statt.[427]

Den von Schmidt intendierten Vorstoß, die Ölverstromung per Gesetz zu verbieten, setzte die Bundesregierung nicht um. Statt dessen akzeptierte sie die von den EVU vorgeschlagene Selbstbindung. „Die Bundesregierung sieht einstweilen von einer gesetzlichen Regelung ab. Sie wird die Verwirklichung ihres Anliegen durch die Kraftwerksbetreiber aufmerksam verfolgen."[428]

Nach der ersten Ölkrise forcierte die Bundesregierung ihre Konzentrationsanstrengungen auf dem deutschen Ölmarkt. Diese Maßnahmen fielen in eine Zeit starker Überkapazitäten in der deutschen Raffinerieleistung. Bonn erblickte in der Fusion der Veba mit der Gelsenberg AG das wichtigste Projekt der Ölmarktkonzentration, um die Geschäftspolitik der Unternehmen besser aufeinander auszurichten. Die Konzentration der Ölfirmen harmonierte mit ihrer Integration in die DEMINEX, über die der Bund mit Darlehen und Subventionen Einfluss auf die Geschäftsführung nehmen konnte. Beide Prozesse boten ihm die Möglichkeit einer effizienteren Steuerung privatwirtschaftlichen Engagements im Ölsektor.

Nachdem das RWE bis 1969 insgesamt 43 Prozent der Aktien der Gelsenberg AG gekauft hatte, übernahm der Bund im Dezember 1973 den inzwischen 48-prozentigen Anteil. Im Anschluss erhöhte er seinen Anteil auf 51,3 Prozent und wurde Mehrheitseigner. Um die Konzentration voranzutreiben, trat der Bund sein Stimmrecht in der Gelsenberg AG treuhänderisch an die Veba ab.[429] Dieses Engagement der Bundesregierung kostete 641 Mio. DM. Damit entschied sich der Bund zugunsten der Veba, von der er ebenfalls bereits 40 Prozent besaß, und die als Volksaktienkonzern bezeichnet wurde.[430] Obwohl kartellrechtliche Bedenken gegen die Fusion sprachen, begründete Bonn den Zusammenschluss mit der „langfristigen Sicherung der Mineralölversorgung"[431]. Per Ministerialerlaubnis fusionierte die Veba im März 1975 mit dem Mineralölbereich der Gelsenberg zur Veba Öl AG. Mit einem Jahresumsatz von 25 Mrd. DM war die Veba Öl AG das größte Unternehmen der Bundesrepublik, an dem der Bund 43 Prozent der Anteile hielt.

---

427 Vgl. Erdölbevorratungsverband (Hrsg.): Mineralölpflichtbevorratung in der Bundesrepublik Deutschland, Hamburg 2008.
428 Vgl. BT Drs. 9/893, S. 17.
429 Vgl. Max Matthiesen: Die staatliche Einwirkung zur Sicherung der Energieversorgung und ihre Grenzen, Berlin 1987, S. 110.
430 Vgl. Schuß auf den Kontrolleur, in: DZ vom 24.05.1974.
431 Vgl. Immer gute Gründe, in: Der Spiegel 51/1981.

6. Energiepolitik der sozialliberalen Koalitionen 1969 – 1982

1975 brach der Preis für Ölprodukte ein und billige Mineralölprodukte strömten auf den deutschen Markt. Schon kurze Zeit nach der Gründung befand sich der Konzern in einer Umsatzkrise. Die deutsche Raffinerieauslastung betrug nur noch 55 Prozent, was die Bundesregierung zu Überlegungen führte, durch Sonderabgaben oder Importrestriktionen für ausländische Mineralölprodukte den Konzern finanziell zu stützen. Zwar erblickte Bonn im Zusammenschluss der Unternehmen die Option auf einen starken deutschen Mineralölkonzern, der eine höhere Wettbewerbsfähigkeit besessen hätte und auf den der Staat leichter Einfluss hätte nehmen können als auf vielfältige Konkurrenten. Doch die deutsche Regierung plante nicht, in die Strukturen der Mineralölwirtschaft mit Steuergeldern zu intervenieren. Die Überkapazitäten erachtete sie als Problem der Unternehmen, nicht des Staates. „Die Bundesregierung hat in der zweiten Fortschreibung ihres Energieprogramms zum Ausdruck gebracht, dass der Anpassungsprozess zur Überwindung der Struktur- und Überkapazitätsprobleme der Mineralölindustrie in erster Linie von der Industrie selbst bewältigt werden muss. Sie befindet sich damit in Übereinstimmung mit der Auffassung der Mineralölindustrie und auch mit den Ausführungen des Vorstandsvorsitzenden der Deutschen Shell AG."[432]

1979 entschied sich die Bundesregierung gegen das Konzept des staatseigenen Mineralölkonzerns. BP zeigte Interesse, die Gelsenberg AG samt einer 25-prozentigen Beteiligung an der Ruhrgas AG von der Veba zu erwerben. Für die Bundesregierung bestand die Möglichkeit der Integration eines internationalen Konzerns in die deutsche Mineralölwirtschaft, was ihre Kosten minimierte, aber auch – laut Aussage Graf Lambsdorffs – die Versorgungssicherheit erhöhen würde[433], da sich die BP verpflichtete, der Veba jährlich drei Mio. t Rohöl zu Marktpreisen zu liefern. Einem Verkauf der Gelsenberg AG an die BP durch die Veba stand die Kartellbehörde jedoch skeptisch gegenüber. Die Ruhrgas AG war das größte Gasversorgungsunternehmen Deutschlands und besaß einen dominierenden Einfluss – im Zusammenschluss mit der BP erblickte die Kartellbehörde eine nicht zu tolerierende Marktmacht. Doch ihre Bedenken fanden in Bonn kein Gehör. Ebenso wie 1975 setzte sich die Bundesregierung per Ministerialerlaubnis über die Vorbehalte hinweg. Obwohl die direkte Kontrolle der Bundesregierung mit dem Verkauf der Veba an die BP nachließ, nahm die Konzentrationsdichte in der Energiewirtschaft zu.

---

432   BT Drs. 8/2001, S. 7.
433   Vgl. Optische Täuschung, in: Der Spiegel 35/1979.

6.4.4. Zweite Ölkrise 1979

Für die zweite Ölkrise von 1979 zeichneten verschiedene Faktoren verantwortlich. Als Hauptfaktor gilt die Islamische Revolution im Iran, mit der der fundamentalistische Ajatollah Chomeini die Macht im zweitgrößten Erdöllieferland der Welt übernahm. Im Zuge der inländischen Auseinandersetzungen fiel die Ölproduktion aus, worauf die Händler mit Panikkäufen reagierten. Daraufhin stieg der Ölpreis von 13 auf 34 Dollar/Barrel. Weil die Verkäufer aufgrund des Preisanstieges ihre Mengen auf dem Spotmarkt handelten, verlor die OPEC die Macht über die Preisbindung und gab die Ölpreise frei.

Die Invasion des Irak in den Iran markierte ein weiteres Kapitel in der zweiten Ölkrise. Aufgrund der Schwächung des Irans entschied sich Saddam Hussein den Nachbarstaat anzugreifen. In den Auseinandersetzungen zerstörte seine Armee Teile der iranischen Erdölproduktion - woraufhin die iranische Armee mit Vergeltungsschlägen auf die irakische Ölförderung reagierte. Zu diesem Zeitpunkt überstieg der Ölpreis das 38-Dollar-Niveau.

Deutschland reagierte auf die zweite Ölpreissteigerung binnen eines Jahrzehnts mit forcierten Effizienzanstrengungen. Im Gegensatz zur ersten Ölkrise des Jahres 1973 legt die Bundesregierung keinerlei Aktionismus an den Tag. Befragt durch das Parlament, ob sie Rationierungsmaßnahmen ergreifen würde, wie es die US-amerikanische Regierung für ihr Land vorsorglich angekündigt hatte, lehnte sie solche Maßnahmen ab. Entsprechend einer Umfrage der IEA sähen die Staaten keine Versorgungsengpässe. Für die Bundesregierung bestand darüber hinaus kein Grund zur Besorgnis, weil hohe Vorratsbestände eine ausgeglichene Versorgung garantieren. Sie kündigte aber an, die Lage zu beobachten.[434] Von einer Versorgungskrise sprach Bonn ausdrücklich nicht.[435] Eventuelle Mineralölbeschränkungen wollte die Bundesregierung mit Maßnahmen der „leichten Hand" beheben. Dazu zählten Geschwindigkeitsbeschränkungen und Wochenendfahrverbote, wie sie es bereits 1973/74 veranlasste.[436]

Für die Stromversorgung sah die Bundesregierung ebenso keinen Handlungsbedarf. „Wir haben gegenwärtig für den Normalbedarf ausreichend Kraftwerke, und es gibt eine gewisse Spitzenreserve. Soweit die Kraftwerke auf deutscher Kohle fahren, ist ihre Brennstoffversorgung vollständig gesichert. [...] Soweit sie auf Öl fahren - der Ölanteil ist relativ gering; er liegt bei sechs Prozent -, gibt es hinreichend Krisenbevorratung."[437]

---

434 Vgl. BT PlPr. 8/136, S. 10801f.
435 Vgl. BT PlPr. 8/219, S. 17686.
436 Vgl. BT PlPr. 9/11, S. 362.
437 Vgl. ebenda, S. 361f.

6. Energiepolitik der sozialliberalen Koalitionen 1969 – 1982

Vor dem Hintergrund der Krise erließ sie am 26. April 1982 eine „Verordnung über Lieferbeschränkungen für Kraftstoff in einer Versorgungskrise" (Kraftstoff LBV). Sie wies Kraftstoffhändler an, Benzin und Dieselkraftstoff nur zu liefern, wenn die Abnehmer Bezugsscheine besaßen. Damit besaß die Bundesregierung die Kompetenz, die Kraftstoffverteilung auf die Erfüllung öffentlicher Aufgaben sowie die Ausübung gewerblicher, landwirtschaftlicher und freiberuflicher Zwecke zu beschränken.[438] Dieselbe Verordnung erließ sie für Heizöl.

6.5. Maßnahmen für die Erdgaswirtschaft

6.5.1. Erdgas-Röhren-Geschäfte mit der Sowjetunion

Am 1. Februar 1970 unterzeichneten Vertreter der westdeutschen Energiewirtschaft und der Sowjetunion Verträge über die Lieferung von Erdgas an die Bundesrepublik ab. Im Erdgas-Röhren-Geschäft verpflichtete sich die Sowjetunion zu einer 20-jährigen Lieferung von Gas an die Ruhrgas AG.[439] Ein zweiter Vertrag regelte die Lieferung der Röhren von Thyssen und Mannesmann an die Sowjetunion im Wert von 1,2 Mrd. DM. Ab 1. Oktober 1973 strömte sowjetisches Erdgas nach Deutschland. Am 6. Juli 1972 erweiterten die Vertragsparteien die Abkommen, indem Mannesmann, Thyssen, Ruhrgas und Deutsche Bank einen weiteren 20-Jahres-Vertrag über Erdgas im Wert von zehn Mrd. DM abschlossen. Am 29. Oktober 1974 unterzeichneten die Parteien einen dritten Vertrag, der Röhrenlieferungen im Wert von 1,5 Mrd. DM an die UdSSR vorsah. Als Gegenleistung erhielt die Bundesrepublik ab 1978 weitere Erdgaslieferungen. 1978 folgte das vorerst letzte Geschäft, der „Röhrenkredit V". Damit erhöhte sich die aus sowjetischen Quellen gelieferte jährliche Erdgasmenge an die Bundesrepublik auf zehn Mrd. cbm, was zu diesem Zeitpunkt einem Anteil von zehn Prozent der bundesdeutschen Gasimporte entsprach. Die Verträge hatten auf deutscher Seite zwar private Handelspartner unterzeichnet, doch waren sie auf die Bemühungen des Bundeskanzlers Brandt zurückzuführen.

1979 signalisierte die UdSSR-Regierung der deutschen Bundesregierung ihr Interesse an einer weiteren westdeutschen-sowjetischen Energiezusammenarbeit und verkündete ihr Ansinnen über den Bau einer Pipeline von den sibirischen Jamal-Gasfeldern nach Osteuropa.[440] In ersten Sondierungsgesprächen zwischen

---

438 Vgl. BGBl Teil I Nr. 15 vom 30.04.1982, S. 520.
439 Vgl. Institut für Zeitgeschichte (Hrsg.): Akten zur auswärtigen Politik der Bundesrepublik Deutschland 1975. 1. Januar bis 30. Juni, München 2006, S. 731.
440 Vgl. Bogdan Musial: Die westdeutsche Ostpolitik und der Zerfall der Sowjetunion, in: Deutschland Archiv, H. 1, Jg. 44 (2011), S. 59f.

6.5. Maßnahmen für die Erdgaswirtschaft

Vertretern der Deutschen Bank und des Kremls einigten sich die Vertragsparteien auf eine Finanzierung durch die deutsche Seite, die ebenfalls die Technologie für das Projekt bereit stellen sollte. Sowohl Bundesregierung als auch der Kreml unterstützten das Vorhaben. Am 30 Juni 1980 flog Schmidt nach Moskau, um den Vertrag über die sowjetisch-deutsche Zusammenarbeit zu besiegeln.

Das Projekt stieß auf den Widerstand der USA, die nach der sowjetischen Invasion in Afghanistan im Dezember 1979 wirtschaftliche Sanktionen angekündigt hatten. Im Gegensatz zum Röhrenembargo von 1962/63 setzten sich die USA mit ihren erneuten Boykottbestrebungen nicht durch. „Am 15. Juli 1982 übermittelte die EG der amerikanischen Regierung eine Protestnote; die französische Ölgesellschaft Compagnie Europeenne Petroles reichte beim Europäischen Gerichtshof Klage gegen die US-Maßnahmen ein, und die Regierung in London verbot den britischen Firmen sogar per Direktive, das Embargo zu befolgen. Beim Erdgas-Röhren-Geschäft war es zu einem offenen transatlantischen Konflikt gekommen."[441]

Problematisch an der Vertragsunterzeichnung erschien die Teilnahme Westdeutschlands an dem Erdgas-Röhren-Geschäft. Die Bundesrepublik zeigte starkes Interesse an dem Vertrag, weil sie seit der zweiten Ölkrise von 1979 eine Diversifikation der Energieversorgung anstrebte. Erdgas war jener Energieträger, den Bonn zur Stärkung der Elektrizitätsversorgung einzusetzen gedachte. Die Alliierten, denen ein Mitspracherecht bei Fragen zustand, welche den Komplex Wirtschaft, Handel und Verbindungslinien berührten, forderten einen Gasspeicher für Berlin, so dass die Versorgungssicherheit dort gewährleistet wäre.

Nachdem die Hindernisse überwunden waren, sperrten sich die USA erneut gegen das Geschäft. Sie monierten, die Deutschen hätten sie zu wenig über die Konsultationen mit der DDR in Kenntnis gesetzt. Vor allem energiepolitische Aspekte bewegten die Bundesregierung, Position gegen die Amerikaner zu beziehen. Am Ende konnte sie sich gegen die US-Amerikaner durchsetzen, die ihre restriktiven Forderungen zwar abschwächten, das Projekt aber um drei Jahre verzögerten. Nach dem Regierungswechsel 1982 beendete Kohl die Verhandlungen mit der UdSSR. Die ersten Gaslieferungen aus den Jamal-Gasfelder nach Deutschland liefen 1989 an.

---

441 Vgl. Markus Engels/Petra Scharz: Alliierte Restriktionen für die Außenwirtschaftspolitik der Bundesrepublik Deutschland. Das Röhrenembargo von 1962 und das Erdgas-Röhren-Geschäft von 1962, in: Berlin-Brandenburgischen Akademie der Wissenschaften (Hrsg.): „"...die volle Macht eines souveränen Staates..." - Die alliierten Vorbehaltsrechte als Rahmenbedingung westdeutscher Außenpolitik 1949 – 1990. Ergebnisse eines Kolloquiums der Berlin-Brandenburgischen Akademie der Wissenschaften Berlin 6.-8. Juli 1995, Berlin 1996, S. 234.

6. Energiepolitik der sozialliberalen Koalitionen 1969 – 1982

6.5.2. Regelungen der Energieprogramme für den Gassektor

Die Unsicherheit der Ölimporte führten zu einem verstärkten Interesse der Bundesregierung an inländischen und europäischen Erdgasvorkommen. Mit der ersten und zweiten Fortschreibung des Energieprogramms setzte sie sich für eine Diversifizierung der Gasimporte ein. Bei einem prognostizierten Anstieg des Verbrauchs legte sie den Importschwerpunkt auf die westeuropäische Region und ermöglichte den Abschluss langfristiger Lieferverträge. Die Inlandsförderungen sowie die Importe aus den Niederlanden und Norwegen deckten 75 Prozent des Gasbedarfs. Seit 1973 bezog die Bundesrepublik Gas aus der Sowjetunion, ab 1977 aus Norwegen. Die Gespräche mit dem Iran sollten zu Lieferungen der NIOC an die Bundesrepublik ab 1981 führen. Als weiteren Handelspartner visierte die westdeutsche Regierung ab 1984 Algerien an, von wo sie LNG zu beziehen gedachte. Der von der Bundesregierung befürwortete höhere Erdgasanteil am Energieverbrauch trug nach wenigen Jahren bereits Früchte. Lag der Anteil der Gasindustrie am Energieverbrauch 1970 noch bei 5,4 Prozent, stieg er bis 1982 um 11,6 Prozentpunkte an.

Quantitativ nahm der Anteil der Energieprogramme, der sich mit dem Energieträger Erdgas beschäftigte, den geringsten Raum ein. Ursache dafür ist einerseits die Rentabilität der Branche, die staatliche Subventionen überflüssig machte. Andererseits traf das Erdgas anders als die Kernenergie oder die Steinkohle nicht auf gesellschaftliche Ablehnung oder verursachte Umweltverschmutzungen. Ein staatliches Instrumentarium zur Steigerung des Anteils des Gases an der Energieversorgung bedurfte aufgrund fehlender negativer externer Effekte keiner Anwendung.[442]

Die gouvernementale Energiepolitik beschränkte sich unter dieser Prämisse auf die Unterstützung der Investitionsanstrengungen der Privatunternehmen, ohne selbst in die Märkte zu intervenieren. „Die Bundesregierung wird wie bisher die Bemühungen der Unternehmen unterstützen durch den Abschluss neuer Importverträge zusätzliche Erdgasmengen für den deutschen Energiemarkt zu erschließen."[443] Bonn engagierte sich einzig für eine außenwirtschaftliche Förderung des deutschen Gasbezugs.

---

442 Meyer-Renschhausen 1981, S. 38.
443 Vgl. BT Drs. 8/1357, S. 11.

6.6. Erneuerbare Energien / Neue Energien

6.6.1. Erneuerbare Energien in den Energieprogrammen

In den Energieprogrammen der Bundesregierung der 1970er Jahre fanden sich nur wenige Ausführungen über erneuerbare Energien. In der zweiten Fortschreibung des Energieprogramms vom 19. Dezember 1977 verankerte sie ein Anreizsystem durch einen Investitionszuschuss von 25 Prozent auf den Einbau von Sonnenkollektoren und Wärmepumpen. Allerdings relativierte die Bundesregierung den Nutzen dieser Energieträger, deren Anteil am Energiemix sie für das Jahr 2000 auf ein bis zwei Prozent prognostizierte.[444]

Neben die Erforschung neuer Energiequellen traten Recherchen zur Energieeffizienz. Die sozialliberale Bundesregierung plante den Ausbau der Kraft-Wärme-Kopplung für die effizientere Nutzung von Energie.[445] Die für die KMU mit Kosten verbundene Einführung energiesparender Technologien gedachte sie finanziell mit 2,5 Mrd. DM zu unterstützen. Mit der zweiten Fortschreibung des Energieprogramms nahm sie Einfluss auf die Automobilindustrie, um sie für eine effizientere Produktionspalette zu gewinnen.

In der dritten Fortschreibung des Energieprogramms prognostizierte sie einen perspektivisch höheren Anteil der erneuerbaren Energien an der Energieversorgung. 1981 betrachtete Bonn einen Anteil von bis zu fünf Prozent für das Jahr 2000 als realistisch. Die dritte Fortschreibung schrieb Wärmepumpen und der Solarenergie den größten Nutzen zu, deren Erforschung weiterhin mit staatlicher Unterstützung vorangetrieben werden sollte. Vor dem Hintergrund des gestiegenen Energiepreisniveaus wertete die Bundesregierung den zukünftigen Einsatz erneuerbarer Energien unter ökonomischen Aspekten als durchaus rentabel.[446] Schwerpunkte der Energieforschung legte die dritte Fortschreibung des Energieprogramms bei der rationellen Energieverwendung, Hochtemperaturwärmepumpen für industrielle Prozesswärme, Wärmerückgewinnung und Techniken zur Energiespeicherung.

6.6.2. Die Energieforschungsprogramme

Während die Bundesregierung die nukleare Energieforschung wiederholt mit Atomforschungsprogrammen vorantrieb, initiierte sie die nicht-nukleare Energie-

---

444 Vgl. ebenda, S. 19.
445 Ebenda, S. 5.
446 Vgl. BT Drs. 9/983, S. 26.

forschung mit der ersten Ölkrise. Dafür setzte sie das Rahmenprogramm Energieforschung auf, dem das erste und zweite Energieforschungsprogramm folgten.

Im Vordergrund des Rahmenprogramms stand die einzig ausreichend vorhandene heimische Energiequelle – die Kohle. Mit dem „Rahmenprogramm Energieforschung 1974 - 1977" setzte die Bundesregierung aber auch auf alternative Technologien, welche die Energieversorgung diversifizieren und die Ölabhängigkeit mindern sollten. Daher fanden sich in dem Programm Forschungs- und Entwicklungsarbeiten über die regenerativen Primärenergiequellen Sonne, Wind, Erdwärme sowie Wasser- und Meeresenergie. Um deren Nutzung praktikabel zu machen, beurteilte das Forschungsrahmenprogramm mögliche Anwendungen durch Potenzialuntersuchungen. Diese Anstrengungen führten zum Experimentierhaus in Aachen, das Solaranwendungen testete und zum Solarhaus in Essen, welches den Einsatz der Warmwasserbereitung per Sonnennutzung erprobte. Forscher untersuchten neue Konstruktionen von Windkraftanlagen, die unabhängig von der Windrichtung arbeiteten. Bohrungen in der Eifel sollten prüfen, inwiefern diese Region in die engere Wahl für die weitere Nutzung geothermischer Energie zu ziehen sei. Die Ausgaben für die Erforschung regenerativer Energien beliefen sich bis zur Jahresmitte 1976 auf ca. 30 Mio. DM, wobei der Etat zur Sonnenenergie mit 28 Mio. DM über das größte Budget verfügte. Das Gesamtvolumen der Förderung der Solartechnik belief sich von 1970 bis 1980 auf 90 Mio. DM.[447] Im Hinblick auf die spätere umfassende Förderung der regenerativen Energien und den Disput über die angemessene Vergütung für den eingespeisten Solarstrom ist die Einschätzung der Bundesregierung über die Marktnähe von Sonnenkollektoren interessant: „Bei geförderten Vorhaben im Bereich der Sonnenenergienutzung erbringen die Firmen Eigenleistungen bis zu 50 Prozent der Kosten des Forschungs- und Entwicklungsvorhabens. Hieraus ist nicht nur das große Interesse an der Durchführung dieser Arbeiten abzulesen, sondern auch die Einschätzung einer beträchtlichen Marktnähe für Solaranlagen."[448] Um eventuellen Hemmnissen entgegenzutreten, gab die Bundesregierung eine Studie in Auftrag, welche die wirtschaftlichen, ökologischen und technischen Auswirkungen einer Nutzung der Sonnenenergie abschätzen und Restriktionen der Einführung analysieren sollte. Neben der Versorgungssicherheit fanden ökologische Aspekte Eingang in die leitenden Forschungsfragen. „Die Belastung der Umwelt durch die Emission von Schadstoffen und Abwärme bei Umwandlung und Anwendung von Energie - insbesondere von fossilen Energieträgern - kann ohne weitere Maßnahmen die Vorteile des Energieverbrauchs für die Lebensqualität beeinträchtigen."

---

447 Vgl. BT Drs. 8/3799, S. 3.
448 BT Drs. 7/5313, S. 10.

6.6. Erneuerbare Energien / Neue Energien

Zeitgleich begannen die anderen OECD-Nationen ebenfalls Energieforschungsprogramme aufzusetzen, die sich 1974/1975 in der Internationalen Energieagentur vereinten.

Um den Einsatz energiesparender Technologien zu erforschen, setzte die Bundesregierung am 23. März 1977 das „Programm Energieforschung und Energietechnologien 1977-1980" mit einem Volumen von 391 Mio. DM auf, das dem Rahmenprogramm folgte. Für den Projektzeitraum investierte sie in weitere Forschungsansätze und in die Wirtschaftsförderung insgesamt 6,5 Mrd. DM für die Zwecke der Energieforschung. Schwerpunkte setzte das Programm bei der Entwicklung der Kraft-Wärme-Kopplung, der Fernwärmenutzung sowie Wärmepumpen und Verfahren zur Wärmerückgewinnung. Im Bereich der fossilen Energienutzung forschte es nach Verfahren der umweltfreundlichen Kohleverstromung sowie der Kohlvergasung und -verflüssigung. Im Bereich des Bergbaus rückten Methoden zur Verbesserung der Arbeitskonditionen unter Tage in den Mittelpunkt. Bei den neuen Energiequellen forcierte das Programm Anstrengungen bei der Sonnen- und Windenergienutzung mit dem Ziel, deren Wirtschaftlichkeit zu erhöhen. Das erste Energieforschungsprogramm hatte seinen Ursprung in der zweiten Fortschreibung des Energieprogramms der Bundesregierung und vereinte nukleare und nicht-nukleare Forschungsrichtungen. Während sich die Forschungsanstrengungen bis zu diesem Zeitpunkt auf die Versorgungssicherheit konzentrierten, deren prioritäre Bedeutung aus den Erfahrungen der Ölkrise resultierte, richtete das erste Energieforschungsprogramm das Augenmerk auf die Energieeinsparung und -effizienz. Das Programm hatte die Zwecksetzung, die mittel- und langfristige Sicherung der Energieversorgung herzustellen, eine sachgerechte und frühzeitige Berücksichtigung der Erfordernisse des Umweltschutzes zu sichern und die technologische Leistungsfähigkeit zum Erhalt der Wettbewerbsfähigkeit zu steigern.[449]

1981 folgte dem ersten das „zweite Programm Energieforschung und Energietechnologien". Ein nahtloser Übergang von der ersten zur zweiten Forschungsperiode gelang nicht. Die Bundesregierung begründete die Verzögerung mit ausstehenden Entscheidungen zum Kohleveredlungsprogramm, zur Hochtemperaturreaktor-Entwicklung und der stärkeren Beteiligung der Industrie an den Kosten von FuE-Maßnahmen im Energiebereich.[450] Das zweite Energieforschungsprogramm priorisierte die Umweltverträglichkeit und den Umweltschutz. Mit steigender gesellschaftlicher Bedeutung des Umweltschutzes nahmen ökologische Themen auch mehr Raum in den Forschungsanstrengungen ein.

---

449 Vgl. Eckhard Rebhan (Hrsg.): Energiehandbuch. Gewinnung, Wandlung und Nutzung von Energie, Berlin 2002, S. 1076.
450 Vgl. BT Drs. 9/623, S. 32.

6. Energiepolitik der sozialliberalen Koalitionen 1969 – 1982

6.7. Fazit

Im Steinkohlesektor stärkte die Bundesregierung nicht mehr die industriellen Produktionsstrukturen, wie es die Vorgängerregierung mit Wirtschaftsminister Schiller zu ihrem Ziel erklärt hatte. Initiierte die Große Koalition noch einen umfassenden Restrukturierungsprozess, um die Angebotsstrukturen zu bessern, unternahm die sozialliberalen Energiepolitik keine Anstrengungen mehr, um in die Konzernstrukturen zu verändern. Zwar unterstützte Bonn die Ruhrkohle AG mit umfangreichen Krediten, eine strukturpolitische Komponente, die ökonomische Anpassungsprozesse ausgelöst hätte, findet sich jedoch nicht. Mit der Ausweitung und Fortschreibung der Kohleverstromung behielt die Bundesregierung die traditionelle Linie der CDU-geführten Koalitionsregierungen bei. Der Kohlepfennig institutionalisierte die Kohleförderung und wälzte die Last auf alle Stromkonsumenten ab. Kohlestützende Maßnahmen erhielten einen gesellschaftlichen Charakter, für den die Gesamtheit der Bürger aufkommen mussten. Die Bundesregierung begründete diese gesamtgesellschaftliche Last, indem sie die Kohleverstromung als Instrument nationaler Versorgungssicherheit einsetzte. Von einer marktwirtschaftlichen Konstruktion der Strukturen in der Kohlewirtschaft war die Bundesrepublik weit entfernt.

Kernenergie wertete die sozialliberale Bundesregierung als alternative Energiequelle, deren Anteil an der Stromerzeugung sich sukzessive erhöhen sollte. Nachdem die kommerzielle Nutzung durch staatliche Anreize und Interventionen angelaufen war, fand ein zügiger Ausbau der Kernkraft zur Nutzung als Energiequelle statt. Der Ausbau der Strukturen der Atomwirtschaft war ein Instrument gewesen, um den Energiemix der Bundesrepublik um eine weitere Energiequelle zu bereichern und diente der Diversifikation der Energieversorgung. Bis zur ersten Fortschreibung des Energieprogramms unterstützte die Bundesregierung diese Entwicklung, und sie maß ihr eine eigenständige Rolle zu. Die Bedeutung zeigte sich an ihren Anstrengungen für die Endlagersuche, die sie in ihre Kompetenzen aufnahm, denn nur indem der durch Kernenergienutzung angefallene Müll einer Entsorgung zugeführt wurde, konnten die Atomkraftwerke langfristig als Energiequelle dienen. Gleichzeitig war die Überschreibung der Endlagersuche auf den Bund ein geschickter Schachzug, der es ermöglichte, die Kernkraft zu nutzen, ohne dass seitens der Länder ein Widerstand durch die Müllentsorgung entstehen konnte. Mit der dritten Fortschreibung des Energieprogramms wertete die Bundesregierung die Kernenergie allmählich als „Ersatzenergie", die jene Lücke ausgleichen sollte, welche die Kohle hinterließ. Mit der Anti-AKW-Bewegung, dem Unfall im Kernkraftwerk Harrisburg und Diskrepanzen innerhalb der Koalition kristallisierte sich erstmals Widerstand gegen den weiteren Ausbau dieser Energiequelle.

Das bestimmende Motiv der gouvernementalen Energiepolitik im Erdölsektor stellt die langfristige Versorgungssicherheit dar. Die Bundesregierung setzte dafür auf zwei Elemente. Einerseits führte sie eine konsequente „Weg-vom-Ö-Politik", indem sie in ihrem Energieprogramm den Neubau von Ölkraftwerken regelte und durch nachfragereduzierende Politikelemente die Abhängigkeit vom Öl verringerte. Andererseits versuchte sie, über das DEMINEX-Programm den deutschen Anteil an der Erdölversorgung zu erhöhen, um so den nationalen Zugriff zu sichern. Die Begünstigung der Konzentration im deutschen Mineralölsektor zielte auf die Stärkung heimischer Strukturen im internationalen Wettbewerb. Mit bilateralen Kontakten versuchte Bonn zudem auf Regierungsebene den Einfluss der deutschen Mineralölindustrie weltweit zu erhöhen. Hinzu trat ein Regelwerk für die restriktive Handhabung des Energieverbrauchs in Krisenzeiten, die in Fahrverboten während der ersten Ölkrise mündete. Als flankierende Maßnahme für die Sicherung der Ölversorgung schuf die Bundesregierung die Bevorratungspflicht des Erdöl-Bevorratungs-Verbands und die bundeseigene Rohölreserve.

Die Erfolge in der Stärkung der deutschen Mineralölwirtschaft gestalteten sich bescheiden. Es gelang der Bundesregierung nicht, gegen die Vormachtstellung der internationalen Ölkonzerne einen eigenen Staatskonzern zu gründen. Sie reüssierte aber in ihrem Vorhaben, den Einsatz des Öls in der Gesamtwirtschaft zu drosseln. Der Anteil des Öls an der Stromversorgung besaß seit 1980 einen rückläufigen Trend und es war der Bundesregierung gelungen, das Öl aus diesem Segment der Energiewirtschaft zu verdrängen. Vom gesamten Ölverbrauch fielen 1980 nur fünf Prozent auf den Einsatz in Kraftwerken.[451]

Den erneuerbaren Energien kam für die Strom- und Wärmeproduktion in der Zeit der sozialliberalen Koalition keine Bedeutung zu, die Bundesregierung strengte jedoch vielfältige Forschungsprogramme an, um ihnen zur Marktreife zu verhelfen.

Die Wirtschaftspolitik der sozialliberalen Bundesregierung stellte eine Mixtur dar. Die Definition eines Paradigmas der allgemeinen Wirtschaftspolitik gestaltet sich für die Zeit der sozialliberalen Koalition von 1969 bis 1982 schwierig. Jedoch können als Merkmale des Steuerungsmodus eine hohe Staatsausgabenquote und nachfrageorientierte Politikelemente gelten. Der Steuerungsmodus deutet auf eine Produktionssteuerung. Im Steinkohlesektor entsprachen die Eigenheiten der angewandten Wirtschaftspolitik dem Paradigma des allgemeinen Modells. Die Verstromungsgesetze besaßen einen nachfrageorientierten Charakter und

---

451 Vgl. BT Drs. 9/983, S. 17.

6. Energiepolitik der sozialliberalen Koalitionen 1969 – 1982

sicherten den Kohleproduzenten einen Profit, indem sie ihre Kapazitäten auslasteten. Im Ölsektor fanden sich hingegen parallele Strukturen, die sowohl auf die Angebots- wie auf die Nachfrageseite Einfluss nahmen. Während die Restriktionen in der ersten Ölkrise die Nachfrage drosselten, boten das DEMINEX-Programm und die bilateralen Kontakte zu den Ölförderländern Anreize für die Angebotsseite. Eine Kongruenz zwischen den Eigenheiten der speziellen Ölpolitik und dem allgemeinen Paradigma lag nicht vor.

Eine angebotspolitische und marktwirtschaftliche Struktur fand sich im Gassektor. In diesem Segment der Energiewirtschaft konnte die Bundesregierung ihre Anstrengungen darauf reduzieren, den Handelsfirmen durch Diversifikation der Anbieterseite ein ausreichendes Volumen an Gas bereit zu stellen und damit eine kontinuierliche Versorgung zu garantieren.

7. Energiepolitik der schwarz-gelben Bundesregierung 1982 – 1998

7.1. Energiepolitik in den Regierungserklärungen Kohls

Kohls erste Regierungserklärung verzichtete auf weiterführende Ausführungen zum energiepolitischen Sujet. Schwerpunkte setzte die schwarz-gelbe Bundesregierung bei der Steinkohle und dem weiteren Ausbau der Kernenergie. „Vorrangiger heimischer Energieträger bleibt die deutsche Steinkohle. Damit unser Land ein attraktiver Standort für zukunftsorientierte Industrie und krisenfeste Arbeitsplätze bleibt, können und dürfen wir auf die Nutzung der Kernkraft nicht verzichten."[452]

Die energiepolitische Ausgangslage der schwarz-gelben Bundesregierung war durch die voranschreitende Energienachfrage der Schwellen- und Entwicklungsländer auf dem Weltmarkt gekennzeichnet. Der weltweite Energieverbrauch lag zu Beginn der 1990er Jahre bei zwölf Mrd. SKE und hatte sich damit seit den 1960er Jahren verdoppelt.[453] Der wichtigste Energieträger auf dem Weltenergiemarkt blieb mit 33 Prozent wie in den Dekaden zuvor das Mineralöl. Weitere wichtige Energieträger waren Kohle mit einem 28-prozentigen und Erdgas mit einem 20-prozentigen Anteil am Energiemix. Zu geringeren Teilen dienten die Kernenergie mit sieben Prozent und traditionelle Brennstoffe mit fünf Prozent als Energieträger. Die steigende Nachfrage nach Energie ließ sich unter anderem auf die anwachsende Weltbevölkerung zurückführen. Aufgrund der sinkenden europäischen aber auch deutschen Steinkohleproduktion nahm die deutsche Abhängigkeit von Energieimporten zu. Obwohl sich der Anteil des Mineralöls am deutschen Energiemix verringerte, stellte es darin noch immer den prozentual größten Anteil. Die Bundesregierung erkannte diese Abhängigkeit und reagierte mit zunehmender Diversifikation der Handelspartner und mit der Forcierung der Kernenergienutzung. „Wir wollen Energie sparsamer nutzen, den Verbrauch von Öl weiter verringern und die Energieversorgung unseres Landes zu international wettbewerbsfähigen Bedingungen sichern. [...] Bei der friedlichen Nutzung von Kernenergie haben wir einen hohen Sicherheitsstandard erreicht. Wir können und werden auf diese umweltfreundliche Energiequelle nicht verzichten. Wir werden auch die zukunftsweisenden Reaktortechnologien zum Erfolg führen."[454] Die Verwendung neuer regenerativer Technologie fand kaum Erwähnung. Die

---

452 Helmut Kohl: Regierungserklärung vom 13. Oktober 1982, abgedruckt in: Stüwe 2002, S. 275.
453 Vgl. BT Drs. 12/1799, S. 7.
454 Helmut Kohl: Regierungserklärung vom 4. Mai 1983, abgedruckt in: Stüwe 2002, S. 293.

7. Energiepolitik der schwarz-gelben Bundesregierung 1982 – 1998

schwarz-gelbe Bundesregierung bevorzugte in der Regierungserklärung den Ausbau des fossilen Energiesystems. „Wie wollen deutlich ansprechen, dass Kohle auch in Zukunft gebraucht wird. Der Bergbau hat Zukunft im Wärmemarkt, in der Industrie und bei der Veredlung. Forschung und Entwicklung auf diesem Feld werden wir gezielt fördern. Der Jahrhundertvertrag mit der Elektrizitätswirtschaft sichert den Vorrang heimischer Kohle."[455]

In seiner dritten Regierungserklärung hielt Bundeskanzler Kohl an der Präferenz der Bundesregierung gegenüber der Kernkraft fest. Die Nutzung der Kernenergie ist verantwortbar, weil unsere Sicherheitsvorkehrungen höchsten Ansprüchen genügen. [...] Wir bleiben auf die Nutzung der Kernenergie angewiesen, solange es keine mindestens ebenso sichere, umweltschonende und sichere Alternative gibt."[456] Die Förderung erneuerbarer Energien bestand weiterhin als Lippenbekenntnis, ohne ein operationalisiertes Konzept und ohne konkrete Maßnahmen. „Mit besonderem Nachdruck werden wir die Erforschung und Förderung von langfristigen Energiealternativen vorantreiben, vor allem bei erneuerbaren Energien."[457] Vielmehr wertete die Bundesregierung weiterhin die Kohle als relevanten heimischen Energieträger.

Neben die Herausforderungen aus der weltwirtschaftlichen Verflechtung des bundesdeutschen Energiemarktes traten die Erfordernisse der deutschen Wiedervereinigung und die Notwendigkeit der energiepolitischen Integration der neuen Bundesländer. Die Regierungserklärung vom 30. Januar 1991 kündigte das energiepolitische Gesamtkonzept der schwarz-gelben Bundesregierung an. Kernelemente der zukünftigen gesamtdeutschen Energieversorgung blieben die Kohleverstromung – unter der Bedingung eines perspektivischen Ausstiegs – und die Nutzung der atomaren Stromerzeugung.[458]

Der Energiemix des Primärenergieverbrauchs der Bundesrepublik beruhte im Jahr 1990 wesentlich auf fossilen Energieträgern. Das Mineralöl stellte mit 35,4 Prozent das größte Energieaufkommen, gefolgt von der Braunkohle mit einem Anteil von 21,7 Prozent am Gesamtverbrauch. Gas und Steinkohle stellten jeweils 15,6 Prozent und die Kernenergie 9,8 Prozent zur Verfügung. Wasserkraft machte 1,1 Prozent aus, sonstige 0,8 Prozent.[459]

---

455 Ebenda.
456 Helmut Kohl: Regierungserklärung vom 18. März 1987, abgedruckt in: Stüwe 2002, S. 321.
457 Ebenda, S. 322.
458 Helmut Kohl: Regierungserklärung vom 30. Januar 1987, abgedruckt in: Stüwe 2002, S. 351.
459 BT Drs. 12/1799.

7.2. Maßnahmen für den Kohlesektor

7.2.1. Ausführungen des Gesamtkonzeptes zum Steinkohlebergbau

1982 führte eine verminderte Stahlproduktion zu einem Anstieg der Haldenbestände von Steinkohle. Daraufhin begonnene Gespräche der Unternehmen mit der Politik in den Kohlerunden vom 3. Dezember 1982 und 10. Oktober 1983 führten zu einer weiteren Senkung der Fördermenge um zehn Mio. t.[460] Am 11. Dezember 1987 tagte die dritte Kohlerunde, welche die Stilllegung der Schachtanlage Emil Mayrisch im Aachener Revier beschloss.[461] In den folgenden Jahren setzte sich die Stilllegungswelle in den Schachtanlagen und Kokereien fort: Es schlossen die Schachanlagen Hansa, Gneisenau, Minister Stein und Zollverein XII. Ab 1989 arbeitete die „Mikat-Kommssion" unter Vorsitz von Paul Mikat Richtlinien für die zukünftige Sicherung des Steinkohleeinsatzes aus. Für die weitere Entwicklung der kohlepolitischen Entscheidungen war der Abschlussbericht der Mikat-Kommission vom 12. März 1991 maßgeblich. In diesem forderte die Kommission einerseits weitere Rationalisierungs- und Stilllegungsanstrengungen, verwies jedoch andererseits auf die Notwendigkeit eines deutschen Bergbaus aus Gründen der nationalen Versorgungssicherheit.

Das energiepolitische Gesamtkonzept von 1991 unterstrich die Bedeutung der Steinkohle für die Versorgungssicherheit Deutschlands, betonte jedoch gleichzeitig die Ambition der Bundesregierung, die Fördermengen weiter zurückzuführen.[462] Die Ergebnisse der Kohlerunden und das Kohlekonzept 2005 fanden darin Bekräftigung: Bis zum Jahr 2005 musste sich die Jahresförderung auf einem Niveau von 50 Mio. t einpegeln. Das energiepolitische Gesamtkonzept forderte für die Zeit nach 1996 eine Reduktion der verstromten Kohlemengen auf 35 Mio. t jährlich. Eine Neuregelung des Finanzierungssystems hielt Bonn nicht für erforderlich – das Gesamtkonzept knüpfte an die tradierten Konzepte wie den Hüttenvertrag an und setzt sich für deren Verlängerung ein. Es befürwortete einen weiteren Einsatz der Kokskohlenbeihilfen, für deren Finanzierung der Bund von 1992 bis 1994 einen Anteil von 6,4 Mrd. DM übernahm.[463] Dabei ließ die Bundesregierung keinen Zweifel, dass die Maßnahmen keinen Erhalt des Bergbaus intendierten, sondern eine sozialverträgliche Reduktion der Arbeitsplätze unterstützten. Das Gesamtkonzept bot Anpassungsgeldregelungen,

---

460 Vgl. Michael Farrenkopf/Rainer Slotta: Zur Geschichte des Ruhrbergbaus nach 1945 – ein Überblick, in: Michael Farrenkopf u.a. (Hrsg.): Glück auf Ruhrgebiet. Der Steinkohlenbergbau nach 1945, Bochum 2009, S. 24ff.
461 Vgl. ebenda.
462 Vgl. BT Drs. 12/1799, S. 20.
463 Vgl. ebenda.

7. Energiepolitik der schwarz-gelben Bundesregierung 1982 – 1998

Kurzarbeitergeld und Qualifizierungsmaßnahmen, um den Bestand von Arbeitskräften im Bergbau zu verringern. „Die Bundesregierung erwartet, dass die Bergbauunternehmen die mit diesem Instrumentarium gegebene Flexibilität so nutzen, dass die erforderliche Belegschaftsanpassung mit der Absatzentwicklung Schritt hält."[464] Da die Bundesregierung die Jahresförderung und damit den Absatz mit ihren Maßnahmen sukzessive verringerte, forderte sie ebenso einen weiteren Stellenabbau. Der durch die Mikat-Kommission analysierten energiepolitischen Notwendigkeit eines nationalen Bergbaus schloss sie sich nicht an – oder interpretierte sie auf ein Minimum.

Nationale Restriktionen erkannte das energiepolitische Gesamtkonzept durch die Regelungen des Binnenmarkts für Energie. Mit der Vollendung der europäischen Integrationsanstrengungen im Energiesektor besaß die Bundesregierung nur noch die Möglichkeit, Drittländern die Einfuhr zu verweigern. Von dieser Möglichkeit machte sie bis 1995 Gebrauch. Importrestriktionen gegenüber Kohle aus Drittländern, die über EG-Staaten zum Freihandel abgefertigt wurde, bedurften der Genehmigung der Europäischen Kommission. Den Verlust des Abschottungsinstrumentariums bedauerte die Bundesregierung nicht: „Für die Zeit danach wird die Rückführung des Einsatzes deutscher Kohle der Import-Steinkohle zusätzliche Chancen eröffnen."[465]

7.2.2. Sicherstellung der Verstromung der Steinkohle

Ab 1980 regelte der Jahrhundertvertrag die Menge der Steinkohle, welche die Kraftwerke verstromten. Die „Kohlerunde" vom November 1991 verhandelte die Menge an Kohle neu und passte die zukünftig zu subventionierenden Kontingente an die weiter verminderte Nachfrage an. Das von der Kohlerunde verabschiedete „Kohlekonzept 2005" reduzierte die ehemals 70 Mio. t geförderter Steinkohle auf 50 Mio. t., wovon für die Verstromung 35 Mio. und für die Stahlindustrie 15 Mio. t. geplant waren.[466]

1995 lief der Jahrhundertvertrag aus, der die Verstromung deutscher Steinkohle in den Jahren von 1980 bis 1995 geregelt hatte. Für das Jahr 1996 setzte der Bund 7,5 Mrd. DM ein, um die weitere Kohleverstromung zu gewährleisten. Er plante 1994 mit dem vierten Verstromungsgesetz[467] das unselbstständige Sonder-

---

464 Ebenda.
465 Ebenda, S. 21.
466 Michael Farrenkopf/Rainer Slotta: Zur Geschichte des Ruhrbergbaus nach 1945 - ein Überblick, in: Michael Farrenkopf (Hrsg.): Glück auf! Ruhrgebiet. Der Steinkohlenbergbau nach 1945, Bochum 2009, S. 24-36.
467 Vgl. BGBl. I Nr. 46 vom 28.07.1994 S. 1618-1621.

7.2. Maßnahmen für den Kohlesektor

vermögen „Steinkohleverstromungsfonds 1996" zu schaffen. Die Finanzierung des Fonds sollte über eine Verstromungsabgabe erfolgen, welche die EVU abzuführen hätten. Die Höhe der Verstromungsabgabe belief sich auf 8,5 Prozent der erzielten Erlöse von Endverbrauchern in einem Kalenderjahr. Die EVU waren berechtigt, die Kosten der Verstromungsabgabe an den Endkunden weiterzugeben, der letztlich über den Kohlepfennig das Sondervermögen finanzierte. Per Ausgabe von Schuldverschreibungen, Schatzanweisungen und Schatzwechseln war das für die Finanzierung zuständige Bundesamt berechtigt, Kredite in Höhe von zwei Mrd. DM aufzunehmen. Bergbauunternehmen erhielten auf Antrag aus dem Sondervermögen Zuschüsse zu ihren abgesetzten Mengen von Steinkohle für Verstromungszwecke in Kraftwerken. Das vierte Verstromungsgesetz schloss in seinen Grundzügen an die vergangenen Gesetze an und nutzte den Kohlepfennig als Finanzierungsinstrument. Von der Finanzierung einer definierten Menge rückte das Gesetz jedoch ab. Es ersetzte das Mengengerüst durch einen Subventionsplafond.

1994 urteilte das Bundesverfassungsgericht, dass die Zahlung des Kohlepfennigs verfassungswidrig sei[468], woraufhin der Bundestag das vierte Verstromungsgesetz von 1994 aufhob und es durch das fünfte Verstromungsgesetz ersetzte.[469] Dieses regelte die Finanzierung auf Drängen der FDP-Fraktion bis 2005 aus Mitteln des Bundeshaushaltes ohne Gegenfinanzierung. Im Zeitraum von 1997 bis 2005 sah das ursprüngliche „Gesetz zur Sicherung des Einsatzes von Steinkohle in der Verstromung in den Jahren 1996 bis 2005" eine jährliche Finanzmasse des Bundes von sieben Mrd. DM vor, die sich danach sukzessive reduzieren sollte.[470] Diese Tranchen blieben erhalten. Im Zuge der Neureglung nach dem Urteil des Verfassungsgerichts einigten sich die Bundesregierung, die Bergbauländer Nordrhein-Westfalen und Saarland sowie die IGBCE auf eine jährliche Degression der Subventionen. Am 13. März 1997 vereinbarten sie im Kohlekompromiss eine Reduktion der jährlichen Zahlungen von insgesamt 9,25 Mrd. DM im Jahr 1997 auf 5,3 Mrd. DM im Jahr 2005. Der Anteil des Bundes regelte sich aus dem „Gesetz über Hilfen für den deutschen Steinkohlebergbau bis zum Jahr 2005" (Steinkohlebeihilfengesetz). Er übernahm von 1997 bis 2000 7,0 Mrd. DM und kürzte seine Zahlungen auf 3,8 Mrd. DM bis ins Jahr 2005.[471] Die Anzahl der Beschäftigten im Steinkohlebergbau sollte sich laut Kohlekompromiss von 84.000 auf 36.000 mehr als halbieren.

Die Anstrengungen der Bundesregierung beschränkten sich seit der schwarzgelben Regierung auf die Verstromung. „Der Vorrang der heimischen Steinkohle

---

468   Vgl. BVerfGE 91, 186.
469   Vgl. BGBl I Nr. 62 vom 16.12.1995, S. 1639-1640.
470   Vgl. BGBl I Nr. 46 vom 28.07.1994, S. 1618ff.
471   Vgl. BGBl I Nr. 85 vom 22.12. 1997, S. 3048-3049.

7. Energiepolitik der schwarz-gelben Bundesregierung 1982 – 1998

in der Verstromung [...] bleibt auch künftig bestehen. Die Bundesregierung ist jedoch nicht in der Lage, ein umfassende Absatz- und damit Fördergarantie zu geben. Insbesondere kann die öffentliche Hand den Absatzrückgang, der mit den konjunkturellen und strukturellen Problemen der westeuropäischen Stahlindustrie verbunden ist, nicht ausgleichen."[472] Ausführungen der Regierungserklärung standen dem entgegen.

7.2.3. Die Deutsche Steinkohle AG und der Kohlekompromiss

Am 1. Januar 1998 gründete sich die Deutsche Steinkohle AG (DSK). Der Gründung ging die Einwilligung der EU-Kommission voraus, welche die Fusion bestätigte. Die DSK ging hervor aus den Saarbergwerken, der Preussag Anthrazit GmbH und der Ruhrkohle AG und war eine 100-prozentige Tochter des Ruhrkohle-Konzerns (RAG). Der Fusionsprozess war eine Antwort auf den Willen der Bundesregierung, die Steinkohlesubvention weiter zu reduzieren und die Förderung so effizient wie möglich zu gestalten, um die Höhe der öffentlichen Leistungen zu reduzieren und die Dauer zu begrenzen.[473] Ruhrkohle-Vorstandschef Gerhard Neipp hatte bei dem geplanten Zusammenschluss Synergiepotentiale im Beteiligungsbereich von RAG und den Saarbergwerken in Aussicht gestellt.[474] Die DSK ist der alleinige Betreiber aller deutschen Steinkohlebergwerke und verfügt über einen Mitarbeiterstamm von ca. 25.000 Bergarbeitern. Sie agiert als internationaler Konzern und ist für einen Großteil der nach Deutschland importierten Kohle zuständig. Durch den Kauf des US-amerikanischen Kohleproduzenten Cyprus Amax Coal, der australischen Kohlegruben Burton Coal Mine und einer Beteiligung an der Kohlegrube North Goonyella etablierte sich die RAG als weltweit zweitgrößter Kohleproduzent. Neben dem Kohlebereich gründete sich mit Saarberg ein neuer eigenständiger Konzernbereich, der für Umwelttechnologie und -dienstleistungen verantwortlich zeichnet.[475]

Vom Saarland erhielt die RAG die Saarberg-Anteile für einen symbolischen Wert in Höhe von einer DM. Dafür erhielt das Land die Zusicherung über die Beibehaltung von Förderstandorten. Die Landespolitik entledigte sich der Ver-

---

472 BT Drs. 10/28, S. 16.
473 Vgl. Alexander Weiss: Unternehmensbezogene Kernkostenanalyse. Theorie und Ausführung am Beispiel einer Bergbauunternehmung, Wiesbaden 2005, S. 224.
474 Vgl. Kartellamt genehmigt Deutsche Steinkohle AG, in: Weltonline vom 5. Februar 1998.
475 Vgl. Burghard Jellonek unter Mitarbeit von Marlene Schweigerer Kartmann: Das Saarland, in: Hans-Georg Wehling (Hrsg.): Die deutschen Länder: Geschichte, Politik, Wirtschaft, Wiesbaden 2004, S. 236.

7.2. Maßnahmen für den Kohlesektor

antwortlichkeiten in der Bergwerksfrage, für die der Bund in der Folgezeit die Kosten zu tragen hatte.

Am 13. März 1997 einigten sich die RAG[476], die Bundesregierung, die Gewerkschaft IGBE und das Land Nordrhein-Westfalen auf eine degressive Gestaltung der jährlichen Fördermenge bis 2005, verbunden mit einer Halbierung der öffentliche Beihilfen. Die Einigung umfasste eine Reduktion der vom Bund gezahlten Subventionen auf 7,0 Mrd. DM für die Jahre 1998 bis 2000. Im Anschluss verminderten sich die jährlichen Subventionen schrittweise auf 3,8 Mrd. DM bis 2005, die Steinkohle-Förderung auf 22 Mio. t/a und die Belegschaft auf 36.000 Mann. Absatzprobleme ergaben sich für die deutsche Steinkohle aus dem Preisverfall der Kohle auf den Weltmärkten und dem Nachfragerückgang bei den Stahlproduzenten.

Zwischen 1990 und 2000 sank die deutsche Steinkohleförderung um 51, die Anzahl der Beschäftigten um 55 Prozent. Im Gegenzug hat sich der Importanteil mehr als verdoppelt.[477] Von 1997 bis 1999 sank die Förderkapazität um zwölf Mio. t auf 42 Mio. t/a, vier Bergwerke wurden stillgelegt oder zu Verbundbergwerken zusammengefasst. Mit den Subventionen gestaltete die Politik die Reduktion um weitere 25.000 Bergarbeiter bis 2002 sozialverträglich. Dazu zählten personalpolitische Instrumente wie Vorruhestand, Übergangsbeihilfen, Qualifizierungsmaßnahmen, Wechsel innerhalb des Konzerns und Existenzgründungsprogramme.

Die IEA kritisierte die deutschen Steinkohlesubventionen, weil Aspekte der Versorgungssicherheit bei dem weltweiten umfangreichen Angebot des fast homogenen Gutes Kohle nicht greifen würden. Der Gesamtverband Steinkohle (GVSt) begründete die Inanspruchnahme öffentlicher Subventionen jedoch mit diesem Argument der Versorgungssicherheit: „In Europa scheint das Bewusstsein für die Gefahr der Abhängigkeit von Importenergien durch die Ölpreisbaisse der 90er Jahre verloren gegangen zu sein. Der steile Anstieg der Ölpreise in diesem Jahr ist ein erneutes Warnzeichen für fehlende Stabilität auf dem globalen Ölmarkt. Nach wie vor schlägt das Öl den Takt für alle internationalen Energiemärkte. Auch die Weltmacht USA ist mittlerweile auf steigende Ölimporte angewiesen. Energiesparen, technischer Fortschritt, Diversifizierung und die Verfügbarkeit eigener Ressourcen sind unverzichtbare Bestandteile einer energiepolitischen Vorsorgestrategie. Ein wesentliches Element der Zukunftsvorsorge in Deutschland bleibt dabei die heimische Steinkohle."[478]

Neben der Versorgungssicherheit führte der GVSt den Multiplikatoreffekt der Subventionen als Begründung für deren Nützlichkeit auf. Bei einem erwirtschaf-

---

476 Am 1. Januar 1997 benannte sich die Ruhrkohle AG in RAG um.
477 Vgl. Danyel Reiche: Grundlagen der Energiepolitik, Frankfurt am Main 2005, S. 93.
478 GVSt: Jahresbericht Steinkohle 2000, Essen 2000, S. 3.

teten Wert von insgesamt 27 Mrd. Euro flossen 16 Mrd. Euro in Aufträge an andere Unternehmen, Sektoren und Zulieferbetriebe. Nach einer Studie von prognos hingen an jedem Arbeitsplatz im Steinkohlebergbau weitere 1,3 Arbeitsplätze. Indem er seine Arbeitsplatzstätten für überbetriebliche Qualifizierungsmaßnahmen zur Verfügung stellte, leistete der Steinkohlebergbau darüber hinaus einen Beitrag für das Ausbildungsplatzangebot.

7.2.4. Der Kohlebergbau in den neuen Bundesländern

Die Energiewirtschaft im Osten der Republik zeichnete sich durch einen hohen Anteil der Braunkohle am Primärenergieverbrauch aus. Der Abbau von 300 Mio. t Braunkohle deckte knapp 70 Prozent des Energieverbrauchs. Stilllegungen energieintensiver Industrien führten schon im ersten Jahr nach der Wiedervereinigung zu einer verringerten Förderung von 250 Mio. t. Auf 170 Mio. t prognostizierten die Unternehmen die Jahresförderung für 1991.[479] Die Bundesregierung ging von einer Reduzierung der Arbeitnehmerzahlen im Braunkohle-Tagebau von 107.000 auf 25.000 aus. Das energiepolitische Gesamtkonzept sah keine staatlichen Anpassungshilfen wie im Energiekonsens vor. Weder postulierte es Verstromungskontingente, noch intendierte es die Beibehaltung einer Mindestfördermenge. Es bezog sich nur auf die Notwendigkeit privater Investitionen in Kraftwerksneubauten auf Braunkohlebasis. Die IGBE forderte aufgrund der fehlenden Richtwerte des energiepolitischen Gesamtkonzeptes ein Mengengerüst von der Bundesregierung[480], die eine Subventionierung der Braunkohle analog der Steinkohle jedoch nicht unterstützte. „Die Bundesregierung wird zusammen mit den Ländern daran arbeiten, dass noch bestehende Investitionshemmnisse bei Genehmigungsverfahren, ökologischen Altlasten und ungeklärten Eigentumsverhältnisse, die auch für Teile des Energiesektors gelten, zügig abgebaut werden.[481] Mit den Stromverträgen und der Braunkohleschutzklausel ermöglichte sie über Regulierungsmaßnahmen eine Mindestverstromung von Braunkohle. Eine gemeinsame Gesellschaft ost- und westdeutscher Braunkohleunternehmen ergriff ab Juli 1990 Maßnahmen zur Privatisierung und Reorganisation, die zum Transfer von westdeutscher Technik, Know-how und Verarbeitungsprozessen führten.

---

479 Vgl. BT Drs. 12/1799, S. 15.
480 Vgl. Hans-PeterMüller/Manfred Wilke: Braunkohlepolitik der Steinkohlegewerkschaft. Die Energiepolitik der Industriegewerkschaft Bergbau und Energie im Vereinigungsprozess 1990 bis 1994, Berlin 1996, S. 140.
481 Vgl. BT Drs. 12/1799, S. 13.

7.3. Maßnahmen für den Kernenergiesektor

Am 26. April 1986 führte eine Havarie im Reaktorblock 4 des Atomkraftwerks Tschernobyl zur größten atomaren Katastrophe in der Geschichte der friedlichen Nutzung der Kernenergie. Während der Simulation eines Stromausfalls führten menschliche Fehlentscheidungen aber auch Konstruktionsmängel und Eigenheiten des graphitmoderierten, wassergekühlten Siedewasser-Druckröhrenreaktors (RBMK) zu einem Leistungsanstieg, der zur Explosion der Anlage und zur Freisetzung radioaktiver Stoffe führte. Im Gegensatz zu westlichen Reaktortypen ist der RBMK-Reaktortyp nicht inhärent sicher. Kühlmittel und Moderator sind beim sowjetischen Typus getrennt. Während ein Reaktor westlicher Bauart bei Verlust des Kühlmittels die Kettenreaktion automatisch verlangsamt, findet beim sowjetischen Pendant das Gegenteil statt. Bei Temperatursteigerungen nimmt die Kettenreaktionsgeschwindigkeit und die Leistung zu.[482]

Unter dieser Prämisse wäre ein ähnlicher Unfall in Deutschland unwahrscheinlich. Laut Einschätzung der Bundesregierung waren es die beschriebenen Konstruktionsmängel und nicht Fehlentscheidungen des Bedienungspersonals, die zum GAU führten.[483] Bonn war der Meinung, „dass sich aus dem Unfallablauf in Tschernobyl keine sicherheitstechnischen Erkenntnisse ableiten lassen, die [...] in irgendeiner Form übertragbar wären."[484] Trotzdem regte sie eine Prüfung an mit dem Ziel einer Analyse des bisherigen Sicherheitssystems und -katalogs. Die eingesetzte Reaktorsicherheitskommission (RSK) hatte zum Auftrag, die Handhabung bei Störfällen und die Einhaltung der Schutzziele zu untersuchen. Am 23. November 1988 legte die RSK ihren Abschlussbericht vor, in dem sie zum Schluss kam, die deutschen Anlagen besäßen keine Mängel, die Sofortmaßnahmen notwendig machten.[485] Dieses Ergebnis bestätigte frühere Untersuchungen. Bereits am 18. Juni 1986 zog die RSK den Schluss, „dass nach dem derzeit vorliegenden Informationen kein Anlass für Sofort-Maßnahmen bei in der Bundesrepublik in Bau und in Betrieb befindlichen Kernkraftwerken besteht".[486] Ausführungen über Verbesserungen der anlageninternen Sicherheitskonzepte deuteten laut Bundesregierung nicht auf eine unzureichend realisierte Sicherheitstechnik zu diesem Zeitpunkt. Vielmehr stellten sie Vorschläge dar, wie das vorhandene Instrumentarium verbessert werden konnte. Dazu zählte die Gründung von kraftwerksinternen Notfallorganisationen, Krisenstäben und Einsatzeinheiten sowie die regelmäßige Durchführung von Notfallübungen.

---

482 Vgl. Informationskreis Kernenergie: Tschernobyl. Der Reaktorunfall, Bonn 1996, S. 2ff.
483 Vgl. BT Drs. 13/4453, S. 1.
484 Ebenda, S. 2.
485 Vgl. ebenda, S. 2.
486 Vgl. BT Drs. 10/6073, S. 4.

7. Energiepolitik der schwarz-gelben Bundesregierung 1982 – 1998

Mit 147 TWh hatte die Kernenergie Ende 1990 einen Anteil von 33 Prozent an der Stromversorgung. Die ablehnende Haltung der Deutschen gegenüber der Kernkraft als Energieträger führte seit den 1980er Jahren zu einer sinkenden Investitionsneigung der EVU in die Kernenergie. Der Unfall von Tschernobyl am 26. April 1986 steigerte die Skepsis der Deutschen und ließ die Anti-Atomkraft-Bewegung erstarken.[487] „Mehrere Energieversorgungsunternehmen haben erklärt, für ihre Entscheidung über den Bau neuer Kernkraftwerke sei ein breiter energiepolitischer Konsens notwendig, der gegenwärtig nicht vorhanden sei."[488] Das gesamtwirtschaftliche Energieprogramm rückte dieses Problem in den Mittelpunkt der kernenergiewirtschaftlichen Überlegungen. Gleichzeitig erblickte die Bundesregierung in der Kernenergie einen wichtigen Energieträger, dem in Hinblick auf die geplante CO_2-Einsparung große Bedeutung zukam. Im energiepolitischen Gesamtkonzept wiederholt sie ihre Auffassung, „dass die bestehenden Kernkraftwerke bis zum Ende ihrer Nutzungsdauer in Betrieb bleiben"[489].

Zu den Kernmerkmalen der Atomenergiepolitik zählte ab 1990 die Evaluation sicherheitstechnischer Standards. Diese waren keine statische Größe, sondern passten sich sukzessive der technischen und wissenschaftlichen Entwicklung an. Die Bundesregierung plante daher einen kontinuierlichen Sicherungs- und Prüfprozess, um mit probabilistischen Methoden eine Überprüfung der Komponenten, Systeme und Anlagen der Kernkraftwerke zu gewährleisten.[490] Unter Berufung auf die eigenen Anstrengungen betonte die Bundesregierung ihren Willen, sicherheitstechnische Standards international zu verbessern und in Kooperation mit anderen Ländern das europaweite Sicherheitsniveau zu erhöhen. Erste Schritte dazu waren das Abkommen mit Frankreich und England über die friedliche Nutzung der Kernenergie und eine gemeinsame Erklärung Belgiens, Frankreichs, Großbritanniens und der Bundesrepublik, in der die Staaten ihre Verantwortung betonten, die sie beim Bau und Betrieb kerntechnischer Anlagen gegenüber der internationalen Staatengemeinschaft trugen. Perspektivisch setzte sich die Bundesregierung für eine weitere internationale Sicherheitszusammenarbeit ein, wirkte an der kurzfristigen Ausarbeitung von Mindeststandards mit, forderte einen international verbindlichen Regelkatalog für den Betrieb von Atomkraftwerken und erarbeitete Vorschläge für eine internationale Atom-Sicherheits-Konvention.

Die Bundesregierung erkannte im energiepolitischen Gesamtkonzept die Abhängigkeit Deutschlands von Uran aus Drittländern wie Australien, Kanada und Südafrika. Eine Produktion von Brennstoffen in Deutschland war jedoch nur un-

---

487 Vgl. Eine atemraubende Wende, in: FAZ vom 20.04.2011.
488 Vgl. BT Drs. 12/1799, S. 32.
489 Ebenda, S. 34.
490 Vgl. ebenda, S. 32.

7.3. Maßnahmen für den Kernenergiesektor

ter erheblichen Mehrkosten möglich und daher nicht rentabel. Das traf auch auf die Uran-Förderung durch die SDAG Wismut in Sachsen und Thüringen zu. Trotzdem rückte eine heimische Produktion nicht in den Blickpunkt, denn entsprechend dem energiepolitischen Gesamtkonzept lag eine ausreichende Diversifikation vor, um die Versorgungssicherheit zu gewährleisten. Innovationspotential erblickte die Bundesregierung in der Wiederaufarbeitung benutzter Brennelemente: In einer durch das Bundesministerium für Wirtschaft durchgeführten Studie ließ sie prüfen, wie sich 15 bis 20 Prozent des Natururans einsparen lassen konnten.

Ein drängendes Problem bestand für die Energiepolitik in der Lösung des Abfallproblems. Der Beschluss der Regierungschefs von Bund und Ländern zur Entsorgung der Atomkraftwerke fand keinen Konsens mehr unter den Beteiligten. Bonn strebte eine Neuregelung an und hatte dafür auf Staatssekretärsebene einen Bund/Länder-Arbeitskreis gegründet, um die Details neu zu verhandeln. In einem am 29. August beschlossenen Kommuniqué verständigte sich der Arbeitskreis auf eine nationale Verantwortlichkeit für Atommüll und eine zügige Lösung der Endlagerfrage unter weitgehender Vermeidung von Zwischenlagerstätten. Das energiepolitische Gesamtkonzept schlug als Standort für ein Bundesendlager für hochradioaktive Stoffe erneut den Salzstock in Gorleben vor. Für minderstrahlende Abfälle sah das Konzept den Schacht Konrad in Salzgitter vor. Das Konzept bekräftigte den Einsatz atomarer Energie und machte keine Andeutungen über eine Senkung des Stromanteils, der sich aus der Kernenergie speiste.

Von 1993 bis 1995 trafen sich im Rahmen der Energiekonsensgespräche neben dem Bundeswirtschafts- und dem Bundesumweltminister Vertreter aus Wirtschaft, Verbänden, Energieagenturen, Forschungsinstituten und den Bundesländern.[491] Die Energiekonsensgespräche dienten als Plattform für die Diskussion über die zukünftige Energieversorgung Deutschlands, die Rolle der Kernenergie und die Entsorgung. Nachdem die Bundesregierung in ihrem energiepolitischen Gesamtkonzept die Aufnahme der Konsensgespräche anbot, nahmen die Vorstandsvorsitzenden von RWE und VEBA die Offerte an. Am 20. März begannen die Vorgespräche zwischen Vertretern der Bundestagsparteien. Die Beratungen zwischen ihnen kamen bereits im November 1993 zum Stillstand, da die GRÜNEN die von der CDU/CSU-Fraktion in ihren Leitlinien „Zur Energiepolitik für den Standort Deutschland" festgeschriebene weitere Nutzung der Kernenergie nicht akzeptierten[492], während sich die SPD weigerte, weitere Reaktorprojekte zu sanktionieren. Ein zweiter Anlauf im März 1995 scheiterte ebenfalls an den Differenzen der Teilnehmer.

---

491 Vgl. BT Drs. 17/1898, S. 1ff.
492 Vgl. Felix Christian Matthes: Stromwirtschaft und deutsche Einheit: Eine Fallstudie zur Transformation der Elektrizitätswirtschaft in Ost-Deutschland, Berlin 2000, S. 453ff.

7. Energiepolitik der schwarz-gelben Bundesregierung 1982 – 1998

Nachdem die sozialliberale Bundesregierung mit ihrem Entsorgungskonzept die Verantwortung für die Endlagerfrage an sich gezogen hatte, begann unter schwarz-gelb die Suche nach einem passenden Standort. Die Regierung Kohl entschied sich, an Gorleben festzuhalten – aus politischen Gründen. Dahinter verbarg sich die Aversion der Bundesregierung, durch eine alternative Standortsuche politischen Widerstand gegen die Endlagerfrage zu mobilisieren und die Anti-AKW-Bewegung eventuell erstarken zu lassen. „Die Aktenlage von 1983 lässt uns vermuten, dass schon damals solche politischen Ängste die Debatte bestimmt haben."[493] Ein bei der PTB in Auftrag gegebenes Gutachten über die Eignung Gorlebens als Standort für die Endlagerung mussten die Wissenschaftler wiederholt abändern, um den politischen Zielstellungen zu genügen.[494] Sicherheitstechnische Bedenken, welcher einer Nutzung Gorlebens entgegen standen, räumte Bonn so aus, denn gegen den Salzstock sprach die Möglichkeit eines hypothetischen Wassereinfalls. Dieses Szenario sollte nach gouvernementaler Intervention möglichst unwahrscheinlich wirken, so dass der Bericht - „so die Forderung der Ministerialen, [...] sinngemäß mit der Feststellung schließ[t], dass die Eignung des Salzstocks Gorleben für die Errichtung eines Endlagers substantiell untermauert werde."[495] Daraufhin begann die Erkundung Gorlebens ohne alternative Standortsuche.

7.4. Maßnahmen für den Mineralölsektor

Zwischen 1979 und Oktober 1984 hatte sich die Rohölverarbeitungskapazität um 33 Prozent verringert.[496] Die wettbewerbsorientierte Haltung in der Mineralölwirtschaft der SPD-geführten Bundesregierungen blieb trotz dieser Marktentwicklungen unter Kohl bestehen. Den Problemen der Überkapazitäten, die ab 1975 auf dem deutschen Markt vorhanden waren, gedachte die schwarz-gelbe Bundesregierung nicht durch dirigistische Maßnahmen zu begegnen. Wie in der sozialliberalen Ära hielt sich die Bundesregierung mit Eingriffen betont zurück. Angesprochen auf die hohe Importabhängigkeit der Bundesrepublik bei Erdölprodukten und deren prognostizierte Erhöhung durch den Rückzug rohölverarbeitender Mineralölunternehmen vom deutschen Markt plante die Bundesregierung weiterhin auf die Marktkräfte zu setzen.

---

493 BT PlPr. 17/35, S. 3369.
494 Wie die Regierung Kohl die Gorleben-Gutachter unter Druck setzte, in: Spiegelonline vom 9. September 2009.
495 Ebenda.
496 Vgl. Gründlich verschätzt, in: Der Spiegel 34/1982.

7.4. Maßnahmen für den Mineralölsektor

„Die Bundesregierung hält aus Gründen der Versorgungssicherheit daran fest, dass die Verarbeitung von Rohöl im Inland das Rückgrat unserer Versorgung bilden soll. Außerdem sprechen gesamtwirtschaftliche Überlegungen wie etwa Arbeitsplätze, Wertschöpfung und die Verbindung zur Petrochemie für eine Inlandsverarbeitung. Die Bundesregierung verfolgt ihre Ziele durch die Gewährleistung marktwirtschaftlicher Rahmenbedingungen. Sie tritt insbesondere [...] dafür ein, dass auch andere Mitgliedsstaaten nicht in den Anpassungsprozess eingreifen."[497]

Ganz ohne staatliche Steuerung konnte dieser Anpassungsprozess jedoch nicht gelingen, zumal andere Staaten für ihre Industrien Stützungsmaßnahmen ergriffen. „Die Bundesregierung legt schon aus Gründen der Versorgungssicherheit Wert darauf, dass die inländische Rohölversorgung auch in Zukunft das Rückgrat unserer Mineralölversorgung bleibt. Sie tritt daher in Brüssel dafür ein, dass sich der Abbau der Überkapazitäten in Westeuropa nicht ungleichgewichtig auf den deutschen Markt konzentriert, sondern in allen Ländern ausgewogen vollzogen wird."[498] Mit diesen Ausführungen verband sie keine eigenen dirigistischen Anstrengungen, sondern eine Abwehr der Eingriffe anderer Staaten unter Aufrechterhaltung eines prinzipiell marktwirtschaftlichen Ordnungsrahmens. „Zu diesem Konzept der Bundesregierung gibt es keine realistische Alternative. Eine staatliche Garantie für eine bestimmte Mindestraffineriekapazität oder für einzelne Raffineriestandorte [...] wäre auch wirtschaftspolitisch nicht vertretbar und von der Marktentwicklung her nicht gerechtfertigt."[499] In der westdeutschen Ölindustrie regte sich Ende 1985 Widerstand gegen die laizistische Haltung der Bundesregierung. Esso-Chef Wolfgang Oehme gab zu Bedenken, ob nicht aus Gründen der Versorgungssicherheit Eingriffe der Regierungen gerechtfertigt seien.[500] Doch auf diese Frage schwieg die Bundesregierung.[501]

Dem Erdöl wies die Bundesregierung in ihrem Gesamtkonzept die höchste Bedeutung für die Energieversorgung zu. Im Transportsektor sah sie keine rentable Möglichkeit der Substitution. Aufgrund seiner Wettbewerbsfähigkeit erachtete es Bonn als unnötig, bei diesem Energieträger staatliche Maßnahmen zu ergreifen.[502] Die Risiken der Abhängigkeit der Bundesrepublik von ausländischen Öllieferungen minimierte die gouvernementale Energiepolitik durch Diversifikation der Bezugsquellen und Krisenvorsorge per internationaler Kooperation. Zu diesen präventiven Maßnahmen zählte ebenso der verstärkte Dialog zwischen

---

497 BT PlPr. 10/91, S. 6795.
498 BT PlPr. 10/127, S. 9415.
499 BT Drs. 10/4597, S. 2.
500 Vgl. Kreis geschlossen, in: Der Spiegel 36/1985.
501 Vgl. Neue OPEC-Macht durch tote Raffinerien?, in: Der Spiegel 15/1985.
502 Vgl. BT Drs. 12/1799, S. 43.

173

7. Energiepolitik der schwarz-gelben Bundesregierung 1982 – 1998

Verbrauchs- und Ölförderländern und die Aufstockung der Rohölreserve im Jahr 1992, die eine Versorgung von 120 Tagen bei völligem Lieferausfall gewährleistete.

Der Bundesregierung waren die strukturellen Probleme der westdeutschen Mineralölwirtschaft bekannt: „Die westdeutsche Raffinerieindustrie und der Importhandel haben sich in einem scharfen Schrumpfungs- und Rationalisierungsprozess, in dessen Verlauf die Hälfte der Raffineriekapazität stillgelegt wurde, auf den Strukturwandel am Mineralölmarkt eingestellt."[503] An einer Reform der Strukturen des Mineralölmarktes war Bonn nicht gelegen. Die gouvernementale Energiepolitik bewertete die dortigen Wettbewerbsstrukturen und die Einbindung in den Welthandel als effizient, da diese im Vergleich zu anderen europäischen Staaten eine kostengünstigere Versorgung gewährleisteten.

Die 1969 im zweiten Anlauf gegründete DEMINEX löste sich im Juli 1998 rückwirkend zum 1. Januar 1998 auf.[504] Obwohl die DEMINEX spätestens ab den 1980er Jahren dem Gründungsauftrag gerecht wurde, entschied sich die Unternehmensführung für diesen Schritt. 1990 förderte die DEMINEX in ausländischen Feldern mehr Öl als in allen deutschen Feldern zusammen, denn mit einer Fördermenge von 100 Mio. t besaßen die im Ausland gelegenen Ölfelder das doppelte Volumen der Ölvorräte in der Bundesrepublik. 1989 stammten 7,5 Prozent der importierten Ölmengen aus Feldern der DEMINEX. Engagements hatte die Erdölversorgungsgellschaft in der britischen Nordsee, in Syrien, im Golf von Suez, in Indonesien, den USA, Kanada und am Südzipfel Argentiniens.[505] Der Erfolg der Firma beruhte in besonderem Maße auf den Fördermittel der Bundesregierung. Insgesamt flossen 2,2 Mrd. DM in die Suche neuer Ölfelder. 1989 stoppte die Bundesregierung die Hilfen für die DEMINEX. Ab diesem Zeitpunkt musste das Unternehmen die Ölfeldsuche mit eigenem Kapital bestreiten.[506]

Weitere Gründe für Beendigung der gemeinsamen Explorations- und Produktionstätigkeiten der deutschen Mineralölfirmen waren die strukturellen Probleme, die aus der Zweigleisigkeit der DEMINEX resultierten. Einerseits waren die Unternehmen gemeinsam als Kooperationspartner in der DEMINEX tätig, andererseits traten sie sich als einzelne Firmen auf dem Wettbewerbsmarkt als Konkurrenten gegenüber. Taktische Vorteilnahme zugunsten ihrer jeweiligen Geschäftsfelder und zuungunsten der Erdölversorgungsgesellschaft verhinderten eine optimale Geschäftsführung. Der sich aus der Konstruktion der Gesellschaft ergebende Abstimmungsprozess war für die Kooperation im internationalen Geschäft hinderlich gewesen, sodass die Trennung eine Vernunftentscheidung gewesen

---

503   Ebenda.
504   Vgl. Nach 29 Jahren hat die DEMINEX ausgedient, in: BZ vom 18.07.1998.
505   Vgl. Hauen und Stechen, in: Der Spiegel 5/1990.
506   Vgl. ebenda.

7.4. Maßnahmen für den Mineralölsektor

sei.[507] Denn obwohl die VEBA mit zwei Dritteln am Stammkapital den höchsten Anteil trug, konnte sie die anderen Partner nicht überstimmen, weil sich die Anteilseigner auf eine einstimmige Entscheidungsfindung geeinigt hatten. „Solange die Subventionen aus Bonn flossen, lief alles friedlich ab. Die DEMINEX-Eigentümer waren sich schnell einig, wenn es um Explorationsvorhaben ging. Bonn zahlte ja kräftig mit."[508] Mit dem Wegfall der Hilfen mussten sich die Unternehmen auf eine stringente Geschäftspolitik einigen – was den Konkurrenten nicht gelang.

Von ihrer Produktion lieferte die DEMINEX bis zu ihrer Auflösung die Hälfte nach Deutschland, was einem Anteil von zehn Prozent der Rohölimporte entsprach. Zum Zeitpunkt ihrer Auflösung verfügte sie über Rohölreserven von knapp 500 Mio. Barrel.[509]

7.5. Erneuerbare Energien / Neue Energien

7.5.1. Das Stromeinspeisungsgesetz

Am 7. Dezember 1990 verabschiedete der Bundestag das „Gesetz über die Einspeisung von Strom aus erneuerbaren Energien in das öffentliche Netz" (Stromeinspeisungsgesetz - StromEinspG).[510] In diesem Fall ging die Initiative der Gesetzgebung vom Bundestag und nicht von der Bundesregierung aus.[511] Das StromEinspG beseitigte die Hürden, welche die Energieversorgungsunternehmen jenen stromproduzierenden Unternehmen auferlegten, die Elektrizität aus Wasser- und Windkraft oder Biomasse produzierten. Mit dem StromEinspG fanden Bemühungen ihren Abschluss, die auf eine schließlich nicht erreichte freiwillige Selbstbindung der EVU abzielten, den EEG-Produzenten erhöhte Entgelte zu entrichten.[512] Für solch eine Stromabnahme bestand keine Notwendigkeit, denn das Energiewirtschaftsgesetz verpflichtete Verbundunternehmen nicht, Strom von Energieerzeugern zu einem bestimmten Preis abzunehmen: „Wer selbst eine Energieanlage zur Erzeugung von Elektrizität oder Gas oder eine andere gleichzusetzende Energieerzeugungsanlage betreibt, kann sich für das Grundstück, auf dem die Anlage sich befindet, und für andere eigene Grundstücke, die von der

---

507 Vgl. DEMINEX-Scheidung im besten Einvernehmen, in: FR vom 18.07.1998.
508 Hauen und Stechen, in: Der Spiegel 5/1990.
509 Vgl. Nach 29 Jahren hat die Deminex ausgedient, in: BZ vom 18.07.1998.
510 Vgl. BGBl. I Nr. 67 vom 14.12.1990, S. 2633-2643.
511 Vgl. Mischa Bechberger: Das Erneuerbare-Energien-Gesetz. Eine Analyse des Politikformulierungsprozesses, Berlin 2000, S. 4.
512 Vgl. BT PlPr. 11/224, S. 17751.

7. Energiepolitik der schwarz-gelben Bundesregierung 1982 – 1998

Anlage aus versorgt werden können, nicht auf die allgemeine Anschluss- und Versorgungspflicht [...] berufen. Er kann aber Anschluss und Versorgung in dem Ausmaß und zu Bedingungen verlangen, die dem Energieversorgungsunternehmen wirtschaftlich zumutbar sind."[513] In vielen Fällen lagen die Vergütungen für den eingespeisten Strom daher unter den Gestehungskosten.

Die erhöhte Rentabilität für die Stromeinspeisung von aus Wasserkraft erzeugter Energie und damit verbundene Investitionen in erneuerbare Energien waren die Zielsetzungen des Gesetzes. Es verpflichtete die EVU, den Strom, der in ihrem Versorgungsgebiet erzeugt wurde, zu einem Mindestpreis zu vergüten, der sich bei Wasserkraft, Deponiegas und Abfallstoffen der Forstwirtschaft aus 75 Prozent des Durchschnittserlöses errechnete, den EVU aus der Stromabgabe an den Letztverbraucher erzielen. Für Strom aus Sonnenenergie und Windkraft betrug der Satz 90 Prozent des Erlöses. Mit diesem Gesetz begünstigte die Bundesregierung 4.000 Erneuerbare-Energien-Anlagen mit einer Gesamtleistung von 470 MW.[514] Das Gesetz vermied die Belastung der Haushalte von Bund und Ländern. Entstehende Kosten – das Gesetz bezifferte sie auf ca. 50 Mio. DM/a – trugen die EVU, was einem Anteil von 0,1 Prozent ihrer Erlöse an den Letztverbraucher entsprach und zu vernachlässigen war. Die EVU durften diese Kosten in der Berechnung ihrer Nutzungsentgelte geltend machen und auf den Stromkunden umlegen. Aufgrund der geringen Marge von 0,1 Prozent rechnete der Gesetzgeber nicht mir einem Anstieg der Strompreise. Die Begründung des Gesetzestextes verwies auf die Abkehr von der freien Preisbildung auf den Märkten. Obwohl sich unter ordnungspolitischen Aspekten Kritik an der Intervention üben ließe, betont die Gesetzesbegründung die Notwendigkeit und Zweckmäßigkeit zugunsten des höherwertigen Gutes Umweltschutz.

Im Jahr 1991 lag der Anteil der erneuerbaren Energien am Primärenergieverbrauch der Bundesrepublik bei knapp 2,0 Prozent. An der Stromversorgung hatten sie einen Anteil von ca. 3,5 Prozent. Aufgrund der geologischen Gegebenheiten wertete die Bundesregierung in ihrem Gesamtkonzept den Beitrag erneuerbarer Energien für den deutschen Energiemix als begrenzt, und sie zeigte sich skeptisch über das real nutzbare Potenzial der grünen Energien. „Entscheidend ist das wirtschaftlich ausschöpfbare Potential. Das um ein Vielfaches höhere theoretische Potenzial der erneuerbaren Energien ist lediglich eine physikalische Größe, die nur wenig über die Möglichkeit der Nutzung erneuerbarer Energien aussagt. Für diese ist entscheidend, inwieweit das theoretische Potenzial unter den jeweiligen Bedingungen auch technisch zu wettbewerbsfähigen Bedingungen nutzbar gemacht werden kann."[515]

---

513 Vgl. § 6 EnWG.
514 Vgl. BT Drs. 11/7816.
515 BT Drs. 12/1799, S. 30.

7.5. Erneuerbare Energien / Neue Energien

Vor diesem Hintergrund unterstützte die gouvernementale Energiepolitik die Erforschung und den Ausbau erneuerbarer Energien, wobei sie an das Energieforschungsprogramm der sozialliberalen Bundesregierung aus dem Jahr 1974 anknüpfte. Die im Rahmen des Energieforschungsprogramms getätigten Ausgaben behielt die Bundesregierung bei, um die privatwirtschaftliche Investitionsneigung zu erhöhen und das -klima zu verbessern. Die niedrigen Leistungsdichten der Anlagen verbunden mit der fluktuierenden Leistungsbereitstellung führten zu einem erhöhten Materialbedarf und der Notwendigkeit der Installation von Speichersystemen. Die Bundesregierung gewährte daher Investitionskostenzuschüsse in den neuen Bundesländern und steuerliche Abschreibungsmöglichkeiten in den alten sowie Finanzierungsbeihilfen für KMU. Eventuellen Akzeptanzproblemen in der Bevölkerung trat sie mit dem Bürgerinformationsdienst Neue Energietechniken (BINE) entgegen. Mit diesem System sollten auch Ausbildungsdefizite im Bereich der erneuerbaren Energien bei Architekten, Ingenieuren und Technikern gemindert werden. Neben der Neuinstallation von Anlagen unterstützte das Programm die stärkere Auslastung vorhandener Geräte. Das Programm verzichtete jedoch auf einen Korridor oder einen Zielwert, den die erneuerbaren Energien bis zu einem bestimmten Zeitpunkt an der Energieversorgung Deutschlands inne haben sollen.

7.5.2. Drittes und viertes Energieforschungsprogramm

Das dritte Energieforschungsprogramm setzte den Rahmen für die Technikforschung von 1990 bis 1996. Ziel des Programms war die Entwicklung von neuen Technologien, so dass „Primär- und Sekundärenergien auch weiterhin in ausreichendem Maß genutzt werden können unter Berücksichtigung der Anforderungen, die eine zunehmend verletzlichere Umwelt an uns stellt; und damit dafür Sorge getragen werden kann, dass in Zukunft so wenig Energie wie möglich verbraucht und dabei, erheblich geringere Mengen an Treibhausgasen emittiert werden als bisher, ohne dabei für unser Energiesystem die Flexibilität zu verlieren, die nötig ist, um bisher noch unbekannten Herausforderungen der Zukunft begegnen zu können". Im dritten Energieforschungsprogramm erhielt der Umwelt- und Klimaschutz eine Gleichstellung mit den weiteren energiepolitischen Zielen, so dass Versorgungssicherheit, Preisgünstigkeit und Umweltverträglichkeit nun eine Zieltrias darstellten. Über den zu beschreitenden Weg bei der Reduktion der CO_2-Emissionen herrschte jedoch noch keine Klarheit. Das dritte Energieforschungsprogramm wollte daher den Rahmen für eine zukünftige gesamtgesellschaftliche Klimaarbeit abstecken. „Zur Erreichung von CO_2-Reduktionen gibt

7. Energiepolitik der schwarz-gelben Bundesregierung 1982 – 1998

es keine einfache und eindeutige Strategie: Die ersten Diskussionen hierüber mit ihren auch politisch unterschiedlichen Ansätzen haben dies deutlich gezeigt. Um zielführend weiterzukommen, ist es deshalb notwendig, so rasch wie möglich Rahmenbedingungen zu erarbeiten, die allen zukünftigen Strategieüberlegungen gemeinsam zugrunde gelegt werden können. Hierzu bedarf es eines umfassenden, aber koordinierten Engagements aller auf diesem Gebiet ausgewiesenen wissenschaftlichen Institutionen in der Bundesrepublik Deutsch-land. Wegen der Bedeutung dieser Aufgabe und wegen der daraus resultierenden möglichen Konsequenzen für alle Bürger [...] ist hierfür eine besonders umfassende und sorgfältige Arbeit nötig, deren Ergebnisse so transparent und nachvollziehbar sind, dass sie in politisches Handeln umgesetzt werden können."[516]

Das vierte vom Bundesministerium für Bildung, Wissenschaft, Forschung und Technologie konzipierte Programm setzte den Rahmen der deutschen Energieforschung für den Zeitraum von 1996 bis 2005. Das 1996 verabschiedete Papier rückte die Technikforschung in den Mittelpunkt, die der Umsetzung der Klimaschutzziele der Bundesregierung dienen sollte. Technikinnovation zum Erhalt des Innovationsstandorts Deutschlands und zur Ressourcenschonung förderte das Programm ebenfalls. Im Zentrum der Forschung standen Photovoltaik, Geothermie, solare Kraftwerke und Windenergie. Sowohl die absolute Budgethöhe als auch der Anteil im Vergleich zur konventionellen und kerntechnischen Forschung stieg an. Das Programm hatte die Intention, „die notwendigen Voraussetzungen dafür zu schaffen, dass auch in Zukunft alle diejenigen Technik-Optionen entwickelt und für die spätere Anwendung offen gehalten werden, die nennenswert zur nachhaltigen Senkung der energiebedingten Umwelt- und Klimabelastungen beitragen können".

7.6. Regulierung der Energiemärkte

7.6.1. Die Stromverträge Bundesrepublik/DDR

Im November 1989 setzten auf beiden Seiten Deutschlands Überlegungen ein, wie die zukünftige Energieversorgung auf dem Gebiet der DDR zu strukturieren sei. Die Energiewirtschaft im Osten Deutschlands legte am 23. November 1989 ein Energiekonzept vor. Diesem folgte am 17. November eine Analyse des Leipziger Instituts für Energetik, welches dem Kombinat der Kernkraftwerke zugeordnet war. Wesentliche Forderung neben gesteigerten Energieeffizienzmaßnah-

---

516 Zitiert nach: Herrmann Friedrich Wagner/Gotthard Stein: Ausgangslage und Übersicht, in: Gotthard Stein/Hermann Friedrich Wagner (Hrsg.): Das IKARUS-Projekt. Klimaschutz in Deutschland. Strategien für 2000-2020, Berlin 1999, S. 2.

7.6. Regulierung der Energiemärkte

men war der zügige Ausbau der Kernenergie. Ebenso sah das Strategiepapier der Generaldirektoren des Kombinats Kernkraftwerke vom 8. Dezember den verstärkten Einsatz der Kernkraft vor.[517] Die staatliche Plankommission der DDR befürwortete zu diesem frühen Zeitpunkt bereits die Gründung von deutsch-deutschen Joint-ventures: PreussenElektra sollte Strom in die Grenzgebiete der DDR liefern, wohingegen das Kraftwerk Harbke stillzulegen war.[518] Von der am 23. Februar 1990 gegründeten „Gemeinsamen Umweltkommission" gliederte sich eine Arbeitsgruppe „Energie und Umwelt" aus, die weitere gemeinsame Konzepte erörterte. Dem folgten weitere Initiativen für einen „Vertrag zur Energieversorgung". Das Ziel Ost-Berlins war die Transformation der Energiewirtschaft in eine Marktwirtschaft, während die westdeutsche Seite die Integration der ostdeutschen Energiestrukturen in die Netze der Bundesrepublik anstrebte. Am 21. Februar 1990 institutionalisierten beide Seiten ihre Anstrengungen mit einem Treffen der deutsch-deutschen Gruppe Energie, an dem hochrangige Vertreter der Bundesregierung, der westdeutschen Ministerien, der Bundesländer, der Kombinate und der Bezirke teilnahmen. Die DDR-Regierung versuchte, westdeutsche Unternehmen für Investitionen in die Stromwirtschaft der DDR zu gewinnen, denn die ostdeutschen Energiekombinate verfügten über zu geringe finanzielle Spielräume für weitreichende Investitionen. Unisono einigten sich die Teilnehmer auf eine Finanzierung der Projekte durch die westdeutsche Stromwirtschaft, die aufgrund ihrer Rücklagen über ausreichend Kapital verfügte. Weil einem Transfer westdeutscher öffentlicher Gelder in die DDR bei diesem Treffen eine Absage erteilt wurde, begann eine Kooperation west- und ostdeutscher Energieunternehmen unter weitgehender Ausklammerung von DDR- und Bundesregierung. Dem Treffen folgten erste konkrete Schritte. PreusssenElektra und Bayernwerk unterzeichneten zusammen mit den Braunkohle- und Kernkraftwerkskombinaten, der Verbundnetz Energie und der INTRAC Handelsgesellschaft einen Vertrag über den Bau von zwei Kraftwerken in Lübeck und Rostock mit einem Volumen von zwei Mrd. DM. Zu diesem Zeitpunkt ging die Initiative nicht von Staat und Politik, sondern von den west- und ostdeutschen Energieunternehmen aus.

Eine erste privatwirtschaftliche Regelung scheiterte, weil sich die westdeutschen EVU nicht dazu bewegen ließen, das gesamte Stromsystem zu übernehmen. Sie intendierten als Konkurrenten die Herauslösung einzelner rentabler Objekte, die jedoch eine gesamtwirtschaftlich notwendige Modernisierung des kompletten Elektrizitätsnetzes der DDR verhindert hätte.[519] Doch an einer Marktlö-

---

517 Matthes 2000, S. 237-244.
518 Vgl. ebenda, S. 254.
519 Vgl. Roland Czada: Kooperation und institutionelles Lernen in Netzwerken der Vereinigungspolitik, in: Renate Mayntz/Fritz W. Scharpf (Hrsg.): Gesellschaftliche

7. Energiepolitik der schwarz-gelben Bundesregierung 1982 – 1998

sung war der Bundesregierung nicht gelegen. Sowohl die DDR- als auch die Bundesregierung suchten daher nach einer „Paketlösung"[520]. Obwohl das Bundeskartellamt vor dieser Option warnte, da sie die potentielle Gefahr der Monopolisierung der ostdeutschen Stromwirtschaft in sich trug, war sie das bevorzugte Modell der Bundesregierung. Sie gewährleistete darüber hinaus das Fortbestehen des Braunkohlebergbaus, in dem zehntausende Menschen arbeiteten und dessen Erhalt bei einer alternativen dezentral organisierten Stadtwerke-Struktur schwieriger zu bewerkstelligen gewesen wäre. Der Primärenergieverbrauch der neuen Bundesländer speiste sich zu Beginn der Transformationsphase zu 70 Prozent aus festen Brennstoffen, wovon die Braunkohle zwei Drittel stellte. Der Erdölverbrauch lag bei weniger als zwanzig Prozent, der Kernenergieanteil bei drei und der Anteil des Erdgases bei zehn Prozent. Wasserkraft spielte keine Rolle. Der Hauptenergieträger zur Herstellung von Elektrizität war mit 80 Prozent die Braunkohle, zweitwichtigster Lieferant die Atomkraft mit zehn Prozent.[521] Es war daher verständlich, dass die Bundesregierung bestrebt war, eine Lösung zu finden, welche die Übernahme der Beschäftigten in einem fortgeführten Braunkohleabbau sicherstellte.

Diese Absicht korrespondierte mit den Plänen der DDR-Regierung. Der Energie- und Umweltminister der DDR, Karl Steinberg, nahm über die VEBA AG indirekt Kontakt zur westdeutschen Stromwirtschaft auf. Er forderte die Vertreter von VEBA AG, PreussenElektra, RWE und Bayernwerk auf, ein gemeinsames Angebot für einen Verbundkauf der ostdeutschen Stromwirtschaft vorzulegen. Er signalisierte dabei, dass nur eine die komplette ostdeutsche Stromwirtschaft umfassende Verbundlösung und nur ein gemeinsames Konsortium der drei westdeutschen EVU zum Erfolg führen würde.[522] „Da eine über den Markt gesteuerte Branchenprivatisierung zu scheitern drohte, wurde von der neuen Übergangsregierung de Maizière nunmehr das Ziel einer Privatisierung in einem Schritt verfolgt. Dies kam den Interessen der drei Stromgiganten entgegen, die als Konsortium auftretend weitere am Kauf interessierte Unternehmen abblocken wollten. Diese Machtkonzentration führte dazu, dass die unter Mitwirkung der THA im August 1990 zwischen der DDR-Regierung und den westdeutschen Elektrizitätskonzernen sowie dem Bonner Umweltministeriums abgeschlossenen Stromverträge inhaltlich stark von den Geschäftsinteressen der drei Konzerne -

---

Selbstreglung und politische Steuerung, Frankfurt am Main 1995, S. 304.
520 Vgl. ebenda.
521 Vgl. Helmut Gröner: Energiepolitik in den neuen Bundesländern, in: Fritz Holzwarth (Hrsg.): Helmut Gröner. Wege zu mehr Wettbewerb: Schriften und Aufsätze. Zum 65. Geburtstag von Prof. Dr. Helmut Gröner, Baden-Baden 1996, S. 161f.
522 Vgl. Matthes 2000, S. 307f.

PreussenElektra, RWE und Bayernwerk - geprägt waren."[523] Nachdem am 10./11. Juni der Vorstandsvorsitzende der VEBA AG, Klaus Pilz, Umweltminister Steinberg ein Angebot vorgelegt hatte, fand am 18. Juni eine Konferenz am Bogensee statt, bei der sich ein Vertragsabschluss anbahnte.

Da am 22. Juni 1990 durch Indiskretion die Vertragsverhandlungen vom Bogensee publik wurden, intervenierte die Volkskammer in die geplanten Abschlüsse. Sie forderte einen Verhandlungsstopp, bis die rechtliche Basis für eine Überführung des Alteigentums in die Kommunen geschaffen war.[524] Die Volkskammer urteilte: „Die geplante Übernahme der DDR-Energiewirtschaft von der Braunkohleförderung bis zum Endverteiler durch die drei führenden Stromkonzerne der Bundesrepublik Deutschland ist unter wettbewerbspolitischen Gesichtspunkten problematisch. Die DDR-Regierung sowie das Amt für Wettbewerbsschutz der DDR werden beauftragt, diese Absicht zu prüfen und das Ergebnis bis zur 18. Tagung mitzuteilen. Bis dahin können die Vertragsverhandlungen weitergeführt werden, jedoch kein Vertragsabschluss getätigt werden."[525] Am 6. Juli 1990 verabschiedete die Volkskammer das Kommunalvermögensgesetz.[526] Dieses regelte weitreichende Ansprüche der Kommunen über die Restitution ihres entwendeten Eigentums. § 2 I besagt: „In das Vermögen der Gemeinden und Städte gehen über alle volkseigenen Betriebe, Einrichtungen und Anlagen, die zur Erfüllung der kommunalen Selbstverwaltungsaufgaben [...] in der DDR benötigt werden, unabhängig von ihrer bisherigen Unterstellung." Dies fand Konkretisierung durch § 6: „Volkseigene Betriebe und Einrichtungen, die zur Erfüllung der kommunalen Selbstverwaltungsaufgaben [...] benötigt werden, sind in der Regel Betriebe und Anlagen zur Versorgung mit Energie und Wasser, wie örtliche Elektrizitäts- und Heizkraftwerke und Wasserwerke sowie gemeindliche Verteilernetze."

Am 22. August 1990 unterzeichneten die Regierung der DDR, die Treuhandanstalt sowie die drei westdeutschen Verbundunternehmen mit der Zustimmung des BMWi die Stromverträge und schufen die Vereinigten Energiewerke AG. Die VEAG fasste den ostdeutschen Kraftwerkspark sowie das Verbundnetz zusammen und unterstand der Treuhandanstalt. Die Partner stimmen in der Präambel überein, unter wirtschaftlichen Aspekten ein umfassendes Konzept zur Restrukturierung der DDR-Stromverbund-Unternehmen anzustreben. BAG, RWE, Energie und PreussenElektra übernahmen allein gemeinsam die Geschäftsbesorgung der DDR-Stromverbundunternehmen, die sich in die Vereinigten

---

523 Anja Birke/Vanessa Hensel/Olaf Hirschfeld/Thomas Lenk: Die ostdeutsche Elektrizitätswirtschaft zwischen Volkseigentum und Wettbewerb, Leipzig 2000, S. 10f.
524 Vgl. Matthes 2000, S. 324ff.
525 Zitiert nach ebenda, S. 325.
526 GBl. I 1990, S. 1537.

7. Energiepolitik der schwarz-gelben Bundesregierung 1982 – 1998

Kraftwerke AG Peitz, Energiewerke Nord AG und die Verbundnetz AG gliederten. Für die Geschäftsbesorgung gründeten die drei EVU eine Gesellschaft, an der sie Anteile von 75 Prozent hielten, 25 Prozent übertrug die DDR an weitere Stromverbundunternehmen. Das Vertragswerk schloss ausdrücklich jegliche Übernahme von Aktienanteilen der in einer separaten Gesellschaft erfassten Kraftwerksblöcke der Kernkraftwerke aus. Die DDR sorgte dafür, dass die regionalen Energieversorger 70 Prozent ihres Stroms über eine Laufzeit von 20 Jahren von der Verbundnetz AG bezogen. Die Regionalverträge gliederten sich analog. Das Risiko, das von den kommunalen Anspruchsrechten durch das Kommunalvermögensgesetz ausging und dem Erhalt der Regionalversorger entgegenstand, sollte eine Rücktrittsoption mindern. „Die DDR wird darauf hinwirken, dass das regionale DDR-EVU die in seinem gegenwärtigen Verantwortungsbereich befindlichen Energieversorgungsanlagen dauerhaft zum Eigentum erhält, die Kommunen nach dem Kommunalvermögensgesetz nur Geschäftsanteile an dem regionalen DDR-EVU erhalten [...] sowie das Vermögen der regionalen DDR-EVU durch sonstige Herausgabe- oder Entschädigungsansprüche um nicht mehr als zehn Prozent vermindert wird. Falls dies nicht erreicht wird, ist das westdeutsche EVU berechtigt, von diesem Vertrag zurückzutreten."[527]

Der gewählte Weg führte in den folgenden Monaten zu einer Debatte über die Eigentumstitel der Kommunen.[528] Die Privatisierungsabsichten der drei großen Verbundunternehmen kollidierten mit den Eigentumsansprüchen der Kommunen, denn diese beabsichtigten, ihr Eigentum an den kommunalen Energieversorgungsanlagen zurückzufordern. Während die Kommunen eine dreigliedrige Energieversorgung mit EVU, Regional- und kommunalen Versorgern vorsahen, intendierten die EVU einen Ausschluss der Stadtwerke. „Zwischen den Stromvertragsentwürfen und dem nunmehr verabschiedeten Kommunalvermögensgesetz ergab sich so jenseits aller Interpretationsvarianten des Gesetzestextes ein tiefgreifender Konflikt. Während das Kommunalvermögensgesetz den Kommunen relativ weitgehende Eigentumsrechte an der Energieversorgung zusprach, bildete die Erhaltung der bestehenden Regional-EVU bzw. deren mehrheitlicher Erwerb durch die bundesdeutschen Energieversorgungsunternehmen eine wesentliche Grundlage für das Stromvertragsprojekt."[529]

Die eigentlich im Kommunalvermögensgesetz der Volkskammer vorgesehene Rückübertragung ehemaligen Eigentums auf die Kommunen, welche das „Gesetz zur Privatisierung und Reorganisation volkseigenen Vermögens" konkreti-

---

527 § 12 Nr. 6 der Regionalverträge vom 22. August 1990.
528 Vgl. Der Spiegel 24/1999, S. 36f.
529 Matthes 2000, S. 343.

7.6. Regulierung der Energiemärkte

sierte, erhielt im Einigungsvertrag jedoch eine starke Relativierung.[530] Das BMWi versuchte, Regelungen des Kommunalvermögensgesetzes durch das Vertragswerk des Einigungsvertrages aufzuweichen, indem es das Recht der Eigentumsübertragung auf Kommunen auf einen 49-prozentigen Aktienanteil reduzierte. Nach Interventionen des Kanzleramtes änderten die Vertragspartner die Präambel der Stromverträge und fügten die Regelung ein, die Neustrukturierung der ostdeutschen Stromwirtschaft habe sich an der Bundesrepublik – unter Einschluss leistungsfähiger kommunaler Versorger – zu orientieren. Die ostdeutschen Kommunen erhielten das Recht zur Erhebung von Konzessionsabgaben und einem kostenlosen Anteilsbesitz an Teilen der ehemaligen Energiekombinate.[531] Damit waren die Bedenken des Bundeskanzleramtes beseitigt und die Ergänzungsregelung zum Kommunalvermögensgesetz, die eine Beschränkung der Eigentumsübertragung auf Kommunen auf einen 49-prozentigen Aktienanteil vorsah, wurde wieder Bestandteil des Einigungsvertrages. Den Kommunen war damit die Möglichkeit zur Gründung eigener Stadtwerke durch den Einigungsvertrag genommen.

Für die Kommunen bestand jedoch nicht nur die Möglichkeit der Übertragung durch das Vermögensgesetz, sondern ebenso die Restitution aufgrund ehemaliger Enteignung. Sie standen jedoch vor dem Problem, ihre Restitutionsbegehren gegenüber der THA geltend zu machen – dann hätten sie jedoch auch entschädigt werden können – oder sie hätten ihr Eigentum zurückerworben, was jedoch zu Unsicherheiten über und Verhandlungen zum Kaufpreis geführt hätte. Nach der deutschen Einheit setzte sich die Bundesregierung dafür ein, Ansprüche der Kommunen aufgrund des Unrechts der Enteignung abzuwehren. Restitutionsansprüche gegen Unternehmensteile standen unter dem Vorbehalt einer reibungslosen Fortführung des Betriebs des Energieunternehmens. Sollte dies nicht der Fall sein, so müsse die Restitution auf dem Wege der Entschädigung erfolgen.[532] Die Bundesregierung wollte ein Zersplitterung der ostdeutschen Energiewirtschaft mit dieser Anordnung vermeiden.

Am 1. Februar 1991 suchten die Akteure den Ausgleich in der „Grundsatzverständigung". Darin sahen sie von gerichtlichen Verfahren ab, da diese kontraproduktiv und volkswirtschaftlich schädlich seien. Die regionalen Strom- und Gasversorger sollten sich an den Stadtwerken beteiligen können und die Ausstattung der Stadtwerke über Kauf und Pacht von Betriebsvermögen möglich sein. Schließlich sollten Stadtwerke und Regional-EVU Verträge über

---

530 Vgl. Monstadt 2004, S. 169.
531 Vgl. Gerhard Bräunlein: Energierechtliche Probleme bei der Umstrukturierung der ostdeutschen Stromwirtschaft, in: Kölner Miszellen zum Energierecht, H. 2, Jg. 1 (1994), S. 15.
532 Matthes 2000, S. 394.

7. Energiepolitik der schwarz-gelben Bundesregierung 1982 – 1998

die Lieferung von Strom mit 20-jähriger Laufzeit abschließen. Zwar begrüßte der Deutsche Städtetag diesen Vorschlag, doch eine Vielzahl von Städten und Kommunen lehnte ihn ab. Insgesamt 126 Städte forderten im Positionspapier „Auf dem Weg zu neuen Stadtwerken" die Übertragung kommunalen Eigentums auf die früheren Eigentümer, keinerlei Restriktionen in der Wahl der Vertragspartner und Vorlieferanten sowie die Unterstützung des Aufbaus von Stadtwerken durch die Bundesregierung und das BMWi. Zeitgleich begannen die ersten gerichtlichen Verfahren, in denen die Kommunen auf Rückgabe ihres Eigentums klagten. Allerdings zeigte sich, dass die Gerichte nicht willens waren, den Forderungen der Städte zu entsprechen. Eine Klage der Kommunen vor dem Bundesverfassungsgericht sollte Auskunft darüber geben, ob den Kommunen die in die ehemaligen Energieversorgungskombinate der DDR zwangsintegrierten Anlagen wieder zustanden[533], und ob sie das Recht hatten, ihre nach 1945 enteigneten Versorgungsanlagen zurückzufordern. Diese sollten aber der Intention der Stromverträge folgend in das Eigentum der westdeutschen EVU übergehen. Den Kern der Verfassungsbeschwerde bildete die Forderung, die Einschränkungen im Kommunalvermögensgesetz durch den Einigungsvertrag rückgängig zu machen. Die Kläger forderten nach Art. 28 GG die unentgeltliche Ausstattung mit dem notwendigen Vermögen und das aus der DDR-Kommunalverfassung abgeleitete Recht, örtliche Energieversorgung unter Ausschluss privater Dritter allein durchzuführen.[534]

Das Bundesverfassungsgericht versuchte die Lösung des Problems an die beteiligten Parteien zurückzuweisen, indem es auf eine außergerichtliche Lösung plädierte.[535] Im „Stromvergleich" oder auch „Stadtwerkekompromiss" von 1991 akzeptierten die westdeutschen EVU die Gründung von Stadtwerken im Wirkungsbereich der Regionalversorger. Städte, die gemäß § 5 des EnWG die Erlaubnis zur eigenen Stromerzeugung und -verteilung erhielten, durften ihr ehemaliges kommunales Eigentum kostenlos zurückfordern. Allerdings verzichteten sie damit auf ihre Anteile an den regionalen EVU. Altlasten und Schulden waren ebenfalls anteilig von den neuen Stadtwerken zu tragen und diese mussten sich verpflichten, 70 Prozent des Stroms von den regionalen EVU zu beziehen. Damit war einerseits den Forderungen der Kommunen genüge getan, andererseits erhielten die westdeutschen EVU die Sicherheit, dass ihr Strom auch abgenommen würde, wodurch sich ihre Investitionen langfristig amortisierten.

---

533   Vgl. hierzu ausführlich: Matthes 2000, S. 462.
534   Bräunlein 1994, S. 15ff.
535   Vgl. Roland Czada/Gerhard Lehmbruch (Hrsg.): Transformationspfade in Ostdeutschland. Beiträge zur sektoralen Vereinigungspolitik, Frankfurt am Main 1998, S. 123.

7.6. Regulierung der Energiemärkte

Nach langwierigen Verhandlungen fanden alle Parteien eine befriedigende Lösung und die THA konnte die VEAG privatisieren. 1994 erfolgte mit der Privatisierung der Verkauf an RWE, PreussenElektra, Bayernwerk, Badenwerk, BEWAG, HEW, EVS und VEW. 75 Prozent übernahmen die drei großen Verbundunternehmen und ein Viertel die EBH, eine Holding der fünf weiteren Elektrizitätswerke. Von den ehemaligen 15 Energiekombinaten, die sich in regionale Verteilerunternehmen umstrukturierten, hielten die drei großen Verbundunternehmen an elf die Aktienmehrheit, jene der restlichen vier verteilten sich auf die übrigen Unternehmen.[536] Die westdeutschen Käufer der in der VEAG zusammengefassten Regionalversorger verpflichteten sich zu Investitionen in Höhe von zehn Mrd. DM und einer Bestandsgarantie für 13.000 Arbeitsplätze bis ins Jahr 1998.

Als Monopolist konnte die VEAG in den 1990er Jahren die Preise über das West-Niveau heben. Für die Bundesregierung ergab sich aus den Stromverträgen jedoch die Möglichkeit, die Braunkohleförderung Ostdeutschlands mit der Monopolstellung der VEAG quasi zu subventionieren. Die Stromverträge schrieben den regionalen Energieversorgern vor, 70 Prozent ihres Strombedarfs von den Verbundunternehmen zu beziehen, die ihrerseits einen Großteil der Elektrizität durch die Braunkohleverstromung gewannen. Um die Amortisation der umfangreichen Investitionen nicht durch Preisunterbietungen von Konkurrenten zu gefährden, sahen die Verträge die Braunkohleschutzklausel vor. Die Netzbetreiber waren bis 2003 berechtigt, die Durchleitung des Stroms von Fremdanbietern zu verweigern, um den eigenen aus Braunkohle gewonnen Strom zu vermarkten.

„Ende 1994 wird die ostdeutsche Elektrizitätswirtschaft auf der Verbund- und der Regionalstufe weitgehend durch westdeutsche Energieversorgungsunternehmen kontrolliert. An den Stadtwerken beteiligen sich vielfach ostdeutsche Regionalversorgungsunternehmen. Der Wettbewerb in der deutschen Stromversorgung ist aufgrund dieser horizontalen und vertikalen Verflechtung weiter begrenzt. Auch die sich bildenden Stadtwerke sind meist nur im Querverbund mit weiteren Energieträgern wettbewerbsfähig, so dass im Grunde kein bestehendes Unternehmen an einem deregulierten Wettbewerb im Stromsektor interessiert ist, wenn dadurch die Wirtschaftlichkeit der eigenen Stromerzeugung in Frage gestellt wird."[537]

---

536 Vgl. Jochen Monstadt: Die Moderenisierung der Stromversorgung. Regionale Energie- und Klimapolitik im Liberalisierungs- und Privatisierungsprozess, Wiesbaden 2004, S. 168f.
537 Birke u.a. 2000, S. 13.

7. Energiepolitik der schwarz-gelben Bundesregierung 1982 – 1998

7.6.2. Umsetzung der EU-Stromrichtlinie – Neuregelung EnWG

Bis zur Novelle des Energiewirtschaftsgesetzes im Jahr 1998 galt für die Elektrizitätsversorgung die Gesetzesfassung von 1935. Das EnWG schränkte den Wettbewerb in der Energieversorgung ein und erlaubte Gebietsmonopole. Wesentlich dafür war der Ausschluss dritter Energieanbieter vom Netz der gebietsbeherrschenden Monopolunternehmen. „Wer selbst eine Energieanlage zur Erzeugung von Elektrizität oder Gas oder eine andere gleichzusetzende Energieerzeugungsanlage betreibt, kann sich für das Grundstück, auf dem die Anlage sich befindet, und für andere eigene Grundstücke, die von der Anlage aus versorgt werden können, nicht auf die allgemeine Anschluss- und Versorgungspflicht [...] berufen. Er kann aber Anschluss und Versorgung in dem Ausmaß und zu Bedingungen verlangen, die dem Energieversorgungsunternehmen wirtschaftlich zumutbar sind."[538] Der Zweck dieser Gesetzespassage war eindeutig: „Die Aufsicht der Monopolunternehmen zielte darauf, volkswirtschaftlich schädliche Auswirkungen des Wettbewerbs zu verhindern".[539] Flankiert wurde das EnWG durch Regelungen des Gesetzes gegen Wettbewerbsbeschränkungen, mit dem durch Demarkationsverträge der Wettbewerb in einem Gebiet außer Kraft gesetzt werden darf.

Versuche der Politik, dieses Regelwerk zu ändern und Wettbewerb in den Strommärkten zu initiieren, scheiterten wiederholt am Widerstand der Energieverbundunternehmen und der Stadtwerke, aber auch an den Volksparteien CDU und SPD. 1996 schrieb die EU-Elektrizitätsbinnenmarktrichtlinie 96/92/EG eine Neuregelung der Strukturen in den Strommärkten der Mitgliedsländer vor. Bis zu diesem Zeitpunkt oblagen Erzeugung, Handel und Distribution in Deutschland den einzelnen Unternehmen. Sie waren vertikal integriert und boten den Kunden die gesamte Leistungspalette – von der Herstellung bis zum Verkauf. Die vertikal integrierten Energieversorgungsunternehmen sahen sich durch die Novelle vor die Aufgabe gestellt, in der Erzeugung, dem Transport und dem Handel eine buchhalterische Entflechtung vorzunehmen, um die einzelnen Leistungen in verschiedenen Konten zu buchen.

In der Energiewirtschaft besteht aufgrund der Verteilungsnetze die Tendenz zu natürlichen Monopolen. Ein natürliches Monopol besteht, wenn ein einzelnes Unternehmen eine Leistung preisgünstiger anbieten kann, als es zwei Anbieter vermögen, d.h., wenn subadditive Kosten vorliegen. In diesem Fall liegen neben einem großen Fixkostenblock geringe Grenzkosten vor. Der große Fixkosten-

---

538 Vgl. § 6 EnWG.
539 Vgl. Lutz Mez: Energiepolitik, in: Uwe Andersen/Wichard Woyke (Hrsg.): Handwörterbuch des politischen Systems der Bundesrepublik Deutschland, Opladen 2003, S. 162-167.

7.6. Regulierung der Energiemärkte

block geht mit den Ausgaben für Netzausbau und -unterhalt einher, die geringen Grenzkosten ergeben sich aus der weiteren Anbindung eines Haushaltes an das bestehende Netz. Jeder weitere Anschluss verursacht geringe Kosten und senkt die Durchschnittskosten, so dass es effizienter ist, ein bestehendes Netz auszubauen, als ein weiteres zu errichten.

Die geforderte buchhalterische Entflechtung war notwendig, um die Stromproduktion der Verbundunternehmen von ihren Netzen zu trennen. Denn während die Netze ein natürliches Monopol darstellen, lässt sich der Strompreis per Wettbewerb finden. Mit der EU-Stromrichtlinie erfolgte die Entflechtung des natürlichen Monopols der Netze von der Stromerzeugung, was für das Europäische Parlament die Voraussetzung für wettbewerbliche Strukturen in der Energiewirtschaft darstellte.

Aufgrund der Vorgaben der EU-Richtlinie 96/92/EG, die am 19. Februar 1997 in Kraft trat, war die Bundesregierung zur Novellierung des Energiewirtschaftsgesetzes gezwungen. Die EU-Richtlinie bot zwei Alternativen für die Modalitäten des Netzzugangs für Dritte an. Zur Wahl standen das Modell des regulierten und das des verhandelten Netzzugangs. Während beim regulierten Netzzugang eine Behörde das Entgelt festsetzt, beschränkt sich die staatliche Kontrolle beim verhandelten Netzzugang darauf, die Netzentgelte für Dritte an die Kostenstrukturen des Netzbetreibers anzupassen. Die Gebühren, die der Netzeigentümer erhebt, dürfen nicht höher sein als jene, die aufgrund der buchhalterischen Entflechtung innerhalb der eigenen Unternehmensrechnung Anwendung finden. Die Bundesregierung entschied sich in § 5 ihres Gesetzentwurfes zur Neuregelung des Energiewirtschaftsrechts[540] für den verhandelten Netzzugang, der schließlich in das „Gesetz zur Neuregelung des Energiewirtschaftsrechts"[541] Eingang fand: „Betreiber von Elektrizitätsversorgungsnetzen haben anderen Unternehmen das Versorgungsnetz für Durchleitungen zu Bedingungen zur Verfügung zu stellen, die nicht ungünstiger sind, als sie von ihnen in vergleichbaren Fällen für Leistungen innerhalb ihres Unternehmens oder gegenüber verbundenen oder assoziierten Unternehmen tatsächlich oder kalkulatorisch in Rechnung gestellt werden." Per Verbändevereinbarung erfolgte eine privatwirtschaftliche Regelung des Netzzugangs.

Im Vergleich zum alten Energiewirtschaftsgesetz wurde das Gebietsmonopol der regionalen Verbundunternehmen aufgehoben und sie wurden verpflichtet, Strom von Energieerzeugern in ihr Netz einzuspeisen. Bis zur Novelle bestand keine Anschluss- und Versorgungspflicht, so dass den Verbundunternehmen keine Konkurrenz aus energieeinspeisenden Unternehmen erwuchs. Das Gebietsmo-

---
540 Vgl. BT Drs. 13/7274.
541 BGBl 1998 I Nr. 23 vom 28.04.1998, S. 730 – 736.

7. Energiepolitik der schwarz-gelben Bundesregierung 1982 – 1998

nopol des Verbundunternehmens besteht zwar weiterhin, aber es muss dritten Stromerzeugern den Zugang zum Netz garantieren, wodurch der Gesetzgeber bei der Wahl des Stromanbieters eine Konkurrenzsituation schuf. Die Wirkung der Liberalisierung kam zuerst den Großkunden zugute. Der Strompreis für Industriekunden fiel 1998 von 15,405 auf 11,244 Pf/kWh.[542] In der zweiten Stufe ab 1999 reduzierten sich die Strompreise auch für die privaten Endkunden. Dieser Effekt war jedoch nur temporär: „In der Folgezeit war schnell absehbar, dass durch die Verbändevereinbarungen kein diskriminierungsfreier Netzzugang geschaffen wird. Die wenigen neuen Energieanbieter zogen sich recht schnell wieder vom deutschen Strommarkt zurück."[543]

7.7. Fazit

Im Kohlesektor verzichtete die von der schwarz-gelben Koalition getragene Regierung auf neue Initiativen. Mit den Verstromungsgesetzen und weiteren Subventionierungen der Kohlewirtschaft behielt die schwarz-gelbe Bundesregierung den eingeschlagenen Kurs der Vorgängerregierungen bei. Paul Mikats Urteil, die Steinkohle würde für die Versorgungssicherheit der Bundesrepublik einen wichtigen Beitrag leisten, legitimierte fortan die Kohlesubventionspolitik. Die allmähliche Absenkung der Subventionsplafonds und der sukzessive Rückzug des Staates aus der Kohlestützung deuteten jedoch darauf, dass die Versorgungssicherheit nur ein Vorwand war, um einen sozialverträglichen Ausstieg aus der Kohle einzuleiten. Die langfristige Ausstiegsperspektive aus der Kohleförderung war der Bundesregierung wichtig, obwohl sie die Kohleverstromung trotz der Rüge des Bundesverfassungsgerichts fortführte – sie fand einen Kompromiss, indem sie die Subventionen nur unter der Auflage des Stellenabbaus in diesem unrentablen Wirtschaftszweig genehmigte.

Den Kapazitätsproblemen der Mineralölindustrie begegnete die Bundesregierung mit einer konsequenten Ordnungspolitik. Im Gegensatz zur Kohleindustrie, deren Restrukturierung durch die staatlichen Subventionen über Jahre verzögert und schließlich stark verlangsamt wurde, wies Bonn in diesem Wirtschaftszweig den Mut auf, den Unternehmen die Anpassung an die Marktverhältnisse abzuverlangen. Ein Aspekt, der für diese Entscheidung eine Rolle gespielt haben dürfte, war der geringere Besatz an Arbeitsplätzen in der Mineralölwirtschaft. Trotzdem wies die gouvernementale Energiepolitik dem Öl weiterhin eine unverzichtbare

---

542 Vgl. Birke u.a. 2000, S. 16.
543 Heinz-J. Bontrup/Ralf-M. Marquardt: Kritisches Handbuch der deutschen Elektrizitätswirtschaft. Branchenentwicklung – Unternehmensstrategien – Arbeitsbeziehungen, Berlin 2010, S. 29.

Rolle in der bundesdeutschen Energieversorgung zu, wie es das Gesamtkonzept kolportierte. Die als zwingend erachtete Anpassung in der Raffineriewirtschaft war Mitte der 1990er Jahre abgeschlossen und bietet ein Beispiel für eine zügige volkswirtschaftliche Adjustierung.

Für die Bundesregierung stellte die Kernkraft weiterhin ein unverzichtbares Element für die Diversifikation der Energieversorgung dar. Trotz der Ablehnung in der Bevölkerung und der andauernden Kontroverse befürwortete sie ihren Einsatz. Die Kernkraftwerke vor Ablauf der vorgesehenen Nutzungsdauer vom Netz zu nehmen, lehnte sie ab. Um den Bedenken Rechnung zu tragen, verschärfte sie die Sicherheitsanforderungen an die Stromerzeugung durch Kernenergie. Um den Wirtschaftskreislauf zu schließen, votierte die schwarz-gelbe Bundesregierung für den Ausbau Gorlebens zum Endlager, obwohl eine wissenschaftlich-technische Eignung dafür nicht vorlag.

Im allgemeinen wirtschaftspolitischen Paradigma setzte das Steuerungsmodell auf die Potentialsteuerung während sich der Kooperationsmodus hoheitlich-souverän gestaltete. Ein wesentliches Motiv schwarz-gelben Regierungshandelns findet sich in der Zugrundelegung ordnungspolitischer Maximen auch für den Energiesektor. Korrespondierten diese Leitgedanken mit der Tagespolitik?

Die Bundesregierung war sich des fehlenden Marktsystems in der Energiewirtschaft bewusst. Auf die Konvergenz energiewirtschaftlicher Strukturen an das ordnungspolitische Gerüst drängte sie aus wettbewerbspolitischen Gründen wie den natürlichen Monopolen jedoch nicht. Sie akzeptierte die Wettbewerbsbeschränkungen in der Stromwirtschaft: „Die Bundesregierung ist bemüht, dem Marktprinzip so weit wie möglich Geltung zu verschaffen. Dies gilt auch für den Bereich der Stromwirtschaft. Technisch-ökonomische Besonderheiten lassen hier jedoch einen voll am Wettbewerb orientierten Ordnungsrahmen nicht in demselben Umfang zu, wie in den meisten anderen Bereichen der Wirtschaft. Der Gesetzgeber hat daher Unternehmen der Elektrizitätswirtschaft die Möglichkeit belassen, mittels wettbewerbsbeschränkender Abreden das herkömmliche System geschlossener Versorgungsgebiete aufrecht zu erhalten."[544] In den neuen Bundesländern, in denen das System neu strukturiert werden musste, unternahm sie keine Anstrengungen, um marktorientierte Prozesse zu implementieren. Die Bundesregierung setzte nicht auf die Steuerungskräfte des Marktes, und sie verzichtete keineswegs durchgehend auf kooperative Elemente, wie es das allgemeine Paradigma erwarten ließ. Für die Ausgestaltung der Stromverträge übertrug sie die Verantwortung einem Konsortium, dessen Interessen sowohl die THA als auch das Umweltministerium wahrten.

---

544 BT PlPr. 10/127, S. 9416.

7. Energiepolitik der schwarz-gelben Bundesregierung 1982 – 1998

Im Mineralölsektor der Energiewirtschaft finden sich Ansätze, die mit dem allgemeinen Paradigma harmonieren. Der Steuerungsmodus entsprach der allgemeinen Potentialsteuerung, denn Bonn setzte in der Phase der schwierigen Marktlage der Raffinerien auf die Anpassungsfähigkeit der Unternehmen. „Die deutsche Mineralölindustrie fordert keine staatliche Intervention, sondern unterstützt die Politik der Bundesregierung, die auf den Abbau noch bestehender Wettbewerbsverzerrungen gerichtet ist."[545] Befragt über den Kooperationsmodus der Bundesregierung mit der Mineralölindustrie und die Möglichkeiten, die Abstimmung mit Unternehmen zu koordinieren, beschränkte sie sich auf einen permanenten Kontakt: „Eine 'Abstimmung' oder 'Koordinierung' von Raffineriestilllegungen zwischen Bundesregierung und Unternehmen oder zwischen den Unternehmen untereinander würde den wirtschaftspolitischen Grundsätzen der Bundesregierung widersprechen."[546]

Im Kohlesektor der Energiewirtschaft hingegen findet sich keine Kongruenz von angewandter Wirtschaftspolitik und den Prämissen des allgemeinen Paradigmas. Die Verstromung der deutschen Steinkohle besaß einen nachfrageorientierten Charakter und stabilisierte die unrentable Produktionsweise der Kohleproduzenten durch die garantierte Absatzmenge. Ein Anreizsystem, das die Unternehmen dazu bewegt hätte, die notwendigen Strukturreformen anzugehen und sich am Markt zu behaupten, schuf die Bundesregierung damit nicht. Der Kohlekompromiss deutet aber keineswegs auf einen korporatistischen Arbeitsstil zwischen den Vertretern der Steinkohle und der Bundesregierung. Von Seiten der IG Bergbau gingen heftige Protestbekundungen aus, um den Forderungen der Kohlewirtschaft Gehör zu verschaffen. „Der Straßenprotest bringt viel mehr Resonanz als der zähe Verhandlungswiderstand der Zechenbosse gegen die Subventionsverdrossenen in Bonn."[547]

---

545 BT Drs. 10/4597, S. 3.
546 Ebenda, S. 5.
547 Bald kommt das Feuer, in: Der Spiegel 39/1993.

8. Energiepolitik der rot-grünen Bundesregierung 1998 – 2005

8.1. Die Energiepolitik in den Regierungserklärungen Schröders

Die Regierungsübernahme der rot-grünen Koalition markierte eine Zäsur in der Energiepolitik. „Wir werden mit der Energiewirtschaft und den Umweltverbänden neue Wege der Energieversorgung beschreiten."[548] Die fossilatomare Energiegewinnung wurde ergänzt und ersetzt durch den forcierten Ausbau regenerativer Energien. Das Stromeinspeisungsgesetz erhielt einen Nachfolger durch das Erneuerbare-Energie-Gesetz, welches durch die Förderung der Kraft-Wärme-Kopplung ergänzt wurde. Die rot-grüne Bundesregierung betrachtete die erneuerbaren Energien nicht nur aus der Perspektive des Umweltschutzes, sondern ebenso als eigenen Markt mit Wachstumspotential. „Dies, meine Damen und Herren, ist ein gewaltiges Investitionsprogramm, das auch und gerade neue Arbeitsplätze in diesen Bereichen schaffen wird. Dabei setzen wir vor allem auf die Innovations- und Entwicklungspotentiale bei den erneuerbaren Energien."[549]

Mit dem Atomkonsens und dem novellierten Atomgesetz bewertete die Regierung den Einsatz der Kernkraft neu: „Die Nutzung der Kernenergie ist gesellschaftlich nicht akzeptiert. Sie ist mithin auch volkswirtschaftlich nicht vernünftig. Das ist der Grund, warum wir sie geregelt auslaufen lassen werden. [...] Der Anteil der Kernenergie wird schrittweise reduziert und schließlich ganz ersetzt."[550] Das von der Regierung Kohl ungelöste Problem der Endlagerung griff Schröder auf. „Das Problem der Entsorgung radioaktiver Abfälle – das gilt es zu erkennen – bleibt uns und unseren Nachkommen allerdings noch auf Jahrtausende erhalten. Das bisherige Entsorgungskonzept ist inhaltlich gescheitert. Wir werden stattdessen einen nationalen Entsorgungsplan erarbeiten. Entsorgung wird auf direkte Endlagerung beschränkt werden. Atommülltransporte quer durch die Republik, die nur durch massiven Polizeischutz zu sichern sind, passen nicht zu einer auf Konsens und Zukunftsfähigkeit ausgerichteten Demokratie. [...] Wir wollen solche Transporte nur noch dann zulassen, wenn am Kraftwerk selbst keine genehmigten Zwischenlagerkapazitäten existieren."[551]

In der Steinkohlepolitik suchte die rot-grüne Koalition den Kompromiss zwischen tradierten Positionen und neuen Initiativen. Die Energieversorgung konnte auf Stein- und Braunkohle jedoch nicht verzichten, weshalb deren Einsatz

---

548 Vgl. Gerhard Schröder: Regierungserklärung vom 10. November 1998, abgedruckt in: Stüwe 2002, S. 391.
549 Ebenda.
550 Ebenda.
551 Ebenda, S. 391f.

umweltfreundlich zu gestalten war: „Dabei drängen wir auf die Verwendung modernster Technik mit hohen Wirkungsgraden und auf eine bessere Nutzung von Fernwärme und Kraft-Wärme-Kopplung."[552] Prinzipiell sah das Regierungsprogramm jedoch keine Änderung im Strukturanpassungskonzept der vergangenen Jahre vor. Den Kohlekompromiss von 1997 setzte die Bundesregierung ebenso um wie sie weitere Abbau- und Anpassungsmaßnahmen über das Jahr 2005 hinaus beschloss.

In seiner zweiten Regierungserklärung bekräftigte Schröder den Kurs der rot-grünen Bundesregierung. Nachdem in den ersten vier Jahren rot-grüner Regierungsarbeit der Anteil erneuerbarer Energien von 4,7 auf zehn Prozent gesteigert werden konnte, plante die Bundesregierung den Anteil bis 2020 erneut zu verdoppeln.

Das Mineralöl hielt im Jahr 2000 weiterhin den größten Anteil am Energiemix der Bundesrepublik, denn mit 38,7 Prozent lag es vor dem Erdgas, das 21,1 Prozent stellte. Stein- und Braunkohle machten 13,6 und 10,9 Prozent aus. Während die Kernkraft 13,1 Prozent an Energie zur Verfügung stellte, leisteten die erneuerbaren Energien mit 0,8 Prozent den kleinsten Beitrag. 1,9 Prozent stammten aus sonstigen Energieträgern.[553] Die Bedeutung erneuerbarer Energien zeigte sich in der Stromproduktion. Während Kernenergie sowie Braun- und Steinkohle 2005 je ca. ein Viertel des Stroms produzierten, stammten zehn Prozent aus erneuerbaren Energien. Erdgas leistete einen Anteil von zehn, Heizöl von zwei Prozent. Aus den übrigen Energieträgern wurden vier Prozent des Stroms gewonnen.

8.2. Maßnahmen für den Kohlesektor

Am 23. Juli 2002 endete nach 50 Jahren die Laufzeit des am 18. April 1951 in Paris beschlossenen Vertrags über die Europäische Gemeinschaft für Kohle und Stahl, der die Vergabe von Subventionen im Steinkohlesektor geregelt hatte. Mit dem Ende des EGKS-Vertrags fielen Finanzhilfen im Steinkohlesektor unter die unionsrechtlichen Beihilferegelungen. Die Beihilferegelung erlaubt staatliche Intervention und Subventionen zugunsten einzelner Industriezweige nur in einem sehr engen Rahmen. Bereits 2001 kündigte EU-Energiekommissarin Loyola de Palacio eine Prüfung der deutschen Steinkohlesubventionen und deren eventuelle Kürzung an.[554] Als die Verträge zur EGKS ausliefen, machte sich Schröder für eine weitere Steinkohleförderung stark. „Es wird auch einen Bergbau nach 2010

---

552 Ebenda, S. 392.
553 Fromme 2005.
554 Vgl. EU verlangt Kürzung der Kohlesubventionen, in: FAZ vom 22.09.2000.

in Deutschland geben", verkündete er beim Besuch des Antharzit-Bergwerks in Ibbenbüren im Februar 2002.[555]

Schröder intendierte, die Steinkohle in Deutschland weiter zu stützen, obwohl ihre Nutzung aufgrund hoher CO_2-Emissionen den klimapolitischen Zielen der Bundesregierung abträglich war. Der Energiebericht von Wirtschaftsminister Müller[556] deutete mit seiner Kritik an der zu stark ökologiezentrierten Energiepolitik der letzten Jahre jedoch bereits die Position der Bundesregierung an. „Sehr ehrgeizige Klimaschutzziele für das Jahr 2020 stehen in erheblichem Widerspruch zu den Zielen der Versorgungssicherheit und Wirtschaftlichkeit. Die Konsequenzen eines solchen Szenarios für Wirtschaftswachstum und Beschäftigung lassen sich zwar nicht exakt beziffern. Gravierende negative Rückwirkungen auf Wirtschaftswachstum und Beschäftigung müssen allerdings begründet befürchtet werden – jedenfalls solange die konkurrierenden Industrienationen nicht gleichermaßen ehrgeizige Ziele verbindlich verfolgen."[557]

Nicht nur ökologische Aspekte galt es gegen die weitere Nutzung der Steinkohle abzuwägen. Die EU erachtete die auf dem Kohlekompromiss von 1997 gründenden Subventionen als zu hoch, außerdem bemängelte die Energiekommissarin die unzureichenden Anstrengungen der deutschen Seite beim Kapazitätsabbau. Bereits der ursprüngliche Kohlekompromiss von 1997 sah zu hohe Investitionen in die Absatzförderung vor, anstatt die Stilllegungsmaßnahmen konsequent umzusetzen. Nur auf Drängen Loyola de Palacios einigten sich die Vertragspartner auf einen hälftigen Finanzierungsschlüssel, der mehr Mittel für den Kapazitätsabbau bereitstellte. Im Jahr 2001 lag der Weltmarktpreis für Kohle bei 80 DM/t, während sich die Produktionskosten deutscher Steinkohle auf 230 DM/t beliefen.

Im Juli 2002 wurde die Nachfolgeregelung zum EGKS-Regelwerk erlassen. Die Folgeverordnung ermöglichte weiterhin die Stützung des Steinkohlebergbaus mittels Subventionen. Die EU-Verordnung 1407/2002 genehmigte die Zahlung degressiver Betriebsbeihilfen bis 2010 und die finanzielle Unterstützung zur sozialverträglichen Zechenstilllegung bis 2007. Voraussetzungen für eine weitere Subventionierung waren die fehlende Rentabilität der Bergwerksunternehmen und perspektivische Stilllegungspläne. „Die Umstrukturierung des Steinkohlenbergbaus hat schwerwiegende soziale und regionale Auswirkungen, die sich aus der Rücknahme der Fördertätigkeit ergeben. Für Produktionseinheiten, denen keine Beihilfen im Rahmen des Ziels der Aufrechterhaltung des Zugangs zu den Steinkohlevorkommen gewährt werden können, müssen folglich vorübergehend

---

555 Vgl. dpa-AFX vom 08.02.2002
556 BMWi (Hrsg.): Energiebericht. Nachhaltige Energiepolitik für eine zukunftsfähige Energieversorgung, Berlin 2001.
557 Ebenda, S. 7.

8. Energiepolitik der rot-grünen Bundesregierung 1998 – 2005

Beihilfen zur Abfederung der sozialen und regionalen Folgen der Stilllegung verfügbar gemacht werden. Diese Beihilfen ermöglichen den Mitgliedstaaten insbesondere angemessene Maßnahmen zur sozialen und wirtschaftlichen Sanierung der von diesen Umstrukturierungen betroffenen Regionen."[558]

Die Verordnung folgt außerdem den technologiepolitischen Forderungen der Bundesregierung. Mit einem Mindestmaß an Kohleförderung und -verbrauch ließen sich umweltfreundliche Technologien für den Export fortentwickeln. „Eine Mindestproduktion subventionierter Steinkohle dient außerdem der Sicherung der Führungsposition der europäischen Technologie im Bereich der Förderung und der sauberen Verbrennung der Kohle und ermöglicht einen Transfer dieser Technologie zu den großen kohleproduzierenden Regionen außerhalb der Union. Auf diese Weise kann ein wesentlicher Beitrag zur weltweiten Verringerung der Emissionen von Schadstoffen und Treibhausgasen geleistet werden."[559]

Für die Bundesregierung war der nationalstaatliche Kohlekompromiss von 1997, der Subventionszahlungen bis 2005 vorsah, mit der EU-Verordnung 1407/2002 europarechtlich abgesichert. Darüber hinaus ebnete die Verordnung die Vergabe weiterer Finanzhilfen. Subventionen sollten nur den Unternehmen zufließen, die langfristig wieder rentabel wirtschaften konnten. Verpflichtende und prüfbare Kriterien der geforderten Rentabilität definierte die Verordnung jedoch nicht, sodass auch defizitäre Steinkohlebergwerke bis zum Ende des Verordnungszeitraums nicht zu schließen brauchten.

Der Kohlekompromiss von 1997 legte den weiteren Subventionspfad für die deutsche Steinkohle bis zum Jahr 2005 fest. Auf eine Anschlussregelung konnten sich die Verantwortlichen jedoch bereits eher einigen. Im Jahr 2003 vereinbarten Bund, Länder und die Kommission die zukünftige finanzielle Unterstützung des deutschen Steinkohlenbergbaus, die inzwischen durch die EU-Verordnung 1407/2002 auch unionsrechtlich abgesichert war. Der Kohlekompromiss galt damit vorerst weiter bis 2005. Am 17. Juli einigten sich die Bundesregierung, die Landesregierung von NRW, die RAG und die IGBCE auf einen Kernbergbau mit einer jährlichen Förderung von 26 Mio. t im Jahr 2005, die sich auf 16 Mio. t bis zum Jahr 2012 absenken sollte.[560] Um diese Kennziffer zu erreichen, musste der deutsche Steinkohlebergbau bis 2012 auf sechs Zechen mit 20.000 Beschäftigten schrumpfen. Das jährliche Subventionsniveau betrug 2003 insgesamt 3,3 Mrd. Euro und sank bis 2006 auf 2,27 Mrd. Euro. Für das Jahr 2012 erreichte der Plafond eine Höhe von 1,83 Mrd. Euro.

---

558 Vgl. Verordnung (EG) Nr. 1407/2002 Des Rats vom 23. Juli 2002 über staatliche Beihilfen für den Steinkohlenbergbau, in: ABl. L 205 vom 2.8.2002, S. 1ff.
559 BMWi 2001, S. 7.
560 Vgl. BT Drs. 15/4479, S. 1.

8.3. Maßnahmen für den Kernenergiesektor

8.3.1. Atomausstieg I: Atomkonsens

Die Beteiligung von Bündnis 90/Die Grünen an der Regierungsverantwortung führte zu neuen energiepolitischen Schwerpunkten. Statt der Kernkraft und der Kohle, die die Bundesregierung als Energieträger bis in die 1980er Jahre stark gefördert hatte, rückten regenerative Energien in den Fokus der Energiepolitik. Am 14. Juni 2000 einigten sich die Energieversorgungsunternehmen und die Bundesregierung auf den Atomausstieg. In der Vereinbarung zwischen Staat und Privatwirtschaft verständigten sich beide Seiten auf eine befristete Nutzungsdauer der Kernkraftwerke. Mit dieser Konsensregelung vermied die Bundesregierung Regressforderungen der EVU. Für die einzelnen Anlagen sah das Konzept jeweils Reststrommengen vor, die auf Grundlage einer 32-jährigen Regellaufzeit kalkuliert wurden. Für die Anlagen wurde ausgehend vom Datum des Beginns ihrer kommerziellen Nutzung die Restlaufzeit ab dem 1. Januar 2000 errechnet. Weiterhin legte das Modell eine jahresbezogene Referenzmenge zu Grunde, die sich für jedes Kraftwerk als Durchschnitt der fünf höchsten Jahresproduktionen zwischen 1990 und 1999 errechnete. Die Referenzmenge betrug für die Kernkraftwerke insgesamt 160,99 TWh/a. Gegenüber diesen Referenzmengen unterstellte das Modell für die Restlaufzeit auf Grund technischer Optimierung, der Leistungserhöhung einzelner Anlagen und der durch die Liberalisierung veränderten Reservepflicht zur Netzstabilisierung eine um 5,5 Prozent höhere Jahresproduktion. Die Reststrommenge ergab sich durch Multiplikation der um 5,5 Prozent erhöhten Referenzmenge mit der Restlaufzeit.[561]

Die Regelung gestaltete sich flexibel, denn es bestand die Möglichkeit, Reststrommengen von unrentablen auf rentable Kernkraftwerke zu transferieren. Es konnten grundsätzlich Strommengen von alten auf neue und von kleinen auf große Kraftwerke übertragen werden. Eine Übertragung von Strommengen von alten auf neue Kraftwerke erforderte jedoch die Genehmigung der Monitoring-Gruppe. Diese setzte sich zusammen aus drei Vertretern der Bundesregierung und drei Vertretern der beteiligten Unternehmen. Einmal im Jahr beriet die Gruppe – wenn nötig unter Einbeziehung externer Experten – über die Umsetzung der im Atomausstieg getroffenen Regelungen.

Trotz der verabredeten perspektivischen Abschaltung der Kernkraftwerke verpflichteten sich Bundesregierung und EVU auf die Beibehaltung der bisherigen Sicherheitsstandards, wobei Berlin bei Einhaltung atomrechtlicher Anforderun-

---

561 Vgl. Vereinbarung zwischen der Bundesregierung und den Energieversorgungsunternehmen vom 14. Juni 2000, Berlin 2000, S. 4.

8. Energiepolitik der rot-grünen Bundesregierung 1998 – 2005

gen den ungestörten Betrieb der Anlagen gewährleistete.[562] Der Atomkonsens befristete die Wiederaufarbeitung vorhandener Abfälle und deren Transport auf den 1. Juli 2005. Danach wurde die Entsorgung radioaktiver Abfälle aus Kernkraftwerken auf die direkte Endlagerung beschränkt. Bis die Endlager einsatzbereit waren, konnten die Brennelemente zur Beendigung der Wiederaufbereitung ins Ausland transportiert oder in regionalen Zwischenlagern deponiert werden, für deren Errichtung die EVU verantwortlich zeichneten.

Dem Regelwerk folgte die Novelle des Atomgesetzes, an der die beteiligten Verhandlungspartner mitwirken konnten. Auf Grundlage des Regierungsentwurfs durften die Vertreter der EVU vor der Kabinettsfassung beratend ihre Vorschläge äußern. Das Vertragswerk stellte ein „ausgehandeltes Gesetz" zwischen Staat und Privatwirtschaft dar, war ein Novum und definierte das Verhältnis von Energiewirtschaft und Staat neu.[563] Mit dieser Kooperation verband die Bundesregierung die Erwartung, dass die EVU gegen die Novelle des Atomgesetzes nicht rechtlich vorgehen. Die EVU zogen daraus den Vorteil einer Selbstbindung der Bundesregierung, die eine Diskriminierung der Kernenergienutzung durch die Steuergesetzgebung verhindern sollte. RWE erklärte sich in der Vereinbarung bereit, den Genehmigungsantrag für den Bau des Kernkraftwerkes Mülheim-Kärlich zurückzuziehen, um das sich ein Rechtsstreit entfacht hatte. Den Atomkonsens deuteten die Betreiber der Kernkraftwerke nicht als Atomausstieg, sondern als Garant für den reibungslosen Betrieb der Anlagen.[564] Von einem schnellen Ende der Kernenergie konnte angesichts der gewählten Regelung keine Rede sein. „Insgesamt wurde eine nukleare Reststrommenge vereinbart, die fast exakt der Größenordnung der gesamten bisherigen Atomstromerzeugung entspricht."[565] Dies korrespondierte mit einem jährlichen Umsatz von knapp 14 Mrd. Euro.

Die Novelle des Atomgesetzes goss den Atomkonsens vom 14. Juni 2000 in rechtliche Normen. Das neue Atomgesetz kehrte die ursprüngliche Intention um: War das ursprüngliche Atomgesetz ein Instrument, das dem Ausbau der Kernenergie für die Zwecke der kommerziellen Nutzung diente, zielt das neue auf den perspektivischen Ausstieg aus der atomaren Energiegewinnung. Das „Gesetz zur geordneten Beendigung der Kernenergienutzung zur gewerblichen Erzeugung

---

562 Vgl. ebenda.
563 Vgl. Florian Becker: Kooperative und konsensuale Strukturen in der Normsetzung, Tübingen 2005, S. 230ff.
564 Vgl. Wolfgang Gründinger: Die Energiefalle. Rückblick auf das Ölzeitalter, München 2006, S. 109.
565 Lutz Mez: Ökologische Modernisierung und Vorreiterrolle in der Energie und Umweltpolitik? Eine vorläufige Bilanz, in: Christoph Egle/Tobias Ostheim/Reimut Zohlnhöfer (Hrsg.): Das Rot-Grüne Projekt. Eine Bilanz der Regierung Schröder 1998-2002, Wiesbaden 2003, S. 335.

8.3. Maßnahmen für den Kernenergiesektor

von Elektrizität"[566] schrieb in § 1 Nr. 1 fest, der neue Zweck des Atomgesetzes sei es, „die Nutzung der Kernenergie zur gewerblichen Erzeugung von Elektrizität geordnet zu beenden und bis zum Zeitpunkt der Beendigung den geordneten Betrieb sicherzustellen". Der Gesetzentwurf der Fraktionen von SPD und Bündnis 90/Die Grünen datierte auf den 11. September 2001[567], die abschließende Lesung erfolgte am 14. Dezember 2001.[568] „Mit diesem Gesetzentwurf werden auf der Grundlage der seit Beginn der Nutzung der Kernenergie zur Elektrizitätserzeugung weltweit gewonnenen Erkenntnisse die Risiken der Kernenergie neu bewertet. An der positiven Grundsatzentscheidung des Atomgesetzes aus dem Jahr 1959 zu Gunsten der Kernenergie wird deshalb nicht mehr festgehalten."[569]

Die wesentliche Neuregelung des Atomgesetzes war das Verbot des Neubaus von Kernkraftwerken. Der neue § 7 Nr. 1 AtG führte aus: „Für die Errichtung und den Betrieb von Anlagen zur Spaltung von Kernbrennstoffen zur gewerblichen Erzeugung von Elektrizität und von Anlagen zur Aufarbeitung bestrahlter Kernbrennstoffe werden keine Genehmigungen erteilt." Eine Erteilung von Errichtungs- und Betriebsgenehmigungen für neue Anlagen schloss das Atomgesetz nunmehr aus. Gleichzeitig regelte das Gesetz die ebenfalls im Atomkonsens vereinbarte Nutzung der mit Betriebserlaubnis versehenen Kernkraftwerke bis zum Ende der Restlaufzeit. Reststrommengen konnten von einer Anlage auf eine andere übertragen werden, wenn die empfangende Anlage später ans Netz gegangen ist als die abgebende. Davon abweichende Fälle musste das BMU im Einvernehmen mit Kanzleramt und BMWi genehmigen.

Die im Atomkonsens getroffene Regelung über den Bau von Zwischenlagern fand Eingang in die Novellierung. § 9a AtG schrieb die Errichtung standortnaher Zwischenlager vor, um die Transportfrequenz zu anderen Zwischenlagern für die Dauer bis zur Einbringung in ein Endlager zu mindern. Damit setzte die Bundesregierung die bereits in Schröders Regierungserklärung angekündigte Einstellung der republikweiten Atommülltransporte um. Fortan beschränkte sich die Entsorgung auf die direkte Endlagerung, denn die Wiederaufbereitung und der Transport zu den Wiederaufbereitungslagern wurden zum 1. Juli 2005 verboten. So endete ein Kapitel der gesellschaftlichen Auseinandersetzung, das die Bundesrepublik über Jahrzehnte begleitet hatte. Umweltminister Trittin würdigte diese Entwicklung in der abschließenden Plenardebatte: „Wir sind dabei, ein gewaltiges Konfliktpotential abzubauen und einen Konflikt, der über Jahre hinweg mit Polizei, mit Wasserwerfern und Ähnlichem ausgetragen wurde, auf das zurückzuführen, was getan werden sollte, nämlich die Abarbeitung eines

---

566 Vgl. BGBl. 2002 Teil 1 Nr. 26 vom 26.04.2002, S. 1351-1359.
567 Vgl. BT Drs. 14/6890.
568 Vgl. BT PlPr. 14/209.
569 BT Drs. 14/7261, S. 1.

politischen Konflikts in politischer Form vorzunehmen und damit ein Stück Konsens in dieser Gesellschaft zu schaffen."⁵⁷⁰

Bis Ende 2005 legten die Kernkraftwerksbetreiber zwei Kraftwerke still. Am 14. November 2003 nahm E.ON das Kraftwerk Stade vom Netz, am 11. Mai 2005 stellte Obrigheim den Betrieb ein.

8.3.2. Endlagerung: Moratorium für Gorleben

Nachdem die sozialliberale Bundesregierung Ende der 1970er Jahre den gemeinsamen Beschluss mit den Regierungschefs der Länder getroffen hatte, plädierte der Bund bis in die 1990er Jahre für den Salzstock in Gorleben als Endlager. Die rot-grüne Bundesregierung griff die Problematik erneut auf. Unter den Erkenntnissen des vorangeschrittenen technischen Fortschritts stand sie der weiteren Erkundung des Salzstockes in Gorleben skeptisch gegenüber. Sie intendierte, die Erforschung Gorlebens zurückzustellen, um zuvor die technischen und wissenschaftlichen Grundlagen für eine Endlagerung besser zu erarbeiten und die Eignungskriterien für Gorleben fortzuentwickeln. „Die Bundesregierung [sieht] im Zusammenhang mit der laufenden internationalen Diskussion die Notwendigkeit, die Eignungskriterien für ein Endlager fortzuentwickeln und die Konzeption für die Endlagerung radioaktiver Abfälle zu überarbeiten. Der Stand von Wissenschaft und Technik und die allgemeine Risikobewertung haben sich in den letzten Jahren erheblich weiter entwickelt; dies hat Konsequenzen hinsichtlich der weiteren Erkundung des Salzstockes in Gorleben."⁵⁷¹

Problematisch erschien unter dieser Prämisse die international geforderte Rückholbarkeit der atomaren Bestände, während das Konzept der Bundesregierung den tiefen Einschluss in das Salz Gorlebens vorsah. Bei einer direkten Endlagerung müssten zudem zusätzliche Bedingungen erfüllt werden, um die Kritikalität, d.h. die kritische Ansammlung spaltbarer Stoffe, auszuschließen. „Eine weitere Erkundung des Salzstockes Gorleben kann zur Klärung der genannten Fragen nichts beitragen. Deshalb wird die Erkundung des Salzstockes in Gorleben für mindestens drei Jahre, längstens jedoch für zehn Jahre unterbrochen."⁵⁷² Mit dieser Entscheidung gab die Bundesregierung Gorleben als Option für ein Endlager nicht auf. Allerdings plante sie mit der Rückstellung der Erforschung

---

570 Vgl. BT PlPr. 14/209, S. 20723.
571 Erklärung des Bundes zur Erkundung des Salzstockes in Gorleben, in: Anlage 4 zur Vereinbarung zwischen der Bundesregierung und den Energieversorgungsunternehmen vom 14. Juni 2000.
572 Ebenda.

bis zur Klärung der konzeptionellen und sicherheitstechnischen Fragen unnötige und kostspielige Investitionen in den Salzstock zu vermeiden.

Die Novellierung des Atomgesetzes markierte eine Zäsur in der Entsorgungsstrategie für atomare Reststoffe. Die von der Bundesregierung getroffene Entscheidung, die Wiederaufbereitung aufzugeben und die Verwertung der bestrahlten Brennelemente auf die direkte Endlagerung zu beschränken, beendete das zwischen Bund und Ländern vereinbarte integrierte Entsorgungskonzept aus dem Jahre 1979. Da die Bundesregierung diese Entscheidung ohne vorherige Absprache mit den Bundesländern fällte, sahen sich diese in ihren Rechten beschnitten und der Freistaat Bayern legte beim Bundesverfassungsgericht Beschwerde ein, welche abgelehnt wurde. „Die Pflicht zur Erkundung des Salzstocks Gorleben folgt nach Auffassung der bayerischen Staatsregierung aus dem Grundsatz der Bundestreue. Durch das Moratorium verzögere der Bund ohne rechtfertigenden Grund die ihm obliegende Endlagerung und verlagere so die Verantwortung für die Entsorgung auf die Länder, die nach den Vorschriften des Atomgesetzes für die Zwischenlagerung und die Atomaufsicht zuständig seien."[573] Für die Bundesländer entwickelte sich mit dieser Entscheidung der Bundesregierung die Gefahr, dass der in ihren Zwischenlagern deponierte Müll dort eine dauerhafte Lagerstätte fand. Den Alleingang der Bundesregierung konnten sie nicht verhindern, da aus der Zusammenarbeit von Bund und Ländern in der Endlagerungsproblematik keine verfassungsrechtlichen Ansprüche der Länder gegen den Bund erwuchsen und auch keine einklagbare Rücknahmepflicht des Bundes vorlag.

8.4. Maßnahmen für den Erdgassektor

Schröders Energiepolitik setzte auf Konzentration und bilaterale Zusammenarbeit. Der Zusammenschluss von E.ON und Ruhrgas fand die Unterstützung der Bundesregierung. Wie bereits beim ordnungspolitisch bedenklichen Eingriff in die Wettbewerbsordnung bei der Fusion der Veba und Gelsenberg sanktionierte sie per Ministererlaubnis im Juli 2002 den von Bundeskartellamt und Monopolkommission abgelehnten Zusammenschluss beider Unternehmen. Das Bundeskartellamt war der Ansicht, „dass die Verbindung von E.ON mit Ruhrgas insgesamt zu einem für den Wettbewerb gefährlichen Ausmaß an vertikaler Integration auf dem Gas-Weiterverteilermarkt führt. Sie erfasst – mit unterschiedlicher Intensität – 47 Prozent aller in Deutschland an Weiterverteiler gelieferten Gasmengen. In einer Phase beginnender Liberalisierung auf den Gasmärkten werden damit die Chancen für wirksamen Wettbewerb durch andere Ferngasunterneh-

---

[573] Pressemitteilung Nr. 20/2002 des BverfG vom 20.02.2002 zu 2 BvG 1/00.

8. Energiepolitik der rot-grünen Bundesregierung 1998 – 2005

men von vornherein deutlich verschlechtert. Die bereits marktbeherrschende Stellung der Ruhrgas wird dadurch zementiert."[574]

Am 5. Juli stoppte das OLG Düsseldorf die Fusion und bestätigte damit die Einschätzung des Bundeskartellamtes. Mit dem vom OLG Düsseldorf erlassenen Vollzugsverbot der Ministererlaubnis vom 2. August 2002 folgte es den Anträgen der Kläger. Die Bundesregierung hatte jedoch ein vitales Interesse an der Fusion, weshalb Superminister Wolfgang Clement plante, das Kartellgesetz zu reformieren, um Konkurrenzunternehmen die Möglichkeit weiterer gerichtlicher Schritte zu untersagen.[575] Mit diesen Maßnahmen demonstrierte die Bundesregierung ihr Desinteresse an funktionierenden Märkten in der Energiewirtschaft, denn mit der Fusion von E.ON und Ruhrgas erhielt der größte private Stromerzeuger Europas, E.ON, eine weitere Monopolstellung auf dem deutschen Gasmarkt. Die Absichten des Bundeswirtschaftsministeriums konterkarierten die Stärkung des Wettbewerbs auf deutschen Energiemärkten und offenbarten die industriepolitischen Präferenzen. Am 18. September bestätigte das Bundeswirtschaftsministerium die Ministererlaubnis, allerdings unter verschärften Auflagen. Das OLG Düsseldorf erhielt das Vollzugsverbot in einer Entscheidung vom 16. Dezember jedoch weiterhin aufrecht. E.ON und die Kläger errangen noch während des laufenden Verfahrens eine außergerichtliche Entscheidung, wodurch der Weg für die Fusion frei wurde. Der Einsatz der Bundesregierung für die Fusion verdeutlichte ihre Neigung, durch industriepolitische Eingriffe den Markt zu koordinieren. Schröder setzte sich bei der finnischen Regierung für eine Einflussnahme auf die Fortum ein, der außergerichtlichen Lösung zuzustimmen, wodurch er das Fusionsverfahren erfolgreich abschloss.

Die direkte Gasversorgung Deutschlands war ein Prestige-Projekt für Berlin, weswegen sich Schröder persönlich für den Bau der North-Stream-Pipeline von Russland nach Deutschland einsetzte. Im Jahr 2000 machte Russland der EU das Angebot, die Pipeline zu bauen, um den steigenden europäischen Gasbedarf zu decken. Mit der North-Stream-Pipeline erlangte Deutschland den geopolitischen Vorteil, beim Transport russischen Gases die osteuropäischen Staaten zu umlaufen und damit das Risiko einer nationalen Vorteilnahme durch andere Staaten auszuschalten. Die 1223 km lange Strecke zwischen dem russischen Wyborg und dem deutschen Lubmin führt ausschließlich durch Seegebiet, so dass sich der Einfluss anderer Länder minimieren ließ. Die 7,6 Mrd. Euro teure Pipeline hat ein Transportvolumen von 55 Mrd. m³ Erdgas. Die Bundesregierung

---

574 Vgl. Bundeskartellamt, 8. Beschlussabteilung B 8 – 40000 – U – 109/01 vom 17.01.2002, S. 27.
575 Roland Sturm: Wettbewerbs- und Industriepolitik. Zur unterschätzten Ordnungsdimension der Wirtschaftspolitik, in: Antonia Gohr/Martin Seeleib-Kaiser (Hrsg.): Sozial- und Wirtschaftspolitik unter Rot-Grün, Wiesbaden 2003, S. 95.

setzte sich aus diesen strategischen Gründen für den Bau ein, der nach dem Vertragsabschluss durch die russische Gazprom, der E.ON Ruhrgas und BASF und dem Spatenstich Putins und Schröders am 8. September begann.

8.5. Erneuerbare Energien / Neue Energien

8.5.1. Erneuerbare-Energien-Gesetz (EEG 2000)

Mit dem „Gesetz zur Förderung der Stromerzeugung aus erneuerbaren Energien"(Erneuerbare-Energien-Gesetz – EEG) wurden die rechtlichen Grundlagen für die verstärkte Nutzung der regenerativen Energien geschaffen.[576] Am 1. April 2000 löste das EEG das StromEinspG von 1990 ab. Am 13. Dezember ging dem Bundestag der Entwurf der Fraktionen von SPD und Bündnis 90/Die Grünen zu.[577] Die abschließende Lesung im Plenum des Bundestages fand am 25. Februar 2000 statt.[578] Der Verabschiedung des EEG gingen Diskrepanzen im Gesetzgebungsverfahren voraus. Da der erste Entwurf des BMWi den Absprachen mit den Regierungsfraktionen nicht entsprach, folgte die Initiative aus dem Bundestag. Die Präambel des Gesetzes formulierte wie in den darauffolgenden Jahren die ambitionierten Ziele: „Das Gesetz verfolgt aus Gründen des Klima- und Umweltschutzes das Ziel der Verdoppelung des Anteils erneuerbarer Energien an der Elektrizitätserzeugung bis zum Jahr 2010. Erneuerbare Energien sollen mittelfristig zu einem wesentlichen Standbein der Energieversorgung ausgebaut werden. Notwendig dafür ist eine dynamische Entwicklung der verschiedenen Technologien zur Erzeugung von Strom aus erneuerbaren Energiequellen. Mittel- und langfristig sollen dadurch die Wettbewerbsfähigkeit mit konventionellen Energieträgern ermöglicht und die Position der deutschen Industrie und Technologie auf dem Weltmarkt gestärkt werden."[579]

Das EEG 2000 verpflichtete Netzbetreiber, Strom aus Anlagen erneuerbarer Energien ihr Netz einzuspeisen und dem Anlagenbetreiber die im EEG vorgeschriebenen Vergütungen zu zahlen. Die Netzbetreiber reichen diesen Strom dann an die Übertragungsnetzbetreiber weiter, welche ihn an die Stromvertriebe (EVU) vermitteln. Die Aufschläge für die Vergütung des Stroms aus Erneuerbare-Energien-Anlagen trug schließlich der Stromendverbraucher. Somit zerfiel die Erneuerbare-Energien-Regelung in fünf Schritte. Im ersten Schritt speist der Anlagenbetreiber den Strom in das Netz ein. Im zweiten Schritt reicht

---
576 Vgl. BGBl I Nr. 13 vom 31.03.2000, S. 305-309.
577 Vgl. BT Drs. 14/2341.
578 Vgl. BT PlPr. 14/91.
579 Vgl. BT Drs. 14/2341, S. 1.

8. Energiepolitik der rot-grünen Bundesregierung 1998 – 2005

der Netzbetreiber den Strom an den Übertragungsnetzbetreiber weiter. In einem dritten Schritt regeln die Übertragungsnetzbetreiber mit dem Ausgleichsmechanismus eine gleichmäßige Verteilung der eingespeisten Strommengen. Mit dem vierten Schritt sorgen Übertragungsnetzbetreiber und Stromvertriebe gemeinsam für die gleichmäßige Aufteilung des Stroms an die von den jeweiligen Übertragungsnetzbetreibern belieferten Stromvertriebe. Im fünften Schritt zahlt der Endkunde die Einspeisevergütung.

Das StromEinspG regelte die Vergütung der eingespeisten Strommengen aus erneuerbaren Energien durch einen prozentualen Anteil der Durchschnittserlöse der EVU beim Endverbraucher. Die aufgrund der Strommarktliberalisierung durch die EU-Elektrizitätsbinnenmarktrichtlinie ab 1998 gesunkenen Strompreise führten zu einem geringen Vergütungsniveau für die Anlagenbetreiber erneuerbarer Energien, weshalb das Nachfolgegesetz die prozentuale Einspeisevergütung durch eine pauschale Prämie ersetzte. Ziel des EEG 2000 war es, „im Interesse des Klima- und Umweltschutzes eine nachhaltige Entwicklung der Energieversorgung zu ermöglichen und den Beitrag Erneuerbarer Energien an der Stromversorgung deutlich zu erhöhen, um entsprechend den Zielen der Europäischen Union und der Bundesrepublik Deutschland den Anteil Erneuerbarer Energien am gesamten Energieverbrauch bis zum Jahr 2010 mindestens zu verdoppeln."[580]

Das Gesetz regelte die Vergütung für Strom, der ausschließlich aus Wasserkraft, Windkraft, solarer Strahlungsenergie, Geothermie, Deponie-, Klär- und Grubengas oder aus Biomasse gewonnen wurde. Das EEG hob im Vergleich zum StromEinspG die Deckelung des eingespeisten Stroms auf. Im alten Gesetz waren die Netzbetreiber nur zu einer anteiligen Abnahme des Ökostroms von fünf Prozent ihres Gesamtstromaufkommens verpflichtet.

Strom aus Anlagen mit einer Nennleistung von über fünf MW und Anlagen, die über 25 Prozent der Bundesrepublik gehörten, fielen nicht in den Geltungsbereich des EEG 2000. Die Netzbetreiber oblagen dem Zwang, alle in den Wirkungsbereich des Gesetzes fallenden Stromerzeugungsanlagen an ihr Netz anzuschließen und die eingespeisten Strommengen zu einem festen Satz zu vergüten.

Für Strom aus Wasserkraft, Deponiegas, Grubengas und Klärgas betrug die Vergütung mindestens 7,67 ct/kWh – jenseits der 500 kW 6,65 ct. Für Strom aus Biomasse belief sich die Prämie auf einen Betrag zwischen 10,23 und 8,7 ct/kWh, abhängig von der Größe de produzierenden Anlage. Für Strom aus Geothermie besaß das Entgelt bis einschließlich einer installierten elektrischen Leistung von 20 MW eine Höhe von mindestens 8,95 ct/kWh und ab einer installier-

---
580   Ebenda, S. 305.

8.5. Erneuerbare Energien / Neue Energien

ten elektrischen Leistung von 20 MW mindestens 7,16 ct/kWh. Strom aus Windkraft erhielt eine Kompensation von 9,10 ct/kWh für die ersten fünf Jahre. Nach diesem Zeitpunkt reduzierte sich der Betrag auf 6,19 ct. Strom aus solarer Strahlungsenergie musste zu 45,7 ct in das Stromnetz eingespeist werden. Diese Beträge waren für neue Anlagen für eine Dauer von 20 Jahren zu gewähren. Für Anlagen, die bereits vor Inkrafttreten des Gesetzes in Betrieb genommen wurden, galt als Zeitpunkt der Inbetriebnahme das Jahr 2000.

Die Einspeisung des Stroms konnte regional unterschiedliche Intensität aufweisen. Um Belastungen aus regionalen Disproportionalitäten bei den Übertragungsnetzbetreiber zu vermeiden, sah das Gesetz im dritten Schritt eine bundesweite Ausgleichsregelung vor. „Auf diese Weise soll ein Mangel des früheren Stromeinspeisungsgesetzes beseitigt werden, der dazu geführt hat, dass einzelne Regionen einen weit überdurchschnittlichen Anteil aufzunehmen hatten."[581] Die Übertragungsnetzbetreiber waren verpflichtet, die unterschiedlichen Energiemengen zu erfassen, den eingespeisten Strom auszugleichen und die entsprechenden Kosten aus den Vergütungen weiterzureichen.[582] Für diesen Prozess ermittelten sie bis zum 30. September eines jeden Jahres die Energiemenge, die sie abgenommen und vergütet hatten sowie den Anteil dieser Energiemenge an der gesamten Strommenge, welche die EVU an Endverbraucher im Einzugsbereich des Übertragungsnetzbetreibers geliefert hatten. Wenn dieser Anteil größer als der durchschnittliche Anteil war, hatte der Übertragungsnetzbetreiber einen Anspruch gegenüber den anderen Netzbetreibern, bis sich die Anteile nivellierten.[583]

Im vierten Schritt erfolgte der Ausgleich zwischen Übertragungsnetzbetreiber und EVU. Elektrizitätsversorgungsunternehmen, die Strom an Endverbraucher lieferten, waren angewiesen, den von dem für sie regelverantwortlichen Übertragungsnetzbetreiber abgenommenen Strom anteilig abzunehmen und zu vergüten. Der jeweilige Anteil war so zu bestimmen, dass jedes Elektrizitätsversorgungsunternehmen einen relativ gleichen Anteil erhielt. „Nach Teil vier des EEG findet ein aufwändiger physikalischer und finanzieller Ausgleich der EEG-Mengen zwischen Netzbetreibern und Stromvertrieben statt. Dabei wandeln die Übertragungsnetzbetreiber den Strom aus erneuerbaren Energien, den sie abgenommen, bezahlt und untereinander ausgeglichen haben, im Zusammenwirken mit Stromhändlern in Monatsbänder um und liefern diese an die Vertriebe. Die Höhe dieser Monatsbänder wird im Vorjahr prognostiziert. Da die nach EEG vergüteten Strommengen über lange Zeiträume nicht genau prognostizierbar sind, wird die Höhe des Monatsbands jeweils im Vormonat der Lieferung angepasst. Die Vertriebsunternehmen sind verpflichtet, diese Bänder als so genannte

---

581 Vgl. Begründung des § 11 EEG.
582 Vgl. § 14 I EEG.
583 Vgl. § 14 II EEG.

8. Energiepolitik der rot-grünen Bundesregierung 1998 – 2005

EEG-Quote abzunehmen und zu vergüten."[584] Aufgrund des beträchtlichen Aufwands zur Errechnung der Monatsbänder im vierten Schritt des EEG hob die EEG-Novelle des Jahres 2009 zusammen mit der „Verordnung zur Weiterentwicklung des bundesweiten Ausgleichsmechanismus" diesen Ausgleich auf und ersetzte ihn durch einen Verkauf des Stroms an der Strombörse.[585] Die EVU gaben die Kosten im fünften Schritt an die Endverbraucher weiter.

Als Form der Direktvermarktung fand das Grünstromprivileg Eingang in das EEG. Stromlieferanten werden von der Pflicht zur Zahlung der EEG-Umlage befreit, wenn mehr als die Hälfte des verkauften Stroms aus Erneuerbare-Energien-Anlagen stammt. Das Grünstromprivileg gilt dann für den gesamten Stromabsatz des Lieferanten und nicht nur für den Strom aus Anlagen, die regenerative Energien nutzen. Bis 2011 nahm der Anteil des über das Grünstromprivileg vergünstigten Stroms sukzessive zu und stiegt bis 2011 auf 22,5 TWh an.[586] Aus dem Grünstromprivileg erlangt der Anlagenbetreiber nur mittelbar einen Vorteil. Das Stromvertriebsunternehmen erzielt höhere Margen, da es von den Kosten der EEG-Umlage befreit ist und eine höhere Vergütung an den Anlagenbetreiber ausreichen kann.

Im Jahr 2002 führten die energiewirtschaftlichen Vorgaben des EEG zu einem Umsatzvolumen von 9,6 Mrd. Euro, wovon sechs Mrd. Euro auf Investitionen in Neuanlagen und Anlagenerweiterungen entfielen.[587] Als Erfolg wertete die Bundesregierung die Reduktion des CO_2-Ausstoßes um etwa 20 Mio. t. Gegenüber 2000 hat sich die installierte Leistung im Bereich der Windenergie auf 13.500 Megawatt verdoppelt.

8.5.2. Novelle des EEG (EEG 2004)

In der Nachhaltigkeitsstrategie setzte sich die Bundesregierung das Ziel, den Energieverbrauch bis zur Mitte des 21. Jahrhunderts zu 50 Prozent durch den Einsatz erneuerbarer Energien zu decken. Vorerst sollte bis 2010 der Anteil erneuerbarer Energien am Primärenergieverbrauch auf 4,2 Prozent und am Stromverbrauch auf 12,5 Prozent verdoppelt werden. Dieses Ziel machte eine verstärkte Förderung notwendig, um die Zubaurate der Erneuerbare-Energien-Anlagen zu erhöhen. Die EU-Richtlinie 2001/77/EG fand ebenso Eingang in die Novelle.[588] In der Richtlinie schrieb die Union eine verbindliche Stromerzeugung

---

584 BT Drs. 16/13188, S. 8.
585 Vgl. Kap. 9.5.3.
586 Vgl. BT Drs. 17/11958, S. 40.
587 Vgl. BT Drs. 15/2327.
588 Vgl. BT Drs. 15/2864, S. 2.

8.5. Erneuerbare Energien / Neue Energien

aus Anlagen erneuerbarer Energien vor, wobei die Kommission ihren Anteil an der Stromproduktion in Höhe von 22 Prozent bis 2010 festschrieb. Schließlich griff die Bundesregierung die Vorschläge aus dem Erfahrungsbericht zum EEG auf. Am 18. Februar 2004 brachte sie hierfür den Entwurf eines „Gesetzes zur Neuregelung des Rechts der Erneuerbaren Energien im Strombereich"[589] ein. „Die Realisierung einer nachhaltigen Energieversorgung ist ein zentrales Politikziel der Bundesregierung. Es gilt dabei, die Energieversorgung künftiger Generationen unter Berücksichtigung ökologischer Ziele und gleichzeitigem wirtschaftlichem Wachstum sicherzustellen. Ein Kernelement dieser Strategie ist es, den Anteil erneuerbarer Energien an der Energieversorgung im Interesse der Sicherung endlicher Energieressourcen und im Hinblick auf den Umwelt- und den Klimaschutz deutlich zu steigern."[590] Die abschließende Lesung im Plenum des Deutschen Bundestages erfolgte am 2. April 2004.[591] Am 1. August 2004 trat die novellierte Fassung des EEG in Kraft.[592]

Das EEG 2000 sah eine Deckelung der Kosten für die Förderung der Solarenergie bei einer Höhe von 350 MW vor. Es drohte ein Förderstopp, da die Branche aufgrund der Unterstützung der Bundesregierung durch das 100.000-Dächer-Programm diese Schwelle bereits 2003 erreicht hatte.[593] Am 30. Juni 2003 lief die Antragsfrist des Programms aus. Im EEG 2004 wurde die Deckelung der Förderung der Solarenergie aufgehoben. Außerdem wurden die Vergütungssätze angepasst und erhöht. Für Strom aus solarer Strahlungsenergie sah die novellierte Gesetzesfassung eine Kompensation für sonstige Anlagen von 45,7 ct/kWh vor, für Anlagen mit einer Leistung bis 30 kW 57,4 und ab 30 kW 54,6 ct/kWh.[594]

„Der weitere Ausbau der Wasserkraft zur Erschließung der noch vorhandenen Potentiale steht im Spannungsfeld zwischen Wirtschaftlichkeitserwägungen einerseits und Umweltaspekten andererseits. Um das verbleibende Potential der Wasserkraft in Deutschland zu erschließen, soll zukünftig auch Strom aus großen Wasserkraftanlagen mit einer installierten elektrischen Leistung von 5 bis zu 150 Megawatt in den Vergütungsmechanismus einbezogen werden, wenn sie bis zum 31. Dezember 2012 erneuert werden und die Erneuerung zu einer Erhöhung des elektrischen Arbeitsvermögens um mindestens 15 Prozent führt. Dabei soll je-

---

589 Vgl. BT Drs. 15/2327.
590 Ebenda.
591 Vgl. BT PlPr. 15/103.
592 BGBl. Teil I Nr. 40 v. 31.07.2004, Seite 1918 ff.
593 Vgl. Stefan Hermanns: Das Erneuerbare-Energien-Gesetz 2009 (EEG 2009). Novellierung sowie Hintergrund und Verlauf der politischen Debatte am Beispiel der Solarenergie, Norderstedt 2008, S. 7.
594 Für eine detaillierte Aufschlüsselung nach Leistung, Ort und Inbetriebnahme, vgl. BT Drs. 15/2327, S. 49.

8. Energiepolitik der rot-grünen Bundesregierung 1998 – 2005

doch die Erneuerung der Anlage nachweislich den ökologischen Zustand gegenüber dem vorherigen Zustand verbessern."[595] Strom aus Wasserkraft von Anlagen bis 500 kW erhielt eine Vergütung von 9,67 ct/kWh – für Anlagen zwischen 500 kW und fünf MW fiel sie auf 6,65 ct. Damit stieg die Einstiegsförderung gegenüber dem EEG 2000 an. Kleine Anlagen hingegen erhielten nur noch dann eine Förderung, wenn sie bis 31. Dezember 2005 genehmigt wurden. Diese Regelung trat einem Wildwuchs kleiner Wasserkraftanlagen entgegen, deren Betrieb zur Austrocknung der Flussläufe und schwerwiegenden Eingriffen in den Lebensraum vieler Tiere führen konnte.

Für Strom, der in Anlagen gewonnen wird, die ausschließlich Biomasse einsetzen, betrug die Prämie bis zu einer Leistung von 150 kW 11,5 ct/kWh, bei einer Anlagenleistung bis 500 kW 9,9 und bis fünf MW 8,9 ct/kWh. Anlagen mit höherer Leistung erhielten eine Vergütung von 8,4 ct. Während die Neuregelung die Degression in fast allen Bereichen verschärfte, setzt sie bei der Bioenergie verstärkt Anreize, da diese Energieform bis dahin zu wenig Förderung erhielt. Diese Regelung ging konform mit der angestrebten Diversifikation der erneuerbaren Energien. „Man wolle auch innerhalb der erneuerbaren Energien einen breiten Energiemix ermöglichen. Wenn man die regional unterschiedlich verteilten Potentiale angemessen berücksichtige und den Mix aus erneuerbaren Energien im Gesamtzusammenhang der Energiepolitik betrachte, werde es gelingen, die fossilen Energien langfristig durch erneuerbare Energien zu ersetzen. Dazu brauche man alle Formen der erneuerbaren Energien und werde die Forschungsanstrengungen intensivieren."[596] Strom aus Geothermie erhielt bis zu Anlagenleistungen von fünf MW mindestens 15, bis zehn MW 14 ct, bis 20 MW 8,95 und ab einer Leistung von 20 MW 7,16 ct/kWh. Die Kompensation für Strom aus Windenergie hatte eine Höhe von mindestens 5,5 ct/kWh. Überschritten die Anlagen einen Referenzwert, erhielten sie eine höhere Förderung.

Über alle Anlagenarten hinweg kürzte die Novelle die Vergütung für Strom aus Windenergieanlagen. Darüber hinaus wurde eine jährliche Degression eingeführt, um für die Industrie zugleich einen Anreiz als auch einen Zwang zur Absenkung der Produktionskosten zu schaffen: „Die Degressionssätze sind an das Effizienzpotential der verschiedenen Sparten angepasst. Damit werden anspruchsvolle Anreize zur Senkung der Kosten und Erhöhung der Wirkungsgrade gegeben. Ziel ist es, die Wettbewerbsfähigkeit der erneuerbaren Energien mittel-

---

595 BT Drs. 15/2327, S. 17.
596 Vgl. Stefan Hermanns: Das Erneuerbare-Energien-Gesetz 2009 (EEG 2009). Novellierung sowie Hintergrund und Verlauf der politischen Debatte am Beispiel der Solarenergie, Norderstedt 2008, S. 3.

8.5. Erneuerbare Energien / Neue Energien

fristig zu erreichen, damit sie sich dann am Markt selbst tragen können."[597] Die CSU reduzierte durch ihre Ausschussarbeit die Förderung des Stroms aus Windkraftanlagen. Auf Initiative der Christsozialen enthielt die Novellierung ein differenzierendes Vergütungssystem für Windanlagen in Abhängigkeit ihrer Leistung. „Es gelte den Ausbau der Windenergie im Binnenland zu reduzieren und ihre Förderung an ungünstigen Standorten einzustellen. Entscheidend für die weitere Förderung der Windenergie sei die jeweilige Relation zum Referenzertrag. Strom aus Windenergie sollte nach Auffassung der Fraktion der CDU/CSU nur dann vergütet werden, wenn er aus Anlagen gewonnen werde, die mindestens 65 Prozent des Referenzertrages erzielten."[598]

Aus dem zügigen Ausbau der Erneuerbare-Energien-Anlagen resultierte eine wachsende Netzbelastung. Aufgrund des nicht bedarfsgerecht eingespeisten Stroms besteht eine prinzipielle Notwendigkeit, trotz eines höheren Anteils der Erneuerbaren an der Energiegewinnung, weiterhin konventionelle Kraftwerke zur Abdeckung der Grundlast am Netz zu belassen. In den Netzen fließt mehr Strom. Wenn aber in Starkwindphasen oder in der Mittagszeit abrupt eine große Strommenge ins Netz eingespeist wird, gelangt es an die Grenze seiner Leistungsfähigkeit. Zu diesem Zeitpunkt war der unbedingte Netzausbau in der energiepolitischen Diskussion noch kein Konsens, sondern es wurde nach anderen Wegen gesucht, um die Netze nicht zu überlasten. Für die Entlastung der Stromtransportwege führte die Novelle das Erzeugungsmanagement ein. Zwar sollte sich der Anteil der Erneuerbaren erhöhen, allerdings musste ihrer fehlenden Grundlastfähigkeit Rechnung getragen werden. Vor diesem Hintergrund sollte es im Rahmen des Erzeugungsmanagements ermöglicht werden, die Anlagen durch den Betreiber vorübergehend vom Netz nehmen zu lassen, wenn sich durch diese temporäre Abschaltung ein Netzausbau mit zusätzlichen Kosten verhindern ließ. „Der Gesetzgeber versteht die Vorschrift ausdrücklich nur als Angebot an die Beteiligten. Mit der Vorschrift wird den Beteiligten die sinnvolle Möglichkeit eröffnet, im Sinne eines gegenseitigen Gebens und Nehmens Vereinbarungen zu treffen, die für beide Seiten und letztlich für den Stromkunden vorteilhaft sind. Durch den partiellen Verzicht des Anlagenbetreibers auf seine Rechte, z. B. zu bestimmten Zeiten einzuspeisen, kann der Netzbetreiber unter Umständen Kosten – etwa für notwendige Ausgleichsenergie – sparen. So ist es durchaus sinnvoll, wenn Betreiber von Anlagen aus den verschiedenen Sparten der erneuerbaren Energien oder auch zusammen mit sonstigen Anlagenbetreibern ein Erzeugungsmanagement mit dem Ziel vereinbaren, eine kontinuierliche Einspeisung zu ermöglichen. Eine solche Vereinbarung kann den Netzbetreiber in die Lage

---

597 BT Drs. 15/2327, S. 18.
598 Vgl. Hermanns 2008, S. 4.

8. Energiepolitik der rot-grünen Bundesregierung 1998 – 2005

versetzen, Kosten einzusparen und dem Anlagenbetreiber für seinen Verzicht auf eine weitergehende Einspeisung einen finanziellen Ausgleich zu zahlen, so dass dieser in der Summe nicht schlechter steht, als bei einer unbeschränkten Ausübung seiner Rechte."[599]

Die Initiatoren der EEG-Novellierung waren sich der Kosten bewusst, welche durch die verstärkte Förderung der erneuerbaren Energien für die Industrie entstanden. Daher weitete die Novelle die Härtefallregelung aus und die ehemals vier Prozent des EEG-Gesamtvolumens erhöhten sich auf neun. Im Rahmen der Besonderen Ausgleichsregelung konnten nun ebenso Schienenbahnen und Betriebe des produzierenden Gewerbes einen Antrag auf Ausnahme von der Belastung stellen, um den Differenzbetrag zwischen regulären Stromkosten und den Mehraufwendungen aus der Umlage der Vergütungsprämien der erneuerbaren Energien zu verringern. Die Wettbewerbssituation eines Unternehmens stellte nun keine Voraussetzung mehr für die Befreiung dar. Aus der Kürzung des Industrie-Anteils an den durch die EEG-Umlage verursachten Kosten erwuchsen für die anderen Stromverbraucher Mehrbelastungen in Höhe von zehn Prozent.[600] In der abschließenden Lesung im Bundestag betonte die SPD die gesamtwirtschaftliche Bedeutung dieser Vergünstigungen: „Mit dem EEG schaffen wir nicht nur bei den erneuerbaren Energien eine solche positive Entwicklung, sondern wir sorgen durch die Neugestaltung der Härtefallregelung ebenso dafür, dass auch andere Industriebereiche klare Zukunftsperspektiven erhalten. Wir haben die bisherige Härtefallregelung durch Absenkung der Schwellen mittelstandsfreundlicher ausgestaltet. Auch haben wir dafür gesorgt, dass die besonders im Wettbewerb stehenden und stromintensiven Branchen vom Selbstbehalt befreit werden. Das heißt, von der ersten Kilowattstunde an muss nur der niedrigere Satz gezahlt werden. Das ist ein gutes Signal. Es macht deutlich: Wir machen nicht eine Politik des Entweder-oder, sondern eine Politik des Sowohl-als-auch."[601]

8.5.3. 100.000-Dächer-Programm

Neben die Investitionsförderprogramme traten energiepolitische Initiativen des Bundes. Das bedeutendste Vorhaben für den Solar-Bereich der erneuerbaren Energien war das 100.000-Dächer-Programm als Teil des EEG, das den Bau ebenso vieler Photovoltaik-Anlagen mit einer durchschnittlichen Leistung von drei kW förderte. Das Programm lief von 1999 bis Ende 2003 und besaß schließ-

---

599 BT Drs. 15/2327, S. 24
600 Vgl. BT Drs. 15/2539, S. 2.
601 BT PlPr. 15/103, S. 9334.

lich ein Fördervolumen von einer Mrd. Euro. Am Ende der Laufzeit war eine Gesamtleistung von 350 MW installiert. Die Konzeption sah eine Unterstützung für Photovoltaik-Anlagen mit einer Leistung ab einem kW für Privatpersonen, Vereine und Stiftungen vor.[602] Nachdem das Programm zu Beginn auf eine geringe Nachfrage traf – bis Ende 2000 waren nur 3.800 Anträge gestellt worden[603] – stieg das Interesse nach der Verabschiedung des EEG an.

8.5.4. Fünftes Energieforschungsprogramm der Bundesregierung

„Wer Energiegeschichte schreiben will, muss in Technologien investieren. Das ist in erster Linie eine Aufgabe der Wirtschaft. Die Bundesregierung unterstützt jedoch die Bemühungen der Wirtschaft durch gezielte Förderung von Forschung und Entwicklung moderner Energietechnologien, und zwar auf breiter Front, von der Grundlagenforschung über die angewandte Forschung bis zu Demonstrationsanlagen."[604] Das Programm zielte erstens auf den Start einer Innovationsoffensive, welche die Wettbewerbsfähigkeit der deutschen Wirtschaft stärken sollte. Zweitens unterstützte das fünfte Energieforschungsprogramm die Energiepolitik der Bundesregierung, die auf den Einsatz der heimischen Kohle nicht verzichtete wollte, gleichwohl eine höhere Effizienz forderte. Im Rahmen des für das Jahr 2010 vorgesehenen Kraftwerkserneuerungsprogramm schuf es die Voraussetzungen für den Bau neuer Kraftwerke.

Das fünfte Energieforschungsprogramm umfasste die Erforschung moderner Kraftwerkstechnologien auf Basis von Kohle und Gas (einschließlich CO_2-Abtrennung, und -speicherung), Photovoltaik und Windenergie im Offshore-Bereich, Brennstoffzellen und Wasserstoff als Sekundärenergieträger, Verfahren für energieoptimiertes Bauen sowie Technologien zur effizienteren Nutzung der Biomasse. Das Programm verband Konzepte und Initiativen der Wissenschaft und Industrie und setzte auf eine Vernetzung mit anderen internationalen Energieforschungseinrichtungen wie der IEA. Für die Erforschung neuer Energietechnologien stellte die Bundesregierung bis 2008 rund 1,7 Mrd. Euro zur Verfügung. Im Mittelpunkt der energiepolitischen Zielstellung stand die Erhöhung des Anteils der erneuerbaren Energien am Primärenergieverbrauch von 3,1 Prozent im Jahr 2003 auf 50 Prozent im Jahr 2050. Um dieses Ziel zu erreichen, stimulierte die Bundesregierung die Projekt- und die institutionelle Förderung. Wäh-

---

602 Vgl. Sven Geitmann: Erneuerbare Energien & Alternative Rohstoffe. Mit neuer Energie in die Zukunft, Kremmen 2005, S. 125.
603 Vgl. BT PlPr. 14/91, S. 8440.
604 Bundesregierung (Hrsg.): Innovation und neue Energietechnologien. Das 5. Energieforschungsprogramm der Bundesregierung, Berlin 2005, S. 4.

8. Energiepolitik der rot-grünen Bundesregierung 1998 – 2005

rend die Projektförderung zeitlich befristete und inhaltlich definierte Projekte in den Mittelpunkt rückte, förderten die institutionellen Projekte die Kompetenz der Forschungseinrichtungen und ihre langfristige strategische Ausrichtung in der Energieforschungslandschaft.

Innerhalb der Ressorts koordinierte das BMWA die nicht-nukleare Energieforschung ohne erneuerbare Energien, die rationelle Energieverwendung sowie die nukleare Sicherheit und Endlager, das BMU war zuständig für die Forschung auf dem Gebiet der erneuerbaren Energien und das BMVEL für die Bioenergieforschung. Die Ausrichtung der Forschungsanstrengungen auf die erneuerbaren Energien schlug sich in der Budgetierung der einzelnen Ressorts nieder. Der Posten des BMU mit über 80 Mio. Euro jährlich war hinter der Fusionsforschung des BMBF, die 115 Mio. Euro jährlich erhielt, der zweitgrößte Geldempfänger. Das BMWi zeichnete verantwortlich für die Forschungsanstrengungen für Kraftwerke auf Kohle- und Gasbasis.

Aufgrund der 2001 getroffenen Vereinbarung mit den Kernkraftwerksbetreibern über die planmäßigen Abschaltung der Atommeiler zeichnete sich ein Neubedarf von 20.000 MW Kraftwerksleistung ab. Zusammen mit der Substanzerneuerung des alten Kraftwerksparks ergab sich ein Neubedarf von insgesamt 40.000 MW. Um dieses Ziel kostengünstig zu erreichen, verfolgte das fünfte Energieforschungsprogramm zwei komplementäre Strategien. Die Energieeffizienzleitlinie zielte darauf ab, die Verwendung von Kohle und Gas so effizient wie möglich zu gestalten. Die zweite Strategielinie setzte auf eine weitgehende Minderung der CO_2-Emissionen, die mit CO_2-Reduktionstechnologien (COORETEC) erreicht werden sollten. Die Bundesregierung trug durch FuE-Förderung dazu bei, die Wirkungsgrade der gängigen Kraftwerkstypen bis 2020 um bis zu 20 Prozent zu steigern. Für den Betrieb von Dampfkraftwerken sind Werkstoffe mit speziellen Eigenschaften notwendig, welche die angewandte Materialforschung des BMWi erkundete. Da die Bundesregierung davon ausging, dass erhöhte Wirkungsgrade allein nicht ausreichen würden, um die klimapolitischen Ziele zu erfüllen, setzte sie verstärkt auf Technologien zur Abscheidung der CO_2-Emissionen, wie die Oxyfuelkonzepte und die Kohlevergasung.

Auf dem Gebiet der Brennstoffzellen intendierte das Forschungsprogramm eine Kostensenkung bei den innovativen Herstellungsverfahren der Zellkomponenten. Besonderes Augenmerk richtete die gouvernementale Energiepolitik auf den Ausbau von Speichertechnologien. „Einerseits zwingt der zunehmende Kostendruck durch die Liberalisierung der Märkte die Unternehmen zum Abbau von Reservekapazitäten. Andererseits erfordert der starke Anstieg der unregelmäßig anfallenden Stromerzeugung durch Windkraft zusätzliche Reservekapazitäten."[605]

In der nuklearen Forschung setzte die Bundesregierung auf Sicherheitstechnik für die Kernkraftanlagen, Endlagerforschung sowie die Initiative „Kompetenzerhalt Kerntechnik", um einen „braindrain" in diesem Wissenschafts- und Wirtschaftssegment durch den 2001 beschlossenen geordneten Ausstieg aus der Kernkraft zu vermeiden. Zu den Zielen der Forschungsförderung des BMU gehörte es, die Wettbewerbsfähigkeit in allen Bereichen der erneuerbaren Energien zu erhöhen, die Technologieführerschaft in besonders innovativen Bereichen, wie z. B. der Photovoltaik und der solarthermischen Kraftwerke, zur Sicherung des Hightech Standortes Deutschland und seiner Exportchancen zu erhalten und den Ausbau der erneuerbaren Energien möglichst naturverträglich zu gestalten.[606]

8.6. Regulierung der Energiemärkte

8.6.1. Integration Ostdeutschlands in liberalisierte Strommärkte

Ein Anliegen der rot-grünen Bundesregierung stellte die Integration der ostdeutschen Stromwirtschaft in den liberalisierten westdeutschen Strommarkt dar. Während die Liberalisierung der westdeutschen Strommärkte und -netze durch die Neufassung des EnWG 1998 den Haushalten für kurze Zeit zu sinkenden Strompreisen verhalf, blieben die ostdeutschen Stromkunden von solchen Preissenkungen ausgenommen. Diese Preisresistenz gründete auf der „Braunkohleschutzklausel", welche die Bundesregierung der VEAG zum Schutze ihrer Investitionen zugebilligt hatte. Da die VEAG als einziges ostdeutsches EVU auf Wunsch der Politik Investitionen in Höhe von knapp 20 Mrd. Euro tätigte, bedrohten die aus der Neufassung des EnWG resultierenden sinkenden Strompreise die Amortisierung ihrer Investitionskosten.[607] Die Schutzklausel, die bis 2003 galt, ermöglichte es der VEAG, die Durchleitung von Fremdstrom zu verweigern, wenn dadurch der eigene Stromabsatz sinken würde. Sinkender Stromabsatz der VEAG gefährdete die Arbeitsplätze in der Energieproduktion, auf deren Sicherung sich VEAG und Bundesregierung im Zuge der Stromverträge geeinigt hatten. Die Braunkohleschutzklausel schrieb vor, 70 Prozent des Stroms in Ostdeutschland aus Braunkohle zu gewinnen, welche auch in Ostdeutschland abgebaut wurde. Aufgrund der Wettbewerbseinschränkung ließ sich eine weitgehende Arbeitsplatzgarantie aufrechterhalten. Mit der Regelung behob die Bun-

---

605 Ebenda. S. 30
606 Vgl. ebenda, S. 43.
607 Vgl. Birke u.a. 2000, S. 17.

8. Energiepolitik der rot-grünen Bundesregierung 1998 – 2005

desregierung unerwünschte Effekte aus der Marktliberalisierung, die mit ihren arbeitsmarktpolitischen Zielen in strukturschwachen Gebieten kollidierten.

Im Jahr 2000 suchte die Bundesregierung nach einem Modell, „das den Absatz der deutschen Braunkohlenindustrie sowie die Zukunft der VEAG und damit die Verstromung ostdeutscher Braunkohle langfristig sichert, aber zugleich auch in den neuen Bundesländern zu wirksamem Wettbewerb bei Strom führt und dadurch noch bestehende Strompreisunterschiede Ost/West beseitigt"[608]. Mit neuen Gesellschaftsstrukturen der VEAG sollte dieses Ziel erreicht werden. Schröder drängte bei der Inbetriebnahme des Braunkohlekraftwerks in Lippendorf bei Leipzig am 22. Juni auf einen zügigen und reibungslosen Eigentümerwechsel. Die vormaligen Haupteigentümer RWE und Bayernwerke verkauften den Energieversorger an HEW und Vattenfall, die damit als „vierte Kraft" auf den deutschen Strommarkt traten, wie Wirtschaftsminister Müller ausführte.[609]

Der Schritt war nötig, nachdem die Bayernwerke im Jahr 2000 mit Preußen Elektra zur E.ON und RWE mit VEW zum RWE-Konzern fusionierten, und die Kartellbehörde einen Eigentümerwechsel bei der VEAG anmahnte.[610] Die Bundesregierung besaß damit die Möglichkeit, den von ihr präferierten Wandel voranzutreiben und Einfluss auf die zukünftigen Eigentümer zu nehmen. „Die ostdeutsche Braunkohlenförderung und -verstromung auch im liberalisierten Strommarkt für die Zukunft zu sichern und gleichzeitig die ostdeutsche Industrie und die Privathaushalte an den Vorteilen der Marktöffnung teilhaben zu lassen, konnte im Zuge der Neuordnung der Anteilseigner bei VEAG und LAUBAG erreicht werden."[611] Mit den neuen Eigentümern der ostdeutschen Stromwirtschaft vereinbarte die Bundesregierung, dass bis zum 31. Dezember 2008 jährlich mindestens 50 TWh in den Braunkohlekraftwerken der VEAG erzeugt und abgesetzt, und die dafür erforderlichen Arbeitskräfte in den Tagebauen und Kraftwerken ständig vorgehalten werden.

8.6.2. Novelle des EnWG 2003: Verbändevereinbarung

Am 10. August 1998 trat die EU-Richtlinie 98/30/EG mit den Vorschriften zur Regulierung des Erdgasbinnenmarktes in Kraft. Im Mittelpunkt stand der Netzzugang für Dritte, der sog. „Third Party Access", der eine Novellierung des

---

608 Vgl. BT Drs. 14/2656.
609 Vgl. Besiegelt: HEW/Vattenfall übernehmen VEAG, in: Strommagazin vom 13.12.2000.
610 Vgl. ausführlich zu Fusionen im Energiesektor André Suck: Erneuerbare Energie und Wettbewerb in der Elektrizitätswirtschaft, Wiesbaden 2008, S. 290ff.
611 BMWi (Hrsg.): Energiebericht. Nachhaltige Energiepolitik für eine zukunftsfähige Energieversorgung, Berlin 2001, S. 21.

8.6. Regulierung der Energiemärkte

Energiewirtschaftsgesetzes erzwang. Dafür verabschiedete der Bund das „Erste Gesetz zur Änderung des Gesetzes zur Neuregelung des Energiewirtschaftsgesetzes".[612] Mit der Richtlinie 98/30/EG verfolgte die EU die rechtliche Gleichsetzung des Gas- und Strommarktes. Ebenso wie im Regulierungsmodell des Strommarktes sollte die vertikale Integration der Anbieter auf dem Gasmarkt entflochten und die getrennte Rechnungslegung für Netz, Vertrieb und sonstigen Aktivitäten etabliert werden, um den Wettbewerb anzuregen. Ein weiterer Aspekt war die Zugangsordnung für die Netze.

Die europäische Richtlinie machte die Novellierung des Energiewirtschaftsgesetzes notwendig, das bis zu diesem Zeitpunkt den Gasmarkt kaum für den Wettbewerb geöffnet hatte. Mit dem „Ersten Gesetz zur Änderung des Gesetzes zur Neuregelung des Energiewirtschaftsgesetzes" von 2003 bezweckte die Bundesregierung die Entflechtung im Gasmarkt. § 9a EnWG schrieb integrierten Gasversorgungsunternehmen vor, sie „haben in ihrer internen Buchführung jeweils ein von den Gashandels- und -vertriebsaktivitäten getrenntes Konto für die Bereiche Fernleitung, Verteilung, Speicherung sowie gegebenenfalls ein konsolidiertes Konto für Aktivitäten außerhalb des Erdgassektors zu führen."[613] Damit trennte die Novelle den Vertrieb von der Durchleitung, wodurch sie wesentliche Markteintrittsbarrieren für potentielle Konkurrenten beseitigte.

Wie bei der Stromnetzregulierung[614] hatten die Länder in der EU bei der Ausgestaltung der Marktliberalisierung die Wahl zwischen dem regulierten und dem verhandelten Netzzugang im Gasmarkt. Während beim regulierten Netzzugang eine Behörde die Modalitäten der Nutzung festlegt, regeln die Netzbetreiber beim verhandelten Netzzugang eigenverantwortlich die Bedingungen und Konditionen der Netznutzung. Für diese eigenverantwortliche Regelung sondierten die Industrieverbände BDI und VIK mit den Gaswirtschaftsverbänden BGW und VKU erstmals im Juli 2000, was zur ersten Verbändevereinbarung führte. Im März 2002 folgte die zweite Verbändevereinbarung.[615] Die Abkommen regelten den Netzzugang auf Basis von Einzelfallverhandlungen mit entfernungsabhängigen Netzzugangstarifen.[616] Eine Ablehnung dieses Regelungsmodells durch BDI und VKI führten zu Neuverhandlungen, die jedoch in keine Einigung mündeten, so dass die Verhandlungen im April 2003 als gescheitert galten. Trotz der Komplikationen bei diesem Modell der Tariffindung fand es Eingang in die Novellie-

---

612 Vgl. BGBl. I 2003 Nr. 20 vom 23.05.2003, S. 686-689.
613 Ebenda, S. 687.
614 Vgl. Kap. 7.6.2.
615 Vgl. Michael Heuterkes/Matthias Janssen (Hrsg.): Die Regulierung von Gas- und Strommärkten in Deutschland, in: Beiträge aus der angewandten Wirtschaftsforschung, Nr. 29, Münster 2008.
616 Vgl. ebenda.

8. Energiepolitik der rot-grünen Bundesregierung 1998 – 2005

rung des Energiewirtschaftsgesetzes, denn in Deutschland entschied sich die Politik in § 6a erneut für den verhandelten Netzzugang: „Der Zugang zu den Gasversorgungsnetzen erfolgt nach dem System des verhandelten Netzzugangs. Betreiber der Gasversorgungsnetzen haben anderen Unternehmen das Versorgungsnetz für Durchleitungen zu Bedingungen zur Verfügung zustellen, die guter fachlicher Praxis entsprechen und nicht ungünstiger sind, als sie von ihnen in vergleichbaren Fällen für Leistungen innerhalb ihres Unternehmens [...] in Rechnung gestellt werden."

Die Verbändevereinbarung erhielt durch die Novellierung eine „Verrechtlichung", denn das neue Gesetz adaptierte die in Deutschland gängige Praxis des Aushandelns der Netzzugangsmodalitäten durch die betroffenen Verbände. „Betreiber von Gasversorgungsunternehmen haben anderen Unternehmen das Versorgungsnetz für Durchleitungen zu Bedingungen zur Verfügung zu stellen, die guter fachlicher Praxis entsprechen [...]. Die Bedingungen guter fachlicher Praxis [...] dienen der Erreichung des Ziels des § 1 und der Gewährleistung wirksamen Wettbewerbs. Bei Einhaltung der Verbändevereinbarung zum Netzzugang bei Erdgas vom 3. März 2002 wird bis zum 31. Dezember 2003 die Erfüllung der Bedingungen guter fachlicher Praxis vermutet."

Hinter dem Einsatz der Bundesregierung für den verhandelten Netzzugang vermuteten einige Autoren ein gouvernementales Interesse an geringem Wettbewerb auf den Energiemärkten und in den Netzen. „Die massive Unterstützung der Bundesregierung für die Regelung des jeweiligen Netzzugangs für Konkurrenten durch die Verbändevereinbarung förderte ein Instrument, das zur Abschreckung von neuen Wettbewerbern und zum Festschreiben überhöhter Preise zu Ungunsten der Verbraucher genutzt werden kann."[617]

8.6.3. Novelle des EnWG 2005: Regulierter Netzzugang

Für die zweite Novellierung des Energiewirtschaftsgesetzes zeichnete ebenso wie für die erste europäisches Recht verantwortlich. Die Beschleunigungsrichtlinie 2003/54/EG machte die nationalstaatliche Regelung des Netzzugangs obsolet, denn sie schloss einen weiteren verhandlungsbasierten Netzzugang aus und forderte eine regulierte Lösung. „Zur Sicherstellung eines effektiven Marktzugangs für alle Marktteilnehmer, einschließlich neuer Marktteilnehmer, bedarf es nichtdiskriminierender, kostenorientierter Ausgleichsmechanismen. Sobald der Erdgasmarkt einen ausreichenden Liquiditätsstand erreicht hat, sollte dies durch

---

[617] Zitiert nach: Roland Sturm: Wettbewerbs und Industriepolitik. Zur unterschätzten Ordnungsdimension der Wirtschaftspolitik, in: Antonia Gohr/Martin Seeleib-Kaiser (Hrsg.): Sozial- und Wirtschaftspolitik unter Rot-Grün, Wiesbaden 2003, S. 96.

8.6. Regulierung der Energiemärkte

den Aufbau transparenter Marktmechanismen für die Lieferung und den Bezug von Erdgas zur Deckung des Ausgleichsbedarfs realisiert werden. Solange derartige liquide Märkte fehlen, sollten die nationalen Regulierungsbehörden aktiv darauf hinwirken, dass die Tarife für Ausgleichsleistungen nichtdiskriminierend und kostenorientiert sind. Gleichzeitig sollten geeignete Anreize gegeben werden, um die Einspeisung und Abnahme von Gas auszugleichen und das System nicht zu gefährden."[618] Deutschland war zu diesem Zeitpunkt das einzige Land in der EU ohne Regulierungsbehörde, in dem der Netzzugang auf Grundlage privatwirtschaftlicher Absprachen und Verträge geregelt wurde.

Mit der Beschleunigungsrichtlinie hob das europäische Parlament die Richtlinie 98/30/EG auf. Aufgrund der unionsrechtlichen Vorgabe sah sich die Bundesregierung gezwungen, das Energiewirtschaftsgesetz erneut zu novellieren. Bis zu diesem Zeitpunkt schrieb das Energiewirtschaftsgesetz nach der Neuregelung für Strom von 1998 und für Gas von 2003 den verhandelten Netzzugang vor.[619] Dieser privatwirtschaftlich ausgehandelte Zugang stand nunmehr im Konflikt mit den Vorgaben der EU: „Der Wettbewerb bei Strom und Gas stößt jedoch trotz der Marktöffnung an Grenzen, die insbesondere durch die leitungsgebundene Versorgung bedingt sind. Deswegen hat sich der EU-Gesetzgeber für eine staatliche Regulierung in den Mitgliedstaaten entschieden, die einen diskriminierungsfreien Netzzugang für alle Marktteilnehmer als Voraussetzung für den Wettbewerb sicherstellen und zugleich ein hohes Maß an Versorgungssicherheit gewährleisten soll."[620]

Da Leitungsnetze natürliche Monopole darstellen, besteht das Risiko, dass Netzbetreiber ihre Marktmacht ausnutzen, um überhöhte Netzentgelte in Rechnung zu stellen. In der Regulierungsbehörde sah der Gesetzgeber das Instrument, solch einer monopolistischen Preisbildung entgegenzuwirken. Für diesen Zweck brachte die Bundesregierung den Entwurf eines „Zweiten Gesetzes zur Neuregelung des Energiewirtschaftsrechtes" in den Bundestag ein. Am 13. Juli 2005 trat es in Kraft.[621] Bei der abschließenden Aussprache im Bundestag betonte Bundesumweltminister Trittin das mit dem Gesetz verbundene Ziel, den Wettbewerb im Netzbetrieb zu stärken: „Wettbewerb, auch und gerade im Bereich des Betriebs von Netzen, ist deswegen nötig, weil Monopole in Netzen den Wettbewerb in der Stromerzeugung unterbinden können. Ich will Ihnen ein Beispiel nennen. In den letzten Monaten hat ein Anbieter seine Strompreise vor dem Hintergrund steigender Ölpreise mit Verweis auf diese Regeln munter erhöht. Man muss wis-

---

618 Vgl. § 15 Richtlinie 2003/55/EG des Europäischen Parlaments und des Rates vom 26. Juni 2003.
619 Vgl. §§ 6f EnWG.
620 BT Drs. 15/3917, S. 1.
621 Vgl. BGBl. I Nr. 42 vom 12.07.2005, S. 1970-2018.

sen, dass dieser Anbieter seinen Strom zu 100 Prozent aus heimischer Braunkohle und Kernenergie bezieht, von den steigenden Rohstoffkosten also überhaupt nicht betroffen war. Die Realisierung und Durchsetzung solcher Strompreiserhöhungen ist nur möglich, solange in den Netzen faktisch kein Wettbewerb herrscht."[622]

§ 21 a Abs. 6 EnWG ermächtigt die Bundesregierung, durch Rechtsverordnung mit Zustimmung des Bundesrates zu bestimmen, ob und ab welchem Zeitpunkt Netzzugangsentgelte im Wege einer Anreizregulierung fällig werden und wie die Entgeltordnung auszugestalten ist. Seit der Novellierung dürfen nur noch genehmigte Netzentgelte in Rechnung gestellt werden, die durch die Netzentgeltverordnung geregelt werden. Die ehemalige Regulierungsbehörde für Telekommunikation und Post erhielt den zusätzlichen Auftrag der Überwachung der Energieregulierung von Strom und Gas. Im Sommer 2005 fand daher die Umbenennung in „Bundesnetzagentur für Elektrizität, Gas, Telekommunikation, Post und Eisenbahn" statt. Die Bundesnetzagentur erhielt zugleich den Auftrag eine Anreizregulierung zu erarbeiten, nach der die Netzbetreiber ihre Erlösobergrenzen kalkulieren.

8.6.4. Stromnetzentgelt- und -zugangsverordnung

Nachdem die Verbändevereinbarung aufgrund der europarechtlichen Vorgaben dem regulierten Netzzugang wich, zog die Novellierung des EnWG eine untergesetzliche Umsetzung nach sich. Diese erfolgte in der Stromnetzentgeltverordnung (StromNEV) und in der Stromnetzzugangsver-ordnung (StromNZV) vom 25. Juli 2005. Als Grundlage für die Kalkulation der Netzentgelte dienen der Behörde die Daten des Vorjahres.[623] In der ursprünglich vom Bundeswirtschaftsministerium vorgelegten Fassung der StromNEV war angedacht, die vom Netzbetreiber kalkulierten Netzentgelte von der Regulierungsbehörde nur bestätigen zu lassen. Die Bundesnetzagentur hätte in dieser Regelung keinen Einfluss auf die Preisbildung gehabt, sondern als Akklamationsbehörde gedient. Aufgrund der Intervention des Bundesrates wurde in die Verordnung entsprechend § 21 a des Zweiten Gesetzes zur Neuregelung des Energiewirtschaftsrechtes der Aspekt der Anreizregulierung aufgenommen.[624] Die Regulierungsbehörde wird in die Lage versetzt, die Kostenstrukturen zwischen den Netzbetreibern zu vergleichen: „Bi-

---

622 Vgl. BT PlPr. 15/170, S. 15934.
623 Vgl. Liebaug/Schmidt: Kostenregulierung, in: Entflechtung und Regulierung in der deutschen Energiewirtschaft. Praxishandbuch zum Energiewirtschaftsgesetz, München 2008, S. 356.
624 Vgl. Udo Leuschner: Neues Energierecht in Kraft, in: Energie-Chronik.de.

lanzielle und kalkulatorische Kosten des Netzbetriebs sind nur insoweit anzusetzen, als sie den Kosten eines effizienten und strukturell vergleichbaren Netzbetreibers entsprechen." Diese Regelung bietet der Regulierungsbehörde zwar einen breiteren Handlungsspielraum. Allerdings besteht weiterhin das Problem, dass sie über keinen absoluten Bewertungsmaßstab verfügt, sondern die Kalkulationen nur miteinander vergleichen kann. Einem insgesamt überhöhten Kostenniveau aller Netzbetreiber kann sie aber durch einen Vergleich der Kostenstrukturen allein nicht entgegenwirken.

Um energieintensive Produktionen nicht teurer zu machen, wurde bestimmten Unternehmen durch die StromNEV eine Reduktion der Netzentgelte gewährt.[625] In der ersten Fassung wurden durch diese Regelung 30 Unternehmen mit einem geringeren Netzentgelt belegt. Im August 2011 dehnte der Bundestag diesen Adressatenkreis aus und führte zugleich eine vollständige Befreiung ein, sodass 200 Unternehmen komplett von den Netzentgelten befreit waren. Im Jahr 2013 hob der Gesetzgeber die vollständige Befreiung aufgrund eines Verstoßes gegen das Verfassungsrecht auf und ersetzte sie durch ein gestaffeltes System.[626]

8.7. Energieeffizienz

8.7.1. Kraft-Wärme-Kopplungsgesetz (KWK)

Kraft-Wärme-Kopplung als gleichzeitige Umwandlungen von eingesetzter Energie in elektrische Energie und Nutzwärme wertete die Bundesregierung als Instrument für die Reduktion des CO_2-Ausstoßes in Deutschland. „Die Kraft-Wärme-Kopplung ist eine ressourcenschonende, umwelt- und klimafreundliche Form der Energieerzeugung. Kraft-Wärme-Kopplung ermöglicht aufgrund der gleichzeitigen Erzeugung von Strom und Nutzwärme einen höheren Primärenergienutzungsgrad als die getrennte Erzeugung in Kondensationskraft-werken und Heizkesseln. Deshalb ist es von ökologisch großer Bedeutung, durch eine gesetzliche Regelung Anreize zur Erhaltung und Modernisierung bestehender Kraft-Wärme-Kopplungsanlagen zu schaffen."[627] Der entsprechende Gesetzentwurf der Bundesregierung ging dem Bundestag am 4. Oktober 2001 zu und wurde im Plenum am 25. Januar 2002 abschließend beraten. Am 1. April 2002 trat das „Gesetz für die Erhaltung, die Modernisierung und den Ausbau der Kraft-Wärme-Kopplung" (Kraft-Wärme-Kopplungsgesetz) in Kraft.[628]

---

625 Vgl. § 19 Abs. 2 Satz 2 StromNEV.
626 Vgl. Kap. 10.6.3.
627 BT Drs. 14/7024, S. 1.
628 Vgl. BGBl. I Nr. 19 vom 22.03.2002, S. 1092-1096.

8. Energiepolitik der rot-grünen Bundesregierung 1998 – 2005

Durch die Novellierung des EnWG hatte sich ein Konzentrationsprozess vollzogen: Die Stromanbieter boten den industriellen Kunden aufgrund der Überkapazitäten, die sie in Monopolzeiten errichtet hatten, Strom zu einem geringeren Preis an. Daraufhin sank das Interesse der Industrie an Strom, der aus kommunalen und industriellen Heizkraftwerken durch Kraft-Wärme-Kopplung gewonnen wurde. Mitte 1999 führten Strompreiseinbrüche fast zum Erliegen des Marktes für KWK-Anlagen.[629] Ein KWK-Vorschaltgesetz, das eine Vergütung von KWK-Strom in Höhe von neun Pf/kWh vorsah, zeitigte keinen Erfolg. Der Durchbruch gelang bei Verhandlungen zwischen BMWi und BMU über die CO_2-Regelung. Sie einigten sich auf eine Minderung der CO_2-Emissionen um zehn Mio. t/a bis 2005 und weitere 23 Mio. t/a bis 2010. Dabei legte die Bundesregierung einen korporatistischen Arbeitsstil an den Tag. „Die Eckpunkte der Quotenregelung sollten unter Beteiligung von Verbänden und Sachverständigen bis Ende 2000 erarbeitet werden."[630] Quotenregelungen widersprachen aber den Interessen der Stromindustrie, die gegen die geplante Regelung ihr Veto einlegte. Diese unterschiedlichen Interessen der Akteure in der Energiewirtschaft wurden in der abschließenden Debatte im Plenum des Deutschen Bundestages aufgezeigt: „Auf jeden Fall verlangen aber Kraft-Wärme-Kopplungsanlagen eine räumliche Nähe zu den Wärmeabnehmern. Insofern handelt es sich um eine dezentrale Energieversorgung, die auf einer anspruchsvollen Technik basiert und Arbeitsplätze vor Ort schafft. Damit steht diese Energieform natürlich in Konkurrenz zu importiertem oder in Großkraftwerken erzeugtem Strom."[631] In einem Gespräch der fünf großen Stromverbundunternehmen und der Ruhrgas AG mit dem Kanzleramt forderten sie den Verzicht auf die Quote, woraufhin das Kanzleramt anordnete, eine alternative Regelung vorzuschlagen.

„Bis zum Jahr 2005 soll im Vergleich zum Basisjahr 1998 durch die Nutzung der Kraft-Wärme-Kopplung eine Minderung der jährlichen Kohlendioxid-Emissionen in der Bundesrepublik Deutschland in einer Größenordnung von zehn Mio. t und bis zum Jahr 2010 von insgesamt bis zu 23 Mio. t, mindestens aber 20 Mio. t erzielt werden."[632] Das Gesetz regelte die Abnahme und die Vergütung von Kraft-Wärme-Kopplungsstrom aus Kraftwerken mit KWK-Anlagen auf Basis von Stein- und Braunkohle, Abfall, Abwärme und Biomasse. Nach § 4 waren Netzbetreiber verpflichtet, KWK-Anlagen an ihr Netz anzuschließen, und

---

629 Vgl. Lutz Mez: Ökologische Modernisierung und Vorreiterrolle in der Energie und Umweltpolitik? Eine vorläufige Bilanz, in: Christoph Egle/Tobias Ostheim/Reimut Zohlnhöfer (Hrsg.): Das Rot-Grüne Projekt. Eine Bilanz der Regierung Schröder 1998-2002, Wiesbaden 2003, S. 339.
630 Ebenda.
631 BT PlPr. 14/213, S. 21145.
632 Vgl. § 1 KWKG 2002.

8.7. Energieeffizienz

den in diesen Anlagen produzierten KWK-Strom vorrangig abzunehmen. Diese Auflage besaß der Netzbetreiber, dessen Netz die geringste Entfernung zum Standort der KWK-Anlage aufwies. Vorgaben des KWK-Gesetzes besaßen gegenüber den Bestimmungen des EEG die gleiche Wertigkeit. Netzbetreiber konnten den Strom entweder verkaufen oder für ihren eigenen Bedarf nutzen. Die Vergütung des KWK-Stroms setzte sich bis zur Novelle des Gesetzes im Jahr 2008[633] aus zwei Teilen zusammen: Sie bestand aus dem Entgelt für den Strom sowie der Erstattung vermiedener Netznutzungsentgelte, da der Strom dezentral in das Niederspannungsnetz eingespeist und eine Transformation vermieden wurde.

Betreiber alter Bestandsanlagen hatten für KWK-Strom einen Anspruch auf Zahlung eines Zuschlags in Höhe von 1,53 ct/kWh in den Jahren 2002 und 2003, in Höhe von 1,38 ct/kWh in den Jahren 2004 und 2005 und in Höhe von 0,97 ct/kWh im Jahre 2006. Neue Bestandsanlagen erhielten für KWK-Strom eine Prämie 1,53 ct/kWh in den Jahren 2002 und 2003, von 1,38 ct/kWh in den Jahren 2004 und 2005, von 1,23 ct/kWh in den Jahren 2006 und 2007, von 0,82 ct/kWh im Jahre 2008 und in Höhe von 0,56 ct/kWh im Jahre 2009. Eigentümer modernisierter Anlagen verfügten über einen Anspruch auf Zahlung eines Zuschlags in Höhe von 1,74 ct/kWh in den Jahren 2002, 2003 und 2004, in Höhe von 1,69 ct/kWh in den Jahren 2005 und 2006, in Höhe von 1,64 ct/kWh in den Jahren 2007 und 2008 und in Höhe von 1,59 ct/kWh in den Jahren 2009 und 2010.[634]

Betreiber kleiner KWK-Anlagen kompensierte das Gesetz mit der Zahlung eines Zuschlags von 2,56 ct/kWh in den Jahren 2002 und 2003, von 2,40 ct/kWh für die Jahre 2004 und 2005, in Höhe von 2,25 ct/kWh in den Jahren 2006 und 2007, in Höhe von 2,10 ct/ kWh in den Jahren 2008 und 2009 und in Höhe von 1,94 ct/ kWh im Jahre 2010. Für Betreiber kleiner KWK-Anlagen mit einer elektrischen Leistung bis einschließlich 50 kWh, die bis zum 31. Dezember 2008 in Dauerbetrieb genommen wurden, sah das Regelwerk einen Zuschlag in Höhe von 5,11 ct/kWh für einen Zeitraum von zehn Jahren ab Aufnahme des Dauerbetriebs vor.[635] In der abschließenden Debatte im Plenum des Bundestages wurde dieser Aspekt besonders gewürdigt: „Das ermöglicht diesen Anlagen den Durchbruch auf dem Markt. Dabei darf man nicht vergessen, dass die kleinen BHKWs überwiegend den Strom selber nutzen: Aber der überschüssige Strom, der eingespeist wird, wird über zehn Jahre [...] unterstützt. Ich hoffe, dass daraufhin nun

---

633 Vgl. Kap. 9.8.2.
634 Vgl. § 7 I-III KWKG 2002.
635 Vgl. § 7 IV KWKG 2002.

der Durchbruch gelingt und in vielen Kellern von Mehrfamilienhäusern und anderen Objekten kleine Blockheizkraftwerke installiert werden."[636]

Für Eigentümer von Brennstoffzellen-Anlagen kalkulierte das Gesetz einen Anspruch auf eine Entschädigung in Höhe von 5,11 ct/kWh für einen Zeitraum von zehn Jahren ab Aufnahme des Dauerbetriebs der Anlage. Wenn ein Dritter den KWK-Strom beziehen wollte, war der Netzbetreiber verpflichtet, den Strom für den Preis abzunehmen, den der Dritte und der Netzbetreiber ausgehandelt hatten. Das Gesetz schuf Anreize zur Modernisierung vorhandener Anlagen durch einen Zuschlag auf KWK-Strom für den Ausbau der Wärmenetze.[637]

8.7.2. Deutsche Energie-Agentur

Die Deutsche Energie-Agentur (dena) wurde im Jahr 2000 gegründet. Sie ist ein Kompetenzzentrum mit dem Ziel, die rationelle Energienutzung im Gebäude- und Elektrizitätsbereich voranzutreiben, erneuerbare Energien zu entwickeln und die internationale Zusammenarbeit zu koordinieren und dient als Zentrale eines Netzwerks von Akteuren aus Wirtschaft, Industrie und Handwerk.[638]

Die ihr von der Bundesregierung übertragende Hauptaufgabe liegt in der Koordination der „Exportinitiative Erneuerbare Energien", die der Absatzförderung deutscher Erneuerbarer-Energien-Technologien dient. Die Initiative stärkt die Exportfähigkeit der meist jungen mittelständischen Unternehmen, die zwar über innovative Produkte, nicht jedoch ausreichend Kapital verfügen. Darüber hinaus bestehen in den Entwicklungs- und Schwellenländern hohe Markteintrittsbarrieren. Die dena führt deswegen Behörden, Branchenverbände, Unternehmen und die deutschen Auslandsvertretungen zusammen, um Investitions- und Handelshemmnisse abzubauen. Beispiele für dieses Engagement bieten die Außenwirtschaftsförderung, die internationale Umweltpolitik und die Arbeit der deutschen Auslandsvertretungen in den Zielländern. Indem die dena dort politische Zielvorgaben implementiert, schafft sie die Voraussetzung für eine internationale Nachfrage deutscher Exportgüter.

---

636 BT PlPr. 14/213, S. 21145.
637 Vgl. § 7 V KWKG 2002.
638 Vgl. Frithjof Staiß: Jahrbuch Erneuerbare Energien, 2009, Bieberstein 2009, S. 209.

8.8. Klimaschutz

8.8.1. Von der Klimarahmenkonvention bis Kyoto

Verschiedene Theorien führen die voranschreitende Erderwärmung auf den Anstieg von Kohlendioxid in der Erdatmosphäre zurück. Ursache für den aus der Erderwärmung gespeisten Klimawandel sind unter dieser Prämisse die vom Menschen geschaffenen Produktivkräfte, die mit ihren Emissionen die Atmosphäre anreichern. Internationale Bemühungen zur Senkung der Emissionen führten erstmals zu einer Zieloperationalisierung in der Klimarahmenkonvention (KRK) der Vereinten Nationen. „Das Endziel dieses Übereinkommens und aller damit zusammenhängenden Rechtsinstrumente, welche die Konferenz der Vertragsparteien beschließt, ist es, in Übereinstimmung mit den einschlägigen Bestimmungen des Übereinkommens die Stabilisierung der Treibhausgaskonzentrationen in der Atmosphäre auf einem Niveau zu erreichen, auf dem eine gefährliche anthropogene Störung des Klimasystems verhindert wird."[639] Um dieses Ziel zu erfüllen, veranschlagten die Staaten einen angemessenen aber nicht zu langen Zeitraum. In dem Abkommen verpflichteten sich jene Länder, die einen hohen technischen Stand und ein gehobenes wirtschaftliches Niveau besaßen, die Führung im Klimaschutz zu übernehmen. Die KRK übertrug den Vertragsparteien die Aufgabe, Klimaschutzziele zu verfolgen. Sie akzeptierte jedoch die nationale ökonomische Entwicklung als Basis aller Reduktionsanstrengungen. Das bedeutete, dass der Klimaschutz keine negativen wirtschaftlichen Konsequenzen für die partizipierenden Staaten zeitigen durfte.

„Alle Vertragsparteien werden unter Berücksichtigung ihrer gemeinsamen, aber unterschiedlichen Verantwortlichkeiten und ihrer speziellen nationalen und regionalen Entwicklungsprioritäten, Ziele und Gegebenheiten nationale Verzeichnisse erstellen, in regelmäßigen Abständen aktualisieren, veröffentlichen und der Konferenz der Vertragsparteien zur Verfügung stellen, in denen die anthropogenen Emissionen aller nicht durch das Montrealer Protokoll geregelten Treibhausgase aus Quellen und der Abbau solcher Gase durch Senken aufgeführt sind, wobei von der Konferenz der Vertragsparteien zu vereinbarende, vergleichbare Methoden anzuwenden sind."[640] Die Staaten erkannten die Notwendigkeit nationaler Programme, in denen sie Maßnahmen erarbeiteten, die der Klimaänderung durch ein vermindertes anthropogenes Emissionsniveau entgegenwirken. Darüber hinaus sollten sie in den sozial-, wirtschafts- und umweltpolitischen Handlungsfeldern stets allgemeine Überlegungen zum Klimaschutz einbeziehen.

---

639 Art. 1 Klimarahmenkonvention.
640 Art. 4 Klimarahmenkonvention.

8. Energiepolitik der rot-grünen Bundesregierung 1998 – 2005

Mit ihren Aktionen sollen die Staaten den Sorgen der Entwicklungsländer Rechnung tragen, denen weniger Kapital für Klimaschutz zur Verfügung steht. Die Vertragsparteien setzten deshalb eine Konferenz ein, welche die Maßnahmen, die Rechtsmittel und den Stand des Klimaschutzes beobachtet – die Klimakonferenz.

Der Technologietransfer zwischen den Staaten erfolgt über einen speziellen Finanzierungsmechanismus. „Hiermit wird ein Mechanismus zur Bereitstellung finanzieller Mittel in Form unentgeltlicher Zuschüsse oder zu Vorzugsbedingungen, auch für die Weitergabe von Technologie, festgelegt. Er arbeitet unter Aufsicht der Konferenz der Vertragsparteien und ist dieser gegenüber verantwortlich; die Konferenz der Vertragsparteien entscheidet über seine Politiken, seine Programmprioritäten und seine Zuteilungskriterien im Zusammenhang mit dem Übereinkommen. Die Erfüllung seiner Aufgaben wird einer oder mehreren bestehenden internationalen Einrichtungen anvertraut." Anlage I der KRK listete jene Staaten, die sich verpflichteten, ihr Emissionslevel des Jahres 2000 auf das Niveau von 1990 zu reduzieren. Dazu gehörten im Wesentlichen die entwickelten Industriestaaten Europas und Amerikas sowie Japan.

Dem unkonkreten KRK folgte das spezifischere Kyoto-Protokoll. Es entstand aus der Erkenntnis, dass ein diffuser Klimaschutz ohne operationalisierte Maßnahmen und Kennziffern sowie verbindlichen Vorgaben keinen Erfolg zeitigen würde.[641] Eine erste Kontrolle der von den entwickelten Ländern eingegangenen Verpflichtungen fand in der konstitutiven Sitzung der Klimakonferenz 1995 in Berlin statt. Dabei beschlossen die Vertragsparteien, dass die Verpflichtung der entwickelten Länder, bis zum Jahr 2000 die Reduzierung ihrer Emissionen auf das Niveau von 1990 anzustreben, nicht ausreiche, um das langfristige Ziel des Übereinkommens zu erreichen, d.h., eine „gefährliche anthropogene [vom Menschen verursachte] Störung des Klimasystems"[642] zu verhindern. Die Minister reagierten auf diese Entwicklung mit dem „Berliner Mandat", in dem sie sich zu weiteren Verpflichtungen und einer neuen Verhandlungsrunde bereit erklärten.

Die Bemühungen um eine strengere Klimapolitik resultierten schließlich im Kyoto-Protokoll. Auf dem völkerrechtlichen Grundgerüst KRK verpflichteten sich die im Protokoll in Anlage I aufgelisteten Staaten, „dass ihre gesamten anthropogenen Emissionen der [...] aufgeführten Treibhausgase [...] die ihnen zugeteilten Mengen, berechnet auf der Grundlage ihrer [...] niedergelegten quantifizierten Emissionsbegrenzungs- und -reduktionsverpflichtungen [...] nicht überschreiten, mit dem Ziel, innerhalb des Verpflichtungszeitraums 2008 bis 2012

---

641 Vgl. Zur politischen Entwicklung des Klimaschutzes bis Kyoto: Sebastian Oberthür/Hermann E. Ott: Das Kyoto-Protokoll. Internationale Klimapolitik für das 21. Jahrhundert, Berlin 1999, S. 75-114.
642 Art. 1 Kyoto-Protokoll.

ihre Gesamtemissionen solcher Gase um mindestens fünf Prozent unter das Niveau von 1990 zu senken."[643] Jeder Vertragspartner sollte bis 2005 nachweisbare Ergebnisse erzielen. Mit der Ratifizierung durch Russland trat das Kyoto-Protokoll am 16. Februar 2005 in Kraft.[644] Die Höhe der Reduktionsanstrengungen ermittelte sich aus der Anlage B des Kyoto-Protokolls, welche vorschrieb, dass die Staaten Europas 2008 bis 2012 durchschnittlich 92 Prozent ihres Emissionsniveaus von 1990 erreichen sollten. Die USA verpflichteten sich auf eine Reduktion um sieben, Japan und Kanada um sechs Prozent, die Ukraine und Russland behielten ihr Niveau bei und Australien durfte acht Prozent mehr ausstoßen.

8.8.2. Emissionshandel

Die Europäische Union entschied sich, zur Umsetzung der Klimaschutzziele ihrer Mitgliedsstaaten einen Emissionshandel für Kohlendioxid einzuführen. Mit der Emissionshandelsrichtlinie 2003/87/EG schuf sie den rechtlichen Rahmen für den Emissionshandel: „Die Gemeinschaft und ihre Mitgliedstaaten sind übereingekommen, ihre Verpflichtungen zur Verringerung der anthropogenen Treibhausgasemissionen im Rahmen des Kyoto-Protokolls [...] gemeinsam zu erfüllen. Diese Richtlinie soll dazu beitragen, dass die Verpflichtungen der Europäischen Gemeinschaft und ihrer Mitgliedstaaten durch einen effizienten europäischen Markt für Treibhausgasemissionszertifikate effektiver und unter möglichst geringer Beeinträchtigung der wirtschaftlichen Entwicklung und der Beschäftigungslage erfüllt werden."[645] Das in der EU bereits vorhandene System der CO_2-Observation bildete die Grundlage für die Verteilung von Emissionsrechten im Rahmen der Emissionshandelssystems.

Deutschland setzte die Vorgaben der EU mit dem „Gesetzes über den Handel mit Berechtigungen zur Emission von Treibhausgasen" (Treibhausgas-Emissionshandelsgesetz – TEHG) vom 8. Juli 2004 um.[646] Es trat am 15. Juli in Kraft[647] und regelt die intendierte wettbewerbsneutrale Verteilung des nationalen CO_2-Kontingents.

Die Staaten verpflichteten sich, im Falle eines Verstoßes gegen diese Richtlinie Sanktionen und Strafen zu verhängen. Seit 2005 sind Betreiber von CO_2-emittierenden Anlagen angehalten, ihre Emissionen zu überwachen. Nur wenn

---

643 Art. 3 Kyoto-Protokoll.
644 Vgl. Uwe M. Erling: Emissionshandel. Rechtsgrund und Einführung, Berlin 2008, S. 12.
645 5 RL 2003/87/EG.
646 Vgl. BT Drs. 15/2328.
647 Vgl. BGBl I Nr. 35 vom 14. Juli 2004, S. 1578-1590.

8. Energiepolitik der rot-grünen Bundesregierung 1998 – 2005

sie über ein entsprechendes technisches Instrumentarium verfügen, erhalten sie die Genehmigungen, die es erlauben Treibhausgase auszustoßen. Hatte die Anlage eine den Zertifikaten entsprechende Menge an Schadstoffen emittiert, muss der Betreiber die Zertifikate zurückgeben, woraufhin sie verfallen und gelöscht werden.[648] Für die Handelszeiträume, die sich über jeweils fünf Jahre erstrecken, erstellen die Staaten nationale Verteilungspläne, welche die EU genehmigt. Für den Verteilungszeitraum 2008 bis 2012 verteilten die Staaten 90 Prozent der Zertifikate kostenlos.

Mit der Verknüpfungsrichtlinie 2004/101/EG erweiterte die EU den Emissionshandel durch die internationalen Regelungen Joint Implementation (JI) und Clean Development Mechanism (CDM). Die Verknüpfungsrichtlinie modifizierte die Emissionshandelsrichtlinie, welche verabschiedet wurde, bevor die partizipierenden Staaten die Regelungen zu JI und CDM auf der 7. Vertragsstaatenkonferenz in Marrakesch genehmigten. Per JI kann ein im Anhang B des Kyoto-Protokolls erfasster Staat durch emissionsreduzierende Maßnahmen in einem anderen im Anhang B erfassten Staat zusätzliche Emissionsberechtigungen für seine heimische Industrie erwerben. Mit diesem Verfahren lassen sich Reduktionszertifikate (ERU) erwerben, die komplett der heimischen Industrie gutgeschrieben werden. Beide Staaten profitieren durch diesen Regelmechanismus. Der das Projekt durchführende Staat, indem er durch Investition in einem anderen Land Emissionen mit geringeren Kosten als in der heimischen Industrie minimiert und zusätzliche Emissionsberechtigungen zu geringeren Kosten einkaufen kann. Das Gastgeberland profitiert vom Technologietransfer und dem Verkauf der Zertifikate.

CDM ist ein analoges Verfahren, in dem ein im Anhang B des Kyoto-Protokolls aufgeführtes Industrieland in einem dort nicht erfassten Entwicklungsland emissionsreduzierende Maßnahmen durchführt. Mit dieser Methode kann das Industrieland zertifizierte Emissionsreduzierungen (CER) einkaufen und als Emissionsberechtigung nutzen. Auf diese Weise findet eine kostengünstige Emissionsreduktion statt, weil sich die CO_2-Minderung in Schwellen- und Entwicklungsländern häufig zu geringeren Kosten realisieren lässt, als in entwickelten Industrien. Die mit JI und CDM erworbenen Zertifikate können Anlagenbetreiber in Phase II als Ausgleich für fehlende CO_2-Berechtigungen verwenden, wodurch sich der Ausstoß der Treibhausgase auch außerhalb des Staatsgebietes mindern lässt.

Die Umsetzung der europäischen Vorgaben erfolgte in Deutschland mit dem Nationalen Allokationsplan (NAP), den die Bundesregierung in das Treibhaus-

---

[648] Vgl. Johannes Pollak/Samuel Schubert/Peter Slominski: Die Energiepolitik der EU, Wien 2010, S. 133ff.

8.8. Klimaschutz

gas-Emissionshandelsgesetz vom 8. Juli 2004 integrierte. Im ersten NAP für die Jahre 2005 bis 2007 teilte die Bundesregierung die Zertifikate vollständig kostenlos zu. Die Zuteilung der Zertifikate an die Anlagenbetreiber beginnt jeweils drei Monate vor Beginn des Zeitraums. Für den ersten NAP erfolgte die Zuteilung bis zum 30. September 2004. Der Nationale Allokationsplan besteht aus einem Makroplan für die Aufteilung des nationalen Emissionsbudgets und die Festlegung der Gesamtzahl der zuzuteilenden Zertifikate. Ihn ergänzt ein Mikroplan, der die beabsichtigte Vergabe von Zertifikaten an die Betreiber einzelner Anlagen regelt.[649] „Seine wichtigste Bedeutung liegt darin, dass er als gesamtwirtschaftlicher Makroplan vorab festlegt, wie viele Emissionszertifikate der Mitgliedsstaat in einer Handelsperiode insgesamt zuzuteilen beabsichtigt und wie diese Zertifikate auf die Anlagen verteilt werden sollen."[650] Ausgangspunkt für den Nationalen Allokationsplan waren die Treibhausgasemissionen des Basisjahrs 1990 und die Minderungspflichten für Treibhausgasemissionen im Rahmen des europäischen „Burden-sharing"-Abkommens. Um die EU-weite Minderung der CO_2-Emissionen entsprechend der wirtschaftlichen Potentiale der Länder gerecht zu verteilen, erhielt ein Teil der Staaten die Erlaubnis, mehr Schadstoffe zu emittieren, während sich der andere Teil zu stärkeren Einsparmaßnahmen bereit erklärte. Im Zuge dieses Abkommens verpflichtete sich die Bundesregierung auf die Minderung der nationalen CO_2-Emissionen um 21 Prozent.[651]

Die Richtlinie 2003/87/EG des Europäischen Parlaments und des Rates vom 13. Oktober 2003 über das System für den Handel mit Treibhausgasemissionszertifikaten in der Gemeinschaft kalkulierte die Emissionsbudgets für die Jahre 2005 bis 2007 derart, dass sie die Gesamtmenge der zugeteilten Zertifikate mit der Minderungsverpflichtung für die Periode von 2008 bis 2012 in Einklang brachte.[652] Im Basisjahr 1990 betrug der gesamte Ausstoß an Emissionen in Deutschland knapp 1.220 Mio. t CO_2-Äquivalente. Bis zum Jahr 2001 verminderten sich die Emissionen um 18,3 Prozent.[653] Energiesektor und Industrie zusammengenommen verzeichneten im Durchschnitt der Jahre 2000 bis 2002 CO_2-

---

649 BMU (Hrsg.): Nationaler Allokationsplan für die Bundesrepublik Deutschland 2005-2007, Berlin 2004, S. 7.
650 Vgl. Erling 2008, S. 22
651 Die gesamte Minderung von 8,0 Prozent verteilt sich folgendermaßen: Belgien -7,5 Prozent, Dänemark -21,0 Prozent, Deutschland -21,0 Prozent, Finnland 0,0 Prozent, Frankreich 0,0 Prozent, Griechenland +25,0 Prozent, Irland +13,0 Prozent, Italien -6,5 Prozent, Luxemburg -28,0 Prozent, Niederlande -6,0 Prozent, Österreich -13,0 Prozent, Portugal +27,0 Prozent, Schweden +4,0 Prozent, Spanien +15,0 Prozent, UK -12,5 Prozent.
652 Vgl. BMU 2004, S. 13.
653 Vgl. ebenda.

225

8. Energiepolitik der rot-grünen Bundesregierung 1998 – 2005

Emissionen in Höhe von rund 505 Mio. t/a. Mit Gewerbe, Verkehr und den privaten Haushalten produzierten alle Sektoren insgesamt 862 Mio. t CO_2. Zusammen mit anderen Treibhausgasen summierten sich alle Emissionen auf 990 Mio. t CO_2-Äquivalente jährlich.

Diese Werte legte die Bundesregierung den Bestimmungen des ersten Makroplans für den Zeitraum 2005 bis 2007 zugrunde. Für 2008 bis 2012 sollte Deutschland laut Vorgabe des europäischen „Burden-Sharing" 21 Prozent weniger Emissionen erzeugen. Damit besaß die Bundesrepublik für diesen Zeitraum ein CO_2-Emissionsbudget von 962 Mio. t. Das entsprach dem zugrunde gelegten Basiswert für den Nationalen Allokationsplan 2005 bis 2007. Damit dieser Plan die Emissionen an die Kennziffern von 2008 bis 2012 heranführt, legte der erste NAP das Emissionsbudget bis 2007 auf 982 Mio. t CO_2-Äquivalente jährlich fest. Von dieser gesamten Emissionsmenge waren andere Gase abzuziehen, deren Ausstoß sich in diesem Zeitraum auf 123 Mio. t CO_2-Äquivalente jährlich prognostizieren ließ, sodass das bereinigte CO_2-Budget von 2005 bis 2007 letztlich 859 Mio. t betrug.

Der Energiesektor und die Industrie mussten gegenüber dem Durchschnittswert von 505 Mio. t eine Reduktion von 2 Mio. auf 503 Mio. t jährlich für den Zeitraum von 2005 bis 2007 realisieren. Phase II von 2008 bis 2012 schrieb eine weitere Reduktion auf 495 Mio. t CO_2 jährlich vor. Zwischen den Ministerien der Bundesregierung entbrannte eine Diskussion über die Frage, inwieweit diese Anstrengungen ausreichend seien. Umweltminister Trittin vertrat die Ansicht, eine Senkung des Ausstoßes auf 488 und schließlich 480 Mio. t sei angemessen. Er traf jedoch auf den Widerstand des Superministers Clement, der ein geringeres Niveau anstrebte. In der Koalitionsvereinbarung vom 30. März 2004 einigten sich die Ministerien auf die Höhe von 503 für Phase I und 495 Mio. t für Phase II.

Der Mikroplan regelte die Zuteilung der Emissionsberechtigungen für die einzelnen Anlagen sowie für den Reservefonds für Newcomer-Anlagen. Die Zuteilung der Emissionsberechtigungen für bestehende und neue Anlagen erfolgte für die Perioden 2005-2007 und 2008-2012 kostenlos.[654] Für Anlagen, die bis zum 31. Dezember 2002 in Betrieb gingen, basierte die Zuteilung der Emissionszertifikate auf Grundlage einer Datenerhebung ihrer historischen Emissionen. Für Anlagen, die zwischen dem 1. Januar 2003 und dem 31. Dezember 2004 in Betrieb gingen, regelte sich die Vergabe der Emissionsberechtigungen auf Basis der angemeldeten Emissionen. Eine Übertragungsregelung ermöglichte die Verrechnung von Emissionsberechtigungen zwischen stillgelegten und neu installierten Anlagen. Die Deutsche Emissionshandelsstelle (DEHSt) prüft die Anträge der

---

654 Vgl. ebenda, S. 24.

Anlagenbetreiber, um eventuelle überhöhte Angaben zu korrigieren. Differenzen zwischen dem tatsächlichen Volumen und den beantragten Emissionsberechtigungen stellt die DEHSt ex-post richtig: Überschüssig ausgeteilte Emissionsberechtigungen subtrahiert sie von der Zuteilungsmenge, fehlende werden bei der Ausgabe für das Folgejahr hinzuaddiert. Für die Betreiber endete jeweils am 30. April die Frist, Berechtigungen zu beantragen, die dem Ausstoß der Anlagen im Vorjahr entsprachen. Stellt eine Anlage den Betrieb ein, erhält sie für den Folgezeitraum keine Emissionsberechtigungen mehr.

Am 31. August 2004 trat das Zuteilungsgesetz (ZuG) in Kraft, welches den Nationalen Allokationsplan in einen gesetzlichen Rahmen goss. Das Gesetz regelt die Verteilung der Emissionszertifikate an die rund 2.350 Anlagen in Deutschland.[655] Die Emissionsberechtigungen lassen sich frei handeln. Emittiert eine Anlage weniger Treibhausgase, kann der Betreiber überschüssige Berechtigungen verkaufen. Anlagen, die mehr CO_2 produzieren, können Berechtigungen zukaufen. Einerseits lassen sich damit kostenintensive Investitionen vermeiden. Andererseits können neue Berechtigungen nur von anderen Anlagenbetreibern gekauft werden, sodass diese ihrerseits weniger Treibhausgase freisetzen dürfen. Der Emissionshandel stellt ein Nullsummenspiel dar.

8.8.3. Klimaschutzaktionspläne

Die Bundesregierung verabschiedete am 18. Oktober 2000 ein Klimaschutzprogramm, um das nationale Ziel einer 25-prozentigen Senkung der CO_2-Emissionen bis 2005 gegenüber 1990 zu erreichen. Darüber hinaus schlossen die deutsche Wirtschaft und die Bundesregierung am 9. November 2000 eine Selbstverpflichtungsvereinbarung zur Klimavorsorge. Mit diesen Aktionsplänen zielte die Bundesregierung bis 2005 auf eine Minderung der spezifischen CO_2-Emissionen um 28 Prozent und bis 2012 auf eine Reduktion der im Kyoto-Protokoll genannten Treibhausgase um 35 Prozent auf der Vergleichsbasis 1990.

Mit einer Ergänzung zur Vereinbarung vom 9. November 2000 plante sie eine weitere CO_2-Minderung im Umfang von 45 Mio. t im Jahre 2010. Hierfür legte sie einen Schwerpunkt auf die verstärkte Nutzung der Kraft-Wärme-Kopplung, mit der im Jahr 2010 bis zu 23 Mio. t CO_2 vermieden werden sollen. „Zur Flankierung hat die Bundesregierung am 25. Juni 2001 einen Gesetzentwurf für die Erhaltung, die Modernisierung und den Ausbau der Kraft-Wärme-Kopplung verabschiedet. Das Bundeskabinett hat einen Staatssekretärsausschuss für

---

655 Vgl. Pressemitteilung BMU vom 31.08.2004.

8. Energiepolitik der rot-grünen Bundesregierung 1998 – 2005

Nachhaltige Entwicklung eingerichtet, der eine nationale Strategie für eine nachhaltige Entwicklung bis zum Weltgipfel in Johannesburg 2002 ausarbeitet. »Klimaschutz und Energiepolitik« ist ein zentrales Thema. Der vom Bundeskanzler einberufene Rat für Nachhaltige Entwicklung soll zur Konzeption und Umsetzung der Nachhaltigkeitsstrategie beitragen."[656]

8.9. Fazit

Vom eingeschlagenen Pfad der Kohlesubvention wich die Energiepolitik der rot-grünen Bundesregierung nicht ab, wobei sie den Zielkonflikt mit ihren Klimaschutzvorgaben in Kauf nahm. Wie die Regierungen zuvor senkte sie jedoch den Fördersockel sukzessive ab, denn an den im Kohlekompromiss vereinbarten Stilllegungen wurde festgehalten. Im Bundestag reduzierten die Parlamentarier die Steinkohleförderung dann auch konsequent auf eine Fortführung der Kohlepolitik der Vorgängerregierung: „Sie sprechen von den 'von der Bundesregierung ... gewährten Steinkohlensubventionen'. Der Korrektheit halber wollen wir deutlich machen: Es handelt sich dabei um die von der 1997 im Amt befindlichen Bundesregierung gewährten Subventionen. Wir erfüllen nur die Verträge, die Sie geschlossen haben."[657] Die Begründung, mit der die SPD die weitere Subventionierung rechtfertigte – die Rohstoffsicherheit und den Erhalt der Arbeitsplätze in der Stahlproduktion – wirkten in Anbetracht der Tatsache, dass die Subventionen eine Reduktion der Beschäftigten voraussetzten, eher als Scheinargument. Perspektivisch begrüßte die SPD ebenso wie die CDU die Stilllegung.

Im Bereich der erneuerbaren Energien forcierte die Bundesregierung den Ausbau der Stromproduktion. Die Initiative ging vom Bundestag aus, nachdem das BMWi einen für den Bundestag unzureichenden Entwurf vorgelegt hatte. Trotzdem legte die Bundesregierung mit ihren vielfältigen Energieforschungsprogrammen vor und nach der Verabschiedung des EEG bereits das Fundament für die intensivere Nutzung erneuerbarer Energien. Obwohl die erneuerbaren Energien auf ein starkes Interesse privater Investoren trafen, basiert ihre Integration in die Stromversorgung auf dem staatlichen Anreizsystem. Ebenso wie in der atomaren Energiegewinnung stammte der Impuls für die Stromgewinnung durch erneuerbare Energien aus den Subventionen. Obwohl bereits vor dem EEG Strom aus Wasserkraft gewonnen wurde, nahm der Anteil der Erneuerbaren an der Stromproduktion erst mit dem staatlichen Anreizsystem deutlich zu.

---

656 Vgl. BMWi (Hrsg.): Nachhaltige Energiepolitik für eine zukunftsfähige Energieversorgung. Energiebericht. Berlin 2001, S. 20.
657 BT PlPr. 15/170, S. 15967.

8.9. Fazit

Der im Atomkonsens vereinbarte perspektivische Ausstieg aus der Kernenergie gestaltete sich als zweischneidiges Schwert. Einerseits zeigte er die Ambitionen der rot-grünen Bundesregierung, die Nutzung der Kernenergie zu beenden. Andererseits änderte der Ausstieg vorerst nichts an der Tagespolitik und dem weiteren Einsatz der Kernkraft. Vor dem Hintergrund der volatilen Entscheidungsprozesse in der Politik wirkte der Atomkonsens wie ein „Ausstieg auf Zeit", denn bei einem Regierungswechsel und einer gouvernementalen Verantwortung der CDU war klar, dass er keinen Bestand haben würde.

Obwohl sie den Klimaschutz in den Zielkatalog der Energiepolitik aufnahm, war die Bundesregierung nicht bereit, beim Wirtschaftswachstum zugunsten des Klimaschutzes zurückzustecken. Deutlich votierte der Energiebericht von Wirtschaftsminister Müller bei diesem Zielkonflikt zugunsten des Wirtschaftswachstums.

Der im dritten Kapitel dargelegte Abriss wirtschaftspolitischer Grundzüge der rot-grünen Regierung deutete auf ein angebotspolitisches Muster, dessen Wirksamkeit bis ins Jahr 2002 durch eine tripartistische Zusammenarbeit der relevanten gesellschaftlichen Gruppen gesichert werden sollte. Unter dieser Prämisse handelt es sich bei dem wirtschaftspolitischen Paradigma um eine kooperativ-korporatistische Potentialsteuerung – allerdings wurde die Konzertierte Aktion über das Jahr 2004 hinaus nicht fortgeführt. Wie in den Dekaden zuvor verharrte die gouvernementale Energiepolitik auf der nachfrageorientierten Pflichtabnahme der Kohlekontingente. Eine angebotsorientierte Neuausrichtung ergab keinen Sinn mehr, da die unionsrechtlichen Beihilferegelungen die Subventionierung der Steinkohle nur noch unter der Maßgabe eines perspektivischen Ausstiegs gestatteten.

Entgegen den Merkmalen des allgemeinen Paradigmas findet sich im Bereich der erneuerbaren Energien das nachfrageorientierte Steuermodell. Die garantierte Abnahme des aus regenerativen Energieträgern stammenden Stroms sicherte die Rentabilität der Investitionen. Wie stets bei der Nachfragepolitik macht sie die Investoren gegen Änderungen des Marktumfeldes immun, weshalb sie sich nicht in den ordnungspolitischen Rahmen der traditionellen bundesrepublikanischen Wirtschaftspolitik einpasste. Die FDP-Opposition im Bundestags kritisierte diesen ordnungs- und wettbewerbspolitischen Makel: „Die garantierten Fördersätze bedeuten eine auf Dauer angelegte Marktintervention mit direktem Eingriff in die Preisbildungs- und Versorgungsmechanismen des wettbewerblichen Elektrizitätsmarkts."[658] Problematisch gestaltet sich bei dieser Förderpolitik die finale Marktanpassung, wenn geförderte Industrien in den Wettbewerb entlassen

---

[658] Vgl. BT Drs. 15/2859, S. 1.

8. Energiepolitik der rot-grünen Bundesregierung 1998 – 2005

werden sollen. Bereits wenige Jahre nach der staatlichen Initialisierung werden die Anlagenbetreiber im Solarbereich auf dieses Hindernis stoßen.

Bis zum Jahr 2004 prägten korporatistischen Formen die Zusammenarbeit von Staat und Energiewirtschaft. „Der damalige Atomkonsens lässt sich als bilaterale Absprache zwischen der damaligen Bundesregierung und Energieversorgungsunternehmen und somit als 'kooperatives Staatshandeln' klassifizieren."[659] Eine weitere korporatistische Zusammenarbeit scheiterte, da es im Vorfeld eines geplanten Energiegipfels zum Bruch zwischen den Energieunternehmen und Schröder kam, der auf die Energiepreise Einfluss nehmen wollte.

---

[659] Markus Lewitzki: Der japanische Super-GAU und die deutsche Energiewende. Zum schwarz-gelben Entscheidungsmanagement in der Atompolitik nach Fukushima, Duisburg 2011, S. 19.

9. Energiepolitik der Großen Koalition 2005 – 2009

9.1. Energiepolitik in der Regierungserklärung Merkels

In der zweiten Großen Koalition waren die Koalitionäre zu energiepolitischen Kompromissen gezwungen. Der Konflikt entzündete sich an der Kernenergie, der die CDU wohlwollend, die SPD hingegen ablehnend gegenüberstand. Die Bundesregierung suchte nach einem Kompromiss: „Wir haben unterschiedliche Auffassungen über die Nutzung der Kernenergie. Aber wir haben uns – das finde ich wichtig – auf eine Gesamtstrategie in der Energiepolitik sowie darauf geeinigt, dass wir uns über den Energiemix Gedanken machen."[660] Die Lösung für diese Problematik fanden die Koalitionäre in der programmatischen Ausklammerung der Fragen zur Kernenergienutzung.

Bei den erneuerbaren Energien hielt die Bundesregierung am EEG fest, plante aber eine Novellierung der Anreizpauschalen. Im Energieeffizienzbereich beschritt sie neue Wege, indem sie den Adressatenkreis der Einsparmaßnahmen auf private Haushalte ausdehnte. „Wir werden ein sehr anspruchsvolles Programm zur energetischen Gebäudesanierung auflegen. Dieses Programm wird nicht nur der Bauwirtschaft neue Impulse geben – das ist der eine Aspekt –, sondern es wird auch – davon bin ich zutiefst überzeugt – dem einzelnen Bürger deutlich machen, welchen Beitrag er zur verbesserten Effizienz bei der Energieversorgung, also auch bei der Reduktion von Kohlendioxidemissionen, leisten kann."[661]

Die in der Regierungserklärung aufgezeigten Aspekte verdeutlichten, dass die schwarz-rote Bundesregierung keine neuen Wege beschritt, sondern die vielfältigen Gesetzesinitiativen der rot-grünen Vorgängerregierung zu reformieren gedachte. Neben dem EEG und dem erweiterten Gebäudesanierungsprogramm zählte dazu die Neuregelung des Emissionshandels. „Wir werden die Regeln für den Emissionshandel überarbeiten. Ich sage ausdrücklich, dass dieser ein gutes Instrument ist. Aber wir werden in der zweiten Phase, also ab 2008, schauen müssen, dass die Anreize für die Modernisierung unseres Kraftwerksparks erhalten bleiben. Wir werden dafür sorgen müssen, dass die energieintensive Industrie nicht aus Deutschland abwandert und dass wirtschaftliches Wachstum weiter möglich ist."[662]

Den Klimaschutz setzte die Bundeskanzlerin mit Wirtschaftspolitik gleich, da mit der in ihren Augen fortschrittlichen deutschen Klimaschutztechnik ausländische Märkte erobert werden könnten. „Ich werde [...] auf meinen Auslandsreisen sehr bewusst die Klimaschutzprojekte, die nach dem Kyotoprotokoll gerade für

---

660 BT PlPr 16/4, S. 86.
661 Ebenda.
662 Ebenda.

die Entwicklungsländer von außerordentlicher Bedeutung sind, als technologisches Know-how der Bundesrepublik Deutschland propagieren. Technologieexport und Klimaschutz liegen heute ganz eng beieinander. Ich glaube, hier können wir unsere Rolle als Exportweltmeister deutlich machen."[663]

In der einleitenden Passage des Koalitionsvertrags zwischen CDU, CSU und SPD verwiesen die Akteure auf die Notwendigkeit eines energiepolitischen Gesamtkonzeptes, das eine Vorsorgestrategie in Anbetracht der weltweit knapper werdenden Ressourcen bieten sollte.[664] Aufgrund der unterschiedlichen Auffassung über die Nutzung der Kernenergie zwischen CDU, CSU und der SPD hielt sich die schwarz-rote Bundesregierung mit neuen Konzepten für die Kernkraftwerke zurück und perpetuierte für vier Jahre den im Juni 2000 ausgehandelten Atomkonsens. Die unter der rot-grünen Bundesregierung erarbeiteten Instrumente zur Steinkohlesubventionierung führte die neue Koalition fort, ohne weitere pauschale Förderzusagen zu erteilen. „Es müssen weitere Einsparungen gegenüber den bisherigen Verabredungen geprüft werden, ohne den Weg der sozialverträglichen Anpassung zu verlassen."[665]

Um den Ausbau der erneuerbaren Energien voranzutreiben, schrieb der Koalitionsvertrag eine umfassendes Instrumentarium vor. Ihr Anteil an der Stromversorgung sollte bis 2010 auf 12,5 und bis 2020 auf 20 Prozent steigen. Am nationalen Gesamtverbrauch mussten die erneuerbaren Energien bis 2010 einen Anteil von 4,2 Prozent erreichen, der bis 2020 auf zehn Prozent steigen sollte. Die schwarz-rote Bundesregierung plante dafür eine Novellierung des EEG, um das Repowering der Windkraftanlagen zu fördern.

9.2. Maßnahmen für den Kohlesektor

Am 20. Dezember 2007 verabschiedete der Bundestag das „Gesetz zur Finanzierung der Beendigung des subventionierten Steinkohlenbergbaus zum Jahr 2018", das Steinkohlefinanzierungsgesetz (SteinkohlFinG).[666] Es bildete die rechtliche Umsetzung für die Anfang 2007 getroffene Abmachung zwischen Bund, den Ländern und den Gewerkschaften. In den „Eckpunkten einer kohlepolitischen Verständigung"[667], hatten sich die Bundesregierung, die Kohleländer NRW und

---

663   Ebenda.
664   Vgl. CDU,CSU/SPD (Hrsg.): Gemeinsam für Deutschland. Mit Mut und Menschlichkeit, Koalitionsvertrag von CDU, CSU und SPD, S. 50-53.
665   Ebenda.
666   Vgl. BGBl I Nr. 68 vom 27.12.2007, S. 3086-3088.
667   Vgl. P. Hansen/Felix Christian Matthes (Hrsg.): Politikszenarien für den Klimaschutz V – auf dem Weg zum Strukturwandel. Treibhausgasemissionsszenarien bis zum Jahr 2030, Jülich 2010, S. 218.

Saarland, die Gewerkschaft IG BCE und die RAG AG darauf geeinigt, die Subventionen bis 2018 sozialverträglich einzustellen.[668]

Der Zweck des Gesetzes ist es, die subventionierte Förderung der Steinkohle in Deutschland im Jahr 2018 auslaufen zu lassen. „In den letzten 50 Jahren hat die Subventionspolitik im Steinkohlebereich den Steuerzahler rund 125 Mrd. Euro gekostet. Statt weiter Jahr für Jahr mehr als 2 Milliarden Euro in Erhaltungssubventionen zu stecken, setzen wir ein strategisches Signal für die Zukunft. Dies ist eine Entscheidung für den Standort Deutschland. Sie zeigt, dass wir in der Lage sind, moderne und zukunftsgerichtete Strukturen in unserem Land zu schaffen. Mir ist es wichtig hervorzuheben, dass wir die Entscheidung über die Zukunft der deutschen Steinkohle in einem breiten Konsens mit allen Beteiligten – einschließlich der Gewerkschaft – getroffen haben. Die subventionierte Förderung der Steinkohle in Deutschland wird bis spätestens 2018 sozialverträglich beendet."[669] Das Steinkohlefinanzierungsgesetz dient der Absatzförderung deutscher Steinkohle für den Einsatz in Kraftwerken und zur Stahlerzeugung im Hochofenprozess bis zum Jahr 2018. Es unterstützt Bergbauunternehmen bei ihren Aufwendungen für dauerhafte Stilllegungen und im Rahmen fortbestehender Verpflichtungen des sozialverträglichen Anpassungsprozesses.[670]

Das Fördervolumen sinkt von 2009 mit knapp 1,7 Mrd. Euro jährlich auf 794 Mio. Euro bis 2019. Dieses Jahr markiert zugleich den Zeitpunkt, zu dem die Subventionen endgültig auslaufen sollen. Das Bundesamt für Wirtschaft und Ausfuhrkontrolle gewährt den Unternehmen die Mittel für weitere Stilllegungen. Außerdem erhielten sie Unterstützung für den Absatz der Kohle an Kraftwerke. Im Zuge des Gesetzes fand eine Umwandlung der RAG in eine Stiftung statt.

In den „Eckpunkten einer kohlepolitischen Verständigung" behielt sich die Bundesregierung das Recht vor, weitere Subventionen ab 2012 von einer eingehenden Prüfung abhängig zu machen, die dem Bundestag vorzulegen war. „Es ist weise und eine demokratische Selbstverständlichkeit, dass der Deutsche Bundestag zum festgeschriebenen Zeitpunkt 2012 überprüft, ob die heutigen energiewirtschaftlichen Rahmenbedingungen weiterhin Bestand haben."[671] Mit dieser neuerlichen Prüfung öffnete sich für die RAG-Stiftung die Möglichkeit, weitere Mittel aus dem Bundeshaushalt zu beziehen: „Für die ab dem Zeitpunkt der Beendigung des subventionierten Steinkohlenbergbaus weiter bestehenden Verpflichtungen der Bergbauunternehmen, die von der RAG-Stiftung getragen werden, können aus Mitteln des Bundeshaushalts Beträge in Höhe von einem Drittel

---

668 BMWi: „Eckpunkte einer kohlepolitischen Verständigung von Bund, Land Nordrhein-Westfalen (NRW) und Saarland, RAG AG und IGBCE, Berlin 2007, S. 1.
669 BT PlPr. 16/123, S. 12914.
670 Vgl. § 1 SteinkohlfinG.
671 BT PlPr. 16/123, S. 12914.

dieser Verpflichtungen geleistet werden, wenn das Vermögen der RAG-Stiftung zur Erfüllung der Verpflichtungen nicht ausreicht."

Das Steinkohlefinanzierungsgesetz kollidierte mit den Vorschriften der EU-Richtlinie 1407/2002, die ein verbindliches Auslaufen der Kohlesubventionen bis 2010 vorsah. Die Bundesregierung führte die traditionelle Steinkohlesubventionierung fort, indem das SteinkohlfinG entgegen der Richtlinie eine acht Jahre längere Förderung zum Ziel hatte. Im Juli 2010 entschied die EU-Kommission, auf Drängen Deutschlands und Spaniens, die Förderung der Steinkohle bis 2014 zu verlängern. Die Bundesregierung lehnte diesen Förderstopp ab und erarbeitete eine Fristverlängerung. Im Dezember 2010 entschied die EU-Kommission, die Subventionierung bis 2018 zu genehmigen. Die Modalitäten der Steinkohlesubventionen regelt seit 2010 der Steinkohlebeschluss 2010/787/EU. Dieser sieht nach Art. 3 die Möglichkeit vor, Beihilfen weiter zu zahlen, wenn sie sich auf Steinkohleproduktionseinheiten beziehen, die einen Stilllegungsplan bis 31. Dezember 2018 aufweisen und danach definitiv geschlossen werden.[672]

Im Juli 2011 war die Bundesregierung aufgrund dieser unionsrechtlichen Vorgaben veranlasst, das SteinkohleFinG zu novellieren, denn die Entscheidung der EU-Kommission, die Steinkohlesubventionierung endgültig auslaufen zu lassen, machte eine erneute Überprüfung der Steinkohlesubventionierung im Jahr 2012 obsolet. Die Option, die Stützung über den Zeitpunkt 2018 hinaus fortzuführen, war hinfällig und der Ausstieg aus der deutschen Steinkohleförderung wurde durch europäische Restriktionen endgültig besiegelt.[673]

Von 1949 bis 2007 hatte die Bundesregierung zur Stützung der deutschen Steinkohle insgesamt 130 Mrd. Euro an Subventionen aufgebracht.[674] Von 2008 bis 2018 werden weitere 24 Mrd. Euro folgen.

9.3. Maßnahmen für den Kernenergiesektor

Auf dem Feld der Kernenergiepolitik unternahm die Bundesregierung aufgrund der Diskrepanzen zwischen SPD und CDU bei der Nutzung der Kernenergie kaum Anstrengungen. Eine schnellere Gangart hin zu einem von der SPD favorisierten Atomausstieg scheiterte wiederum an der CDU. Im Vorfeld des Energiegipfels vom 3. April 2006 bekräftigte die CDU in einem Positionspapier ihre Einschätzung der Kernenergie als unverzichtbare Energiequelle. Trotz, oder ge-

---

672 Vgl. Beschluss des Rates vom 10. Dezember 2010 über staatliche Beihilfen zur Erleichterung der Stilllegung nicht wettbewerbsfähiger Steinkohlebergwerke.
673 Vgl. Pressemitteilung BR vom 27.05.2011.
674 Vgl. BT PlPr. 16/141, S. 14875.

rade wegen des Patts war die Endlagerung eine Problematik, mit der sich die gouvernementale Energiepolitik beschäftigte.

Bundesumweltminister Gabriel unternahm einen weiteren Anlauf bei der Suche nach einem Standort, an dem ausgediente Brennelemente und verstrahlte Stoffe dauerhaft deponiert werden können. Die vom Bundesumweltministerium eingesetzte Entsorgungskommission (ESK) sollte bei der Standortauswahl helfen. Die ESK beschäftigt sich vorrangig mit der Zwischenlagerung atomarer Abfälle, der Stilllegung von Kernkraftwerken und der Suche nach einem geeigneten Endlager. Ab 2001 verhinderte das von der rot-grünen Bundesregierung verhängte Moratorium eine weitere Erkundung des Salzstocks in Gorleben, bis weitere wissenschaftliche Erkenntnisse eine Vereinbarkeit der geplanten Lagerung in Gorleben mit internationalen Kriterien der Endlagerung ermöglichen sollten. Aufgrund der Diskrepanzen der Koalitionspartner in der Frage der weiteren Nutzung der Kernenergie entschied sich die Kanzlerin, Gabriels Entsorgungskonzept nicht aufzugreifen.[675]

Gabriel vertrat die Meinung, die Entscheidung für Gorleben basierte nicht auf wissenschaftlich belegbaren Fakten. In einem vom Umweltministerium verfassten Konzept über die Endlagerung radioaktiver Abfälle fanden sich Zweifel über die gewählten Verfahren, die zum Votum für Gorleben führten. „Die Endlagerung radioaktiver Abfälle muss berücksichtigen, dass der Nachweis der Langzeitsicherheit hier einen Zeitraum in der Größenordnung von einer Mio. Jahren umfassen muss. Dies hat Konsequenzen für die Auswahl des Standorts. Für derartige Zeiträume kann das Isolationsvermögen eines Endlagers mit hinreichender Sicherheit nur durch seine geologischen und nicht ausschließlich durch seine technischen Barrieren gewährleistet werden. Die nach dem Stand von Wissenschaft und Technik bestmögliche Sicherheit kann nur erreicht und vermittelt werden, wenn insbesondere der Standort eines Endlagers, in dem auch hochaktive und langlebige Abfälle und bestrahlte Brennelemente gelagert werden sollen, in einem klar definierten Verfahren nach vorher festgelegten, wissenschaftlich fundierten Kriterien ausgewählt wird. [...] In Deutschland hat ein solcher Prozess bislang nicht stattgefunden."[676] Gabriel schlug daher ein neues Auswahlverfahren vor, das eine Standortfindung frühstens 2020 ermöglicht hätte. 2008 forderte die Union von Gabriel, den Erkundungsstopp für Gorleben aufzuheben. Das Moratorium für Gorleben hob er aber nicht auf, da für den Standort die wissenschaftliche Eignung fehlen würde. Nur wenn gleichzeitig andere Lagerstätten in die Suche einbezogen würden – wie es sein Konzept forderte –, hätte auch Gorleben wieder als Option dienen können. „Ich bin nicht dagegen,

---

675 Vgl. Prüfbericht verschärft Endlagerdebatte, in: Spiegelonline vom 2. September 2008.
676 BMU (Hrsg.): Verantwortung übernehmen. Den Endlagerkonsens realisieren, Berlin 2006, S. 17.

Gorleben nicht weiter zu erkunden. Allerdings muss dies unter der Voraussetzung geschehen, dass wir zeitgleich die alternative Standortsuche nach gemeinsamen und internationalen Kriterien beginnen."[677] Dazu kam es in der 16. Legislaturperiode nicht mehr und das Moratorium blieb bestehen.

Neue Komplikationen in der Endlagerfrage ergaben sich aus einem Prüfbericht über das Atomlager Asse II. In dem ehemaligen Salzbergwerk bei Wolfenbüttel begann ab 1967 die Einlagerung von insgesamt 126.000 Fässern mit schwach- und mittelradioaktivem Atommüll. Eine Untersuchung über die Eignung der Anlage deckte gravierende Mängel auf: Ausgelaufener radioaktiver Abfall sammelte sich vor einer Lagerkammer. Diese Entdeckung verschärfte den Streit der Koalitionspartner über den weiteren Umgang mit der Kernenergie. Die Unwägbarkeiten bei der Lagerung schwach radioaktiven Mülls in der Asse und stark strahlendem Materials in Gorleben führten zu einer kategorischen Ablehnung der Laufzeitverlängerung durch die SPD. Ohne Lagerplatz für den Müll sollte kein neuer produziert werden.[678] Die CDU hingegen sah die Kernenergie als notwendige Energiequelle, um den für das Jahr 2023 geplanten endgültigen Atomausstieg langfristig vorzubereiten. Sie votierte daher für eine Laufzeitverlängerung.[679]

9.4. Maßnahmen für den Mineralölsektor

Im Mineralölsektor erlangten Vorgaben der EU über die Neuregelung der Besteuerung und den Einsatz von Biokraftstoffen für die Energiepolitik an Bedeutung. Die Energiesteuer-Richtlinie der EU 2003/96/EWG vom 27. Oktober 2003 gab den Mitgliedsstaaten eine Überarbeitung der Besteuerung von Energieerzeugnissen und elektrischem Strom vor. Mit dem Energiesteuergesetz, welches das Mineralölsteuergesetz ablöste, setzte die Bundesregierung diese EU-Vorgaben um.

Mit dem Biokraftstoffquotengesetz (BioKraftQuG) bezweckte die Bundesregierung einerseits die Unterstützung des Biokraftstoffmarktes. „Der Biokraftstoffmarkt hat sich in der Vergangenheit aufgrund der kräftigen steuerlichen Unterstützung erfreulich dynamisch entwickelt. Wir wollen, dass diese Entwicklung anhält. Damit wird ein wesentlicher Beitrag zur Energieversorgungssicherheit und zum Schutz unseres Klimas geleistet."[680] Aufgrund der Steuerausfälle für den Bund sah der Gesetzesentwurf eine Umstellung der steuerlichen Entlastung

---

677 BT PlPr. 16/57, S. 5538.
678 Vgl. BT PlPr. 16/183, S. 19452.
679 Vgl. BT PlPr. 16/166, S. 17641.
680 Vgl. BT PlPr. 16/60, S. 5883.

9.4. Maßnahmen für den Mineralölsektor

hin zu einer Quotenregelung vor. „Ziel des Gesetzentwurfs ist es daher, den weiteren Ausbau der Biokraftstoffe auf eine tragfähige Basis zu stellen, die mit der Förderung der Biokraftstoffe verfolgten energie- und umweltpolitischen Ziele Versorgungssicherheit und Klimaschutz zu sichern sowie durch den weitgehenden Ersatz der Steuerbegünstigung der Biokraftstoffe durch eine unternehmensbezogene Quotenpflicht einen Beitrag zum Subventionsabbau und zur Konsolidierung des Bundeshaushaltes zu leisten."[681] Bis zu diesem Zeitpunkt erfolgte die Förderung der Biokraftstoffe durch Steuerbefreiung. Mit dem Gesetz erfolgte die Umstellung auf eine Quotenregelung, die den Einsatz von Biokraftstoffen prognostizierbar machte. Der Bundestag verabschiedete das Gesetz am 26. Oktober, zum 1. Januar 2007 trat es in Kraft.[682]

Das Biokraftstoffquotengesetz schrieb eine Mindestbeimischung von Bioethanol zu Benzin und Dieselkraftstoff vor. Gleichzeitig erfüllte das BioKraftQuG unionsrechtliche Normen, denn es setzte die Richtlinie 2003/30/EG (Biokraftstoffrichtlinie) vom 8. Mai 2003 zur „Förderung der Verwendung von Biokraftstoffen oder anderen erneuerbaren Kraftstoffen im Verkehrssektor" um.

9.5. Erneuerbare Energien / Neue Energien

9.5.1. Integriertes Energie- und Klimaprogramm

Das Integrierte Energie- und Klimaprogramm (IEKP) legte die Marschroute fest für die energiepolitischen Gesetzgebungsverfahren im Bereich der erneuerbaren Energien. Zugleich operationalisierte es das Regierungsprogramm. Mit der Energiedienstleistungsrichtlinie 2006/32/EG nahm die EU Einfluss auf die Anstrengungen der Mitgliedsstaaten zum verminderten Energieverbrauch. Ergänzung fand die Dienstleistungsrichtlinie durch die 20-20-20-Formel, auf welche sich die Staaten der EU im März 2007 unter deutscher Ratspräsidentschaft geeinigt hatten.[683] Diese sah eine 20-prozentige CO_2-Reduktion, eine 20-prozentige Energieeinsparung und eine Erhöhung der erneuerbaren Energien auf 20 Prozent vor. Die dazu von der Bundesregierung vorgesehenen und auf Grundlage der Kabinettsbeschlüsse vom 5. Dezember 2007 und vom 18. Juni 2008 geplanten Maßnahmen waren im nationalen Energieeffizienz-Aktionsplan und im Integrierten Energie- und Klimaprogramm (IEKP) aufgelistet. Sie basierten auf den Plänen, welche die Bundesregierung auf ihrer Kabinettsklausur vom 23./24. August 2007

---

681 Vgl. BT Drs. 16/2709.
682 Vgl. BGBl I 2006, Nr. 62 vom 21.12.2006, S. 3180.
683 Vgl. Ingolfur Blühdorn: Die Umweltpolitik der Großen Koalition 2005 – 2009, in: Bukow/Seemann 2010, S. 218.

9. Energiepolitik der Großen Koalition 2005 – 2009

in Meseburg entworfen hatte.[684] Um die weltweite deutsche Vorreiterrolle im Klimaschutz zu kräftigen, verschärfte die Bundesregierung die Vorgaben der 20-20-20-Formel. Das IEKP schrieb eine Reduktion der deutschen Treibhausgasemissionen bis 2020 um 40 Prozent gegenüber dem Referenzjahr 1990 vor, der Anteil erneuerbarer Energien an der Stromerzeugung sollte mindestens 30 und ihr Anteil an der Wärmeerzeugung wenigstens 14 Prozent betragen.

Das IEKP besteht aus zwei Teilen. Das erste Maßnahmenpaket datierte auf Dezember 2007. Das zweite stammte vom Juni 2008. Die wichtigsten Maßnahmen sind im „Bericht zur Umsetzung der in Meseburg beschlossenen Eckpunkte" zusammengestellt.[685] Im Strombereich sah das IEKP einen weiteren Ausbau der Kraft-Wärme-Kopplung vor. Bis 2020 sollte der Anteil von Kraft-Wärme-Kopplungsanlagen an der Stromproduktion von zwölf auf ca. 25 Prozent verdoppelt werden. Den Anteil erneuerbarer Energien im Strombereich galt es von 13 auf 25 – 30 Prozent zumindest zu verdoppeln. Im Wärmebereich sollte die Nutzung Erneuerbarer Energien auf 14 Prozent steigen, indem die Pflicht zu deren Verwendung bei Neubauten festgeschrieben werden sollte. Der Netzausbau diente als flankierende Maßnahme: „Das Kabinett hat Eckpunkte eines Netzausbaupakets beschlossen, in dessen Rahmen auch Maßnahmen zur Verbesserung der Netzintegration der Erneuerbaren Energien getroffen werden. Hierzu soll bis Mai 2008 ein Energieleitungsausbaugesetz beschlossen werden, welches unter anderem Regelungen für vordringliche Leitungsneubauvorhaben sowie ein gebündeltes Zulassungsverfahren für Seekabel zur Anbindung von Wind-Offshore-Anlagen beinhaltet."

Mit der Novellierung des Energiewirtschaftsgesetzes und der Energieeinsparverordnung wollte die Bundesregierung das Strommesswesen dem Wettbewerb öffnen und zugleich die Anforderungen an die Energieeffizienz im Gebäudebereich stufenweise erhöhen. Abschließend sah das IEKP weitere Maßnahmen im Verkehrsbereich wie die Erhöhung des Anteils der Biokraftstoffe am Kraftstoffverbrauch, eine Umstellung der Kfz-Steuer auf Schadstoffbasis und eine Pkw-Energieverbrauchskennzeichnungsverordnung (Pkw-EnKV) vor.

---

684 Vgl. BT Drs. 16/13821, S. 2.
685 BUNR/BWT (Hrsg.): Bericht zur Umsetzung der in der Kabinettsklausur am 23./24.08.2007 in Meseburg beschlossenen Eckpunkte für ein Integriertes Energie- und Klimaprogramm, Berlin 2007.

9.5. Erneuerbare Energien / Neue Energien

9.5.2. Novelle des EEG (EEG 2009)

Durch die Förderung aus dem EEG hatte sich der Anteil der Erneuerbaren Energien am Stromverbrauch von 5,5 Prozent im Jahr 1999 auf 13 Prozent im Jahr 2007 mehr als verdoppelt. Eine stärkere Integration der erneuerbaren Energien in die energiewirtschaftlichen Strukturen war die Intention des Gesetzgebers, als er das EEG novellierte. Am 18. Februar 2008 brachte die Bundesregierung hierfür in den Bundestag den „Entwurf eines Gesetzes zur Neuregelung des Rechts der Erneuerbaren Energien im Strombereich und zur Änderung damit zusammenhängender Vorschriften" ein. Neben die verbesserte Planungs- und Investitionssicherheit fanden Vorgaben auf Grund der Beschlüsse des Europäischen Rates vom 8. und 9. März 2007 und des G8-Gipfels in Heiligendamm Eingang in die Novelle.

Nach der ersten Lesung im Bundestag am 21. Februar 2008[686] wurde der Entwurf in den federführenden Ausschuss für Umwelt, Naturschutz und Reaktorsicherheit überwiesen, der seine Beschlussempfehlung und den Bericht am 4. Juni verkündete.[687] Die abschließende Lesung im Bundestag erfolgte zwei Tage später.[688] Es trat am 1. Januar 2009 in Kraft. „Zweck dieses Gesetzes ist es, insbesondere im Interesse des Klima- und Umweltschutzes eine nachhaltige Entwicklung der Energieversorgung zu ermöglichen, die volkswirtschaftlichen Kosten der Energieversorgung auch durch die Einbeziehung langfristiger externer Effekte zu verringern, fossile Energieressourcen zu schonen und die Weiterentwicklung von Technologien zur Erzeugung von Strom aus erneuerbaren Energien zu fördern. Um den Zweck [...] zu erreichen, verfolgt dieses Gesetz das Ziel, den Anteil erneuerbarer Energien an der Stromversorgung bis zum Jahr 2020 auf mindestens 30 Prozent und danach kontinuierlich weiter zu erhöhen."[689]

Allerdings schuf die Novelle keine neuen Anreize, sondern dämmte im Gegenteil vielfältige Verwerfungen und Fehlanreize ein. Die Novellierung des EEG war verbunden mit dem Versuch, die Stromerzeugung aus erneuerbaren Energien an Marktnotwendigkeiten heranzuführen, zugleich führte sie zu einer variablen Gestaltung des Vergütungssystem. Neben energiepolitische traten umweltpolitische Ziele. Der erhöhte Anteil erneuerbarer Energien an der Energieversorgung sollte dazu beitragen, die Klimaschutzziele der Bundesregierung zu erreichen, die sie erst auf dem UN-Gipfel in Nairobi im November 2006 und dann auf der Weltklimakonferenz von Bali im Dezember 2007 verkündete. Dieses Klima-

---

686   Vgl. BT PlPr. 16/145.
687   Vgl. BT Drs. 16/9477.
688   Vgl. BT PlPr. 16/167.
689   Vgl. BT Drs. 16/8148, S. 1.

schutzprogramm sah eine Reduktion der CO_2-Emissionen um 40 Prozent bis zum Jahr 2020 im Vergleich zum Referenzjahr 1990 vor.

Mit der Gesetzesnovellierung wurden die Grundprinzipien des EEG-Mechanismus zwar beibehalten, mit einer Fülle von Detailregelungen zielte der Gesetzgeber aber auf eine erhöhte Transparenz: „Die Grundstruktur hat sich bewährt und wird daher beibehalten."[690] Netzbetreiber waren weiterhin verpflichtet, Strom aus Anlagen erneuerbarer Energien bevorzugt in ihr Netz einzuspeisen und zu vergüten. Sie reichten den Strom im Anschluss an die Übertragungsnetzbetreiber weiter, die mit dem bundesweiten Ausgleichsmechanismus Disparitäten aus übermäßiger oder vergleichsweise geringer Einspeisung gegenüber dem Bundesdurchschnitt ausglichen. Der Übertragungsnetzbetreiber vertrieb den Strom an die EVU, die ihn dem Endkunden zur Verfügung stellten.

Neu war der markt- und risikogerechte Ordnungsrahmen für die Direktvermarktung (Eigenvermarktung) des Stroms aus EEG-Anlagen. Anstatt die Kosten der Stromerzeugung an den Netzbetreiber weiterzugeben, der diese letztlich auf die Stromkunden umlegt, ist es dem Anlagenbetreiber ebenso möglich, den produzierten Strom direkt an einen Abnehmer zu verkaufen. Unter Direktvermarktung ist der Verkauf des Stroms an der Börse oder Großunternehmer zu verstehen. Mit dem EEG 2009 wurde diese Option der direkten Vermarktung, die bis dato für den Anlagenbetreiber nur Vorteile barg, neu geregelt. Nutzte der Anlagenbetreiber nun die Direktvermarktung, verfiel sein Vergütungsanspruch gegenüber dem Netzbetreiber und er konnte erst im darauf folgenden Jahr wieder geltend gemacht werden. Die Regeln zur Direktvermarktung verteilten die Chancen und Risiken zwischen Anlagenbetreibern und Stromvertriebsunternehmen neu. „Derzeit besteht das Risiko, dass Anlagenbetreiber den am besten am Markt verkäuflichen Strom, insbesondere zu Zeiten, zu denen die Preise besonders hoch sind, selbst vermarkten, während die schlechter prognostizierbaren Mengen zu Zeiten, zu denen der Marktpreis gering ist, über das Erneuerbare-Energien-Gesetz abgesetzt werden. Damit steigen insgesamt die Strompreise, ohne dass sich für die Volkswirtschaft ein Mehrwert, zum Beispiel ein markt- und netzgerechtes Erzeugungsverhalten der Anlagenbetreiber, ergibt."[691]

Das mit dem EEG 2004 eingeführte Erzeugungsmanagement wurde durch das Einspeisemanagement ersetzt. Beide Regelungen zielen auf Netzstabilität, allerdings unterscheiden sie sich im Adressatenkreis. In Zeiten starker Stromeinspeisung verhindert das mit dem EEG 2004 eingeführte Erzeugungsmanagement eine Netzüberlastung, indem die Netzbetreiber dem Anlagenbetreiber empfehlen, seine Anlagen vom Netz nehmen. Diese Regelung erfordert eine Zusammen-

---

690   Ebenda.
691   Vgl. BT Drs. 16/8148, S. 49.

9.5. Erneuerbare Energien / Neue Energien

arbeit von Anlagen- und Netzbetreiber. Im Einvernehmen mit dem Anlagenbetreiber freiwillig vom Netz getrennte Anlagen ersparen dem Netzbetreiber den Ausbau des Netzes. Die mit dieser Kooperation eingesparten Kosten können wiederum dem Anlagenbetreiber zugute kommen, der für seinen Verzicht auf die Einspeisevergütung eine Kompensation erhält. Allerdings erfüllte diese Regelung nicht den vom Gesetzgeber intendierten Zweck. „Bislang wenden Netzbetreiber in Engpasssituationen das Erzeugungsmanagement an, indem sie die an ihr Netz angeschlossenen Erneuerbare-Energien-Anlagen, zurzeit noch vornehmlich Windenergieanlagen in Regionen mit einem hohen Anteil an Windstrom, ganz oder teilweise vom Netz nehmen. [...] Wegen des stetig steigenden Einsatzes des Erzeugungsmanagements und der damit verbundenen Einnahmeverluste wird die Finanzierung von Anlagen zur Erzeugung von Strom aus erneuerbaren Energien deutlich erschwert, da bisher die Häufigkeit der Anwendung des Erzeugungsmanagements nicht oder nur mit erheblichen Unsicherheiten prognostiziert werden kann. Dies stellt ein wesentliches Investitionshemmnis für den weiteren Ausbau der Erneuerbaren Energien dar und gefährdet die Ausbauziele und damit auch die Klimaschutzziele des Bundes."[692]

Aufgrund des mit dem Zubau der Erneuerbaren-Energien-Anlagen nicht Schritt haltenden Netzkapazitäten führten die schwankenden Einspeisungen zu häufigeren Netzüberlastungen. Das daraus resultierende wiederholt notwendige Abtrennen der Anlagen vom Netz führte wiederum zu Einnahmeverlusten der Anlagenbetreiber. Das neue Einspeisemanagement sollte die Netzstabilität sichern, wobei die Anlagenbetreiber trotzdem die ihn zustehenden Vergütungen erhielten. Bei Engpässen im Verteiler- und Übertragungsnetz sind die Netzbetreiber verpflichtet, den Anlagenbetreiber für nicht eingespeisten Strom zu entschädigen. Die daraus entstehenden Kosten wiederum kann der Netzbetreiber als Bestandteil der Netzentgelte an die Verbraucher weiterreichen.[693]

Die Novelle staffelte die degressive Vergütung für Photovoltaik-Anlagen stärker, sodass bei starkem Zubau die Vergütungssätze schneller sanken. Die Degression war die Antwort auf den rasanten Zubau der Photovoltaikanlagen, denn die Solarstromerzeugung stieg von 64 Mio. kWh im Jahr 2000 auf 2 Mrd. kWh im Jahr 2006.[694] Insgesamt befanden sich zu diesem Zeitpunkt 200.000 Anlagen in Deutschland, wobei die Bundesländer Bayern und Baden-Württemberg 65 Prozent aller Kollektoren auf sich vereinten. Aufgrund der hohen Fördersummen entwickelte sich eine eigenständige Photovoltaikindustrie mit Schwerpunkten

---

692 Vgl. BT Drs. 16/1848, S. 46.
693 BNetzA (Hrsg.): Leitfaden zum EEG-Einspeisemagament. Abschaltrangfolge, Berechnung von Entschädigungszahlungen und Auswirkungen auf die Netzentgelte, Bonn 2011, S. 3.
694 Vgl. BT Drs. 16/8148, S. 29.

9. Energiepolitik der Großen Koalition 2005 – 2009

vor allem in den neuen Bundesländern. Schätzungsweise eine Milliarde Euro flossen bis Ende des Jahres 2006 an Investitionen in den Aufbau der Solarwirtschaft.[695] Im Rahmen der Forschungsförderung stellte die Bundesregierung 300 Mio. Euro für diese Zwecke zur Verfügung.[696] Der technische Fortschritt in den Produktionskapazitäten und deren starke Ausweitung mit entsprechender Kostendegression führten zu einem Absinken der Stromgestehungskosten von 1991 bis 2003 um 60 Prozent. Vor diesem Hintergrund erachtete die Bundesregierung in ihrem Gesetzentwurf eine Absenkung der Fördersätze für eingespeisten Strom aus Photovoltaikanlagen für notwendig.

Windenergie stellt den größten Anteil der Stromproduktion durch erneuerbare Energien in Deutschland. Bereits mit dem EEG 2004 förderte der Gesetzgeber mehr Investitionen in Offshore-Anlagen, indem die Vergütungssätze abhängig von der Entfernung zur Küste gestaffelt und die längere Amortisation berücksichtigt wurden. Die Bundesregierung kritisierte das geringe Tempo beim weiteren Zubau der Offshore-Kapazitäten: „Die Entwicklung der Windenergienutzung auf See ist langsamer vorangegangen als erwartet. Ein Grund dafür ist in den Kosten dieser völlig neuen Technologie zu sehen, die höher als bisher angenommen sind."[697] Entsprechend hob die Novelle die Vergütung für den Strom aus den Offshore-Anlagen an.

Einen weiteren Kernpunkt der Novellierung stellte die Neuregelung des § 19 EEG dar, mit der der Gesetzgeber einem in der Vergangenheit beobachteten Anlagensplitting entgegentrat. Die Vergütung für Strom aus großen Anlagen war geringer als jene für Strom aus kleinen Anlagen. Es bot sich für Anlagenbetreiber an, statt einer großen Anlage eine Vielzahl kleiner Anlagen zu installieren, welche insgesamt dieselbe Nennleistung erzeugten. Als Einzelanlagen erhielten sie aber aggregiert eine höhere Vergütung. Daher wurde der Begriff der „zusammengefassten Anlage" genauer gefasst, indem nun mehrere baugleiche Anlagen, die in unmittelbarer Nähe auf einem Grundstück stehen, als Zusammenfassung gelten.

Die novellierte Fassung änderte die Vergütungssätze des eingespeisten Stroms. Während die Anfangsvergütung für Windanlage von 7,87 auf 9,2 ct/kWh stieg, sanken die Vergütungssätze für Solarenergie.[698] Die Novellierung führte den „atmenden Deckel" ein, der die Förderung dynamisch an das Niveau des Ausbaus anpasste und degressiv oder progressiv gestaltete. Um mit dem An-

---

695   Vgl. BT Drs. 16/7119, S. 84.
696   Vgl. ebenda, S. 86.
697   BT Drs. 16/8148, S. 29.
698   Vgl. Simon Thomas Groneberg: EEG und KWKG reloaded. Motive, Ergebnisse und offene Frage. Die Novellierung des Erneuerbare-Energie-Gesetzes und des Kraft-Wärme-Kopplungsgesetzes zum 01.01.2009, Norderstedt 2009, S. 15.

reizsystem den Ausbau der Photovolatik nicht zu überhitzen und einer marktkonformen Systematik zuzuführen, erfolgte eine halbjährliche Absenkung der Fördersätze von Ende 2009 bis 2011 um insgesamt ein Drittel. Das neue Gesetz gewährte über die Regelvergütung hinaus zusätzliche Prämien für Innovationen und Effizienzmaßnahmen und sah Wärmenutzungs-, Technologie- und Systemdienstleistungsboni vor.

9.5.3. Weiterentwicklung des bundesweiten Ausgleichsmechanismus

Die Verordnung zur Weiterentwicklung des bundesweiten Ausgleichsmechanismus (AusglMechV) vom 17. Juli 2009[699] erließ die Bundesregierung zur untergesetzlichen Konkretisierung des Erneuerbare-Energien-Gesetzes. Die AusglMechV regelt die Verteilung des eingespeisten Stroms neu. Bis zur Neufassung bestand das Problem, dass die Verteilung des EEG-Stroms mit Kosten für die beteiligten Unternehmen und schließlich für die Endkunden verbunden waren. Im vierten Schritt des EEG-Mechanismus verteilten die Übertragungsnetzbetreiber zusammen mit den Stromversorgungsunternehmen den eingespeisten Strom, um ihn anteilig auf die beliefernden Stromversorgungsunternehmen umzulegen. „Bei den Übertragungsnetzbetreibern entsteht für die Umwandlung des nach EEG vergüteten Stroms in Monatsbänder ein erheblicher Aufwand, der sich in den Netzentgelten niederschlägt. Zudem sind die Handelsgeschäfte, die die Übertragungsnetzbetreiber zur Herstellung der Monatsbänder tätigen, nicht transparent. Die Differenzen zwischen vorheriger Prognose der EEG-Quote und deren tatsächlicher Höhe führen zu Risiken für alle Vertriebsunternehmen, die finanziell abgesichert werden müssen. Der physikalische Ausgleich birgt also für die Vertriebsunternehmen Risiken im Beschaffungsportfolio. Zudem wird der nach EEG vergütete Strom dem allgemeinen Strommarkt entzogen, da die Stromvertriebsunternehmen den Teil ihres Stroms, den sie als EEG-Quote abnehmen müssen, nicht frei am Markt beschaffen können."[700] Mit der Neuregelung kann der Strom bereits auf der Ebene der Übertragungsnetzbetreiber verkauft und muss nicht mehr an die Stromversorgungsunternehmen weitergeleitet werden. „Der nach dem Erneuerbare-Energien-Gesetz vergütete Strom aus erneuerbaren Energien soll finanziell und energiewirtschaftlich effizienter an die Verbraucherinnen und Verbraucher geleitet werden, als dies nach den Vorschriften des bundesweiten Ausgleichs derzeit geschieht. Anstatt aufwändig Strombänder aufgrund von Jahres- und

---
699 BGBl. I vom 24.07.2009, S. 2101-2103.
700 BT Drs. 16/13188, S. 8.

9. Energiepolitik der Großen Koalition 2005 – 2009

Monatsprognosen zu erstellen, wird der Strom künftig direkt an der Strombörse verkauft. Des Weiteren wird der Vertrieb des nach dem EEG vergüteten Stroms künftig transparenter und kostengünstiger gestaltet."[701]

Mit der Neuregelung des Ausgleichsmechanismus fiel die Pflicht der Stromvertriebsunternehmen zur Abnahme des von den Übertragungsnetzbetreibern bereitgestellten Stroms aus EEG-Anlagen weg. Die aus erneuerbaren Energien gewonnen Strommengen verkaufen die Übertragungsnetzbetreiber nun an der Strombörse. Der Verkaufserlös liegt regelmäßig unter den Vergütungen nach EEG, die den Anlagenbetreibern zustehen. Die Differenzkosten zwischen dem Verkaufserlös und den an die Anlagenbetreiber gezahlten Vergütungen werden als Umlage von den Stromvertriebsunternehmen an die Endkunden weitergegeben. Sinkende Strompreise an der Börse führen zu sinkenden Erlösen und derart zu steigenden Differenzkosten. Durch die Reform des Ausgleichsmechanismus führen sinkende Strompreise zu einer steigenden EEG-Umlage.

9.5.4. Energieleitungsausbaugesetz (EnLAG)

Die staatlich garantierte Rendite für Strom aus erneuerbaren Energien verbunden mit der prinzipiellen Privilegierung der Anlagen im Baugesetzbuch führen zum kontinuierlichen Zubau von EEG-Anlagen. Strom aus EEG-Anlagen ist weder grundlastfähig, noch kann er bedarfsgerecht zur Verfügung gestellt werden. Aufgrund der fluktuierenden Energieerzeugung sind konventionelle Kraftwerke weiterhin erforderlich, um die Energiesicherheit zu gewährleisten. Aus dieser Konstellation resultiert eine starke Zunahme des transportierten Stroms. Die Netze leiten weiterhin den Strom konventioneller Kraftwerke, die nicht ad-hoc hoch- und heruntergefahren werden können. Zudem besteht für Strom aus EEG-Anlagen ein prinzipieller Einspeisevorrang.

Die deutschen Energienetze sind aufgrund dieser Einspeisungen überlastet, sodass in Starkwindphasen Windkraftanlagen vom Netz genommen werden müssen. Die Bundesregierung kritisierte diese Problematik: „Unzureichende Netzkapazitäten führen im Bereich der erneuerbaren Energien bereits heute in Starkwindsituationen zur Abregelung dieser Anlagen. Damit kann Strom aus Windenergie nicht im möglichen Umfang den Verbrauchern zur Verfügung gestellt werden. Der ‚verworfene Windstrom' muss in konventionellen Kraftwerken mit entsprechenden CO_2-Emissionen und damit negativen Auswirkungen auf die Klimabilanz Deutschlands produziert werden."[702] Die Netzkapazitäten erweisen

---

701   BT Drs. 16/13188, S. 8.
702   Vgl. Bt drs. 16/10491, S. 14.

9.5. Erneuerbare Energien / Neue Energien

sich als zu schwach: „Der zügige Ausbau des Anteils erneuerbarer Energien an der Stromerzeugung, der verstärkte grenzüberschreitende Stromhandel und neue konventionelle Kraftwerke machen den raschen Ausbau des Höchstspannungsübertragungsnetzes in Deutschland dringend erforderlich. Insbesondere ist der Bau neuer Höchstspannungsleitungen erforderlich."[703]

Die Bundesregierung brachte vor diesem Hintergrund den Entwurf eines „Gesetzes zur Beschleunigung des Ausbaus der Höchstspannungsnetze"[704] ein. Artikel 1 enthielt das „Gesetz zum Ausbau von Energieleitungen" (EnLAG). Das Gesetzesvorhaben griff damit eine wesentliche Forderung des Integrierten Energie- und Klimaprogramms (IEKP) auf. Ziel des Gesetzes war es, Vorhaben nach dem Energiewirtschaftsgesetz im Bereich der Höchstspannungsnetze mit einer Nennspannung von 380 Kilovolt oder mehr, die der Anpassung, Entwicklung und dem Ausbau der Übertragungsnetze zur Einbindung von Elektrizität aus erneuerbaren Energiequellen sowie zum Anschluss neuer Kraftwerke oder zur Vermeidung struktureller Engpässe im Übertragungsnetz dienen und für die ein vordringlicher Bedarf besteht, konkret zu benennen, in einen Bedarfsplan zu überführen und einem vereinfachten Planungsverfahren zuzuführen. Um erneuerbare Energien mit einem Anteil von 20 Prozent an der Stromversorgung ohne Beeinträchtigung des Netzbetriebs in das Netz zu integrieren, müssen im Höchstspannungsübertragungsnetz bis zum Jahr 2015 sechs neue Trassen zum Nord-Süd-Transport angeschlossen werden. Für diese Trassen schrieb das EnLAG die energiewirtschaftliche Notwendigkeit fest.

Darüber hinaus bezieht das Energieleitungsausbaugesetz jene Vorhaben ein, die durch die Entscheidung Nr. 1364/2006/EG des Europäischen Parlaments und des Rates vom 6. September 2006 zur Festlegung von Leitlinien für die transeuropäischen Energienetze („TEN-E-Leitlinien") einen Bezug zu Deutschland aufweisen. Sämtliche Bauprojekte, die der stärkeren paneuropäischen Integration der Energienetze dienen, erhalten durch das EnLAG ebenfalls einen verbindlichen Charakter auf Grund ihrer energiewirtschaftlichen Notwendigkeit.

Für diese Bauprojekte ermöglicht das EnLAG beschleunigte Planungs- und Genehmigungsverfahren. Bei gesetzlicher Feststellung des vordringlichen Bedarfs, der energiewirtschaftlichen Notwendigkeit und der Vereinbarkeit mit den Zielen des Energiewirtschaftsgesetzes sind die zügigen Planfeststellungsverfahren verbindlich. Der Rechtsweg bei Planungsverfahren der im Gesetz genannten Vorhaben wurde verkürzt und Klagen erst- und letztinstanzlich dem Bundesverwaltungsgericht übertragen.

---

703 BT Drs. 16/10491, S. 1.
704 Vgl. BT Drs. 16/10491.

9. Energiepolitik der Großen Koalition 2005 – 2009

9.6. Regulierung der Energiemärkte

9.6.1. Öffnung der Netze für Wettbewerb im Messwesen

Der von der Bundesregierung eingebrachte Gesetzentwurf eines „Gesetzes zur Öffnung des Messwesens bei Strom und Gas für Wettbewerb"[705] war die Reaktion auf den nach ihrer Ansicht ungenügenden Wettbewerb im Bereich des Messwesens. Impulse erhielt das Gesetzesvorhaben zusätzlich durch die Richtlinie 2006/32/EG des Europäischen Parlaments und des Rates vom 5. April 2006 (Energiedienstleistungsrichtlinie). Der Gesetzentwurf erlangt seine volle Bedeutung erst mit der von ihm bezweckten Fortentwicklung der Netzstrukturen hin zu intelligenten Netzen. „Bei der leitungsgebundenen Versorgung mit Elektrizität und Gas sind bisher nur Einbau, Betrieb und Wartung von Messeinrichtungen (Messstellenbetrieb) für den Wettbewerb geöffnet. Dies soll auf die Messung ausgedehnt werden. Die fehlende Marktöffnung in diesem Bereich hat sich als ein zentrales Hindernis für den Wettbewerb auch beim Messstellenbetrieb erwiesen. Durch die Marktöffnung werden zudem technische Innovationen beim Zähl- und Messwesen sowie Konzepte für intelligente Netze gefördert."[706] Das Gesetz trat am 9. September 2009 in Kraft.

Das Gesetz änderte die Vorschriften im Energiewirtschaftsgesetz, da die bisherigen Regelungen im EnWG es dem Netzbetreiber vorbehielten, die Messstellen aus- und abzulesen. Zwar war der Markt für den Einbau, den Betrieb und die Wartung von Messeinrichtungen zu diesem Zeitpunkt bereits liberalisiert, aber die Ablesung oblag weiterhin den Netzbetreibern. Der Regelungsbedarf beruhte vor allem auf dem Erfahrungsbericht vom 7. Juli 2005, der die schrittweise Marktöffnung nach der 2005er Novelle des Energiewirtschaftsgesetzes evaluierte.[707] Der Bericht kam zu einem klaren Ergebnis: „Die Bundesregierung befürwortet eine unverzügliche vollständige Öffnung des Zähl- und Messwesens für Wettbewerb. Auf diese Weise können technische Innovationen beim Zähl- und Messwesen und Konzepte für intelligente Netze gefördert werden. Die bereits für den Zählerbetrieb vorhandene Öffnung für Wettbewerb soll durch eine Rechtsverordnung nach § 21b Abs. 3 EnWG noch in diesem Jahr auf den Bereich der Messung erweitert werden."[708] Mit dem Gesetz zur Öffnung des Messwesens bei Strom und Gas für Wettbewerb wurde dieser Schritt gegangen und das Messwesen für den Wettbewerb geöffnet. Sollte ein Dritter die Messung vornehmen, so ist der verpflichtet, einwandfreie Daten zu erheben und eine fristgerechte und

---

705 Vgl. BT Drs. 16/8306.
706 Vgl. BT Drs. 16/8306, S. 1.
707 Vgl. Kapitel 8.6.2.
708 BT Drs. 16/6532, S. 6.

vollständige Abrechnung zu ermöglichen. Zugleich eröffnete das Gesetz den Einsatz neuer Zählertechnologien, mit denen der Endkonsument sein Verbrauchsverhalten optimieren konnte. „Wir setzen nämlich darauf, dass mit dieser Liberalisierung zugleich auch Modernisierungs- und Innovationsmaßnahmen im Mess- und Zählwesen stattfinden. Konkret: „Wir wollen, dass möglichst viele Haushalte möglichst bald mit sogenannten intelligenten Zählern ausgestattet sind, die es dem Kunden ermöglichen, sein Verbrauchsverhalten zu analysieren und gegebenenfalls zu verändern. Das bringt Ersparnisse für den Einzelnen; es wirkt sich auf sein Portemonnaie aus. Das bringt aber auch insgesamt Ersparnisse für die Volkswirtschaft, und mit dem reduzierten Energieverbrauch entstehen natürlich auch Klimavorteile. Mit diesem Ansatz können wir also eine ganze Menge von positiven Effekten miteinander verbinden."[709]

9.6.2. Von der Kostendeckung zur Anreizregulierung

Netze stellen natürliche Monopole dar: Statt mehrere Netze zu verlegen und um die Kunden in Konkurrenz zu werben, ist die Erweiterung eines bestehenden Netzes aus betriebs- und volkswirtschaftlicher Sicht kostengünstiger. Für jede weitere Anschlussstelle eines Netzes sinken die Durchschnittskosten, weswegen Netze als natürliche Monopole geduldet werden. Allerdings gehen mit dieser Konstellation ordnungspolitische Probleme einher. Einerseits ist das natürliche Monopol kostengünstiger als der Wettbewerb. Andererseits geht eine marktbeherrschende Situation mit Monopolrenten einher, die zu Wohlfahrtsverlusten führen.

Mit der am 6. November 2007 in Kraft getretenen Anreizregulierungsverordnung (ARegV)[710] versuchte die Bundesregierung, dieses Dilemma bei den Stromnetzen zu lösen. Die Anreizregulierungsverordnung passte die Erlösstruktur der Netzbetreiber an. Statt der kostenbasierten Entgeltbildung wurde eine Anreizregulierung eingeführt. In der kostenbasierten Entgeltbildung erheben die Netzbetreiber Gebühren, mit denen alle Kosten für den Unterhalt, Ausbau und Betrieb des Netzes abgedeckt werden. Solch eine Kalkulation bietet dem Netzbetreiber als Monopolisten jedoch keinen Anreiz, seine Kosten zu senken. Konkurrenz hat er zudem nicht zu befürchten. Bei der Anreizregulierung hingegen gibt die Regulierungsbehörde die spezifischen, effizienzorientierten Erlösobergrenzen vor, die ein Netzbetreibern den Verbrauchern in Rechnung stellen darf. „Mit den genehmigten Preisen oder, wie im Fall der deutschen Anreizregulierung, für eine Regulierungsperiode genehmigten jährlichen Erlösen steht dem Netzbetreiber ein

---

709 BT PlPr. 16/167, S. 17717.
710 Vgl. BGBl I, S. 2529.

9. Energiepolitik der Großen Koalition 2005 – 2009

vorab bekanntes „Budget" zur Erledigung seiner Aufgaben als Netzbetreiber zur Verfügung."[711] Dieses beantragte Budget steht ihm zur Verfügung und kann freie Verwendung finden. Gelingt es dem Netzbetreiber, die Kosten unterhalb der individuellen Erlösobergrenze zu halten, kann er einen Gewinn erzielen. Dieser Gewinn wird nicht mit zukünftigen zu bewilligenden Erlösen verrechnet, wodurch die realisierte Kostensenkung keinen Einfluss auf die Höhe der Erlöse zukünftiger Regulierungsperioden hat. Andernfalls hätte der Netzbetreiber keinen Anreiz effizienter zu wirtschaften, sondern er würde vielmehr ein gegebenes Kostenniveau verwalten.

Am 1. Januar 2009 begann für die Übertragungsnetzbetreiber die erste Regulierungsperiode. Durch die Entkoppelung der Erlöse von den Kosten waren die Netzbetreiber in Hinblick auf die Gewinnmaximierung angehalten, ihre Strukturen auf brachliegende Effizienzpotentiale zu prüfen. Zur Bestimmung der Erlösobergrenzen dienen die von den Unternehmen bereitgestellten Daten. Die Informationsasymmetrien zwischen dem Regulierer und dem Unternehmen verringern sich mit jedem Bilanzjahr, an dessen Ende sich mit der Gewinnermittlung ein genaues Bild der Kostenstrukturen zeichnet. Aufgrund der Anreizregulierung sanken die Netzentgelte vorübergehend. Zahlten Haushaltskunden im Jahr 2007 im Durchschnitt 7,3 ct/kWh für Netzentgelte, waren es im Jahr 2011 nur noch 5,75 ct/kWh. Seit 2012 ist wieder ein Anstieg der Netzentgelte zu verzeichnen, allerdings geht dieser einher mit einem durch die Energiewende bedingten Anstieg der Investitionskosten[712] aufgrund des Netzausbaus.

9.7. Energieeffizienz

9.7.1. Novelle von Energieeinsparungsgesetz und -verordnung

Die effizientere Energienutzung durch die langfristige Sanierung des kompletten Gebäudebestands sollte einen maßgeblichen Beitrag zur Energieeinsparung leisten: „Die Verbesserung der energetischen Eigenschaften von Gebäuden ist ein wichtiger Ansatzpunkt für die Einsparung von Energie und damit auch für den Klimaschutz, denn Gebäude haben mit etwa 40 Prozent einen hohen Anteil am gesamten Energieverbrauch."[713] Mit dem von der Bundesregierung initiierten „Dritten Gesetz zur Änderung des Energieeinsparungsgesetzes" wollte sie vorhandene Einsparpotentiale nutzen. Die im April 2009 in Kraft getretene Novelle

---

711 Vgl. BT Drs. 18/536, S. 11.
712 Vgl. BT Drs. 17/11958, S. 235.
713 BT Drs. 16/10290, S. 7.

war Teil der in Meseburg beschlossenen Maßnahmen des Integrierten Energie und Klimaprogramms (IEKP). „Neben anspruchsvolleren energetischen Anforderungen für den Neubau soll das im Gebäudebestand ruhende erhebliche Potential zur Energieeinsparung mobilisiert werden, beides unter Wahrung des Grundsatzes der wirtschaftlichen Vertretbarkeit. Dies ist nicht nur unerlässlich zur Steigerung der Energieeffizienz im Gebäudebereich, sondern auch zur Gewährleistung der Energieversorgungssicherheit zu wirtschaftlichen Preisen."[714]

Das Gesetz ermächtigte die Bundesregierung zum Erlass von Rechtsvorschriften, mit denen sie auf einzelne Energieverbrauchsparameter Einfluss nehmen kann. Mit den verschärften baulichen Vorschriften gingen zahlreiche Pflichten einher: Die Außerbetriebnahme von Heizkesseln sowie Nachtstromspeicherheizungen bis zum Jahr 2020 zählte ebenso dazu wie die Einführung privater Nachweispflichten und neuer Bußgeldvorschriften bei Missachtung der Vorgaben. Zugleich unterstützte die Bundesregierung den Bereich der Gebäudesanierung im privaten wie im kommunalen Bereich mit insgesamt 1,95 Mio. Euro.[715]

Mit dem neuen Energieeinsparungsgesetz erhielt die Bundesregierung nachträglich die Befugnis zur Anpassung der Energieeinsparverordnung, die zum 1. Oktober 2009 in Kraft trat. Die gesetzlichen und untergesetzlichen Vorgaben verschärften die energetischen Anforderungen an Neubauten und bei Sanierungen des Gebäudebestands um durchschnittlich 30 Prozent. In einer zweiten Stufe plante die Bundesregierung eine weitere Erhöhung der Anforderungen an die Energieeffizienz um den gleichen Faktor. Sie nahm sich auch selbst in die Pflicht und erließ eine allgemeine Verwaltungsvorschrift für die Bundesebene, die Leitlinien über die Beschaffung energieeffizienter Produkte und Dienstleistungen vorgab. Hinzu traten Energieeinspareffekte auf Grundlage von Förderprogrammen zur energetischen Sanierung von Gebäuden und sozialer Infrastruktur.[716]

9.7.2. Maßnahmen zur Erhöhung des Stroms aus KWK

Das Ziel der schwarz-roten Bundesregierung war die Verdopplung des Anteils von Strom aus Kraft-Wärme-Kopplung auf 25 Prozent bis zum Jahr 2020. Für dieses Ziel legte die Bundesregierung am 28. Februar 2008 den Entwurf eines „Gesetzes zur Förderung der Kraft-Wärme-Kopplung" vor.[717] Das Gesetz trat am 1. November 2008 in Kraft und novellierte das Kraft-Wärme-Kopplungsgesetz

---

714 BT Drs. 16/10290, S. 7.
715 Vgl. BT PlPr. 16/197, S. 21408.
716 Vgl. BT Drs. 16/13821, S. 2.
717 Vgl. BT Drs. 16/8305.

9. Energiepolitik der Großen Koalition 2005 – 2009

aus dem Jahr 2002.[718] In der neuen Fassung wurden KWK-Anlagen stärker gefördert, da die bisherige Förderung im Interesse der Energieeinsparung ungenügend gewesen sei.[719] „Zweck des Gesetzes ist es, einen Beitrag zur Erhöhung der Stromerzeugung aus Kraft-Wärme-Kopplung in der Bundesrepublik Deutschland auf 25 Prozent durch den befristeten Schutz, die Förderung der Modernisierung und des Neubaus von Kraft-Wärme-Kopplungsanlagen (KWK-Anlagen), die Unterstützung der Markteinführung der Brennstoffzelle sowie die Förderung des Neu- und Ausbaus von Wärmenetzen, in die Wärme aus KWK-Anlagen eingespeist wird, im Interesse der Energieeinsparung, des Umweltschutzes und der Erreichung der Klimaschutzziele der Bundesregierung zu leisten."[720] Die Förderung erfolgt hierbei, wie bisher im Kraft-Wärme-Kopplungsgesetz, auf Basis eines durch die Netzbetreiber zu zahlenden Zuschlags, der auf die Stromletztverbraucher umgelegt wird. Der Höchstbetrag der gesamten Förderung belief sich auf jährlich 750 Mio. Euro.

Die mit der Novelle des Kraft-Wärme-Kopplungsgesetzes vorgesehene Förderung umfasste neue und modernisierte KWK-Anlagen, die bis Ende 2014 in Betrieb genommen wurden. Der Parlamentarische Staatssekretär im Bundesministerium für Wirtschaft und Technologie betonte, dass die KWK-Novelle vor allem auf neue Anlagen zielte: „Die erstmals größenunabhängig angelegte Förderung des Ausbaus und der Wiedereinführung der Modernisierung von KWK-Anlagen ist wichtig. Auch da wollen wir Erneuerung und nicht nur mit den alten Technologien KWK betreiben."[721] Neu war der in die KWK-Vergütung eingeführte Zuschlag für die Förderung des Ausbaus der Wärmenetze, die bis Ende 2020 in Dauerbetrieb genommen werden. Die zuständige Stelle legt den Zuschlag für den Neu- und Ausbau von Wärmenetzen nach § 5a fest. Der Zuschlag betrug je Millimeter Nenndurchmesser der neu verlegten Wärmeleitung einen Euro/Meter Trassenlänge. Der Zuschlag durfte 20 Prozent der ansatzfähigen Investitionskosten des Neu- oder Ausbaus betragen, insgesamt aber fünf Mio. Euro je Projekt, nicht überschreiten.[722] Seit Inkrafttreten der Novelle setzt sich das Entgelt für KWK-Strom aus drei Teilen zusammen: Dem Strompreis, dem Zuschlag für den Bau von Wärmenetzen und den vermiedenen Kosten durch die direkte Netzeinspeisung in der Niederspannung.

Ein Teil des eingespeisten Strom erhielt ein neues Vergütungssystem. Betreiber von KWK-Anlagen erlangten ab Aufnahme des Dauerbetriebs einen Anspruch auf Zahlung eines Zuschlags für die Dauer von sechs Betriebsjahren, ins-

---

718 Vgl. BGBl. I Nr. 49 vom 31.10.2008, S. 2101-2108.
719 Vgl. BT Drs. 16/8305, S. 14.
720 Vgl. § 1 KWKG 2009.
721 BT PlPr. 16/167, S. 17722.
722 Vgl. § 7a KWKG 2009.

gesamt für höchstens 30.000 Vollbenutzungsstunden. Der Zuschlag betrug für den Leistungsanteil bis 50 kW 5,11 ct/kWh, für den Leistungsanteil zwischen 50 kW und zwei MW 2,1 ct/kWh und für den Leistungsanteil über zwei MW 1,5 ct/kWh. KWK-Anlagen, die wärmeseitig direkt mit einem Unternehmen des verarbeitenden Gewerbes verbunden waren und dieses überwiegend mit Prozesswärme zur Deckung des industriellen Bedarfs versorgten, hatten einen Anspruch auf Zahlung eines Zuschlags für die Dauer von vier Betriebsjahren ab Aufnahme des Dauerbetriebs der Anlage, insgesamt jedoch für höchstens 30.000 Vollbenutzungsstunden.[723] Die Förderhöhe blieb – im Gegensatz zum EEG – über den gesamten Förderzeitraum gleich und gestaltete sich nicht degressiv. Anlagen mit Brennstoffzellentechnik und KWK-Anlagen bis zu 50 kW genossen eine zehnjährige, größere Anlagen eine sechsjährige Förderung.

9.7.3. Erneuerbare-Energien-Wärmegesetz (EEWärmeG)

Das Erneuerbare-Energien-Wärmegesetz (EEWärmeG) sollte über die Nutzung der erneuerbaren Energien im Strombereich hinaus ihren Einsatz im Wärme- und Kältebereich der Gebäudeversorgung gewährleisten und fördern. Das Gesetz vom 7. August 2008 trat am 1. Januar 2009 in Kraft.[724] „Zweck dieses Gesetzes ist es, insbesondere im Interesse des Klimaschutzes, der Schonung fossiler Ressourcen und der Minderung der Abhängigkeit von Energieimporten, eine nachhaltige Entwicklung der Energieversorgung zu ermöglichen und die Weiterentwicklung von Technologien zur Erzeugung von Wärme und Kälte aus erneuerbaren Energien zu fördern."[725] Die Bundesregierung intendierte, deren Anteil am Endenergieverbrauch für Wärme und Kälte auf 14 Prozent zu steigern. Geltung besitzt das Gesetz für alle Gebäude mit einer Nutzfläche über 50 m², für deren Beheizung oder Kühlung künstlich erzeugte Energie dient. Für den Neubau von Gebäuden bestand ebenfalls die Pflicht der anteiligen Nutzung Erneuerbarer Energien. Den Vorgaben des Einsatzes von Solarenergie entspricht der Eigentümer, wenn er mindestens 15 Prozent, den des Einsatzes gasförmiger Biomasse, wenn er mindestens 30 Prozent seines Wärme- und Kälteenergiebedarfs daraus deckt. Bei Nutzung flüssiger und fester Biomasse muss er einen Anteil von 50 Prozent erlangen.

Das Gesetz förderte den Einsatz erneuerbarer Energien im Wärme- und Kältebereich mit insgesamt 500 Mio. Euro jährlich für den Zeitraum von 2009 bis 2012. Dieses Investitionsprogramm, das bereits seit 2000 lief, erhielt erstmals

---

723 Vgl. § 7 IV KWKG 2009.
724 Vgl. BGBl I Nr. 36 vom 18.08.2008, S. 1658-1665.
725 § 1 I EEWärmeG 2009.

9. Energiepolitik der Großen Koalition 2005 – 2009

eine gesetzliche Grundlage, wobei die Mittel des Förderprogramms aus den Erlösen von Veräußerungen der Emissionsrechte stammten.[726] Kommt ein Gebäudeeigentümer seiner Pflicht zur anteiligen Nutzung von erneuerbaren Energien nicht nach, kann er mit einer Geldstrafe von bis zu 50.000 Euro belegt werden.

Das EEWärmeG setzte die Vorgaben der EU-Richtlinie 2009/28/EG des Europäischen Parlaments und des Rates vom 23. April 2009 zur „Förderung der Nutzung von Energie aus erneuerbaren Quellen" Diese Richtlinie schrieb vor, „dass die Verbesserung der Energieeffizienz [...] eines der Hauptziele der Gemeinschaft [ist], die eine Steigerung der Energieeffizienz um 20 Prozent bis 2020 anstrebt."[727] Die EU war daher bedacht, mit Maßnahmen und Vorgaben auf die nationale Entwicklung der Energieeffizienzpolitik Einfluss zu nehmen. „In Anbetracht der Standpunkte des Europäischen Parlaments, des Rates und der Kommission ist es angebracht, verbindliche nationale Ziele festzulegen, die damit im Einklang stehen, dass der Anteil von Energie aus erneuerbaren Quellen am Energieverbrauch der Gemeinschaft im Jahr 2020 zu 20 Prozent und im Verkehrssektor am Energieverbrauch der Gemeinschaft zu zehn Prozent durch Energie aus erneuerbaren Quellen gedeckt wird."[728] Die unionsrechtliche Vorgabe, erneuerbare Energien nicht nur im Neubau, sondern auch im Altbestand zu nutzen, hatte die Bundesregierung im EEWärmeG bereits umgesetzt.

9.8. Fazit

Obwohl die Bundesregierung nicht die Absicht besaß, weitere Fördertöpfe für die Steinkohle bereitzustellen, war sie nicht bereit, einen sofortigen Subventionsstopp anzuordnen. Das Steinkohlefinanzierungsgesetz steckte den Rahmen bis 2018, trotz der Kollision mit europäischen Vorgaben. Die anfängliche Maßgabe, die Subventionen 2012 erneut zu prüfen, eröffnete die Möglichkeit einer Verlängerung der Unterstützung – auch wenn diese Option später gestrichen wurde. Die Einflussnahme Berlins auf den Steinkohlebeschluss der EU, der auf Drängen der Bundesregierung eine weitere Subvention sanktionierte, demonstrierte den gouvernementalen Willen, den status quo in der Steinkohlepolitik aufrechtzuerhalten.

In der Frage der Endlagerung erzielte die Bundesregierung keine Fortschritte. Der Rückfall auf tradierte Positionen und Konzepte findet sich auch in der Kern-

---

726 Vgl. Guido Wustlich: Das Erneuerbare-Energien-Wärmegesetz. Ziel und praktische Auswirkungen, NVwZ 2008, S. 1047.
727 Vgl. Abl. L 140 vom 5.5.2009, S. 18.
728 Ebenda, S. 13.

9.8. Fazit

energiepolitik. Statt einen Vorstoß zu wagen, beschränkte sich die Bundesregierung darauf, den status quo zu verwalten. Indem das Moratorium verstrich, vergingen viele Jahre, ohne dass ein Fortschritt in der Frage der Endlagerung erzielt wurde. Besaß Gabriel zu wenig politisches Geschick, um seine Position durchzusetzen? Das Gegenteil ist der Fall: Zwar begann keine neue Endlagersuche, die auf den von ihm geforderten Kriterien basierte. Eine Diskussion über die erneute Verlängerung von Laufzeiten verhinderte er aber ebenso. Mit dieser Taktik gewährleistete er den von der SPD geforderten Ausschluss der Kernenergienutzung.

Den forcierten Ausbau der erneuerbaren Energien unterzog die Große Koalition erstmals einer Prüfung nach marktwirtschaftlichen Kriterien. Im Ergebnis führte diese Kontrolle zur Implementierung degressiver Elemente, welche beispielsweise die Photovoltaikanlagen stärker an Rentabilität und Markterfordernisse heranführte. Die hohen Vergütungssätze bei gesunkenen Produktionskosten für Solarzellen führten zu Extragewinnen der Anlagenbetreiber, die keinem Risiko unterlagen, und daher den Charakter einer staatlich verordneten Umverteilung besaßen. Der mit der Novellierung des EEG im Jahr 2009 eingeführte „atmende Deckel" führte zu einer Ausbauförderung, die sich den Notwendigkeiten anpasste und die Stromkonsumenten, die das System finanzieren, entlastete. Den Willen, den Ausbau voranzutreiben, demonstrierte das neue EEWärmeG, das den Ausbau der erneuerbaren Energien im Wärmemarkt förderte. Der Einsatz der erneuerbaren Energien auch im Mineralölsektor war der Zweck des Energiesteuergesetzes und des Biokraftstoffquotengesetzes.

Die Wirtschaftspolitik der von der Großen Koalition getragenen Bundesregierung zeichnete sich durch nachfrageorientierte Elemente aus, die am Ende der Legislaturperiode vor allem durch die Erfordernisse des konjunkturellen Einbruchs Auftrieb erhielten. Mit Blick auf die fortgesetzte Steinkohleförderung korrespondierten die Maßnahmen im Kohlesektor mit dem allgemeinen Paradigma der Wirtschaftspolitik. Auf eine dezidierte Ableitung der konkreten Politik vom Modell allgemeiner Wirtschaftspolitik kann allerdings nicht geschlossen werden. Die Handlungsmuster im Steinkohlesektor waren aufgrund der energiepolitischen Entscheidungen der vergangenen Jahrzehnte weitgehend determiniert. Gleichzeitig fußte das Steinkohlefinanzierungsgesetz und die gegenüber der EU vertretene Position auf parteipolitischen Präferenzen, denn Berlin wollte sich mit der im SteinkohleFinG enthaltenen Option zur erneuten Prüfung der Fördertatbestände eine weitere Subventionierung der Steinkohle offen halten.

Bei den Förderungsspezifika der erneuerbaren Energien findet sich eine Übereinstimmung mit dem allgemeinen Paradigma - allerdings adjustierte die Bun-

9. Energiepolitik der Großen Koalition 2005 – 2009

desregierung die Subventionspolitik graduell, um sie stärker marktorientiert zu strukturieren. Instrumente für dieses Ziel waren degressive Elemente und der „atmende Deckel". Prinzipiell basierte das Instrumentarium des EEG weiterhin auf den Prinzipien der Steuerung der Nachfrage, denn die garantierte Umlage von den Stromkunden hin zu den Anlagenbetreibern sicherte eine Mindestrendite und damit einen kontinuierlichen Ausbau der Ökostrom-Anlagen. Die Neugestaltung des Ausgleichsmechanismus zielte ebenfalls auf eine stärkere Dynamisierung des Umlagensystems: Mit der Vermarktung des Stroms erhält die EEG-Umlage einen Bezug zum Strompreisniveau, da nur noch die Differenzkosten als Umlage weitergereicht werden. Allerdings gestaltete sich das Verhältnis zwischen EEG-Umlage und Börsenpreis des Stroms nicht so, wie es unter marktwirtschaftlichen Kriterien zu erwarten gewesen wäre. Sinken die Strompreise, dann steigt die EEG-Umlage, weil die Differenzkosten aufgrund der geringeren Erlöse zunehmen. Wenn durch die abrupte Einspeisung in Starkwindphasen an der Börse negative Preise auftreten, sinken die Erlöse weiter und die Differenzkosten steigen. Dieses Problem griff die Novelle des EEG im Jahr 2014 auf.

10. Energiepolitik der schwarz-gelben Bundesregierung 2009 – 2013

10.1. Energiepolitik in der Regierungserklärung Merkels

Die Regierungsübernahme der schwarz-gelben Koalition markierte eine weitere Zäsur in der Energiepolitik, denn der im Jahr 2000 ausgehandelte Atomkonsens besaß mit dem Regierungswechsel keine Bedeutung mehr. Die Neuausrichtung der gouvernementalen Energiepolitik unter Nutzung der Kernenergie findet sich im „Energiekonzept" der Bundesregierung. Aufgrund der Katastrophe von Fukushima wurde es überarbeitet und von den „energiepolitischen Eckpunkten" abgelöst.

Zwar wertete die Bundesregierung die regenerativen Energien als die Zukunft der Energieversorgung, allerdings ließ sich deren Ausbau nach ihrer Ansicht nicht derart beschleunigen, dass die durch die geplante Stilllegung der Kernkraftwerke reduzierte Energiemenge hätte substituiert werden können. „Das schließt allerdings die Erkenntnis ein, dass die Kernenergie für eine Übergangszeit als Brückentechnologie ein unverzichtbarer Teil unseres Energiemixes bleibt, und zwar so lange, bis sie durch erneuerbare Energien verlässlich ersetzt werden kann, damit wir nicht Strom aus Kernenergie aus Frankreich und Tschechien importieren müssen."[729] Die Gewinne der Energieunternehmen gedachte die Bundesregierung mit einer Abgabe zu belegen, die in Investitionsprojekte zur Förderung der regenerativen Energien fließen sollte. „Wir sind deswegen bereit, die Laufzeiten deutscher Kernkraftwerke – damit das noch einmal klar wird – unter Einhaltung der strengen deutschen und internationalen Sicherheitsstandards zu verlängern, und wir werden den wesentlichen Teil der zusätzlichen Gewinne der Kraftwerksbetreiber nutzen, um den Weg in das regenerative Energiezeitalter zu beschleunigen, zum Beispiel durch verstärkte Forschung zur Energieeffizienz und zu den Speichertechnologien."[730]

Die deutsche Volkswirtschaft stand vor der Aufgabe, den Verbrauch von Mineralöl im Transportsektor stärker zu drosseln. Hohe Preise für Mineralölprodukte führten zu einem Transfer großer Anteile des deutschen Bruttoinlandsproduktes in die ölexportierenden Länder. Neben den Preisfaktor trat die Unsicherheit über das langfristige Angebot von Mineralöl. Die reduzierte Nutzung des Mineralöls als Input-Faktor führte jedoch zu dessen Substitution durch Strom. Diese Entwicklung brachte die Bundesregierung an den Rand eines Dilemmas. Sie musste eine Energiepolitik verfolgen, die durch den langfristigen Atomausstieg der Perspektive gegenüber stand, das nationale Stromangebot zu

---

729 BT PlPr. 17/3, S. 37.
730 Ebenda.

drosseln. Allerdings verlangten die volkswirtschaftlichen Erfordernisse ein größeres Stromangebot. Daher blieb als Alternativenergieträger nur die Kohle. „Auch wenn manche es nicht hören wollen: Wir können auf Kohle als Energieträger nicht sofort verzichten, und deshalb werden wir auf Kohle als Energieträger auch nicht verzichten; denn das wäre unsinnig."[731] Nicht nur aufgrund der Notwendigkeiten für den heimischen Energiemarkt hielt die Bundesregierung an der Kohle fest. Sie erblickte gleichzeitig das Absatzpotential der deutschen Kohletechnologie im Ausland, insbesondere in China. „Mit Blick auf neue und hocheffiziente Kohlekraftwerke sage ich auch: Wir tun das, weil wir wollen, dass unser Land offen für neue Technologien ist. Was soll denn in China gebaut werden?"[732]

Der Koalitionsvertrag sprach von einer ideologiefreien, technologieoffenen und marktorientierten Energiepolitik. Für die 17. Legislaturperiode plante die Bundesregierung die Novellierung des EEG, Adjustierungen in der Biomasse-Verstromung und das Repowering von Windkraftanlagen. Besonderes Augenmerk legte die Koalition auf die Solarenergie, die sie als Zukunftstechnologie wertete, deren Förderung sie schließlich aber kürzte, um stärkere Marktanreize zu setzen. Als außenwirtschaftliche Initiative intendierte der Koalitionsvertrag einen forcierten Ausbau eines nordafrikanisch-europäischen Stromverbundes. Weiteres Potential erkannte die Bundesregierung in marktkonformen Maßnahmen zur Steigerung der Energieeffizienz. In diesem Themenfeld arbeitete sie an der Umsetzung der bereits von der Großen Koalition konzipierten Energiedienstleistungsrichtlinie. Weitere Einsparkapazitäten erkannte die Bundesregierung im Gebäudebereich.

Am vereinbarten Ausstieg aus dem subventionierten Steinkohlebergbau hielt die Bundesregierung ebenso fest wie am Kohlekompromiss vom 7. Februar 2007 und den dort ausgehandelten „Eckpunkten einer kohlepolitischen Verständigung". Um diese Ziele kostengünstig und ohne verstärkte Abhängigkeit vom Ausland zu erreichen, setzten die Parteien im Koalitionsvertrag auf die Kernenergie als Brückentechnologie. Mit dieser Entscheidung brach die Bundesregierung mit dem von der rot-grünen Koalition beschlossenen Atomausstieg, der auf dem Atomkompromiss beruhte. Das von der rot-grünen Bundesregierung erlassene Moratorium zur Erkundung des Salzstockes von Gorleben plante die schwarz-gelbe Bundesregierung aufzuheben, um eine ergebnisoffene Erkundung fortzuführen.

In der ordnungspolitischen Rahmensetzung verfolgte die gouvernementale Energiepolitik das Ziel, den Wettbewerb zu stärken, wofür eine Markttranspa-

---

731 Ebenda.
732 Ebenda.

10.1. Energiepolitik in der Regierungserklärung Merkels

renzstelle für eine durchsichtige Preisbildung im Stromgroßhandel geschaffen werden sollte. Schließlich setzte die schwarz-gelbe Bundesregierung auf die Erforschung von Speichertechnologien, intelligente Netztechnik und Biokraftstoffe. Gleichzeitig wurde deutlich, dass Energieautarkie nicht sofort zu erreichen war. „Aufgrund der Abhängigkeit Deutschlands von Energie- und Rohstoffimporten benötigen wir eine Energieaußenpolitik, die deutsche Unternehmen und große Infrastrukturprojekte (z. B.: Nord Stream, Nabucco, LNG, DESERTEC) intensiv begleitet."[733]

Im Jahr 2010 besaß das Mineralöl mit 33,7 Prozent weiterhin einen großen Anteil am Primärenergieverbrauch der Bundesrepublik. An zweiter Stelle rangierte das Naturgas, das 21,7 Prozent ausmachte. Der Anteil der Steinkohle war auf 12,1 Prozent gesunken. Kernenergie und Braunkohle stellten jeweils 10,8 Prozent am Energiemix. Die erneuerbaren Energien hatten durch die gouvernementale Förderung inzwischen einen Anteil von 9,4 Prozent erreicht. Sonstige Energieträger trugen 1,5 Prozent zur Energieversorgung bei.[734] An der Bruttostromerzeugung hielten die erneuerbaren Energien einen Anteil von 17, die Kernenergie von 22, Erdgas von 14, Braunkohle von 24 und die Steinkohle von 19 Prozent.

10.2. Maßnahmen für den Kohlesektor

Das Energiekonzept für eine umweltschonende, zuverlässige und bezahlbare Energieversorgung[735] betrachtete die Kohle als wichtigen Energieträger, um den Übergang zum Zeitalter der erneuerbaren Energien zu realisieren. CCS[736] war für die Bundesregierung eine technologische Innovation, mit der sich der Kohlekraftwerkspark umweltverträglich umrüsten ließ und mit der auf den Exportmärkten Marktanteile zu gewinnen waren. Sie unterstützte die Erforschung dieser Technologie durch die Finanzierung von Demonstrationsvorhaben und mit einer Rahmengesetzgebung zur Etablierung der rechtlichen Grundlagen zum Gebrauch von CO_2 als Rohstoff. Um die Versorgungssicherheit zu garantieren, wollte die Bundesregierung ausreichend Ausgleichs- und Reservekapazitäten zur Verfügung stellen. Kraftwerksbetreiber mit einem Anteil von weniger als fünf Prozent an den deutschen Erzeugungskapazitäten konnten deshalb eine Förde-

---

733 Vgl. CDU,CSU/FDP (Hrsg.): Wachstum. Bildung. Zusammenhalt. Der Koalitionsvertrag zwischen CDU, CSU und FDP, S. 25-30.
734 Vgl. Quartalsbericht 4/2010 AGEB.
735 Vgl. BMWi (Hrsg.): Energiekonzept für eine umweltschonende, zuverlässige und bezahlbare Energieversorgung, Berlin 2010.
736 Carbon Dioxide Capture and Storage – Kohlendioxidabscheidung und -speicherung

10. Energiepolitik der schwarz-gelben Bundesregierung 2009 – 2013

rung beantragen. Schwerpunkte des Energiekonzeptes lagen hierbei bei Kraftwerken mit Kraft-Wärme-Kopplung.

Mit der Katastrophe in Fukushima und der von der Bundesregierung getroffenen Entscheidung, die Kernkraft in Deutschland als Energieträger spätestens 2022 nicht mehr zu nutzen, erlebte die Kohleverstromung eine Renaissance. „Eine schnelle Fertigstellung der derzeit im Bau befindlichen fossil befeuerten Kraftwerke ist bis 2013 unabdingbar. Als zusätzliche Sicherheit wollen wir bis 2020 neben den bereits im Bau befindlichen Gas- und Kohlekraftwerken einen weiteren Zubau von bis zu zehn GW gesicherter Kraftwerksleistung."[737] Per Planungsbeschleunigungsgesetz intendiert die Bundesregierung den Zeitraum für deren Errichtung zu verkürzen. Ein Kraftwerksförderprogramm hatte das Ziel, den Neubau hocheffizienter und flexibler Kraftwerke voranzutreiben. Diesem Zwang konnte sie sich nicht entziehen, ohne Stromnetzzusammenbrüche zu provozieren.

Mit diesen Kraftwerksplänen bekräftigte Berlin die wohlwollende Haltung gegenüber der Braunkohle, die für die Regierung einen essentiellen Bestandteil der deutschen Energieversorgung darstellte. Sie schätzte die Braunkohle als einzigen heimischen und ohne Subventionen wettbewerbsfähigen Energieträger in Deutschland.[738]

10.3. Maßnahmen im Kernenergiesektor

10.3.1. Maßnahmen des Energiekonzepts: Verlängerung der Laufzeiten

In ihrem Energiekonzept[739] sprach die schwarz-gelbe Bundesregierung, deren Ausführungen zur Kernenergie aufgrund des Unglücks in Fukushima nach kurzer Zeit revidiert wurden, von der Notwendigkeit einer strukturellen Neuordnung der Stromversorgung hin zu einem höheren Anteil erneuerbarer Energien. Den Weg zu einem Zeitalter der erneuerbaren Energien sollten nach Ansicht der Bundesregierung aber die traditionellen Kernkraftwerke ebnen. Ein solch umfassender energiewirtschaftlicher Transformationsprozess benötigte in ihrer Einschätzung nicht nur Zeit, sondern ebenso eines flankierenden energiewirtschaftlichen Rahmenprogramms.

---

737 Bundesregierung (Hrsg.): Der Weg zur Energie der Zukunft. Sicher, bezahlbar und umweltfreundlich, Berlin 2011, S. 5.
738 Vgl. BT Drs. 16/13821, S. 11.
739 Vgl. BMWi (Hrsg.): Energiekonzept für eine umweltschonende, zuverlässige und bezahlbare Energieversorgung, Berlin 2010.

10.3. Maßnahmen im Kernenergiesektor

„Um diesen Übergang zu gestalten, brauchen wir noch zeitlich befristet die Kernenergie und werden deshalb die Laufzeiten um durchschnittlich zwölf Jahre verlängern."[740] Eventuellen Wettbewerbsverzerrungen, die sich durch den Vorteil des preisgünstigen Stroms durch abgeschriebene Kraftwerke ergeben konnten, stand die Bundesregierung zwar kritisch aber nicht skeptisch gegenüber. „Die Bundesregierung geht davon aus, dass die Laufzeitverlängerung keine nachteiligen Wirkungen auf den Wettbewerb im Energiesektor zur Folge haben wird, zumal die neue Kernbrennstoffsteuer und weitere Zahlungen der Kernkraftwerksbetreiber den überwiegenden Teil der Zusatzgewinne abschöpfen und damit einer wirtschaftlichen Besserstellung der AKW-Betreiber durch die Laufzeitverlängerung vorbeugen."[741]

Die Bundesregierung setzte auf die Kernenergie als „Brückentechnologie", die die Kosten für den Umbau des Energiesystems hin zu erneuerbaren Energien senken sollte. Die abgeschöpften Zusatzgewinne aus der Kernbrennstoffsteuer wollte sie in den Ausbau der regenerativen Energien investieren. Am 28. September 2010 stellte sie ihr Energiekonzept vor und einen Monat später brachte sie das Gesetz zur Verlängerung der Laufzeiten in den Bundestag ein.

Einige Länder zeigten sich skeptisch über die Laufzeitverlängerung. Weil den Bundesländern die Atomaufsicht oblag, waren sie der Meinung, dass ihnen Mitwirkungsrechte bei der Laufzeitverlängerung zustanden. Daran zweifelte die Bundesregierung, die das Gesetz als nicht zustimmungspflichtig erachtete. Am 26. November 2010 lehnte der Bundesrat die Einschaltung des Vermittlungsausschusses ab, gleichzeitig verzichtete er auf Widerspruch. Damit bestätigte er jedoch nicht die Gesetzgebung zur Verlängerung der Laufzeiten der Kernkraftwerke. Mit der Aussetzung des Widerspruchs war der Weg frei, das Gesetzgebungsverfahren abzuschließen. Bereits zu diesem Zeitpunkt kündigten die SPD-geführten Länder an, das Bundesverfassungsgericht einzuschalten, um die Mitwirkung der Länder an der Laufzeitverlängerung prüfen zu lassen. Diese Entscheidung musste Karlsruhe nicht mehr treffen, denn die Laufzeitverlängerung wurde aufgrund des Vorfalls im japanischen Fukushima nicht realisiert.

10.3.2. Atomausstieg II: Das Ende der Kernkraft nach Fukushima

Der am Freitag, dem 11. März 2011, durch das Erdbeben vor der Küste Japans ausgelöste Tsunami führte zu technischen Problemen im Kernkraftwerk Fukushima im Norden des Landes. Am Samstag ereignete sich eine erste

---
740 Ebenda, S. 14.
741 Ebenda.

10. Energiepolitik der schwarz-gelben Bundesregierung 2009 – 2013

Explosion im Reaktorblock, der in den Tagen darauf weitere folgten. Am Dienstag trat das 800-fache der normalen Strahlendosis aus. Daraufhin reagierte die Bundesregierung, indem sie die im Herbst des vorangegangenen Jahres beschlossene Laufzeitverlängerung am 14. März für drei Monate aussetzte. Am 17. März entschied Berlin, vor 1980 erbaute Kernkraftwerke, bis zur Klärung des Gefahrenpotentials vom Netz zu nehmen. In der Folge stieg der Anteil des importierten Stroms in Deutschland an.

Um die Perspektiven der Atomenergie für die zukünftige Energieversorgung zu analysieren, wurde die Ethik-Kommission unter Vorsitz von Klaus Töpfer eingesetzt, die bis zum 27. Mai 2011 ihre Ergebnisse vortragen sollte. Eine erste Beratschlagung zwischen der Bundesregierung und den Ländern über die Sicherheitsstandards in KKW erfolgte am 22. März 2011. An einer graduellen Adjustierung des Beitrags der Atomenergie an der Energieversorgung war der Ethikkommission jedoch nicht gelegen. In ihrem Entwurf zum Abschlussbericht forderte sie einen kompletten Ausstieg aus der Atomenergie bis 2021. Die Ergebnisse der Reaktorsicherheitskommission bestätigten diese Ambition. Der Abschlussbericht der Ethik-Kommission vom 30. Mai 2011 empfahl einen kompletten Ausstieg: „Die Ethik-Kommission ist der festen Überzeugung, dass der Ausstieg aus der Nutzung der Kernenergie innerhalb eines Jahrzehntes mittels der hier vorgestellten Maßnahmen zur Energiewende abgeschlossen werden kann. Dieses Ziel und die notwendigen Maßnahmen sollte sich die Gesellschaft verbindlich vornehmen. Nur auf der Basis einer eindeutigen zeitlichen Zielsetzung können die notwendigen Planungs- und Investitionsentscheidungen getroffen werden."[742]

Der Atomunfall in Fukushima führte den Menschen die potentiellen Gefahren dieser Technologie am 20. Jahrestag von Tschernobyl erneut vor Augen. Am 29. Mai beschlossen die Spitzen der Regierungsparteien CDU/CSU und FDP im Bundeskanzleramt den Ausstieg aus der Kernkraft bis zum Jahr 2022. Mit dieser Entscheidung bewegten sie sich auf einer Linie mit der Ethik-Kommission, die am 30. Mai 2011 ihren Abschlussbericht präsentierte.

Am 6. Juni beriet das Bundeskabinett über die Modalitäten des Ausstiegs. Die Überlegungen führten zu den „Eckpunkten eines neuen Energiekonzeptes". Die abgeschalteten Atommeiler sollten nicht wieder ans Netz gehen. Allerdings, so die Forderung der Ministerpräsidenten, durften die Kernkraftwerke nicht komplett und nicht ad-hoc vom Netz gehen. Sie sollten sukzessive abgeschaltet werden. Mit diesem Anliegen konnten sie sich am 3. Juni gegenüber der Kanzlerin durchsetzen. „Die während des Moratoriums abgeschalteten sieben

---

[742] BR (Hrsg.): Deutschlands Energiewende. Ein Gemeinschaftswerk für die Zukunft, Berlin 2011, S. 9.

10.3. Maßnahmen im Kernenergiesektor

Kernkraftwerke sowie das Kernkraftwerk Krümmel werden nicht wieder ans Netz gehen. Bis Ende 2015 werden das Kernkraftwerk Grafenrheinfeld, bis Ende 2017 das Kernkraftwerk Gundremmingen B, bis Ende 2019 das Kernkraftwerk Philippsburg 2 und bis Ende 2021 die Kernkraftwerke Grohnde, Gundremmingen C und Brokdorf vom Netz gehen. Die drei jüngsten Anlagen Isar 2, Emsland und Neckarwestheim 2 werden spätestens mit Ablauf des Jahres 2022 abgeschaltet. Die verbleibende Laufzeit orientiert sich an 32 Betriebsjahren, um den eigentumsrechtlichen Anforderungen Rechnung zu tragen. Die verbliebenen Reststrommengen der sieben während des Moratoriums abgeschalteten Kernkraftwerke können ebenso übertragen werden wie die Reststrommengen des Kernkraftwerks Krümmel und des Kernkraftwerks Mülheim-Kärlich."[743]

Am 9. Juni 2011 verkündete Merkel in einer Regierungserklärung vor dem Bundestag den endgültigen Atomausstieg. Gleichzeitig proklamierte sie die Energiewende. Es ging der Bundesregierung nicht allein um den Ausstieg aus der Kernkraft, sondern gleichzeitig um den vollständigen Umbau der Energieversorgung hin zu regenerativen Energien: „Wir schaffen die Voraussetzungen der Energieversorgung von morgen und genau das hat es so in Deutschland bislang nicht gegeben."

Die gesetzliche Grundlage für die Stilllegung der Kernkraftwerke schuf das 13. Gesetz zur Änderung des Atomgesetzes. Der Entwurf des Gesetzes der Fraktionen von CDU/CSU und FDP datierte auf den 6. Juni 2011.[744] Bereits am 30. Juni hatte er das parlamentarische Verfahren durchlaufen und wurde in der dritten Lesung des Bundestages beschlossen.[745] Das Gesetz trat am 6. August 2011 in Kraft.[746] Der Gesetzentwurf verdeutlichte den Einschnitt in der friedlichen Kernenergienutzung nach Fukushima. „Die Bundesregierung hat unter Einbeziehung der Ergebnisse der Reaktor- Sicherheitskommission und der Ethikkommission „Sichere Energieversorgung' sowie des absoluten Vorrangs der nuklearen Sicherheit beschlossen, die Nutzung der Kernenergie zum frühestmöglichen Zeitpunkt zu beenden."[747] Aufgrund der Unmöglichkeit ad hoc auf die atomare Stromgewinnung zu verzichten, sah das Gesetz eine zeitliche Staffelung der Abschaltung vor. Eine Frist bis 2022 erachtete der Gesetzgeber als absolut notwendigen Zeitraum für einen energiewirtschaftlich geordneten Anpassungsprozess. Dieser Zeitraum galt nicht für die während des Moratoriums abgeschalteten Kraftwerke. Mit Ablauf des 6. August 2011 endete für die Kraftwerke Biblis A,

---

743 BR (Hrsg.): Der Weg zur Energie der Zukunft. Sicher, bezahlbar und umweltfreundlich, Berlin 2011, S. 2.
744 Vgl. BT Drs. 17/6070.
745 Vgl. BT PlPr. 17/117.
746 Gesetz vom 31.07.2011 – BGBl. I 2011, Nr. 43 vom 05.08.2011, S. 1704.
747 BT Drs. 17/6070, S. 1.

10. Energiepolitik der schwarz-gelben Bundesregierung 2009 – 2013

Neckarwestheim 1, Biblis B, Brunsbüttel, Isar 1, Unterweser, Philippsburg 1 und Krümmel die Betriebserlaubnis. Zur Sicherung der Energieversorgung konnte von den Betreibern der sofort stillgelegten Kraftwerke verlangt werden, die Anlagen bis zum 31. März im betriebsfähigen Zustand zu halten und einen Reservebetrieb zu gewährleisten. Umweltminister Röttgen betonte den intendierten Umbau der deutschen Energieversorgung: „Wir werden den Umstieg schaffen. Denn der Konsens, den wir herbeiführen, ist weit mehr als ein Ausstiegskonsens: Es ist ein Umstiegskonsens. Es geht um den Umstieg auf erneuerbare Energien."[748]

10.3.3. Endlagerung: Gorleben und Alternativen

Umweltminister Röttgen suchte, ebenso wie seine Vorgänger, eine Antwort auf die Frage, wo radioaktiver Müll endgelagert werden könne. Nach dem Ende des zehnjährigen Moratoriums der rot-grünen Bundesregierung stellte sich die Problematik der Suche eines geeigneten Endlagers erneut. Im März 2011 verlautbarte Umweltminister Röttgen, für ihn hätte der Salzstock in Gorleben oberste Priorität.[749] Da Röttgen die Einrichtung des Endlagers in Gorleben ohne atomrechtliches Verfahren ausschloss, verlängerte er den Zeitraum bis zur Inbetriebnahme Gorlebens mindestens auf das Jahr 2030.

In den vergangenen Jahren hatten die Kernkraftwerksbesitzer ca. 1,5 Mrd. Euro in die Erkundung des Salzstockes investiert, weshalb für Röttgen Gorleben eine besondere aber nicht die einzige Option für das Endlager darstellte. „Gorleben hat Priorität, aber nicht notwendigerweise Exklusivität." Um nach einer wissenschaftlich fundierten Nichteignung Gorlebens nicht mit leeren Händen dazustehen, plädierte der Umweltminister für eine Ausweitung der Suche nach geeigneten Alternativen.

Am 11. November 2011 stellte Röttgen ein neues Konzept vor. In Zusammenarbeit mit den Ländern sollte die Suche nach einem Endlager ohne Rekurs auf vergangene Modelle und Entscheidungen von vorn beginnen. Deutschland war laut dieser Konzeption wieder eine „weiße Karte" und der Standort des Endlagers konnte sich überall befinden. Bund und Länder erarbeiteten für die Suche ein Endlager-Suchgesetz, welche bis November 2012 verabschiedet werden sollte. Mit dieser Entscheidung schloss das Umweltministerium ein Votum zugunsten Gorlebens nicht aus, es legte sich aber nicht mehr auf diesen Standort fest. Während die Bundesregierung faktisch einen Entscheidungsstopp für Gorleben aussprach, legte sie keinen Erkundungsstopp fest, denn die Arbeiten im

---

748 Vgl. BT PlPr. 17/117, S. 13369.
749 Röttgen liefert Atomkritikern neuen Zündstoff, in: Zeitonline vom 15. März 2010.

10.3. Maßnahmen im Kernenergiesektor

Salzstock dauerten an. Unter haushalterischen Aspekten votierte sie nicht für einen vorbehaltlosen Neuanfang in der Endlagerfrage: Im Bundeshaushalt für 2012 waren 30 Mio. Euro für den Ausbau der Endlagerstätten Gorlebens vorgesehen, demgegenüber für den Suchaufwand für ein neues Endlager drei Mio. Euro eingestellt waren.

Im Februar 2012 folgte den Sondierungsgesprächen der erste Entwurf für ein Standortauswahlgesetz, der bereits seit 2005 im Bundesumweltministerium vorlag.[750] Der Entwurf des „Gesetzes zur Suche und Auswahl eines Standortes für ein Endlager für Wärme entwickelnde radioaktive Abfälle und zur Änderung anderer Gesetze" ging jedoch erst im Mai 2013 an den Bundestag.[751] Im Plenum vom 28. Juni 2013 wurde der Entwurf abschließend beraten. Das Standortauswahlgesetz trat am 1. Januar 2014 in Kraft.[752] Besondere Brisanz erhielt die Endlagersuche mit dem Atomausstieg, der mittelfristig große Mengen radioaktiv strahlenden Mülls hervorbrachte. „Nachdem durch das Dreizehnte Gesetz zur Änderung des Atomgesetzes ein nationaler Konsens über die Beendigung der friedlichen Nutzung der Kernenergie zur gewerblichen Erzeugung von Elektrizität in Deutschland erzielt wurde und ein festes Enddatum für diese Nutzung eingeführt wurde, soll auch die Suche nach einer Lösung für die sichere Entsorgung Wärme entwickelnder radioaktiver Abfälle im nationalen Konsens zwischen Bund und Ländern, Staat und Gesellschaft, Bürgerinnen und Bürgern erfolgen."[753]

Das Artikelgesetz sah nach dem finalen Atomausstieg eine Endlagersuche vor, die im Konsens zwischen Bund und Ländern sowie Staat und Gesellschaft stattfinden sollte. Ziel des Standortauswahlverfahrens war es, in einem wissenschaftsbasierten und transparenten Verfahren den Standort für die im Inland produzierten radioaktiven Abfälle zu finden, der die höchste Sicherheit garantiert. In diesem Verfahren sollten Versammlungen, das Internet und geeignete Verfahren die Öffentlichkeitsbeteiligung gewährleisten. Der Entwurf sah darüber hinaus vor, die Landesbehörden, die betroffenen Gebietskörperschaften und die Träger öffentlicher Belange zu beteiligen. Verantwortlich für die Endlagersuche zeichnete das Bundesamt für kerntechnische Entsorgung, dessen personelle Besetzung und Aufgabenbereiche der dritte Teil des Artikelgesetzes regelte. Nach Durchführung des Verfahrens macht das BfE den Standortvorschlag: „Das Bundesamt für kerntechnische Entsorgung schlägt auf Grundlage der durchgeführten Sicherheitsuntersuchungen [...] und unter Abwägung sämtlicher privater und öffentlicher Belange sowie der Ergebnisse der Öffentlichkeitsbeteiligung vor, an wel-

---

750 Vgl. BT PlPr. 17/63, S. 6637.
751 Vgl. BT Drs. 17/13471.
752 Gesetz vom 23.07.2013 – BGBl I 2013 Nr. 41 vom 26.07.2013, S. 2553.
753 Vgl. BT Drs. 17/13471, S. 1.

chem Standort ein Endlager für insbesondere Wärme entwickelnde radioaktive Abfälle errichtet werden soll."[754] Abschließend prüft das Bundesumweltministerium, ob der Vorschlag entsprechend der rechtlichen Vorgaben des Standortauswahlgesetzes gemacht wurde. Die Bundesregierung unterbreitet dem Deutschen Bundestag den Standortvorschlag dann in Form eines Gesetzes. Der damalige Bundesumweltminister Altmaier legte besonderen Wert auf das konsensorientierte Verfahren des Gesetzes.

Im Parlament beteiligten sich alle Fraktionen außer die Linksfraktion am Verfahren. Ebenso wertete der Umweltminister die Mitwirkung der Öffentlichkeit als Erfolg. „Zu Beginn der Endlagersuche gab es viele Demonstrationen und viele Proteste und Kampagnen im Internet. Heute habe ich vor dem Deutschen Bundestag keine Demonstrationen und im Internet keine Kampagnen gesehen. Das zeigt, dass die Gemeinsamkeit, die wir seit einigen Wochen an den Tag legen, inzwischen auch von der Zivilgesellschaft anerkannt wird. Das ist die wichtigste Voraussetzung dafür, dass es gelingen kann, in Deutschland ein sicheres Endlager zu bauen."[755]

10.4. Erneuerbare Energien / Neue Energien

10.4.1. Maßnahmen des Energiekonzepts und der Eckpunkte

Im Bereich der erneuerbaren Energien verfolgte die Bundesregierung das Ziel, den Ausbau regenerativer Energieträger zu beschleunigen. Ihre Vorgaben sahen einen Anteil von 35 Prozent an der Stromversorgung bis zum Jahr 2020 vor,[756] was einer Verdopplung im Vergleich zum Jahr 2010 entsprach. Der unbeschränkte Einspeisevorrang wurde beibehalten, allerdings sollten die Kosten der staatlich garantierten Vergütung gesenkt werden, weshalb die Bundesregierung eine marktorientierte Preisbildung favorisierte.[757] Darunter verstand sie vor allem eine geringere Förderung für die Vergütung des durch Photovoltaik produzierten Stroms.[758]

Die Offshore-Windenergie bedachte Berlin mit einem eigenen Konzept, in dessen Mittelpunkt deren verstärkter Ausbau rückte: Die Windleistung sollte bis zum Jahr 2030 auf 25 GW ausgebaut werden, wofür Fördermittel in Höhe von 75 Mrd. Euro zur Verfügung standen. Für diese Zwecke setzte die KfW das Son-

---

754 Vgl. BT Drs. 17/13471, S. 10.
755 Vgl. BT PlPr. 17/251, S. 32527.
756 Vgl. BT Drs. 17/3049, S. 2.
757 Vgl. ebenda.
758 Vgl. ebenda.

10.4. Erneuerbare Energien / Neue Energien

derprogramm „Offshore Windenergie" auf, das fünf Mrd. Euro umfasste. Es diente der Anschubfinanzierung für den Bau der ersten zehn Offshore-Windparks. Das Interesse der Bundesregierung an der Offshore-Energiegewinnung unterstrich die Bundeskanzlerin mit dem Besuch des ersten kommerziellen Windparks „Baltic 1" in der Ostsee am 2. Mai 2011, der aus 21 Anlagen mit einer Leistung von 50 MW bestand. Die Offshore-Förderung ließ sich als Anreiz für die großen Konzerne deuten, da nur sie über die Finanzkraft verfügen, die Kosten solcher Großprojekte zu schultern.

Dem Onshore-Energieausbau maß die Bundesregierung die größere Bedeutung zu, da sie ihn mittelfristig als die wirtschaftlichste Energiegewinnung bei den regenerativen Energieträgern einschätzte. Neben dem Bau neuer Windanlagen setzte sie auf das Repowering vorhandener Anlagen, um einer „Verspargelung" der Landschaft entgegenzuwirken. Gleichzeitig unterstützte sie den Bau neuer Anlagen, für deren Konstruktion sie mit den Kommunen die Raumordnungspläne derart weiterzuentwickeln gedachte, um ausreichend Flächen für neue Windenergiegebiete zu gewinnen.

Das dritte Element in der Förderung der erneuerbaren Energien war die nachhaltige und effiziente Nutzung der Bioenergie. Hierunter subsumierte die Bundesregierung alle Maßnahmen zur Steigerung der Energie- und Flächeneffizienz durch verbesserte Bewirtschaftungsformen, eine stärkere Biomasseverwertung in KWK und die Nutzung von Bioethan durch Einspeisung ins Erdgasnetz. Aufgrund der gewachsenen Abhängigkeit von importierter Biomasse plädierte die Bundesregierung für die Ausdehnung der Nachhaltigkeitskriterien der EU Richtlinie 28/2009 auf alle Bioenergieträger. Einer Nutzungskonkurrenz zwischen der Verwendung von Biomasse als Energieträger sowie als Nahrungs- und Futtermittel gedachte sie ebenso entgegenzutreten.

Die schwarz-gelbe Bundesregierung hielt am Konzept des EEG fest, wodurch sie Planungs- und Versorgungssicherheit schaffen wollte. In ihren „Eckpunkten", die nach der Katastrophe von Fukushima das „Energiekonzept" ablösten, betrachtete sie die erneuerbaren Energien als wesentlichen Bestandteil der zukünftigen Versorgungssicherheit. Ihr Anteil an der Stromversorgung sollte weiterhin von 17 Prozent im Jahr 2011 auf 35 Prozent im Jahr 2020 ansteigen. In den neu verfassten „Eckpunkten" adjustierte sie diese Kennziffer im Vergleich zu ihrem „Energiekonzept" nicht, obwohl sie den Ausstieg aus der Stromproduktion durch Kernkraft beschlossen hatte. Da sie die Angebotsseite nicht stärkte, musste sie auf die Nachfrage Einfluss nehmen, weswegen der Stromverbrauch bis 2020 insgesamt um zehn Prozent sinken sollte. Für die Unterstützung der Industrie kalkulierte der Bundeshaushalt 500 Mio. Euro ein, um den stromintensiven Unternehmen die Kosten aus Strompreiserhöhungen durch den Emissionshandel zu ersetzten. Ein novelliertes Bauplanungsrecht vereinfachte die Installation von Photovoltaikanlagen an oder auf Gebäuden. Die Förderung der Windenergie auf dem Land wollte Röttgen sukzessive senken, denn die gouvernementale Energiepolitik wollte diese Form der Stromgewinnung rentabel gestalten. Geringere Gewinnmargen können einen Anpassungsdruck erzeugen, der zu einer preisgünstigeren Produktion der Anlagen führt. Das große Potential auf dem Land sollte deswegen allmählich marktwirtschaftlich erschlossen werden. Für Strom aus der Nordseeregion setzte der Umweltminister hingegen stärker auf Subventionen. Allerdings trat nun ein neues Problem auf. Um die im Norden erzeugte Energie ins Stromnetz einspeisen zu können, wurden neue Trassen benötigt.

10.4.2. Novelle des EEG (EEG 2010)

Anfang 2010 sah sich die Energiepolitik mit dem Problem konfrontiert, die Förderung für den durch Solaranlagen produzierten Strom zurückzufahren. „Der schnelle Ausbau der Produktionskapazitäten hat dazu geführt, dass die Kosten und insbesondere die Preise stark gesunken sind. Die bisher im Erneuerbare-Energien-Gesetz (EEG) vorgesehenen Vergütungen für Strom aus solarer Strahlungsenergie erweisen sich vor diesem Hintergrund als zu hoch."[759] Für dieses Ziel brachten die Fraktionen von CDU/CSU und FDP das „Erste Gesetz zur Änderung des Erneuerbare-Energien-Gesetzes" ein.

Das Gesetz passte die Vergütungssätze an, hob aber zugleich das Ausbauziel auf 3.000 Megawatt an. Durch den technischen Fortschritt und die Erweiterungsinvestitionen in die Produktionsanlagen waren die Kosten und Preise für Solarpaneele stark gefallen. Ein Nachfragerückgang im Ausland übte weiteren Preisdruck auf die deutschen Produzenten aus, deren Kapitalwert und Produktivität durch die Investitionen stark zugenommen hatte. Das Marktvolumen hatte sich im Jahr 2009 gegenüber 2007 nahezu verdoppelt. Würde diese Entwicklung anhalten, wäre nach einer Prognose des BMU im Jahr 2030 mit einer installierten Photovoltaik-Leistung von über 100 GW zu rechnen. Dies würde für den Zeitraum von 2010 bis 2030 zu EEG-Differenzkosten für die Photovoltaik in Höhe von 105 Mrd. Euro führen.

Da die Anlagen inzwischen weitaus günstiger produziert werden konnten, senkte das Gesetz die Vergütung von Anlagen auf Gebäuden zum 1. Juli 2010 einmalig um 16 Prozent. Für Freiflächenanlagen sank die Vergütung um 15 Prozent. Anlagen, die auf Ackerflächen errichtet werden, verloren ihre Vergütung vollständig, wenn sie nach dem 30. Juni 2010 in Betrieb gehen. Zudem erfolgte

---

[759] Vgl. BT Drs. 17/1147, S. 1.

10.4. Erneuerbare Energien / Neue Energien

eine stärker degressive Gestaltung der Vergütungssätze.[760] Durch Absenkung der Förderung errechnete sich der Gesetzgeber eine Stabilisierung des Ausbaus von neun GW im Jahr 2010 auf 42 GW bis 2020. Die prognostizierten Gesamtkosten für die Vergütung des Photovoltaik-Stroms werden sich im Zeitraum von 2010 bis 2030 nach der Novelle auf 67,5 Mrd. Euro belaufen.

Die Novelle trat Preisverzerrungen im Wirtschaftsgefüge entgegen. Aufgrund der über 20 Jahre gesicherten Rendite für die Stromeinspeisung schnellten die Pachten für Ackerflächen in die Höhe. Traditionelle Landwirtschaft mit dem Schwerpunkt auf Lebens- und Futtermittelherstellung konnte im Preiswettbewerb um die Pachtflächen gegen die staatlich garantierten Renditen kaum bestehen. Als neue Branche gewannen die Energiebauern an Attraktivität, die ihre Flächen für Photovoltaik- und Windkraftanlagen zur Verfügung stellten und großräumig Mais für die Verwertung in Biogasanlagen oder die Produktion von Bioethanol anbauten. In der Energiepolitik wurde diese Nutzungskonkurrenz als Konflikt um „Tank oder Teller" aufgegriffen. „Diese Änderung soll verhindern, dass Ackerböden zunehmend der landwirtschaftlichen Nutzung entzogen werden."[761]

Die Novelle zielte auch darauf, die Preisproportionen wieder in traditionelle Bahnen zu lenken. Bundesumweltminister Röttgen wies in der abschließenden Debatte des Bundestages auf die technischen, ökonomischen und sozialen Aspekte hin, die aus den Markteingriffen resultierten: „Die Relation zwischen Förderung und Stromproduktion muss unter Kontrolle gehalten werden. Auch die Kosten, die wir den Stromkunden aufbürden, müssen unter Kontrolle gehalten werden. Es ist unfair, dass alle Stromkunden dafür bezahlen, das einige wenige mit Investmentfonds Renditen in zweistelliger Höhe über 20 Jahre verdienen. Das ist auch aus sozialen Gründen nicht in Ordnung."[762]

Schließlich setzte die Novelle des EEG Anreize für den Direktverbrauch des Photovoltaik-Stroms. Die Vergütungssätze stiegen an, sodass die Anlagenbetreiber ein Interesse entwickelten, den Strom selbst zu nutzen und die lokalen Stromnetze zu entlasten.

10.4.3. Europarechtsanpassungsgesetz Erneuerbare Energien

Die „Richtlinie 2009/28/EG des Europäischen Parlaments und des Rates vom 23. April 2009 zur „Förderung der Nutzung von Energie aus erneuerbaren Quellen" verpflichtete Deutschland dazu, die Nutzung erneuerbarer Energien weiter zu

---

760 Vgl. BT Drs. 17/1147, S. 6.
761 BT Drs. 17/1147, S. 10.
762 BT PlPr. 17/40, S. 3382.

forcieren. Nationale Umsetzung fand dieser europarechtliche Vorgabe im Europarechtsanpassungsgesetz Erneuerbare Energien (EAG EE). Bis zum Jahr 2010 sollten mindestens 18 Prozent des deutschen Bruttoendenergieverbrauchs durch erneuerbare Energien gedeckt werden. Hierfür war ein Maßnahmenkatalog vorgesehen: „So muss insbesondere ein elektronisches Register für Herkunftsnachweise für Strom aus erneuerbaren Energien eingeführt werden, und es muss sichergestellt werden, dass öffentliche Gebäude ab 2012 eine Vorbildfunktion für den Ausbau erneuerbarer Energien in der Wärmeversorgung einnehmen."[763]

Das Gesetz änderte das Erneuerbare-Energien-Gesetz und das Erneuerbare-Energien-Wärmegesetz. Es legte die Grundlage für das Register und erließ neue Vorschriften für die Renovierung öffentlicher Gebäude ab dem Jahr 2012. Sofern öffentliche Gebäude saniert oder neu errichtet werden, ist der Bauherr verpflichtet, Erneuerbare-Energien-Systeme zum Einsatz zu bringen. Die gesetzliche Regelung zielte vor allem auf einen höheren Nutzungsgrad im Wärmebereich. Der Anteil der erneuerbaren Wärme sollte bis 2020 von sieben auf 14 Prozent verdoppelt werden. Dieser Einzelbestimmung maß die Parlamentarische Staatssekretärin im Bundesministerium für Umwelt, Naturschutz und Reaktorsicherheit besondere Bedeutung zu. „Dies ist ein wichtiger Schritt, die Nutzung erneuerbarer Wärme weiter voranzubringen. Es geht darum, die Vorbildfunktion öffentlicher Gebäude zu stärken, wenn beispielsweise ein Rathaus oder das Landratsamt vor Ort durch Solarthermie oder aus einem lokalen Biomasseheizkraftwerk beheizt wird. Dies kann andere dazu ermuntern, ebenfalls auf erneuerbare Energien umzusteigen. Natürlich steigt der Anteil erneuerbarer Energien an der Wärmeversorgung, wenn die öffentliche Hand konsequent erneuerbare Energien nutzt."[764] Die europäische Richtlinie forderte weitere Anpassungen im Energiestatistikrecht zur Erfassung des Anteils erneuerbarer Energien am Bruttoendverbrauch und setzte auf die Bereitstellung von öffentlichen Informationen für alle Akteure und Verbraucher bei Fragen der Nutzung der erneuerbaren Energien.

Die für den 1. Januar 2012 vorgesehene degressive Kürzung der Photovoltaik-Fördersätze wurde im Rahmen der Gesetzgebung auf den 1. Juli 2011 vorgezogen. Nach Ansicht der Bundesregierung standen die Kosten für den Ausbau der Photovoltaik in einem unangemessenen Verhältnis zu ihrem Anteil am Gesamtaufkommen der erneuerbaren Energien. „Deshalb nehmen wir heute eine erneute Anpassung der Photovoltaikförderung vor, indem wir die Degression teilweise vom 1. Januar 2012 auf den 1. Juli dieses Jahres vorziehen. Die Degression in diesem Jahr kann in der Summe bis zu 24 Prozent – je nach Zubauraten – betragen. Dieser Schritt war zwingend erforderlich. Wir verhindern so eine un-

---

763 BT Drs. 17/3629, S. 1.
764 BT PlPr, S. 17/93, S. 10566.

verhältnismäßige Belastung der Stromverbraucher durch zu stark steigende EEG-Kosten."[765]

Als weitere Maßnahme zur finanziellen Entlastung der Verbraucher begrenzte das Europarechtsanpassungsgesetz die Förderung der Direktvermarktung durch das Grünstromprivileg. Die auf dem Grünstromprivileg beruhende Befreiung von den Kosten des Ausbaus der erneuerbaren Energien waren im Laufe der Jahre angestiegen und hatten zu einem Anstieg der von den restlichen Stromverbrauchern zu tragenden EEG-Umlage geführt. Statt wie mit dem EEG 2000 vorgesehen, die Stromhändler mit einem mindestens 50-prozentigem Anteil an Strom aus regenerativen Energien vollständig von der EEG-Umlage zu befreien, durfte diese Befreiung nur noch 2 ct/kWh betragen. Die Beschlussempfehlung des Ausschusses betonte die Kostendynamik, die mit einem unveränderten Grünstromprivileg einhergingen. „Allein durch die mit Rücksicht auf das laufende Geschäftsjahr unveränderte Beibehaltung des Grünstromprivilegs im Jahr 2011 ist bereits ein weiterer Anstieg der EEG-Umlage von 0,1 Cent/kWh zu erwarten. Dies kann eine Erhöhung der Kosten im Gesamtsystem von 300 Mio. Euro bedeuten. Bei vollständiger Ausschöpfung der Potentiale für die Nutzung des Grünstromprivilegs könnte sich eine unveränderte Fortführung des Grünstromprivilegs jedoch auch deutlich stärker auf die zukünftige Umlageentwicklung auswirken."[766]

10.4.4. Novelle des EEG (EEG 2012)

Die „Eckpunkte" und das „Energiekonzept" schrieben einen Anteil der erneuerbaren Energien an der Stromerzeugung auf 35 Prozent bis 2020 und langfristig auf 80 Prozent bis 2050 fest. „Die Erreichung dieser Ziele setzt voraus, dass der Ausbau der erneuerbaren Energien in Deutschland konsequent und ambitioniert weiter vorangetrieben wird. Dies kann nur gelingen, wenn er nachhaltig und effizient erfolgt. Zugleich müssen die erforderlichen Weichenstellungen vorgenommen werden, um das Energieversorgungssystem auf diese hohen Anteile erneuerbarer Energien auszulegen. Das Erneuerbare-Energien-Gesetz (EEG) muss daher so weiterentwickelt werden, dass der Übergang der erneuerbaren Energien im Strombereich zu einem erwarteten Marktanteil von 35 bis 40 Prozent innerhalb der laufenden Dekade gewährleistet wird."[767] Für dieses Ziel brachten die Fraktionen von CDU/CSU und FDP am 6. Juni 2011 den Entwurf eines „Gesetzes zur Neuregelung des Rechtsrahmens für die Förderung der Stromerzeugung aus er-

---

765 BT PlPr. 17/93, S. 10567.
766 Vgl. BT Drs. 17/4895, S. 22.
767 BT Drs. 17/6071, S. 1.

neuerbaren Energien" ein.[768] Nach der abschließenden Lesung im Plenum des Bundestages am 30. Juni 2011 trat es am 1. Januar 2012 in Kraft.

Das Gesetz sah neue Elemente im System der Förderung erneuerbarer Energien vor. Hierzu zählte die Marktintegration durch die Einführung der Marktprämie, die dazu beitragen sollte, den regenerativ gewonnen Strom direkt am Markt zu vertreiben. Aufgrund der stark angestiegenen Differenzkosten in Höhe von 9 Mrd. Euro im Jahr 2010 senkte das EEG 2012 die Vergütung für Strom aus Biomasse. Die Missbrauchsmöglichkeiten schränkte das Gesetz ebenfalls ein.

Die Strukturelemente und Grundprinzipien des EEG hingegen blieben erhalten. Weiterhin waren die Netzbetreiber zum Netzanschluss der EEG-Anlagen verpflichtet und mussten deren Strom vorrangig gegenüber konventionellen Energieträgern einspeisen, wobei die Anlagenbetreiber eine 20jährige garantierte Vergütung erhalten. Doch der Strom aus EEG-Anlagen wird nur zu einem geringen Anteil bedarfsgerecht ins Netz eingespeist. In Starkwindphasen und Zeiten starker Sonneneinstrahlung bringt der fluktuierend eingespeiste Strom der Anlagen die Netze an den Rand ihrer Leistungsfähigkeit. Andererseits führte der zügige Ausbau der Erneuerbare-Energien-Anlagen zu einem Überhang an Strom, den zeitweise niemand abnehmen kann. Diesen Strom müssen die Netzbetreiber aus den Leitungen in die Nachbarländer transferieren, wodurch die paradoxe Situation entsteht, dass Strom zu negativen Preisen verkauft wird. Je höher der Anteil der erneuerbaren Energien an der Stromproduktion, desto drängender gestalten sich diese Probleme. „Aufgrund dieser Ausbauziele müssen erneuerbare Energien zunehmend selbst in der Lage sein, zur Stabilität des Gesamtsystems beizutragen. Zudem wird es schon in einigen Jahren zunehmend zu Situationen kommen, in denen selbst bei vollständiger Abschaltung aller konventionellen Kraftwerke die Stromerzeugung aus erneuerbaren Energien die Stromnachfrage übersteigt."[769]

Der Gesetzgeber hielt vor diesem Hintergrund eine vollständige Novellierung der Markt- und Systemintegration des EEG für notwendig. Zu diesem Zweck gestaltete das EEG 2012 das System der Direktvermarktung neu. Das EEG unterschied hierbei zwischen der Marktprämie, dem Grünstromprivileg und schließlich der sonstigen Direktvermarktung, für die keine Förderung vorgesehen ist. Die Marktprämie erhalten jene Anlagenbetreiber, die ihre Anlage marktorientiert betreiben. Der Anlagenbetreiber erhält diese Prämie, wenn er den Strom an der Strombörse verkauft. Da der Börsenpreis für Strom geringer ausfällt als die direkte Vergütung nach des Fördersätzen des EEG, gleicht die Marktprämie die Differenz aus. Zudem erhält der Anlagenbetreiber die Managementprämie als

---

768 Vgl. ebenda.
769 BT Drs. 17/6071, S. 44.

10.4. Erneuerbare Energien / Neue Energien

Anreiz für eine bedarfsorientierte Stromproduktion. Der Vorteil für den Anlagenbetreiber besteht darüber hinaus in einem gegenüber der Direktvergütung möglichen Mehrerlös bei bedarfsgerechtem Verkauf des Stroms, der ihm ebenfalls gutgeschrieben wird. Mit der Einführung der Marktprämie verlor das Grünstromprivileg an Bedeutung.

Am Grünstromprivileg, das bereits ganz zu Beginn in das EEG Eingang gefunden hatte[770], hielt die Novelle mit einer Begrenzung auf zwei Cent pro Kilowattstunde fest. Zugleich wurden die Stromhändler verpflichtet, fluktuierende Energien wie Wind und Sonne zu mindestens 30 Prozent in ihr Portfolio aufzunehmen. Mit dieser Regelung reagierte die Bundesregierung auf das Problem der fehlenden Entlastung der Stromnetze durch das Grünstromprivileg. Denn dem mit der Direktvermarktung verbundenen energiepolitischen Ziel einer bedarfsorientierten Bereitstellung von Strom wurde das Grünstromprivileg kaum gerecht. Strom aus Windkraft und Sonnenenergie speist sporadisch in das Netz ein, erschwert die Prognosen und gefährdet die Netzstabilität. Allerdings fanden diese beiden Energieträger kaum Förderung durch das Grünstromprivileg, wie der zweite Monitoring-Bericht „Energie der Zukunft" ausführte: „Hinzu kam, dass die Direktvermarktungs- und Entlastungsleistung für das EEG recht gering war, da die Energieversorgungsunternehmen kaum Strom aus vergleichsweise teuren und schwierig zu vermarktenden, fluktuierenden erneuerbaren Energien im Portfolio hatten, sondern vornehmlich Erneuerbare-Energien-Strom aus günstigen, zum Teil abgeschriebenen Wasserkraftwerken in ihre Portfolios aufnahmen."[771] Wasserkraftwerke lassen sich jedoch relativ einfach in das System integrieren, da ihre stetige Stromproduktion grundlastfähig ist. Jene Anlagen hingegen, die Strom nicht bedarfsgerecht produzierten, wurden trotz Förderung im Rahmen des Grünstromprivilegs kaum in das Stromsystem integriert.

Die Vergütungsstruktur behielt die Novelle bei. Jedoch wurde die Degression erhöht, die Frist für den Systemdienstleistungs-Bonus auf den 31. Dezember 2012 verkürzt und der Repowering-Bonus auf alte Anlagen begrenzt, die bis 2001 ans Netz gegangen sind. Im Bereich der Offshore-Stromerzeugung verschob die Novelle den Beginn der degressiven Vergütung von 2015 auf 2018, allerdings stieg die Degression von fünf auf sieben Prozent. Ein optionales Stauchungsmodell half, die Anfangsinvestitionen schneller zu amortisieren.

---

770 Vgl. Kap. 8.5.1.
771 Vgl. BT Drs. 18/1109, S. 43.

10.4.5. Neuausrichtung der Solarförderung (Photovoltaik-Novelle)

Entsprechend der im Energiekonzept benannten Pläne einer stärker marktorientierten Ausrichtung der Förderkulisse für Solarenergie erfolgte eine sukzessive Senkung der Fördersätze. Die für den 1. Januar 2012 vorgesehene und im Ersten Gesetz zur Änderung des Erneuerbare-Energien-Gesetzes vom 11. August 2010 (EEG 2010) festgeschriebene Kürzung der Solarförderung hatte der Umwelt- und Energieminister nach Gesprächen mit dem Bundesverband für Solarwirtschaft auf den 1. Juli 2011 vorgezogen.[772] Die gesetzliche Regelung hierzu erfolgte im Europarechtsanpassungsgesetz Erneuerbare Energien.[773] Damit reagierte die Bundesregierung auf eine vor ihr wahrgenommene überhitze Förderung der Solaranlagen. Am 21. Januar 2011 kündigte Röttgen an, die finanzielle Förderung für die Einspeisung von Öko-Strom zu mindern. Sie sank von 29 ct/kWh auf 23 ct/kWh ab Juli 2011. Lag sie 2009 noch bei 43, sank sie im Jahr 2010 auf 39 und betrug zu Beginn des Jahres 2011 noch 29 ct/kWh.

Obwohl die Bundesregierung nach Fukushima das energiepolitische Ziel verfolgte, den Ausbau der erneuerbaren Energien energischer voranzutreiben und ihren Anteil auf 35 Prozent der Stromerzeugung zu steigern, kürzte sie die Fördersätze für Strom aus Solarenergie im Rahmen der Photovoltaik-Novelle erneut im Jahr 2012. Dem Vorhaben gingen Proteste der Solarindustrie voraus, welche die Gefahr sah, dass diese Senkung sie um die Früchte ihrer Technologieführerschaft bringen würde.[774]

Das „Gesetz zur Änderung des Rechtsrahmens für Strom aus solarer Strahlungsenergie und zu weiteren Änderungen im Recht der erneuerbaren Energien"[775] passte die Vergütung für Strom aus Solaranlagen im EEG an. Es trat am 1. April 2012 in Kraft.[776] Mit dem Gesetz reagierte die Koalition auf eine von ihr perzipierte Marktüberhitzung: „Dass es einen Handlungsbedarf für eine Novellierung gibt, daran besteht [...] kein Zweifel. Nach einem Ausbau um 7.400 Megawatt im Jahr 2010 und um 7.500 Megawatt im Jahr 2011 müssen wir miteinander erkennen, dass hier eine Marktüberhitzung vorliegt, dass wir also handeln müssen."[777] Der Branchenverband Solarenergie vermutete hingegen eine Intervention der Energiekonzerne, die durch den Ausbau der Solaranlagen in Bedrängnis gerieten.[778]

---

772 Vgl. BMU: Pressemitteilung Nr. 008/11.
773 Vgl. Vgl. BT Drs. 17/93, S. 10566.
774 Vgl. Proteste gegen „Solar-Ausstieg", in: DNN vom 06.03.2012.
775 Vgl. BT Drs. 17/8877.
776 Gesetz vom 17.08.2012 – BGBl I 2012, Nr. 38 vom 23.08.2012, S. 1754.
777 BT PlPr. 17/172, S. 20295.
778 Vgl. Proteste gegen "Solar-Ausstieg", in: DNN vom 06.03.2012.

10.4. Erneuerbare Energien / Neue Energien

Zum 1. April 2012 sanken die Fördersätze um bis zu 30 Prozent, denn der Wettbewerb ausländischer Photovoltaik-Hersteller hatte billige Sonnenkollektoren zur Folge und ermöglichte ein niedrigeres aber trotzdem rentables Vergütungsniveau. Mit den gesunkenen Kosten für die Anlagen wurde allmählich Netzparität erreicht. Netzparität liegt vor, wenn die selbst produzierte Elektrizität aus Sonnenkollektoren den gleichen Preis besitzt, wie der aus dem Netz eines Anbieters bezogene Strom. Unter dieser Prämisse war eine Subventionierung von Solaranlagen nicht mehr notwendig, da sich die Installation aus betriebswirtschaftlichen Gründen rentierte, ohne dass eine zusätzliche Vergütung notwendig wäre. Auf eine fortgesetzte staatliche Anschubfinanzierung konnte deshalb verzichtet werden. Die für Juli 2012 terminierte Absenkung der Solarförderung wurde ebenso wie 2010 vorgezogen und trat bereits zum 1. April in Kraft, obgleich Diskrepanzen zwischen Ländern, Verbänden und Bundesregierung zu einer verspäteten Umsetzung im Juli führten. Die Degression erfolgte nach der Novelle nicht mehr halbjährlich, sondern monatlich in Höhe von einem Prozent. Der „atmende Deckel" fand wieder Eingang in die Novellierung des EEG und passte das Niveau der Förderung an die jeweilige Ausbauhöhe an.

Die Solarbranche sah sich in den darauffolgenden Jahren mit einem schwierigen wirtschaftliche Umfeld konfrontiert. Allerdings sind Ursache und Wirkung fraglich. Belief sich die Anzahl der Beschäftigten im Jahr 2010 auf 107.800, die einen Umsatz von 13,21 Mrd. Euro erwirtschafteten, sank sie bis 2012 auf 87.000 und einen Umsatz von 7,34 Mrd. Euro.[779]

10.4.6. Ausführungen des Energiekonzeptes zu Netz und Speichern

Spätestens ab 2011 benötigte das historisch gewachsene Stromnetz Deutschlands neue Trassen. Dieser notwendige Ausbau stand in enger Verbindung mit dem voranschreitenden Umbau der Energiebezugsquellen im Rahmen der Energiewende. Die verstärkte Nutzung erneuerbarer Energien durch Windkraftanlagen im Norden Deutschlands erforderte den Bau von Nord-Süd-Leitungen. Für den Ausbau ersann die Bundesregierung in ihrer strategischen Planung das „Zielnetz 2050".[780] Dem verstärkten Widerstand in der Bevölkerung gegen den Ausbau der Stromnetze wirkte das Energiekonzept mit der Informationsoffensive „Netze für eine umweltschonende Energieversorgung" entgegen. Das Konzept sah einen zehnjährigen Netzausbauplan vor, an dem alle Netzbetreiber mitwirkten und der

---

779 Vgl. BT Drs. 17/14035.
780 Vgl. BT Drs. 17/3049, S. 10.

jährlich zu erneuern war.[781] Die Bundesregierung integrierte diese Daten in den Bundesnetzplan und regelte analog dem Energieleitungsausbaugesetz verbindlich die Struktur der Ausbautrassen. Um den Kapitalfluss für den Netzausbau zu gewährleisten, überprüfte sie, inwieweit der Regulierungsrahmen einer Novellierung bedurfte.[782]

Auf der Nachfrageseite sah das Energiekonzept intelligente Netze vor, die über Informationstechnik gesteuert den Strombedarf an das Angebot anpassen. Da die erneuerbaren Energien fluktuierend einspeisen, musste die Frist verkürzt werden, in der die Übertragungsnetzbetreiber die Kapazitäten ausschreiben.

Der Bundesregierung erkannte im Zusammenhang mit den erneuerbaren Energien zahlreiche Investitionshemmnisse. Die sporadisch einspeisenden erneuerbaren Energien machten Investitionen in Gas- und Kohlekraftwerke unrentabel, da diese Kraftwerke durch den Einspeisevorrang nur dann zum Einsatz kommen, wenn die Erneuerbaren-Energien-Anlagen nicht am Netz sind. Die Auslastung der konventionellen Kraftwerke ist entsprechend gering und macht Investitionen unrentabel.[783] Gleichzeitig sind zusätzliche Kraftwerkskapazitäten erforderlich, die genügend Ausgleichsenergie bereitstellen, um die fluktuierende Einspeisung der Erneuerbaren-Energien-Anlagen auszugleichen. Einen abrupten Leistungseinbruch können nur schnell anspringende Gaskraftwerke ausgleichen, weil die Speicher fehlen, um das Stromangebot zu glätten. Mit dem verstärkten Neubau konventioneller Kraftwerke wiederum wurde die Energiewende in Frage gestellt, weil einmal errichtete Kraftwerksneubauten 35-40 Jahre am Netz blieben.[784] Mitte 2012 setzte sich die Erkenntnis durch, dass die Energiewende und der zeitgleich zu realisierende Atomausstieg Kohlekraftwerke unersetzlich machten. Die Bundesnetzagentur reagierte auf die Gefahr von Netzzusammenbrüchen durch die Abschaltung der Atomkraftwerke mit der Forderung, „immissionsschutzrechtlich bedingte Stilllegungen auszusetzen"[785].

Um diesem Dilemma zu entgehen, wollte die Bundesregierung auf Basis einer wissenschaftlichen Diskussion ein umfassendes Forschungsprojekt initiieren.[786] Vor dem Hintergrund der zukünftig stärker fluktuierenden Stromerzeugung erkannte sie das Problem erhöhter Speicherkapazitäten, die durch zusätzliche Pumpspeicherkraftwerke bereitgestellt werden sollten. Dafür erwog die Regierung, Pumpspeicherkraftwerke und anderen Stromspeicher von Netzentgelten zu

---

781 Der Turnus wurde mit dem „Gesetz zur Änderung von Bestimmungen des Rechts des Energieleitungsbaus" auf zwei Jahre verlängert, vgl. Kap. 11.5.6.
782 Vgl. ebenda, S. 11.
783 Vgl. Sorgen um Kraftwerksneubau wachsen, in: FAZ vom 03.05.2012.
784 Vgl. Wie viele Kraftwerke braucht das Land?, in: FP vom 03.05.2012.
785 Vgl. Uralt-Kraftwerke sollen Blackout verhindern, in: DW vom 11.05.2012.
786 Vgl. BT Drs. 17/3049, S. 12.

10.4. Erneuerbare Energien / Neue Energien

befreien und Biogasanlagen in das System einzubinden, so dass die Stromerzeugung in schwachen Windphasen durch den Einsatz von Biogas ergänzt werden konnte. Eine Lösung für das Problem der geringen Stromproduktion durch erneuerbare Energien im Winter bot dieses Projekt jedoch nicht.

10.4.7. Netzausbau: Die Netzausbaubeschleunigungsgesetze (NABEG)

Die schwarz-gelbe Bundesregierung traf auf das Problem, welches die Monopolkommission bereits in der vorherigen Legislaturperiode erkannt hatte. „Innerhalb des deutschen Stromübertragungsnetzes existieren (noch) keine permanenten Engpässe. Durch die Förderung der Windenergie sind diese jedoch zu erwarten, wenn nicht rechtzeitig geeignete Netzausbaumaßnahmen ergriffen werden."[787] In Nordostdeutschland produzierten die Erneuerbare-Energien-Anlagen mehr Strom als die Nachfrage absorbierte. Gegenüber 2010 stieg der eingespeiste Strom im Jahr 2011 um 23 Prozent an, was einer Strommenge von 46,5 TW entsprach. Der verstärkte Ausbau der erneuerbaren Energien führte zu Problemen der Einspeisung und Verwertung des Stroms aus Erneuerbaren-Energien-Anlagen. Die Netze waren mit der eingespeisten Stromnetze überfordert. Ein zweites Problem ergab sich aus der Distanz zwischen Stromerzeugungs- und -verbrauchsregionen. Die Ausbaupotentiale der Windkraft, die den größten Anteil an Stromerzeugung aus erneuerbaren Energien bereitstellte, liegen im Norden der Bundesrepublik. Der geplante Ausbau der Offshore-Anlagen in der Nordsee ließ auf einen weiteren zukünftigen Bedeutungsgewinn der nördlichen Region schließen. Daraus resultierte das Problem des Transports des Stroms vom Norden Deutschlands in den Süden zu den Ballungszentren. Für diese neuen Anforderungen an die Transportwege mussten die Übertragungsnetze ausgebaut werden, womit für die Übertragungsnetzbetreiber ein nicht unerheblicher Investitionsbedarf einhergeht. Der mangelhafte Netzausbau machte das deutsche Energiesystem dsyfunktional. Strom der überregional weitergeleitet werden musste, steckte im Netz fest. Daraus folgten Netzüberlastungen. Die Netzbetreiber waren aufgrund der fehlenden Strommengen im Süden auf Redispatch angewiesen, während im Norden und anderen Regionen die Windkraftanlagen im Rahmen des Einspeisemanagements vom Netz getrennt werden mussten. Die BNetzA beobachtet diese Entwicklung und protokolliert die Ausfälle.

Seit 2009 trennen die Netzbetreiber die Windenergieanlagen temporär immer wieder vom Netz, da der eingespeiste Strom sonst zu Netzüberlastungen geführt hätte. 2010 gingen dem Stromnetz laut Bundesnetzagentur 127 GW verloren,

---

[787] BT Drs. 16/14060, S. 14.

10. Energiepolitik der schwarz-gelben Bundesregierung 2009 – 2013

denn die Netze waren mit der Aufnahme der Strommengen aus den Erneuerbaren-Energien-Anlagen überlastet.[788] Im Jahr 2011 waren es bereits 421 GW, bevor 2012 kurzzeitig ein Rückgang zu verzeichnen war. Bis zur Novelle des EEG im Jahr 2014 war es für die Anlagenbetreiber irrelevant, ob die Stromengen eingespeist oder die Anlagen abgeschaltet wurden, denn die Vergütung wird im Rahmen des Einspeisemanagements trotzdem gezahlt. „Diesen Daten zufolge hat sich in den Jahren 2009 bis 2012 die Summe der Ausfallarbeit durch Einspeisemanagementmaßnahmen von 74 GWh auf 385 GWh pro Jahr erhöht."[789] Für das Jahr 2011 beliefen sich die Kosten für die Entschädigung der Ausfallarbeit auf ca. 33 Mio. Euro, was drei Prozent der Ausgaben für die Netzstabilität entspricht.[790] Im Zeitraum von 2010 bis 2013 hatte sich aufgrund mangelnden Netzausbaus ebenso die Dauer der Redispatch-Maßnahmen verfünffacht und sie stieg von 1.589 Stunden auf 7.965 Stunden an.[791]

Am Netzausbau ging kein Weg vorbei. EnviaM brachte 2012 insgesamt 344 Mio. Euro auf, um sein Netz an die neuen Erfordernisse anzupassen.[792] Alle Übertragungsnetzbetreiber zusammen investierten im Jahr 2012 ca. 1,15 Mrd. Euro in die Ertüchtigung der Netze.[793] Eine Studie der Deutschen Energie-Agentur prognostizierte im Jahr 2010 bei Höchstspannungstrassen und 380-kV-Leitungen einen Neubaubedarf von insgesamt 3.600 km bis zum Jahre 2020.[794]

Die Antwort auf die Frage, wie die räumliche Distanz von Energiegewinnung und -verbrauch zu überwinden sei, fand die Bundesregierung im Netzausbaubeschleunigungsgesetz (NABEG). Am 21. März legte das BMWi ein Eckpunktepapier vor, das zu wesentlichen Bestandteilen in den Entwurf eines „Gesetzes über Maßnahmen zur Beschleunigung des Netzausbaus Elektrizitätsnetze"[795] vom 6. Juni 2011 einging. Am 5. August 2011 trat es in Kraft.[796] „Dieses Gesetz schafft die Grundlage für einen rechtssicheren, transparenten, effizienten und umweltverträglichen Ausbau des Übertragungsnetzes sowie dessen Ertüchtigung. Die Realisierung der Stromleitungen, die in den Geltungsbereich dieses Gesetzes fallen, ist aus Gründen eines überragenden öffentlichen Interesses erforderlich." Das NABEG enthält die Grundsätze zur Errichtung länderübergreifender Höchstspannungsleitungen, sofern diese im Bundesbedarfsplan als solche gekennzeichnet sind. Aufgrund der Priorität des Netzausbaus für die Nutzung erneuerbarer

---

788 Vgl. Stromnetz bremst Windkraft aus, in: FTD vom 31.10.2011.
789 BT Drs. 18/798, S. 2.
790 Vgl. BT Drs. 17/11958, S. 62.
791 Vgl. ebenda, S. 3.
792 Vgl. Ökostrom-Anstieg zwingt zum Ausbau der Netze im Osten, in: FP vom 06.03.2012.
793 Vgl. BNetzA (Hrsg.): Monitoringbericht 2014, S. 16.
794 Vgl. BT Drs. 17/6366, S. 11.
795 Vgl. BT Drs. 17/6073.
796 Vgl. BGBl. I Nr. 43 vom 05.08.2011, S. 1690-1701.

Energien wertete das BMWi die bestehende gesetzliche Regelung als „Flickenteppich", da die einzelnen Bundesländer in Fragen des Trassenbaus über die Zuständigkeit im Genehmigungsverfahren verfügten.[797] Aus diesem Grund wurde die Bundesfachplanung eingeführt, die ein bundesweit einheitliches Verfahren bei der Planung der Leitungen vorschreibt. Sofern die Leitungen nur innerhalb eines einzelnen Bundeslandes verlaufen, finden weiterhin Raumordnungsverfahren in der Verantwortlichkeit der Länder statt.

Voraussetzung für das Verfahren nach der Bundesfachplanung ist die Aufnahme eines geplanten Leitungskorridors in den Bundesbedarfsplan. Bundesbedarfsplan und Netzentwicklungsplan (NEP) gehen bei dem gesetzlich beschleunigten Netzausbau Hand in Hand. Der Netzentwicklungsplan wird seit 2012 von den vier Übertragungsnetzbetreibern erstellt. Er bietet ein vollständiges Abbild aller wirksamen Maßnahmen zur bedarfsgerechten Optimierung, Verstärkung und zum Ausbau des Netzes, die in den nächsten zehn bzw. 20 Jahren für einen sicheren und zuverlässigen Netzbetrieb erforderlich sind. Der Bundesbedarfsplan hingegen enthält nur jene Vorhaben, deren Umsetzung innerhalb der nächsten drei Jahre vom Gesetzgeber als dringlich erachtet werden. Aus den Vorgaben des Bundesnetzplans gewinnt die Bundesregierung den Bundesbedarfsplan, der vom Bundestag beschlossen wird. In dieser Hinsicht unterscheiden sich der Bundesbedarfs- und der Netzentwicklungsplan. Während letzterer sowohl kurz- als auch langfristig notwendige Netzausbaumaßnahmen enthält, beschränkt sich ersterer auf die energiewirtschaftlich dringend notwendigen Vorhaben des Leitungsausbaus. Der Ende 2013 von der BNetzA bestätigte Netzentwicklungsplan 2023 umfasste 2800 km an Verstärkungsmaßnahmen und knapp 2700 km an Neubauvorhaben.[798] Der Bundesbedarfsplan enthält die daraus extrahierten kurzfristig zu bewilligenden Abschnitte. Diese belaufen sich auf 2300 km bei Verstärkungsmaßnahmen und einer dem NEP identischen Länge beim Neubau.

Für alle im Bundesbedarfsplan aufgenommenen Netzausbauvorhaben wird ein dringlicher Bedarf qua Gesetz festgeschrieben. Für die Umsetzung dieses Leitungsausbaus zeichnet die Bundesfachplanung und nicht die Planfeststellungsbehörden der Länder verantwortlich. Die neugeschaffene Bundesfachplanung für länderübergreifende Trassen fällt in den Kompetenzbereich der Bundesnetzagentur, welche die Netzplanung in Zusammenarbeit mit den Bundesländern koordiniert: „Die Bündelung in einer Hand sichert die einheitliche Handhabung der einzelnen Vorhaben, vermeidet Doppelprüfungen und Reibungs- und Informationsverluste ebenso wie Friktionen bei länderübergreifenden Leitungen und gewähr-

---

797 Vgl. BMWi (Hrsg.): Eckpunktepapier für ein Netzausbaubeschleunigungsgesetz („NABEG") – Verfahrensvereinfachung, Akzeptanz, Investitionen, Berlin 2011, S. 1.
798 Vgl. BNetzA (Hrsg.): Monitoringbericht 2014, S. 16.

leistet eine gesamtstaatliche Koordination."[799] Hierbei prüft die Bundesnetzagentur die im Bundesbedarfsplan enthaltenen Vorhaben nach überörtlichen Gesichtspunkten.

Die Bundesfachplanung beginnt mit dem Antrag des Vorhabenträgers. Betreiber von Übertragungsnetzen als Vorhabenträger stellen bei der Bundesnetzagentur einen Antrag, den sie an die für Raumordnung zuständigen Behörden der Länder übermittelt. Die Bundesnetzagentur kann daraufhin eine Antragskonferenz durchführen, welche die Übereinstimmung der geplanten Trassenkorridore mit der Raumplanung der Länder erörtert. Länder, auf deren Gebiet ein Trassenkorridor voraussichtlich verläuft, können Vorschläge über Verlauf und alternative Routen zum geplanten Trassenkorridor machen. Die Bundesnetzagentur ist an den Antrag des Vorhabenträgers und die Vorschläge der Länder jedoch nicht gebunden.

Träger öffentlicher Belange sind berechtigt, innerhalb einer von der Bundesnetzagentur gesetzten Frist Stellungnahmen abzugeben. Im Falle einer Ertüchtigung der Trassen fällt die Pflicht zur Anhörung allerdings weg. Nach sechs Monaten muss das gesamte Verfahren abgeschlossen sein. Die Bundesfachplanung verzeichnet den Verlauf eines raumverträglichen Trassenkorridors, der in den Bundesnetzplan aufgeht. Allerdings legt sie nur die an den Grenzen der Bundesländer gelegenen Länderübergangspunkte fest. Jedes betroffene Land hat das Recht, binnen Monatsfrist Einspruch zu erheben, der von der Bundesnetzagentur ebenso innerhalb eines Monats zu bearbeiten ist. Ihre Entscheidung ist für das folgende Planfeststellungsverfahren verbindlich. Die Bundesfachplanung besitzt darüber hinaus einen grundsätzlichen Vorrang gegenüber den Landesplanungen. Die in der Bundesfachplanung verzeichneten Trassenkorridore werden in den Bundesnetzplan aufgenommen, den die Bundesnetzagentur führt. Der der Bundesfachplanung zu Grunde liegende Bundesbedarfsplan wird durch das Bundesbedarfsplangesetz aufgestellt.

Das erste Netzausbaubeschleunigungsgesetz führte die neuen Instrumente der Bedarfsplanung und der Bundesfachplanung ein, die jetzt Anwendung finden können. Das „Zweite Gesetz über Maßnahmen zur Beschleunigung des Netzausbaus Elektrizitätsnetze" vom 23. Juli 2013 enthielt in Artikel 1 das Gesetz über den Bundesbedarfsplan (BBPlG).[800] Im BBPlG wurde der Bundesbedarfsplan konkretisiert und in die Gesetzesform überführt. „Für die in diesem Gesetz aufgeführten Vorhaben, die der Anpassung, Entwicklung und dem Ausbau der Übertragungsnetze zur Einbindung von Elektrizität aus erneuerbaren Energiequellen, zur Interoperabilität der Elektrizitätsnetze innerhalb der Europäischen

---

799 Vgl. BT Drs. 17/6073, S. 2.
800 Vgl. BGBl. I Nr. 41 vom 26.07.2013, S. 2542-2546; vgl. ebenso die Erläuterungen in BT Drs. 17/12638.

Union, zum Anschluss neuer Kraftwerke oder zur Vermeidung struktureller Engpässe im Übertragungsnetz dienen, werden die energiewirtschaftliche Notwendigkeit und der vordringliche Bedarf zur Gewährleistung eines sicheren und zuverlässigen Netzbetriebs als Bundesbedarfsplan [...] festgestellt."[801] Der Bundesbedarfsplan schafft für die Übertragungsnetzbetreiber die Voraussetzung, ihre Vorhaben bei der Bundesnetzagentur als dringliche Leitungsausbauvorhaben zu deklarieren. Die Bundesnetzagentur ermittelt für die Vorhaben die entsprechenden Trassenkorridore. Der erste Bundesbedarfsplan enthält 36 Vorhaben, deren Bau als energiewirtschaftlich dringlich erachtet wird. Für die davon insgesamt 16 länderübergreifenden Vorhaben findet das Verfahren der Bundesfachplanung Anwendung.[802]

NABEG und EnLAG sind eng miteinander verbunden. Mit dem Bundesbedarfsplan war für den Gesetzgeber ein Verfahren gefunden, dass die weitere Aufnahme von Trassen in den EnLAG-Katalog überflüssig machte. Die Vorhaben des EnLAG werden bei der Bedarfsplanung als „Startnetz" als realisiert vorausgesetzt. Zukünftigen Prognosen und Ausbauzielen liegen sie stets zugrunde. Sofern die EnLAG-Vorhaben nicht mehr notwendig sind, werden sie aus dem Bundesbedarfsplan herausgenommen.[803]

10.4.8. Sechstes Energieforschungsprogramm

Am 3. August 2011 setzte die Bundesregierung das sechste Energieforschungsprogramm auf.[804] Das sechste Energieforschungsprogramm war ein gemeinsames Programm des Bundesministeriums für Wirtschaft und Technologie (BMWi), des Bundesministeriums für Umwelt, Naturschutz und Reaktorsicherheit (BMU, des Bundesministeriums für Ernährung, Landwirtschaft und Verbraucherschutz (BMELV) und des Bundesministeriums für Bildung und Forschung (BMBF), das unter der Federführung des BMWi erstellt wurde. Die Zielstellung dieses Forschungsprogramms war die Verwirklichung einer umfassenden regenerativen Energieversorgung Deutschlands. „Unser Land soll eine der energieeffizientesten und umweltschonendsten Volkswirtschaften der Welt wer-

---

801 Ebenda, S. 2542.
802 Für eine Zusammenfassung der Maßnahmen, vgl. BT Drs. 17/12638, S. 8f.
803 Vgl. BT Drs. 18/6270, S. 3.
804 Vgl. BMWi (Hrsg.): Forschung für eine umweltschonende, zuverlässige und bezahlbare Energieversorgung. Das 6. Energieforschungsprogramm der Bundesregierung, Berlin 2011.

10. Energiepolitik der schwarz-gelben Bundesregierung 2009 – 2013

den. Gleichzeitig muss die Versorgungssicherheit gewährleistet sein und unsere Energie bezahlbar bleiben."[805]

Das Energieprogramm gab einen Überblick über die künftige Förderung des Bundes, informierte über die prioritären Förderbereiche sowie die finanziellen Mittel der einzelnen Ressorts. Insgesamt stellte der Bund für die avisierten Ziele knapp 3,5 Mrd. Euro zur Verfügung. Für die zukünftige Energieforschung waren die langfristigen klimapolitischen Vorgaben von Bedeutung. Die für die Technologiepolitik relevanten Festlegungen für das Jahr 2050 waren eine Reduktion der Treibhausgasemissionen um 80 bis 95 Prozent gegenüber 1990, die Verminderung des Primärenergieverbrauchs um 50 Prozent gegenüber 2008, eine Absenkung des Stromverbrauchs um ca. 25 Prozent gegenüber 2008 sowie der Ausbau der erneuerbaren Energien auf einen Anteil von 60 Prozent am Bruttoendenergieverbrauch bzw. 80 Prozent am Bruttostromverbrauch.[806] Das sechste Energieforschungsprogramm betonte an dieser Stelle, dass die Kernenergie mittelfristig keinen Platz in der deutschen Energieversorgung mehr haben würde. Inhalte des Forschungsprogramms orientierten sich an den politischen Vorgaben über die Marktentwicklung einzelner Technologien wie der Offshore-Windenergie, der Elektromobilität sowie der CO_2-Abtrennung und -speicherung.

Berlin war sich der Zäsur, die mit diesen Vorgaben einherging, bewusst: „Die Anzahl und die Qualität der energiewirtschaftlichen Vorgaben machen deutlich, dass die Bundesregierung für die kommenden 40 Jahre tief greifende Veränderungen des Energiesystems in Deutschland anstrebt. Deutschland begibt sich auf einen Weg, der historisch einmalig und international bislang ohne Vergleich ist."[807] Berlin erkannte ebenso, dass sich mit dem derzeitigen Stand der Technik dieses ehrgeizige Ziel nicht erreichen ließ, weshalb es die Energieforschung vorantrieb. Langfristig sollte die deutsche Energietechnik außerdem internationale Märkte bestreiten, sodass sich hinter der Forschung nicht nur ökologische, sondern ebenso ökonomische Aspekte verbargen.

Wie in anderen Energieprogrammen und den Atomforschungsprogrammen aus den 1970er Jahren verwies die Bundesregierung auf die Notwendigkeit staatlicher Interventionen im Energiebereich. Die staatliche Förderung begründete sie durch, „die langen Zeithorizonte energietechnischer Entwicklungen von der Erfindung bis zu einer kommerziellen Nutzung, die z. T. weit außerhalb der betriebswirtschaftlich üblichen Planungs- und Kalkulationsfristen liegen, die hohen und oft kaum zu übersehenden technologischen und ökonomischen Risiken von Forschung und Entwicklung ausgewählter Energietechnologien, die vom Markt nicht abgedeckt werden können, sowie den strategischen Stellenwert des Faktors

---

805 Ebenda, S. 3.
806 Vgl. ebenda, S. 5.
807 Ebenda, S. 16.

10.4. Erneuerbare Energien / Neue Energien

„Energie" für Wirtschaft, Umwelt und Gesellschaft."[808] Die Verantwortung für die Forschungsgebiete teilte sich auf verschiedene Ministerien auf. Das BMWi zeichnet für die nicht-nukleare Forschung zuständig, das BMU für die Entwicklung erneuerbarer Energien und das BMELV für die Projektion jener Forschungsunternehmen, die sich mit Bioenergie befassten. Um die verschiedenen Stränge und Institutionen der Energieforschung zu bündeln, richtete das BMWi eine „Koordinierungsplattform Energieforschungspolitik" ein, die mit Wissenschaft und Forschung zusammenarbeitete. Die Plattform wirkte einer Zersplitterung und Fragmentierung der Forschung und einer möglichen Doppelarbeit entgegen. Bei der Entwicklung von Energiespeichern arbeiteten BMWi, BMU und BMBF zusammen. Neben die Entwicklung der Energiespeicher trat die Aufgabe, thermische Speicher zu entwickeln, denn diese konnten in einem integralen Ansatz zur Netzstabilisierung beitragen und damit den Bedarf an elektrischen Speichern reduzieren. Darüber hinaus zielte das Energieforschungs-programm auf die Entwicklung stofflicher Speicher, mit der die Umwandlung regenerativer Energien in stoffliche Energieträger wie Methan oder Wasserstoff ermöglicht werden sollte. Im Bereich der Netze prognostizierte die Bundes-regierung einen voranschreitenden grenzüberschreitenden Stromaustausch. In diesem Forschungsfeld setzte das sechste Energieforschungsprogramm auf die Entwicklung neuer Komponenten wie Gleichstromübertragungstechnik, Supra-leitungstechnologie und intelligente Netze.

Im Bauwesen zielte das sechste Energieforschungsprogramm auf die Integration von Solarzellen in die Städtestrukturen und energieeffiziente Bautechniken. Das waren im Wesentlichen die Vorgaben, die mit der Forschungsinitiative „Energieeffiziente Stadt" des BMWi, dem Förderkonzept „Solarthermie2000plus" des BMU und dem „Wettbewerb energieeffiziente Stadt" des BMBF erreicht werden sollten.

10.5. Energieeffizienz

10.5.1. Initiative Energieeffizienz

Um das vorhandene Potential bei der Energieeffizienz auszuschöpfen, forderte die Bundesregierung in ihrem Energiekonzept, Aspekte der Energieeffizienz als Kriterien in die Vergaberichtlinien öffentlicher Aufträge aufzunehmen. Die von der dena organisierte „Initiative Energieeffizienz" hatte zum Ziel, dem Endverbraucher Möglichkeiten zum sparsameren Verbrauch von Energie aufzu-

---

[808] Ebenda, S. 17.

10. Energiepolitik der schwarz-gelben Bundesregierung 2009 – 2013

zeigen. Den Schlüssel zur Energieeffizienz sah die Bundesregierung im Gebäudebereich. Im industriellen Bereich schätzte sie die Einsparpotentiale auf ca. zehn Mrd. Euro. Energieeffizienzpotentiale waren von den Unternehmen eigenständig zu realisieren, denn das Energiekonzept schrieb keine verpflichtenden Maßnahmen vor. Allerdings gewährte die Bundesregierung Steuervergünstigungen für deutsche Unternehmen im Rahmen der Ökosteuer ab 2013 nur, wenn sie bereit waren, dafür Gegenleistungen zu erbringen.[809] Unternehmen erhielten nur dann den Spitzenausgleich im Rahmen der Stromsteuer, wenn sie Energieeffizienzmaßnahmen ergriffen. Darüber hinaus erwog das Energiekonzept, zinsgünstige Kredite für KMU für Investitionen in die Energieeffizienz bereitzustellen. Der bereits in der Großen Koalition diskutierte Energieeffizienzfonds fand erneut Erwähnung im Energiekonzept. Um die Anschubfinanzierung für die vielfältigen Maßnahmen wie die Markteinführungen effizienter Produkte sowie Verbraucherinformationen über Produktinnovationen zu gewährleisten, wollte die Bundesregierung diesen Fonds aus dem Sondervermögen auflegen.

Das größte Effizienzpotential erblickte Berlin im Gebäudebestand, schließlich wurden drei Viertel des Altbaubestands vor der ersten Wärmeschutzverordnung errichtet.[810] Ziel der Regierung im Energiekonzept war es, den Wärmebedarf des Gebäudebestands zu senken und den restlichen Bedarf durch erneuerbare Energien zu decken. Die Bundesregierung prognostizierte hohe Kosten für die notwendigen Investitionen, weshalb sie verlässliche rechtliche Rahmenbedingungen schaffen wollte. Von 2006 bis 2013 wurde die energieeffiziente Sanierung von Wohnungen mit einem Investitionsvolumen von 152 Mrd. Euro unterstützt.[811]

An diese Maßnahmen knüpfte sich eine Novelle der Energieeinsparverordnung (EnEV)[812] mit einem daran ausgerichteten Sanierungsplan, der die Eigentümer zwischen den Optionen wählen ließ, die Gebäudehülle zu sanieren, erneuerbare Energien einzusetzen oder die Anlagentechnik zu überholen.[813] Eigentümer, die bis 2020 die Zielwerte erfüllten, erhielten eine staatliche Prämie. Die EnEV 2009 setzte die Maßgaben des IEKP um und zielte auf eine Senkung des Heizungs-, Energie- und Warmwasserbedarfs um 30 Prozent. Sie stellte Anforderungen an die technische Ausrüstung von Gebäuden, forderte Energieausweise und eine effizientere Wärmedämmung von Neubauten in Höhe von 15 Prozent.[814] Bei der Sanierung von Altbauten im Außenbereich verschärfte

---

809 Vgl. BT Drs. 17/3049, S. 7.
810 Vgl. ebenda, S. 13
811 Vgl. BT Drs. 18/333, S. 12.
812 Vgl. BGBl. Nr. 23 vom 30.04.2009, S. 954-989.
813 Vgl. BT Drs. 17/3049, S. 13.
814 Vgl. Georg Hopfensperger/Birgit Noack/Stefan Onischke: EnEV-Novelle 2009 und neue Heizkostenverordnung, München 2009, S. 162.

die EnEV 2009 die Anforderungen um 30 Prozent. Um für Häuserbau und -sanierung Kapital bereitzustellen, legte die Bundesregierung bei der KfW ein Förderprogramm „Energetische Städtesanierung" auf.

10.5.2. Novelle des KWK-Gesetzes (KWK 2012)

Zur weiteren Förderung von KWK-Anlagen, die Strom und Wärme zugleich verwerten, brachte die Bundesregierung Ende Februar 2012 den Entwurf eines „Gesetzes zur Änderung des Kraft-Wärme-Kopplungsgesetzes" ein.[815] Es wurde am 24. Mai 2012 abschließend beraten[816] und trat am 19. Juli 2012[817] in Kraft. Seit Inkrafttreten des KWK-Gesetzes im Jahr 2002 hatte sich die Stromerzeugung aus den Anlagen von 76 auf 90 TWh erhöht. Der Anteil der Kraft-Wärme-Kopplung an der Stromerzeugung nahm von 1,5 auf 15,4 Prozent zu, wobei die Kosten für diese Förderung 800 Mio. Euro jährlich betrugen. Seit 2009 belief sich die maximale Fördersumme auf 750 Mio. Euro jährlich.[818] Allerdings hatten die tatsächlich in Anspruch genommenen Fördergelder ein geringeres Volumen, was durch das Auslaufen der Subventionierung einzelner Anlagenkategorien begründet ist. Die Netto-Förderung betrug im Jahr 2009 nur 521 Mio. Euro.

Zum Zeitpunkt der Einbringung der Novelle ging der Gesetzgeber deswegen davon aus, dass das Ziel, ein Viertel der Stroms aus KWK zu gewinnen, nicht zu erreichen war. „Durch die Novelle soll insbesondere eine moderate Zuschlagserhöhung bei emissionshandelspflichtigen Anlagen, die ab 2013 den Betrieb aufnehmen, erfolgen. Weiterhin soll die Förderung der Nachrüstung von Kondensationskraftwerken und entsprechenden Industrieanlagen mit KWK neu aufgenommen werden. Die Förderung der Modernisierung von KWK-Anlagen wird erleichtert."[819] Mit diesem Maßnahmenbündel sollten bei einer prognostizierten Bruttostromerzeugung von 547 TWh im Jahr 2020 insgesamt 137 TWh aus KWK-Anlagen stammen.

Die Novelle schrieb die bisherige Fördermethodik fort. Strom aus KWK-Anlagen wird mit einem vom Netzbetreiber zu leistenden umlagefinanzierten Aufschlag auf den Marktpreis vergütet. Der Netzbetreiber reicht diese Kosten an den Endverbraucher weiter. In den Jahren 2008 und 2009 belastete die KWK-Förderung die Endverbraucher mit 0,18 ct/kWh.[820] Dem Investitionsstau begeg-

---

815 Vgl. BT Drs. 17/8801.
816 Vgl. BT PlPr. 17/181.
817 Vgl. BGBl I Nr. 33 vom 18.07.2012, S. 1494.
818 Vgl. Kap. 9.7.2.
819 Vgl. BT Drs. 17/8801, S. 2.
820 Vgl. BT Drs. 17/8801, S. 13.

nete das Gesetz mit einer Anhebung der Fördergrenze für Einzelprojekte von 5 auf 10 Mio. Euro, einer pauschalen Förderung kleinerer Wärmenetze und der Förderung von Wärmespeichern, die zugleich in der Lage sind den sporadisch eingespeisten Strom der regenerativen Energieerzeugung zu kompensieren. Eine neue Anlagenklasse von 50 – 250 kW sollte den Ansprüchen mittelständiger Betriebe gerecht werden. Emissionshandelspflichtige Anlagen mit einer Leistung von mehr als 20 MW thermisch erhielten mit der Novelle als Ausgleich für die zusätzliche finanzielle Belastung eine höhere Vergütung. Für das Jahr 2014 schrieb das Gesetz eine Prüfung und Evaluation des Fördersystems vor.[821]

10.6. Regulierung der Energiemärkte

10.6.1. Stärkung des Wettbewerbs auf den Strom- und Gasmärkten

Die EU-Richtlinie des dritten Binnenmarktpakets schärfte die Bedingungen, unter denen der Wettbewerb der Unternehmen um die Endkunden zu erfolgen habe. Umsetzungen fanden die europarechtlichen Vorgaben im „Gesetz zur Neuregelung energiewirtschaftsrechtlicher Vorschriften", das den Netzbetrieb von den anderen Tätigkeitsbereichen der Energieversorgung trennt. Der Entwurf der Bundesregierung[822] wurde am 30. Juni 2011 abschließend beraten. Kurze Fristen beim Wechsel des Energieversorgungsunternehmens erachtete die Kommission als maßgeblich für die Wechselwilligkeit der Kunden. Diese wiederum sei notwendig für einen stärkeren Wettbewerb. Kritisch bewertete der Gesetzentwurf die in Deutschland übliche Dauer von 8 – 12 Wochen für einen Versorgerwechsel. Zur Umsetzung der europarechtlichen Vorgaben schlug die Bundesregierung täglich anlaufende und vollautomatisch vollzogene Wechselprozesse vor, die eine kurze Bearbeitungszeit mit beliebigen Wechseltagen ermöglichen sollten.

Eine Schlichtungsstelle soll den Verbrauchern im Energiebereich als Ansprechpartner zur Verfügung stehen und auf eine gütliche Einigung bei Streitigkeiten zwischen Verbrauchern und Unternehmen hinwirken.

Schließlich schuf das „Gesetz zur Änderung energiewirtschaftlicher Vorschriften" die Voraussetzung für den Einsatz intelligenter Messsysteme (Smart Metering). Für den Ersatz eines alten Zählers war ein intelligenter Zähler anzubieten, der dem Anschlussnutzer den tatsächlichen Energieverbrauch und die tatsächliche Nutzungsdauer anzeigte. Aus dem automatischen Datenabgleich mit dem Energieversorgungsunternehmen erwuchsen höhere Anforderungen an den

---

[821] Vgl. hierzu Kap. 11.6.1.
[822] Vgl. 17/6248.

Datenschutz. Zugleich entlastete diese Neuerung die Kunden von den Abrechnungskosten. Mittelfristig sollten die Verbraucher selbst entscheiden, wann sie Strom zu einem bestimmten Preis beziehen. Umweltminister Röttgen betonte die gestärkte Autonomie der Endkunden, „weil der Verbraucher in Zukunft mit intelligenten Zählern und intelligenten Leitungen selber bestimmen kann, wann er welchen Strom zu welchem Preis beziehen will".[823]

10.6.2. Markttransparenzstelle

Mit der Neugestaltung der bundesweiten Ausgleichsverordnung und einem gestiegenem Anteil des an der Strombörse gehandelten Stroms wurde eine stärkere Überwachung des Handels angemahnt, wobei Kritiker eine Überlastung des Bundeskartellamtes vermuteten.[824] Die Forderung nach einer Markttransparenzstelle stellte ebenso die Monopolkommission. Das Bundeswirtschaftsministerium teilte diese Bedenken und legte am 27. März 2012 den Entwurf für ein „Gesetz zur Einrichtung einer Markttransparenzstelle für den Großhandel mit Strom und Gas" vor.[825] Mit dem Gesetz wurde ein Anliegen des Koalitionsvertrags von CDU, CSU und FDP umgesetzt. Der Gesetzentwurf bemängelt die fehlenden Kontrollinstanzen, um eine unzulässige Einflussnahme auf das Marktgeschehen auszuschließen. „Aufgrund von Transparenzdefiziten bei den Behörden fehlt ein Gesamtüberblick über das Marktgeschehen, der mögliche Manipulationen aufdeckt. Manipulationsmöglichkeiten ergeben sich aus den komplexen Preisbildungsmechanismen im Energiegroßhandel, dessen Waren- und Derivatemärkte sich gegenseitig beeinflussen. Insbesondere können die Großhandelspreise für Strom und Gas durch die Kapazitätsverhältnisse auf den Erzeugungs- und Importmärkten, bei Speichern und Übertragungsnetzen insbesondere in Deutschland maßgeblich beeinflusst werden."[826] Aufgrund der Bedeutung unverzerrter Großhandelspreise für den Betrieb von Energieproduktionsanlagen und die Planung langfristiger Investitionen sollte eine unzulässige Einflussnahme ausgeschlossen werden.

Bis zur Einrichtung der Markttransparenzstelle zeichnete die Handelsüberwachungsstelle der European Energy Exchange AG (EEX) unter der Überwachung des Sächsischen Staatsministeriums für Wirtschaft und Arbeit als Börsenauf-

---

823 BT PlPr. 17/117, S. 13369.
824 Vgl. BT Drs. 17/8092, S. 3.
825 Vgl. BMWi (Hrsg.): Referentenentwurf des Bundesministeriums für Wirtschaft und Technologie. Gesetz zur Einrichtung einer Markttransparenzstelle für den Großhandel mit Strom und Gas, Berlin 2012.
826 BT Drs. 17/10060, S. 1.

sichtsbehörde für die Kontrolle der Geschäfte des Stromhandels zuständig. Der Gesetzentwurf wertete „die bestehende Aufsicht über die Preisbildung auf den Großhandelsmärkten für Elektrizität und Gas [als] nicht ausreichend, um eine unzulässige Einflussnahme auf den Preis wirkungsvoll und schnell aufdecken und sanktionieren zu können. Der Grund hierfür sind Transparenzdefizite bei den zuständigen Behörden. Denn es fehlt ein – vor allem auch zeitnaher – Gesamtüberblick über das Marktgeschehen, der etwaige Manipulationsmöglichkeiten transparent werden lässt."[827] Denn nicht allein der Börsenhandel besitzt Relevanz für die Preisbildung. Ergänzend wird Strom in OTC-Geschäften und bilateralen Verträgen gehandelt. Daraus entwickelt sich ein komplexes Preisbildungssystem, dessen Überwachung sich mit den bisher eingesetzten Instrumenten nicht mehr gewährleisten ließ.

Die Lösung für dieses Problem bot die Markttransparenzstelle bei der Bundesnetzagentur, die alle relevanten Daten aus dem börslichen und außerbörslichen Handel analysiert, um eventuelle Regelverstöße aufzudecken. Im Gesetzgebungsverfahren wurde der Kraftstoffmarkt ebenfalls in das Überwachungssystem aufgenommen, den eine eigene Stelle beim Bundeskartellamt überwacht.[828] Zugleich griff das Gesetz die Vorgaben der europäischen „Verordnung über die Integrität und Transparenz des Energiegroßhandelsmarktes" REMIT auf, wobei die Gesetzessystematik den Bestimmungen des Gesetzes über den Wertpapierhandel glich. Von der Transparenz erhoffte sich der Gesetzgeber eine stärkeren Wettbewerb, denn mit den zusätzlichen Informationen können die Verbraucher ihre Konsumentscheidungen anpassen: „Das Markttransparenzstellengesetz ist ein weiterer wichtiger Schritt hin zu mehr Transparenz auf den Energiemärkten. Die von uns eingeführte Marktbeobachtung auf den Kraftstoffmärkten und beim Handel mit Strom und Gas verhindert nicht nur Marktmissbrauch, sondern kommt vor allem dem Verbraucher zugute. Denn mehr Wettbewerb ist zwar kein Garant für sinkende Preise, aber der beste Garant dafür, dass Verbraucher nicht abgezockt werden."[829] Die Notwendigkeit einer Markttransparenzstelle verdeutlichte der nur knapp verhinderte Zusammenbruch des deutschen Stromnetzes im Februar 2012. Die für Ausgleichszwecke eingesetzte Regelenergie ist preisgünstiger als ein reguläres Stromkontingent. Händler kauften deshalb weniger reguläre Stromkontingente und glichen die dadurch entstandene Stromlücke mit billigerer Regelenergie aus. Damit war weniger regulärer Strom prognostiziert und geordert, weswegen das Stromnetz fast kollabierte. „Nicht klirrende Kälte, sondern die Geldgier der Stromhändler soll [...] das deutsche Stromnetz an den Rand des Zusammenbruchs' getrieben haben. [...] Denn statt genügend Strom zu-

---
827 Vgl. BMWi 2012, S. 1.
828 Vgl. BT Drs. 17/11386.
829 BT PlPr. S. 17/204, S. 24929.

zukaufen, um den durch den Frost gestiegenen Bedarf zu decken, hätten sich die Händler darauf verlassen, dass die Übertragungsnetzbetreiber die Stromlücken mit Hilfe der nur für Notfälle gedachten Regelenergie ausgleichen."[830]

10.6.3. Novellierung energiewirtschaftsrechtlicher Verordnungen

Zwei Verordnungen besitzen besondere Bedeutung für den Betrieb der Stromnetze und die damit verbundenen Fragen der Regulierung. Die Stromnetzentgeltverordnung (StromNEV) regelt, welche Kosten die Netzbetreiber auf ihre Kunden umlegen dürfen.[831] Die Anreizregulierungsverordnung (ARegV) hingegen schreibt vor, welche Höhe die Erlöse haben dürfen. Für energieintensive Unternehmen sah die Stromnetzentgeltverordnung in § 19 Abs. 2 a.F. eine vollständige Befreiung von der Belastung durch die Netzentgelte vor. Aufgrund einer Gerichtsentscheidung des OLG Düsseldorf, das die Regelung für verfassungswidrig erklärte, entstand für die Bundesregierung Handlungsbedarf. Als die EU beihilferechtliche Bedenken äußerte, verstärkte sich der Druck zur Anpassung der StromNEV.

Darüber hinaus war der Rechtsrahmen der Anreizregulierungsverordnung nicht geeignet, die Investitionskosten des durch den Ausbau der Windkraft- und Solaranlagen notwendigen Netzausbaus in der Kalkulation zu berücksichtigen. In ihrer Begründung zur Novelle der Verordnungen befürchtete die Bundesregierung einen Investitionsstau beim Ausbau der Netze, sofern die damit verbundenen Kosten nicht in den Erlöskalkulationen nach ARegV Berücksichtigung finden würden. Aufwendungen im Rahmen von Forschungsprojekten konnten nach bestehender Rechtslage kaum als Kosten geltend gemacht werden. „Der bisherige Rechtsrahmen bildet den zusätzlichen Aufwand für Netzbetreiber, die in die Forschung und Entwicklung von neuen Energietechnologien investieren, indem z. B. Demonstrationsprojekte durchgeführt werden, nicht hinreichend ab. Während die Forschung an neuen Technologien weiterhin Aufgabe der elektrotechnischen Industrie ist, ist eine Beteiligung von Netzbetreibern an Pilot- und Demonstrationsprojekten zur Erprobung der neuen Technologien in der Praxis unerlässlich. Hier hat die Plattform „Zukunftsfähige Netze" der Bundesregierung beim Bundesministerium für Wirtschaft und Technologie einen breiten Konsens hinsichtlich einer Regelung entwickelt. Daneben ist gerade im Bereich der Hochspannungsebene denkbar, dass Netzinvestitionen zur Integration erneuerbarer Energien bei einzelnen Netzbetreibern auf der Hochspannungsebene nicht ad-

---

830 Zocken bis zum Blackout, in: DW vom 17.02.2012.
831 Vgl. Kap. 8.6.4.

10. Energiepolitik der schwarz-gelben Bundesregierung 2009 – 2013

äquat über das vorhandene Instrument des Erweiterungsfaktors nach § 10 der Anreizregulierungsverordnung abgedeckt werden."[832]

Die „Novelle der Verordnungen auf den Gebiet des Energiewirtschaftsrechts", die am 22. August 2013 in Kraft trat, hob die generelle Befreiung großer Energieverbraucher von den Netzentgelten in der Stromnetzentgeltverordnung auf. Mit der Neuregelung dürfen genau definierte Schwellenwerte nicht mehr unterschritten werden. In Abhängigkeit von jährlichen Benutzungsstunden schreibt die StromNEV die Höhe der Befreiung vor. Die Null-Entgelte wurden abgeschafft.

Um der Gefahr unzureichender Investitionen in die Netzinfrastruktur zu begegnen, berücksichtigt die novellierte Anreizregulierungsverordnung die mit dem Netzausbau einhergehenden Kosten besser. Ausgaben für Erweiterungen und Umstrukturierungen fließen als Investitionsmaßnahmen in die Kalkulation ein. Darüber hinaus können die Kosten für FuE-Projekte im Rahmen des Netzausbaus angerechnet werden.

10.7. Fazit

Die ambivalente Haltung der schwarz-gelben Bundesregierung gegenüber der Nutzung der Kernenergie als Energiequelle lässt sich als Achillesferse ihrer Energiepolitik charakterisieren. Die ursprüngliche Verlängerung der Laufzeiten der Atomkraftwerke wurde durch den GAU in Japan obsolet. Nach dem Unfall in Fukushima strebte die schwarz-gelbe Bundesregierung im Gegensatz zu ihren Vorsätzen einen kompletten Rückzug aus der atomaren Energiegewinnung an. Innerhalb eines Jahrzehnts sollten alle Kernkraftwerke bis 2022 vom Netz gehen. Die eigentlich als „Brückentechnologie" bezeichnete Kernkraft konnte ihrer Funktion als Wegbereiter in ein Zeitalter der erneuerbaren Energien nicht mehr entsprechen. Dies führte zu vielfältigen Problemen, denn aus den abgeschalteten Atomkraftwerken erwuchs eine „Stromlücke", welche die erneuerbaren Energien vorerst nicht kompensieren konnten. Die Bundesregierung war daher gezwungen, konventionelle Kraftwerksblöcke als Brückentechnologie zu fördern, die das Ziel einer CO_2-neutralen Energiegewinnung jedoch konterkarierten.

Zahlreiche Schnittstellen zwischen den erneuerbaren Energien und der Energiewirtschaft waren nicht kompatibel und führten zu Rückschlägen auf dem Weg in das Zeitalter der erneuerbaren Energien. Der durch die EEG-Umlage vom Markt abgekoppelte Ausbau der Ökostromanlagen führte zu großen Energiemen-

---

832 Begründung zur Verordnung zur Änderung von Verordnungen auf dem Gebiet des Energiewirtschaftsrechts.

gen, die die Netze nicht aufnehmen und transportieren konnten. Die schwarzgelbe Bundesregierung stand vor der Aufgabe, die Probleme zu lösen, die mit dem schnellen Ausbau der Erneuerbaren einhergingen. Die Förderung der erneuerbaren Energien nicht mehr nur nach dem Gießkannenprinzip voranzutreiben, sondern stärker den energiewirtschaftlichen Erfordernissen anzupassen, galt als energiepolitische Priorität bei den regenerativen Energien. Dazu zählte die Synchronisation von Energieangebot und -nachfrage durch den Ausbau der Trassen zwischen dem energieproduzierenden Norden und dem -konsumierenden Süden. Mit dem Bundesnetzplan und dem Netzausbaubeschleunigungsgesetz reagierte Berlin auf diese Erfordernisse. Die Fortentwicklung der Speichertechnologien und deren Integration in das Stromnetz stellten weitere Bausteine dar, da die Energiegewinnung durch Sonne und Wind ein volatiles Angebot erzeugt, das eine Glättung benötigt.

Aufgrund der „Stromlücke" und dem volatilen Einspeisen der Erneuerbaren war die Bundesregierung gezwungen, wieder konventionelle Kraftwerke einzusetzen. Diese Entwicklung führte zur Renaissance einer Technologie, die im Rahmen der Energiewende ersetzt werden sollte. Da die deutsche Steinkohle nicht wettbewerbsfähig war und durch die Produktionsstilllegungen nicht die Kapazitäten besaß, die „Stromlücke" zu schließen, blieb die Braunkohle ein wichtiger heimischer Energieträger.[833]

Während die gouvernementale Kernenergiepolitik bis zur Katastrophe von Fukushima von korporatistischen Elementen durchdrungen war, verfiel die Bundesregierung nach dem Unfall in Japan in eindimensionale Entscheidungsmuster. Verluste bei den Landtagswahlen, die mit einem Anstieg der Wählergunst für die Grünen einhergingen, können für diesen Strategiewechsel eine Begründung liefern. Die Deutschen misstrauten der Energiequelle Kernkraft nach Fukushima und fanden in den Grünen das politische Ventil, welches diese Ablehnung kanalisierte. Die Landtagswahl in Baden-Württemberg, die erstmals zu einem grünen Ministerpräsidenten führte, war für Merkel ein weiterer Aspekt, die erst ein Jahr alte Entscheidung zur Verlängerung der Laufzeiten zu revidieren. Die Erosion des die Bundesregierung tragenden Parteienkörpers führte zu einer ad-hoc Reaktion aus dem politischen System. Die Parteivorsitzende Merkel wertete den Nutzen für die CDU durch den Atomausstieg nun höher als die eventuelle Unterstützung, welche der Kanzlerin Merkel durch die weitere Kooperation mit den Energieunternehmen erwachsen würde. Anders gesagt: Der Vertrauensverlust gegenüber der Energiewirtschaft, der sich durch diese unkooperative Handlungsform ergab, wog nicht so schwer, wie der Vertrauensverlust in der Wählerschaft durch eine weitere Nutzung der Kernenergie.

---

833 Vgl. Regierungspressekonferenz vom 1. Juni 2011.

10. Energiepolitik der schwarz-gelben Bundesregierung 2009 – 2013

Die wirtschaftspolitischen Entscheidungen bei den erneuerbaren Energien waren geprägt durch die gouvernementale Motivation, den Grad der staatlichen Subvention zu minimieren und verstärkt markt- und wettbewerbswirtschaftliche Strukturen zu etablieren. Wiederholte Kürzungen in den Fördersätzen für die Anlagenbetreiber sollten diese näher an Marktprozesse und -notwendigkeiten heranführen. Beim Ausbau der Stromtrassen versuchte der Bund mit den Regelungen zu den überregionalen Stromnetzen Kompetenzen an sich ziehen. Dagegen wehrten sich die Bundesländer, die sich ihr Stimmrecht in der Raumplanung nicht nehmen lassen wollten.

11. Die Energiepolitik der Großen Koalition seit 2013

11.1. Die Energiepolitik in der Regierungserklärung Merkels

Mit der Entscheidung, die nuklear-fossile Energieversorgung Deutschlands auf ein System regenerativer Energien umzustellen, hatte sich die Bundesregierung in eine Pfadabhängigkeit begeben. Der begonnene Umbau der Energiewirtschaft ließ kaum mehr Raum für autonome energiepolitische Ansätze. Vielmehr galt es, die ausgerufene „Energiewende" in trockene Tücher zu bringen. „Deutschland hat den Weg der Energiewende eingeschlagen. Deutschland hat sich entschieden, eine Abkehr vom jahrzehntelangen Energiemix – einem Energiemix aus vornehmlich fossilen Energieträgern und Kernenergie – zu vollziehen. Es gibt kein weiteres vergleichbares Land auf dieser Welt, das eine solch radikale Veränderung seiner Energieversorgung anpackt. Diese Entscheidung wird von der überwältigenden Mehrheit der Deutschen unterstützt."[834] Mit der Entscheidung zum Umbau der Energieversorgung war der weitere Weg vorgezeichnet und die bereits für andere energiepolitische Felder attestierte Pfadabhängigkeit erneut gegeben.

Die Kanzlerin formulierte ambitionierte Zielvorgaben für den Ausbau der erneuerbaren Energien. Bis zum Jahre 2050 soll Deutschland 80 Prozent seines Stroms aus regenerativen Energieträgern beziehen. Als Zwischenschritte formulierte Merkel einen Anteil der Erneuerbaren von 40 bis 45 Prozent im Jahr 2025 und von 55 bis 60 Prozent im Jahr 2035. Verbunden mit dem zügigen Ausbau und dem im Jahr 2013 auf 25 Prozent angestiegenen Anteil der erneuerbaren Energien an der Stromerzeugung ergaben sich neue Herausforderungen, denen sich die Bundesregierung stellen musste. Einen neues Strommarktdesign sollte die Integration der Erneuerbaren als langfristige Stütze für die Stromerzeugung gewährleisten, wobei Planbarkeit und Kosteneffizienz als Leitplanken für den weiteren Ausbau zu dienen hätten.[835] Aus den ehrgeizigen Ausbauzielen folgten weitere energiepolitische Entscheidungen zum Netzausbau, aber auch zu Kraftwerksreserven, die vorgehalten werden müssen, um die fehlende Grundlastfähigkeit der Erneuerbaren zu kompensieren.

Energiepolitik ist spätestens seit der Energiewende ebenso Klimapolitik. Für Merkel war es wichtig, die energiepolitischen Ziele in eine internationale Klimastrategie einzubetten: „Deutschland wird sich auch mit ganzer Kraft für die Verabschiedung einer international verbindlichen Klimakonvention einsetzen. Gemeinsam mit Frankreich arbeiten wir für einen Erfolg der internationalen Klima-

---

834 Regierungserklärung Angela Merkel vor dem Deutschen Bundestag am 29. Januar 2015, in: BT PlPr. 18/10, S. 565.
835 Vgl. ebenda.

konferenz Ende 2015 in Paris, damit am Ende eine verbindliche Regelung für die weltweite Reduktion von Treibhausgasen ab 2020 gefunden wird."[836] Ein einheitliches Klimakonzept für alle Länder war nicht nur für den Schutz der Umwelt bedeutsam, denn Deutschland stellt nur einen geringen Anteil an den globalen Emissionen. Darüber hinaus bergen global einheitliche Klimanormen einen zusätzlichen Nutzen. Sofern alle Länder verbindlichen Vorgaben folgen, wäre für Deutschlands Technologien quasi per politischem Dekret ein Markt geschaffen. Schließlich darf die Wettbewerbsfähigkeit nicht außer Acht gelassen werden. Die mit dem Umbau der Energieversorgung einhergehenden Kosten verteuern die Güterproduktion und beeinflussen die Wettbewerbsfähigkeit der Volkswirtschaften.

11.2. Maßnahmen im Kohlesektor

In ihrem Integrierten Energie und Klimaprogramm (IEKP) hatte sich die Bundesregierung auf eine Reduktion der Treibhausgasemissionen im Vergleich zum Referenzjahr 1990 um 40 Prozent bis zum Jahr 2020 verpflichtet.[837] Für dieses Ziel waren gemessen am Ausstoß des Kraftwerkparks Anfang des Jahres 2015 noch immer 22 Mio. t CO_2 innerhalb von fünf Jahren einzusparen gewesen. Bundeswirtschaftsminister Gabriel schlug einen Klimabeitrag in Form einer Kohleabgabe des Kraftwerkssektors als Instrument vor, um dieses Ziel zu erreichen. Der korrekte Name der Kohleabgabe lautete „Nationaler Klimaschutzbeitrag". Ein erster Regelungsvorschlag sah vor, mit dem Klimaschutzbeitrag die zusätzlichen 22 Mio. t CO_2 gegenüber dem Jahr 2014 einzusparen, ohne Kraftwerksblöcke stillzulegen. Wenn die Kraftwerke eine Emissions-Freigrenze überschritten, sollten sie zusätzliche CO_2-Zertifikate kaufen müssen. Aus der verstärkten Nachfrage nach Zertifikaten und deren Verknappung musste an anderer Stelle Kohlendioxid eingespart werden. Die Kohleabgabe zielte darüber hinaus auf eine Substitution des verteuerten Stroms aus den alten Kraftwerken durch preisgünstigere und umweltschonende Gaskraftwerke. Sie hätte zu einem Anstieg der Stromkosten von 0,2 ct/kWh geführt.[838]

Gewerkschaften, Energieversorgungsunternehmen und die SPD lehnten die Pläne Gabriels ab. Kritik an diesem Vorhaben formulierten vor allem die Landesregierungen der Bundesländer Sachsen, Brandenburg, Sachsen-Anhalt und Nordrhein-Westfalen. Statt abrupter Einschnitte in der Braunkohleverstromung forderte der sächsische Wirtschaftsminister einen geordneten Strukturwandel.

---
836 Ebenda.
837 Vgl. Kap. 9.5.1.
838 Vgl. BT Drs. 18/5861, S. 2.

Am letzten April-Wochenende demonstrierten 15.000 Kumpel gegen das Vorhaben.

In der Folge machte das BMWi einen zweiten Regelungsvorschlag, der die Höhe des Beitrags absenkte.[839] Nunmehr sollten nur noch 16 Mio. t CO_2 eingespart werden, wodurch den in der politischen Debatte geäußerten Bedenken Rechnung getragen wurde. Im zweiten Regelungsvorschlag wurde der Sockel-Freibetrag für Kraftwerke ab dem 37. Betriebsjahr von 3 auf 3,8 Mio. t CO_2 pro Gigawatt erhöht. Mit dieser Neuregelung verbesserte sich die Wirtschaftlichkeit der alten Kraftwerke signifikant. Die Klimaschutzabgabe sollte an die Großhandelspreise gekoppelt werden. Bei geringen Strompreisen, welche auch die Ertragslage der Stromerzeuger verschlechtert, würden die Kraftwerksbetreiber weniger belastet. Schließlich sollte die verbleibende Lücke von sechs Mio. t Kohlendioxid durch den Ausbau von KWK und verstärkte Anstrengungen bei der Elektromobilität geschlossen werden.

Auf dem Treffen der Koalitionsspitzen von CDU, CSU und SPD im Kanzleramt am 1. Juli 2015 entschieden sich Kanzlerin Merkel, Wirtschaftsminister Gabriel und Bayerns Ministerpräsident und CSU-Chef Seehofer im Rahmen einer Paketlösung schließlich gegen eine Kohleabgabe. Der Energiegipfel sah vor, die Braunkohlekraftwerke in eine Kapazitätsreserve zu überführen. Die Kosten für diese Reservefunktion belaufen sich auf eine Einmalzahlung in Höhe von 1 – 2 Mrd. Euro und weiteren 230 Mio. Euro jährlich.[840]

11.3. Maßnahmen im Kernenergiesektor

11.3.1. Entsorgung und Rückbau

Bis zum Jahr 2022 gehen die Kernkraftwerke in Deutschland vollständig vom Netz. Daran anschließend stehen die Anlagenbetreiber vor der Aufgabe einer Entsorgung der Kraftwerksbauten. Um diesen Verpflichtungen nachzukommen, wurden von RWE, EON, EnBW und von den GmbHs, die die Kernkraftwerke Krümmel und Brunsbüttel betreiben, in den vergangenen Jahrzehnten Rücklagen gebildet. Zum April 2015 beliefen sich die ausgewiesenen Rücklagen der Betreiber auf insgesamt 41,2 Mrd. Euro.[841] Unter Ansatz eines kalkulatorischen Zinses von 4,5 Prozent betrugen sie 69 Mrd. Euro.[842]

---

839 Vgl. Non-Paper „Weiterentwicklung des Klimabeitrags" vom 12. Mai 2015.
840 Vgl. IWD, Ausgabe 40 vom 01.10.2015, S. 1.
841 Vgl. BT Drs. 18/4642, S. 13.
842 Vgl. Rettung vor der Kernschmelze, in: Wirtschaftswoche, Nr. 49/2015, S. 21.

11. Die Energiepolitik der Großen Koalition seit 2013

Im Juli 2014 erwuchs eine politische Debatte, inwiefern diese Rücklagen überhaupt liquidierbar und werthaltig seien. „Entsprechend dem Koalitionsvertrag zwischen CDU, CSU und SPD beabsichtigt die Bundesregierung mit den Kernkraftwerke betreibenden EVU Gespräche über die Umsetzung ihrer rechtlichen Verpflichtung zur Tragung sämtlicher Kosten für die Stilllegung und den Rückbau der Kernkraftwerke und die Entsorgung der radioaktiven Abfälle zu führen. In diesen Gesprächen wird es auch darum gehen, ob die bislang gebildeten Rückstellungen ausreichen werden, um die Kosten für die Stilllegung und den Rückbau der Kernkraftwerke und die Entsorgung der radioaktiven Abfälle zu finanzieren, und ob die gebildeten Rückstellungen in ausreichender Höhe werthaltig sein werden zu den Zeitpunkten, an denen sie für die Finanzierung der vorgenannten Kosten benötigt werden."[843]

Die Energieversorgungsunternehmen planten zu diesem Zeitpunkt einen Umbau der Konzernstrukturen, um sich der Verbindlichkeiten aus dem Rückbau der stillgelegten Kernkraftwerke zu entledigen. Unter Beibehaltung von Gesellschaften, in denen das zukünftig lukrative Erneuerbare-Energien-Geschäft gebündelt werden sollte, wären neue Gesellschaften ausgegründet worden. Diese hätten die Verantwortung und Kosten für den Rückbau getragen. Die Bundesregierung reagierte auf diese Vorhaben mit einer Änderung der Haftungsregeln. Nach geltendem Recht hätte die abgespaltene Gesellschaft nur für fünf Jahre für Verbindlichkeiten der Altgesellschaft aufkommen müssen. Sofern die Atom-Rückstellungen für den Rückbau der Kernkraftwerke nicht ausreichen sollten, wären die neuen Gesellschaften nicht haftbar. Die Kosten für den Rückbau würden in diesem Falle die Steuerzahler tragen. Um dieser finanziellen Belastung zu begegnen, verlängerte die Bundesregierung die Haftungsregeln auf einen unbegrenzten Zeitraum. Indem das Mutterunternehmen auch für die neuen Betreibergesellschaften haftet, wurde der Zugriff auf das Konzernvermögen und zukünftige Zahlungsströme sichergestellt. Für diesen Zweck legte die Bundesregierung am 9. Oktober 2015 den Entwurf eines „Gesetzes zur Nachhaftung für Rückbau- und Entsorgungskosten im Kernenergiebereich" vor. „Ziel des Gesetzentwurfs ist es daher, durch eine Neuregelung eine langfristige Nachhaftung jedes Unternehmens, das eine Betreibergesellschaft von Kernkraftwerken beherrscht, für die Kosten der Stilllegung und des Rückbaus dieser Kernkraftwerke und die Entsorgung der radioaktiven Abfälle zu gewährleisten und somit die Risiken für die öffentlichen Haushalte zu reduzieren." Mit dem Gesetz verhinderte die Bundesregierung einer durch gesellschaftsrechtliche Umstrukturierung der Konzerne ermöglichte Beendigung von Ergebnisabführungsverträgen.

---

843 BT Drs. 18/2090, S. 5f.

11.3.2. Rechtsstreit um die Vergütung der Restlaufzeiten

Traf die im Atomkonsens ausgehandelte Abschaltung der Kernkraftwerke auf die Zustimmung der Betreibergesellschaften, so lehnten die Eigentümer den abrupten Ausstieg nach Fukushima ab. Vattenfall fordert von der Bundesrepublik 4,675 Mrd. Euro Schadensersatz für die vorzeitige Abschaltung der Kernkraftwerke. Auch EON und RWE strebten Klagen gegen die Bundesregierung mit einem Streitwert von mehreren Milliarden Euro an. Aus Sicht der Kläger entstünden durch den vorzeitigen Atomausstieg Verluste, für die die Bundesregierung aufkommen müsse. Weil der Bund und die Länder in einem Schnellverfahren den Einsatz der Kernenergie beendet hatten, müssten sie auch die aus der Verkürzung der Laufzeiten resultierenden Einnahmeverluste kompensieren. Der Entzug einer Betriebserlaubnis eines Kernkraftwerks ist nur zulässig, wenn es den gesetzlichen Sicherheitsstandards nicht entspricht. Aus dem Unfall in Fukushima ging für Deutschland keine Änderung der Sicherheitslage hervor. Außerdem insistierten die Betreiber auf die Sicherheitsvorkehrungen deutscher Kernkraftwerke, die im Falle eines Bedrohungsszenarios wie in Japan vorzeitig abgeschaltet worden wären. Eine GAU wie in Fukushima wäre unter deutschen Sicherheitsbedingungen nicht passiert. Die Konzerne sahen die Politik deswegen in der Pflicht, eine Lösung für die Kostenübernahme nach dem Atomausstieg zu finden.

11.4. Maßnahmen für erneuerbare Energien

11.4.1. Novelle des EEG (EEG 2014)

Aufgrund des Einspeisevorrangs des Stroms aus Erneuerbaren-Energien-Anlagen und der staatlich garantierten Vergütung führte die Förderung zu einem Anstieg des Strompreisniveaus. Jede neu errichtete Anlage verursachte weitere Kosten. Im Jahr 2014 betrug die EEG-Umlage 6,24 ct/kWh. Noch im Jahr 2010 hatte sie Kosten in Höhe von 2,047 ct/kWh verursacht. Zwischen 2014 und 2010 waren die volkswirtschaftlichen Aufwendungen für die Energiewende um 200 Prozent gestiegen.[844] Im Jahr 2015 belief sich die EEG-Umlage auf 6,17 ct/kWh, was die Politik auf die kostendämpfenden Maßnahmen zurückführte. Allerdings war dieser Effekt nur von kurzer Dauer. Für das Jahr 2016 errechneten die Übertragungsnetzbetreiber eine Umlage in Höhe 6,35 ct/kWh.

---

844 Vgl. BT PlPr. 18/44, S. 3932.

11. Die Energiepolitik der Großen Koalition seit 2013

Aufgrund des rasanten Anstiegs des Strompreises für Endverbraucher wurden weitere Schritte des Gesetzgebers notwendig. Am 4. März 2014 legte das BMWi den Referentenentwurf eines „Gesetzes zur grundlegenden Reform des Erneuerbare-Energien-Gesetzes" vor. Nachdem das Bundeskabinett den Entwurf am 8. April beschlossen hatte, ging der besonders eilbedürftige Gesetzentwurf dem Bundestag am 5. Mai 2014 zu.[845] In der ersten Lesung am 8. Mai 2014[846] überwies das Plenum des Bundestages den Entwurf in den federführenden Ausschuss für Wirtschaft und Energie, dessen Beschlussempfehlung auf den 26. Juni[847] datiert. Nach einem abgelehnten Oppositionsantrag auf Absetzung von der Tagesordnung erfolgte die zweite und dritte Lesung am 27. Juni 2014[848]. Das Gesetz trat am 1. August 2014 in Kraft.[849]

Im Mittelpunkt der grundlegenden Reform standen die Kosten der Energiewende: „Zugleich soll diese Novelle die Kostendynamik der vergangenen Jahre beim Ausbau der erneuerbaren Energien durchbrechen und so den Anstieg der Stromkosten für Stromverbraucherinnen und Stromverbraucher begrenzen." Das Ziel der neuerlichen Gesetzgebung zu den erneuerbaren Energien war ein Umbau der Energieversorgung zu niedrigeren volkswirtschaftlichen Kosten.

Lag das Augenmerk des EEG in den Jahren zuvor vor allem auf der Technologieförderung und Innovationsfähigkeit der neuen Technologien, rückte nun die Bezahlbarkeit der neuen Energiewirtschaft in den Fokus. Der Bundesminister für Wirtschaft und Energie betonte die neue Zielrichtung der EEG-Novelle: „Das EEG war ein exzellentes Gesetz zur Förderung neuer Technologien. Es war ein sehr gutes Technologiefördergesetz; aber die Zeit der Technologieförderung geht jetzt zu Ende. In der nächsten Phase darf es die heimliche Überschrift des alten EEG, die da lautete „produce and forget", nicht mehr geben."[850]

Die Novelle des EEG gliederte sich in vier Punkte. Als Instrument zur Absenkung der Kosten sah es erstens eine Konzentration auf preisgünstige Technologien vor. Der Überförderung sollte die Novelle entgegentreten und eine am realen Zubau orientierte Kostendegression einführen. Zweitens sollte die finanzielle Förderung ab 2017 über technologiespezifische Ausschreibungen erfolgen. Im Rahmen der Integration der Erneuerbaren in den Strommarkt solle drittens zukünftig nur noch die Direktvermarktung Anwendung finden. Um eine gleichmäßige Verteilung der Kosten auf alle Stromendverbraucher sicherzustellen, war schließlich viertens eine ausgewogene Beteiligung aller Stromverbraucher durch

---

845 Vgl. BT Drs. 18/1304.
846 Vgl. BT PlPr. 18/33.
847 Vgl. BT Drs. 18/1891.
848 Vgl. BT PlPr. 18/44.
849 BGBl I, Nr. 33 vom 24.07.2014, S. 1066.
850 Vgl. BT PlPr 18/44, S. 3932.

eine Neuregelung des eigenerzeugten und selbstverbrauchten Stroms vorgesehen. Zusammen mit der Reform des EEG wurde die Besondere Ausgleichsregelung novelliert, welche die stromintensiven Unternehmen bisher faktisch von der EEG-Umlage freigestellt hatte. Um negative Preise an der Strombörse zu verhindern, führte die Novelle des EEG die „Verringerung der Förderung bei negativen Preisen" ein. Da Übetragungsnetzbetreiber bis zum EEG 2014 verpflichtet waren, den Strom an der Strombörse zu verkaufen, war die Vermarktung an der Börse zu negativen Preisen mit hohen Kosten verbunden, die in die Netzentgelte eingingen. Die staatlich garantierte Einspeisevergütung führte zu der widersinnigen Situation, dass für den Verkauf eines Produktes Geld bezahlt werden musste. Wenn Anlagenbetreiber Strom einspeisen, obwohl die Börsenpreise negativ sind, erhalten sie seit der Novelle keine Förderung mehr. Da sich die Marktprämie aus der Höhe der Förderung abzüglich des Marktwertes errechnet, zahlen die Anlagenbetreiber dann die negativen Preise selbst. Diese Regelung beschränkt sich auf neue Windkraftanlagen ab 3 MW Leistung. Entsprechend des Bestandsschutzes sind Altanlagen von der Regelung ausgenommen.

Erneut formulierte der Gesetzgeber ehrgeizige Ziele: Der Anteil der erneuerbaren Energien an der Stromerzeugung sollte von 25 Prozent im Jahr 2014 auf 40 – 45 Prozent bis zum Jahr 2025 und auf 55 – 60 Prozent bis 2035 ansteigen. Für dieses Ziel war eine vollständige Markt- und Systemintegration notwendig, deren Grundlage das EEG 2014 legen sollte. Das EEG 2014 legte einen verbindlichen Ausbaukorridor fest. Im Bereich der Windenergie sollten Offshore bis zum Jahr 2020 ca. 6,5 GW und bis 2030 insgesamt 15 GW an Leistung installiert werden. Für den Ausbau der Windenergie an Land sah das Gesetz einen jährlichen Zubau von 2,5 GW vor. In gleicher Höhe bewegte sich der Zubau im Bereich der Solarenergie. Mit dieser installierten Leistung sollte eine jährliche Steigerung der Stromerzeugung von 11 TWh einhergehen. Im Rahmen der Prognose erfolgte zugleich eine Anpassung der Förderhöhe. Auf die Überförderung der Windkraft an Land reagierte das Gesetz mit einer Kürzung der Förderhöhe. Den Ausbau der Windenergie auf See hingegen unterstützte die Novelle stärker. Ein modifiziertes Stauchungsmodell und attraktiveres Basismodell verbesserten die Förderkonditionen für die kostenintensive Technologie. Im Bereich der Photovoltaik nahm das Gesetz keine Änderungen vor, da der Gesetzgeber die Anpassungen im Rahmen der Photovoltaik-Novelle als ausreichend erachtete. Für die teuerste Form der Stromerzeugung durch den Einsatz von Biomasse sah das Gesetz eine starke Degression vor.

Die Direktvermarktung des Stroms wurde nunmehr verpflichtend. Mit der Direktvermarktung verbarg der Gesetzgeber das Ziel einer bedarfsgerechten Bereitstellung des Stroms. Übermäßige Einspeisungen, die Netzausfälle provozieren und zu negativen Börsenpreisen führen, galt es zukünftig zu vermeiden. Seit der Verordnung zur Weiterentwicklung des bundesweiten Ausgleichsmechanismus (AusglMechV) vom 17. Juli 2009 mussten die Netzbetreiber den Strom der Anlagenbetreiber nicht mehr an die EVU weitergeben, sondern konnten ihn direkt an der Börse vertreiben. Mit der neuen, verpflichtenden Direktvermarktung wurde diese Aufgabe nun den Anlagenbetreibern übertragen. Statt den Strom einfach einzuspeisen, trugen sie nunmehr selbst die Verantwortung für die Vermarktung des Stroms, um eine Förderung zu erlangen. In der abschließenden Beratung zum Gesetz betonte Wirtschafts- und Energieminister Gabriel die Integration der Erneuerbaren in den Strommarkt: „Denn die erneuerbaren Energien sollen ja am Strommarkt bestimmend sein. Sie können deshalb nicht dauerhaft in einem vom Markt abgeschotteten Sondersystem untergebracht werden."[851] Zur perspektivischen Planungssicherheit trug die degressive Ausgestaltung der unter das Direktvermarktungsgebot fallenden Anlagengrößen bei. Ab August 2014 mussten alle Neuanlagen ab einer Leistung von 500 kW ihren Strom direkt vermarkten. Ab Beginn des Jahres 2016 und 2017 gilt für Strom aus Anlagen mit einer Leistung von 250 und schließlich 100 kW das Direktvermarktungsgebot. Für Bestandsanlagen bleibt die Direktvermarktung zwar optional, allerdings wird sie von einer Fernsteuerbarkeit der Anlagen abhängig gemacht.

Mit der Novelle des EEG wurde die Direktvermarktung über das Grünstromprivileg gestrichen. Der Gesetzgeber kritisierte die geringe Bedeutung des Grünstromprivilegs. Gegenüber der im Jahr 2013 über die Marktprämie installierten Leistung in Höhe von 32.500 MW wurden nur etwa 1.000 MW über das Grünstromprivileg vermarktet. Darin spiegelten sich auch die Effekte der reduzierten Förderung nach dem Europarechtsanpassungsgesetz wider. Die Streichung des Grünstromprivilegs trug ökonomischen und rechtlichen Bedenken Rechnung. Einerseits stand das Privileg im Konflikt mit europarechtlichen Normen, da die Elektrizitätsversorgungsunternehmen die Förderung nur in Anspruch nehmen konnten, wenn sie Strom heimischer Grünstromproduzenten vermarkteten. Zugleich war die Förderung der Direktvermarktung über das Grünstromprivileg teurer als über die Marktprämie.

Zugleich führte das EEG 2014 das Ausschreibungsmodell für Photovoltaik-Freiflächen als Pilotprojekt ein. Die gesamte Subvention der Freiflächenanlagen wurde auf das wettbewerbsorientierte Ausschreibungsmodell umgestellt. Im Anschluss sollte ab 2017 das gesamte Fördervolumen im Rahmen von Ausschreibungen bestimmt werden. Investoren, die Anlagen errichten möchten, errechnen die notwendige Förderhöhe und bewerben sich im Wettbewerb mit anderen Investoren um eine technologiespezifische finanzielle Unterstützung. Derart lassen

---

851 BT PlPr 18/44, S. 3932.

sich die Kosten senken, da der Bieter mit dem geringsten Preis zum Zug kommt. Mit dem Pilotmodell sollten Erfahrungen gesammelt und die Funktionalität geprüft werden. In einer für das Jahr 2017 avisierten Anpassung des Gesetzes ist eine komplette Umstellung des EEG-Fördersystems auf das Ausschreibungsmodell geplant.

Schließlich gestaltete das EEG 2014 die Eigenversorgung neu. Bisher waren Energieversorger, die Strom selbst produzierten und nutzten, von der Zahlung der EEG-Umlage befreit. Daraus resultierende Wettbewerbsvorteile strich die Novelle, indem zukünftig die volle EEG-Umlage auch von Eigenversorgern bezahlt werden muss.

11.4.2. Reform der Besonderen Ausgleichsregelung

Zusammen mit der Novelle des EEG fasste der Gesetzgeber die Bestimmungen zur Besonderen Ausgleichsregelung neu. Mit einer Absenkung der Schwelle zum Erhalt der Vergünstigungen auf 2 GWh stellte die Neuregelung kleine und große Schienenbahnunternehmen gleich. Durch diese Ausweitung des Kreises der Antragsberechtigten, die von der Zahlung der EEG-Umlage befreit werden, ging eine erhöhte Belastung der übrigen Stromkunden einher. Den höheren Kosten durch den vergrößerten Adressatenkreis begegnete die Reform der Besonderen Ausgleichsregelung mit einem höheren Anteil des nicht begünstigten Stroms. Bis zur Reform der Besonderen Ausgleichsregelung musste für 10 Prozent des Stroms die volle Umlage gezahlt werden, für die restliche Strommenge sank die Umlage auf vergünstigte 0,05 ct/kWh. Daraus ergab sich eine Gesamtbelastung von 11 Prozent der EEG-Umlage.[852] Mit der Neuregelung werden die Schienenbahnen nunmehr mit 20 Prozent der fälligen EEG-Umlage belastet. Der Gesetzgeber begründete die Befreiung vor allem mit dem Beitrag der Industrie zur Energiewende, der sich auf jährlich 7,4 Mrd. Euro beläuft. Aus der ermäßigten Umlage ziehen nunmehr 2.000 Unternehmen einen Vorteil.[853]

11.4.3. Eckpunktepapier Ausschreibungsmodell

Mit dem Eckpunktepapier „Ausschreibungen für die Förderung von Erneuerbare-Energien-Anlagen" brachte sich das Bundeswirtschaftsministerium in Stellung für eine komplette Neuausrichtung des Fördersystems im Rahmen des EEG. Statt

---

852 Vgl. BT Drs. 18/1304, S. 157.
853 Vgl. BT PlPr 18/44, S. 3933.

fixer Subventionen verfolgte das BMWi das langfristige Ziel einer Marktintegration der regenerativen Energieerzeugung. „Nach der Abschaffung der physischen Wälzung durch die Ausgleichsmechanismus-verordnung 2009/10, nach der Einführung der optionalen Marktprämie durch das EEG 2012 und der verpflichtenden Direktvermarktung durch das EEG 2014, ist die Umstellung der Förderung auf Ausschreibungen der nächste und konsequente Schritt für mehr Marktnähe und Wettbewerb im EEG."

In den ersten Überlegungen stand das Anreizsystem zur Gewährleistung der Ausbauziele und einer hohen Realisierungsrate im Mittelpunkt, um zu verhindern, dass Anbieter trotz des Zuschlags die EEG-Anlagen nicht errichten. Das wettbewerbsorientierte Ausschreibungsmodell sollte die Kosten auf ein Niveau senken, das einen betriebswirtschaftlichen Betrieb der Anlagen gewährleistet, ohne volkswirtschaftlich finanzierte ungerechtfertigte Extragewinne zu ermöglichen. Als dritten Punkt erachtete das Eckpunktepapier den Erhalt der Akteursvielfalt als wichtigen Aspekt für die Akzeptanz vor Ort. Energiegenossenschaften, Bürgerenergieprojekte und lokal verankerte Projektentwickler durften durch die Ausschreibungsformalia nicht benachteiligt werden.

Für Windenergie an Land erfolgt das Ausschreibungsverfahren für Anlagen, die bereits nach Immissionsschutzgesetz eine Baugenehmigung zur Errichtung der Anlagen besitzen. Zwei Jahre nach dem Zuschlag müssen die Anlagen errichtet werden, da sonst eine Vertragsstrafe fällig wird. Die Förderung für Off Shore-Anlagen erfolgt behördlich zentral gesteuert für zwei Windparks pro Jahr mit jeweils 400 MW Leistung. Für Photovoltaik ist die wettbewerbliche Bestimmung der Förderhöhe für Anlagen mit einer Leistung von mehr als 1 MW Leistung verpflichtend. Kleinere Anlagen sind hingegen ausgenommen und fallen weiterhin unter die Regelung des EEG 2014. Für Biomasse, Wasserkraft und Geothermie schlägt das Eckpunktepapier kein Ausschreibungsmodell vor.

Ab 2017 sollen 80 Prozent der Förderung des in neu errichteten Anlagen erzeugten Stroms ausgeschrieben werden. Das Ausschreibungsmodell modifiziert nicht das Förderregularium des EEG 2014, sondern einzig die Höhe der Subvention.

11.4.4. Länderöffnungsklausel im Baugesetzbuch

Seit dem 1. Januar 1997 gilt eine prinzipielle Privilegierung der Windkraft im Außenbereich durch § 35 BauGB. Sofern keine bedeutenden öffentlichen Gründe entgegenstehen, können im Außenbereich privilegiert Windkraftanlagen errichtet werden. Um einem Wildwuchs der Anlagen entgegenzuwirken, steuern die Bundesländer den Ausbau der Windkraft im Rahmen der Landesentwicklungsplanung. In den Landesentwicklungsplänen werden Windvorranggebiete ausgewiesen, in denen aufgrund der Windhöffigkeit eine wirtschaftliche Errichtung von Windkraftanlagen denkbar ist. In diesen Gebieten erfolgt eine Bündelung des Ausbaus, wodurch sich eine Konzentrationswirkung entfaltet. Die Kommunen und Kreise konkretisieren die landespolitischen Vorgaben in den Regionalentwicklungsplänen.

Sofern eine Region jedoch nicht ausdrücklich im Landesentwicklungsplan erfasst ist oder Regionalentwicklungspläne durch die Rechtsprechung der Gerichte ihre Gültigkeit verlieren[854], gilt weiterhin die Privilegierung der Windkraft im Außenbereich. Problematisch erwies sich diese pauschale Regelung im Bereich von Wohnsiedlungen. Aufgrund der grundsätzlichen Privilegierung gelten nur geringe Mindestabstände zu Splittersiedlungen im Außenbereich. In den Genehmigungsverfahren kommt der Widerspruch gegen solche Anlagen aufgrund ihrer starken Stellung in der Bauleitplanung nur schwer zur Geltung. Durch Windkraftanlagen produzierte Emissionen, von den Bewohnern beklagte Wertverluste der Grundstücke und Immobilien sowie eine bedrängende Wirkung führten durch die stetig steigende Anlagenhöhe zu einer Ablehnung gegenüber der Errichtung von Windkraftanlagen in der Nähe von Wohnbebauungen. Im Koalitionsvertrag der Großen Koalition einigten sich CDU, CSU und SPD deshalb auf die Einführung länderspezifischer Mindestabstände zwischen Windkraftanlagen und zulässigen Nutzungen. Die Bundesregierung brachte am 5. Mai 2014 den Entwurf eines „Gesetzes zur Einführung einer Länderöffnungsklausel zur Vorgabe von Mindestabständen zwischen Windenergieanlagen und zulässigen Nutzungen"[855] ein. Die abschließende Beratung erfolgte zusammen mit der Novelle des EEG. Es trat am 1. August 2014 in Kraft.[856] „Diese Vorgabe trägt angesichts der gewachsenen Gesamthöhe von Windenergieanlagen sowohl dem Umstand Rechnung, dass die Akzeptanz von Windenergieanlagen vielfach von der Entfernung solcher Anlagen zu Wohnnutzungen abhängt, als auch dem Umstand, dass sich die Ausgangslage in den einzelnen Bundesländern – auch aufgrund der topographischen Verhältnisse – unterscheidet." Das Gesetz ging maßgeblich auf die Initiative der Bundesländer Sachsen und Bayern zurück. Die an der Sächsischen Staatsregierung über das Wirtschaftsministerium beteiligte FDP hatte sich gegen die Privilegierung im Rahmen ihrer grundsätzlichen Ablehnung der Energie-

---

854 Vgl. hierzu etwa die neue Rechtsprechung der Festlegung harter und weicher Tabukriterien durch das Bundesverwaltungsgericht und die darauf erfolgte Aufhebung verschiedener Regionalentwicklungspläne durch die Verwaltungsgerichte in Thüringen und Sachsen.
855 Vgl. BT Drs. 18/1310.
856 Vgl. BGBl I, Nr. 30 vom 18.07.2014, S. 954.

wende stark gemacht. Aufgrund der bundesrechtlichen Kompetenz für das Baurecht kann auf Landesebene jedoch kaum Einfluss auf die Flächennutzung im Rahmen des Windkraftausbaus genommen werden. Für die Umsetzung der Bauleitplanung zeichnen letztlich die Kommunen verantwortlich. Die Länderöffnungsklausel schiebt die Landespolitik zwischen die bundesrechtlichen Vorgaben und deren Konkretisierung durch die kommunale Ebene. Der Abgeordnete Nüßlein griff diesen Aspekt in der abschließenden Debatte auf: „Auf der anderen Seite muss es uns aber darum gehen, zu verhindern, dass am Ende durch eine falsche Standortwahl die Akzeptanz gefährdet wird. Deshalb delegieren wir an die Länder das Recht, über die Standorte selbst zu entscheiden. Das ist der Grund, warum wir die Länderöffnungsklausel einführen."[857]

Das Gesetz sah neben der Option der Länder, eigene Abstände zu Wohnbebauungen verbindlich festzuschreiben, zugleich eine zeitliche Frist für die Inanspruchnahme vor. Zur Wahrung des Bestands- und Vertrauensschutzes mussten die Länder bis zum 31. Dezember 2015 die Öffnungsklausel rechtskräftig umgesetzt haben. Nach dem Regierungswechsel in Dresden, bei dem die SPD zum Koalitionspartner der CDU wurde, machte der Freistaat Sachsen von der Öffnungsklausel kein Gebrauch. Einzig Bayern setzte sie in Landesrecht um.

11.4.5. Eckpunkte für eine erfolgreiche Umsetzung der Energiewende

Auf dem Energiegipfel im Kanzleramt vom 1. Juli 2015 bekräftigten die Parteivorsitzenden von CDU, CSU und SPD die Energiewende als das zentrale Vorhaben gouvernementaler Energiepolitik. Die Weichenstellung für die Weiterentwicklung des Strommarktes, die Systemintegration der erneuerbaren Energien in die Strukturen der Energieversorgung, aber auch Kostendämpfung und KWK-Förderung standen im Mittelpunkt des Treffens. Ebenso rückten rechtliche Fragen der Kernenergie wieder auf die politische Agenda. Dazu zählten der Rückbau der Kernkraftwerke sowie ungeklärte Entsorgungs- und Finanzierungsfragen.

In einem engen Zusammenhang stehen hierbei die einzelnen energiepolitischen Themenfelder des Strommarktdesigns und der Systemintegration der erneuerbaren Energien: „Die Themen Strommarkt, KWK-Förderung, CO_2-Minderungsbeitrag des Stromsektors und der Netzausbau sind fachlich eng miteinander verknüpft. Deshalb sollen die Grundsatzentscheidungen zu diesen Vorhaben im Zusammenhang getroffen werden."[858] Das Strommarktgesetz, dessen

---

857 BT PlPr. 18/44, S. 3944.
858 Vgl. Eckpunkte für eine erfolgreiche Umsetzung der Energiewende. Politische Vereinbarungen der Parteivorsitzenden von CDU, CSU und SPD vom 1. Juli 2015.

11.4. Maßnahmen für erneuerbare Energien

Referentenentwurf im September 2015 vorgelegt wurde, schuf die Grundlage, auf der die teilweise recht lose und nicht verkoppelten Teilsysteme von Stromerzeugung und -distribution stärker zusammengeführt werden sollten.

In ihrer Vereinbarung einigten sich die Parteivorsitzenden auf die Stärkung des Wettbewerbs, sowohl auf der Erzeugungs- wie auf der Nachfrageseite. Er sollte als Mittel dienen, um die schwankende und wetterabhängige Einspeisung des Stroms aus erneuerbaren Energien auszugleichen. „Flexible Kraftwerke, KWK, der europäische Stromhandel, Lastmanagement, Speicher, E-Mobilität und andere Flexibilitätsoptionen sollen in einem fairen Wettbewerb um die besten Lösungen konkurrieren." Der Spekulation am Strommarkt traten die Eckpunkte mit der Intention entgegen, die Bilanzkreisverantwortlichen verursachergerecht für das Risiko einer ungenügenden Bereitstellung von Strom haften zu lassen. Sofern die Bilanzkreisverantwortlichen weniger Strom einkaufen, als sie wirklich brauchen, müssen sie auf eigene Kosten die Versorgungslücke ausgleichen. Da sie diese Energie sehr kurzfristig kaufen müssen, kann solch eine nachträgliche Bereitstellung von Energie mit hohen Kosten einhergehen. „Die Akteure am Strommarkt werden sich gegen dieses Risiko mit langfristigen Lieferverträgen und Lastmanagement absichern. Damit schaffen wir verlässliche Grundlagen für Investitionen."

Eine Kapazitätsreserve soll die Versorgungssicherheit gewährleisten. Die Kapazitätsreserve umfasst in Abgrenzung zum Kapazitätsmarkt jene Kraftwerke, welche nicht am Strommarkt teilnehmen. Diese Kraftwerke kommen nur zum Einsatz, wenn mit den vorhandenen Kapazitäten nicht ausreichend Energie auf dem Strommarkt zur Verfügung gestellt werden kann. Für die Sicherung der Kapazitätsreserve sahen die Eckpunkte die Braunkohlekraftwerke vor. „Diese Kraftwerke kommen nur dann zum Einsatz, wenn es trotz freier Preisbildung am Großhandelsmarkt wider Erwarten einmal nicht zur Deckung von Angebot und Nachfrage kommen sollte. Mit der Kapazitätsreserve wird gewährleistet, dass auch in einer solchen Situation alle Verbraucher Strom beziehen können."

Neben die Kapazitätsreserve tritt die Netzreserve, die Engpässe in der Stromversorgung verhindern soll. Für die Netzreserve erhalten die Kraftwerksbetreiber eine Vergütung für behördlich verhinderte endgültige Stilllegungen von Kraftwerken. Eine Novelle der Reservekraftwerksverordnung solle die Grundlage für die Vergütung der Kraftwerke in der Netzreserve schaffen. Sofern die Bundesnetzagentur die Systemrelevanz des Kraftwerks feststellt, erhält es seine Betriebsbereitschaftsauslagen unmittelbar und nicht erst, nachdem es stillgelegt wurde. Kraftwerke, die eigentlich vom Netz gehen sollen, bleiben mit dieser

Maßnahme behördlich angeordnet betriebsbereit, wofür dem Betreiber eine Entschädigung gezahlt wird.[859]

In der Kraft-Wärme-Kopplung sahen die Parteivorsitzenden einen wichtigen Beitrag für eine erfolgreiche Energiewende. „Auch in Zukunft wird die effiziente und klimafreundliche Kraft-Wärme-Kopplung eine wichtige Rolle im Rahmen der Energiewende spielen. Allerdings muss die künftige Förderung der KWK so ausgestaltet werden, dass sie mit den anderen Zielen der Energiewende kompatibel ist." Für dieses Ziel sahen die Eckpunkte eine spezielle Förderung Gas gefeuerter KWK-Anlagen vor. Die geringen Erlöse der Kraft-Wärme-Kopplung sind nach Ansicht der Bundesregierung durch das Auslaufen der alten Förderung nach dem KWK-Gesetz aus dem Jahr 2002 zu begründen.[860] Der für die Subvention vorgesehene Fördertopf verdoppelt sich von 750 Mio. auf 1,5 Mrd. Euro.

Schließlich maßen die Eckpunkte dem Netzausbau Bedeutung bei. Zugleich erkannten die Parteivorsitzenden das Konfliktpotential zusätzlicher Stromtrassen: „Der geplante Netzausbau hat in den betroffenen Regionen zu erheblichen Sorgen geführt. Die Energiewende wie auch der Netzausbau sind nur realisierbar, wenn sie von den Bürgerinnen und Bürgern mitgetragen werden. In den vergangenen Jahren ist deutlich geworden, dass Netzausbauvorhaben in manchen betroffenen Regionen auf Widerstand stoßen. Wir nehmen die damit einhergehenden Sorgen der Bürgerinnen und Bürger ernst und werden gesetzgeberische Anpassungen an der Netzplanung und am Netzausbau vornehmen." Mit der prioritären Erdverkabelung bei Gleichstrom wollte die Große Koalition bei den neuen Trassen für mehr Akzeptanz sorgen.

11.4.6. Netzausbau und -stabilität

Durch den zügigen Ausbau erneuerbarer Energien fallen Energieerzeugungs- und -verbrauchsregionen räumlich zunehmend auseinander. Die Distanz von Energieverbrauch und -erzeugung spiegelt sich im Ausbau der Off shore-Windenergieanlagen in der Nordsee wider, deren Strom in den Süden der Republik transportiert werden soll. Aus der räumlichen Trennung resultierte die Notwendigkeit eines umfassenden Ausbaus der Energienetze. Fehlende Kapazitäten für den Transport des Stroms aus dem Norden und dem reduzierten Stromangebot der abgeschalteten Kernkraftwerke erforderten umfangreiche Eingriffe der Netzbetreiber zur Sicherung der Stabilität. Im Jahr 2013 belief sich die Redispatch-Häufigkeit auf insgesamt 7.965 Stunden, wobei 4.390 GWh eingesetzt wurden.[861]

---
859 Vgl. § 13a Energiewirtschaftsgesetz.
860 Vgl. BT Drs. 17/1667.
861 Vgl. BT Drs. 18/3487, S. 69.

11.4. Maßnahmen für erneuerbare Energien

Mit diesen Leistungen gingen Kosten in Höhe von 132,6 Mio. Euro einher. Die weiter zunehmende Menge des Stroms aus erneuerbaren Energien zusammen mit dem nicht Schritt haltenden Netzausbau hat den Bedarf an Redispatchmaßnahmen weiter erhöht. Im Jahr 2014 belief sich die Gesamtdauer auf 8.116 Stunden bei einer Gesamtleistung von ca. 5.200 GWh. Im Rahmen des Einspeisemanagements fielen im Jahr 2013 Kosten in Höhe von vier Prozent der Gesamtkosten des Netzbetriebs an.

Mit dem Energieleitungsausbaugesetz (EnLAG), dem Bundesbedarfsplangesetz (BBPlG) und dem Netzausbaubeschleunigungsgesetz Übertragungsnetz (NABEG) trug der Gesetzgeber Vorkehrungen für straffere Verfahren beim Energieleitungsausbau. Allerdings ließen sich nach Ansicht der Bundesregierung die einzelnen Verfahrensabschnitte besser koordinieren, um noch zügiger auf den Ausbaubedarf zu reagieren. Das „Gesetz zur Änderung von Bestimmungen des Rechts des Energieleitungsbaus"[862] nahm sich dieser Problematik an. Den Gesetzentwurf brachte die Bundesregierung am 20. April 2015 in den Bundestag ein, der ihn in seine Ausschüsse überwies.[863] Die abschließende Beratung erfolgte am 3. Dezember 2015.[864]

In der Begründung zum Gesetzentwurf legt die Bundesregierung ihr Ziel dar, auf eine verbesserte Abstimmung zwischen den Akteuren des Netzausbaus hinzuwirken: „In der Praxis führen die jährlichen Planungen zu zeitlichen Überschneidungen, die zu Parallelprozessen führen, etwa wenn bereits vor Bestätigung eines Netzentwicklungsplanes ein neues Szenario für den nachfolgenden Netzentwicklungsplan konsultiert wird. Die eigentliche Intention, nämlich eine Planung zu schaffen, die von einer breiten Basis aus Netzbetreibern, betroffenen Unternehmen und Öffentlichkeit nachvollzogen und mitgetragen wird, ist damit in Gefahr." Das Gesetz änderte Bestimmungen im BBPlG, im NABEG und im EnLAG und modifizierte Regelungen in der Anreizregulierungsverordnung und der Verwaltungsgerichtsordnung. Der jährliche Turnus der Netzentwicklungsplanung wurde den Notwendigkeiten entsprechend in ein zweijähriges Verfahren überführt. „Ziel des derzeit in den §§ 12a ff. EnWG gesetzlich verankerten Prozesses der energiewirtschaftlichen Bedarfsermittlung ist die Verbindung der Beschleunigung der Planungs- und Genehmigungsverfahren mit einer umfassenden Öffentlichkeitsbeteiligung, um den dringend erforderlichen Netzausbau weiter zügig voranzutreiben. Die nunmehr vorgeschlagenen Änderungen zielen darauf ab, den bislang bestehenden jährlichen Turnus zur Vorlage eines Netzentwicklungsplans durch die Übertragungsnetzbetreiber (Strombereich Onshore und Offshore) und Fernleitungsnetzbetreiber (Gasbereich) auf nunmehr zwei Jahre zu

---

862 Vgl. BT Drs. 18/4655.
863 Vgl. BT PlPr. 18/101.
864 Vgl. BT PlPr. 18/143.

11. Die Energiepolitik der Großen Koalition seit 2013

erweitern." In den jeweils von der Erstellung eines Netzentwicklungsplans befreiten Jahren sollten die Übertragungsnetzbetreiber einen Umsetzungsbericht vorlegen.

Am 7. Oktober griff das Bundeskabinett Aspekte aus dem „Eckpunktepapier für eine erfolgreiche Umsetzung der Energiewende" vom 1. Juli auf. Weil sich der Gesetzentwurf zu diesem Zeitpunkt bereits im parlamentarischen Verfahren befand, ersann das Kabinett eine Formulierungshilfe, die den Fraktionen der CDU/CSU und SPD als Änderungsantrag für den Gesetzentwurf dienen sollte. Trotz der erhöhten Kosten und zusätzlicher Anforderungen an die Planung der Netze fanden sich in der Formulierungshilfe des Wirtschaftsministeriums zahlreiche Regelungen, mit denen die Erdverkabelung rechtssicher in die Planungsverfahren eingefügt wurde. „Die breite Akzeptanz der Bürgerinnen und Bürger ist ein zentrales Element für das Gelingen der Energiewende. Insbesondere beim Bau der HGÜ-Leitungen bestehen besondere Herausforderungen. Der verstärkte Einsatz von Erdkabeln kann gegebenenfalls dazu beitragen, die Akzeptanz für diese dringend erforderlichen Vorhaben zu stärken."[865] Mit der Formulierungshilfe des BMWi wird der bisherige Vorrang der Freileitungen im Höchstspannungsbereich aufgehoben. Bei HGÜ wird die Erdverkabelung zur Regel. Anders als bei der regulären Umlage der Kosten des Netzausbaus auf die Stromendverbraucher in den Regionen der vier Übertragungsnetzbetreiber, ist für die Erdverkabelung eine bundesweite Umlage vorgesehen.[866]

Im dritten Quartal 2014 waren von den geplanten 1.887 km Leitungen nach dem Energieleitungsausbaugesetz (EnLAG) 438 km errichtet. Der fortschreitenden Ausbau der Erneuerbaren machte einen weiteren Ausbau der Netze notwendig. Im Netzentwicklungsplan 2024 nahmen die Verstärkungsmaßnahmen gegenüber den Planungen des Vorjahres[867] um 250 km auf nun 3.050 km zu. Ebenso mussten weitere 50 km an neuen Trassen errichtet werden, sodass die Gesamtlänge der energiewirtschaftlich erforderlichen neuen Trassen auf 2.750 km anwuchs. Die Kosten des Ausbaus, die über die Netzentgelte weitergegeben werden, stiegen an. Beliefen sich die Investitionen der Übertragungsnetzbetreiber im Jahr 2012 auf 1,15 Mrd. Euro, so betrugen sie im Jahr 2013 bereits 1,335 Mrd. Euro. Bei den Verteilernetzen sanken die Aufwendungen des Netzausbaus hingegen von 6 Mrd. Euro auf 5,77 Mrd. Euro.[868]

---

865 Formulierungshilfe für einen Änderungsantrag der Fraktionen der CDU/CSU und SPD zu dem Gesetzentwurf der Bundesregierung „Entwurf eines Gesetzes zur Änderung von Bestimmungen des Rechts des Energieleitungsbaus", S. 14.
866 Vgl. BT Drs. 18/6909.
867 Vgl. Kap. 10.4.6.
868 BNetzA (Hrsg.): Monitoringbericht 2014, S. 16.

11.5. Energieeffizienz

Für das Ende des Jahres 2014 schrieb die letzte Novelle des KWK-Gesetzes eine Evaluation der Förderinstrumente vor. Aufgrund der Novelle des Gesetzes im Jahr 2009 wuchs die KWK-Nutzung durch den geförderten Zubau und die Modernisierung auf 500 MW pro Jahr. Nach der neuerlichen Novelle des Jahres 2012 stieg die Leistung geförderter Anlagen im Jahr 2013 auf 1.100 MW. Ursächlich für den Leistungsanstieg waren die Modernisierung und der Neubau, nicht jedoch die ebenso durch das Gesetz geförderte Nachrüstung.[869] Vor allem das Segment der Anlagen zwischen 50 kW und 2 MW waren von Bedeutung. Am 23. September 2015 beschloss das Bundeskabinett den Entwurf eines Gesetzes zur Neuregelung des Kraft-Wärme-Kopplungsgesetzes, mit dem es die Ergebnisse der Evaluation aufgriff. „Die im Jahr 2014 vom Bundeswirtschaftsministerium durchgeführte Analyse von Kosten, Nutzen und Potentialen von KWK sowie die Zwischenüberprüfung des KWKG haben ergeben, dass in Deutschland weiterhin Ausbaupotential für KWK besteht. Ein weiterer Ausbau ist dabei auch vor dem Hintergrund der Energiewende grundsätzlich sinnvoll und realisierbar, wenn der Anlagenbetrieb stärker flexibilisiert wird. Die Evaluierung hat jedoch auch gezeigt, dass unter den derzeitigen wirtschaftlichen Rahmenbedingungen, insbesondere wegen des niedrigen Strompreisniveaus, bis zum Jahr 2020 kein wesentlicher KWK-Zubau zu erwarten ist. Darüber hinaus droht auch die Stilllegung bestehender, gasbefeuerter KWK-Anlagen in der allgemeinen Versorgung und damit der Verlust von Effizienzvorteilen. Im Bereich der Objektversorgung und der Industrie ist dagegen teilweise eine Anpassung der Fördersätze erforderlich, weil die Vorteile der Eigenstromversorgung in vielen Bereichen einen wirtschaftlichen Anlagenbetrieb auch ohne Förderung ermöglichen."[870] Die Neufassung des KWK-Gesetzes stellt sich ebenso das Ziel, energiepolitische Inkonsistenzen zu beseitigen. Es ist widersprüchlich, einerseits den CO_2-Ausstoß senken zu wollen, andererseits KWK-Kraftwerke auf Basis von Kohle zu fördern. Im Rahmen des Aktionsprogramms Klimaschutz vom 3. Dezember 2014 legte die Bundesregierung dem KWK-Sektor eine Emissionsminderung in Höhe von 4 Mio. t CO_2 bis zum Jahr 2020 auf. In der KWK-Novelle erfolgte die energiewirtschaftsrechtliche Umsetzung dieser Vorgabe.

Durch die Novelle wird KWK zwar weiterhin gefördert, allerdings unter der Maßgabe, Kohle durch Gas zu ersetzen. Neue oder modernisierte KWK-Anlagen, die Kohle als Brennstoff nutzen, fallen aus der Förderung. Gasbefeu-

---

869 Prognos AG u.a. (Hrsg.): Potenzial- und Kosten-Nutzen-Analyse zu den Einsatzmöglichkeiten von Kraft-Wärme-Kopplung (Umsetzung der EU-Energieeffizienzichtlinie) sowie Evaluierung des KWKG im Jahr 2014, Berlin 2014.
870 Entwurf eines Gesetzes zur Neuregelung des Kraft-Wärme-Kopplungsgesetzes.

erte Anlagen erhalten hingegen eine finanzielle Besserstellung. Sofern sie Kohle-Anlagen ersetzen, wird ein zusätzlicher Bonus gewährt. Nicht mehr förderungswürdig sind Anlagen, welche die Eigenversorgung sicherstellen. Der Flexibilisierung des Kraftwerksparks maß die Novelle hohe Bedeutung bei, da ein flexibler Anlagenbetrieb Ausfälle durch die fluktuierend einspeisenden erneuerbaren Energien zu kompensieren vermag.

Ebenso wie bei der Fortschreibung des EEG im Jahr 2014 führte der Gesetzgeber die verpflichtende Direktvermarktung des Stroms aus KWK-Anlagen ein. Sofern an der Strombörse negative Preise auftreten, wird die Förderung gänzlich ausgesetzt.

11.6. Regulierung der Energiemärkte

11.6.1. Strommarktgesetz

Das Strommarktdesign spielt für eine erfolgreiche Energiewende eine zentrale Rolle. Der prognostizierte Ertrag des zukünftigen Stromverkaufs dient als Signal für Investitionsentscheidungen zur Errichtung zusätzlicher Kraftwerkskapazitäten. Im Jahr 2015 boten die Preissignale des Strommarktes aufgrund der Integration der erneuerbaren Energien aber keine Grundlage mehr für langfristige Investitionsentscheidungen. Die fluktuierende Einspeisung des Stroms aus Windkraft und Solarenergie führt zu schwankenden Erlösen an der Strombörse. Neue Kraftwerkskapazitäten lassen sich unter diesen Bedingungen kaum planen. Für den kostendeckenden und gewinnbringenden Betrieb konventioneller Kraftwerke sind Mindestbetriebszeiten notwendig. Aufgrund der bevorzugten Einspeisung des Stroms aus erneuerbaren Energien verbunden mit den kaum prognostizierbaren Einspeisezeitpunkten reduzieren sich die Betriebszeiten konventioneller Kraftwerke, die sich zudem erschwerend über den Tag verteilen. Stets in starken Windphasen oder hoher Sonneneinstrahlung müssen die konventionellen Kraftwerke vom Netz gehen und verlieren ihre Vergütung.

Doch nicht allein die Ertragsbasis konventioneller Stromerzeugung wird schmaler. Hinzu treten technische Komplikationen im Zusammenspiel von konventionellen Kraftwerken und den erneuerbaren Energien. Während Anlagen der erneuerbaren Energien sporadisch und ad hoc einspeisen und wieder vom Netz gehen, benötigen die konventionellen Kraftwerke gewisse Anlaufzeiten. Mit dem wachsenden Anteil der erneuerbaren Energien an der Stromerzeugung zeigen sich die Synchronisationsschwierigkeiten zwischen den verschiedenen Formen der Energieerzeugung deutlicher. Diese schwankende Einspeisung, die die konventionelle Energieerzeugung aufgrund fehlender Rentabilität nicht kompensieren kann, gefährdet die Versorgungssicherheit.

In Deutschland wird nur der Strom vergütet, der tatsächlich abgerufen wird. Keine Berücksichtigung findet hingegen die grundsätzliche Bereitstellung von Kapazitäten, um Strom zu gewinnen. In einer zunehmend volatilen Stromerzeugung müssen allerdings Reserven vorhanden sein, um Flauten bei der Energiegewinnung auszugleichen. Die Bereitstellung von Kapazitäten lohnt sich in Deutschland jedoch nicht, da nur abgerufene Strommengen vergütet werden. Im Grünbuch des Bundeswirtschaftsministerium vom Oktober 2014 wurden verschiedene Modelle diskutiert, wie diesem Problem begegnet werden kann. Als Option stand die Weiterentwicklung des Strommarktes hin zu einem Kapazitätsmarkt zur Diskussion. „Zur Diskussion steht, ob ein optimierter Strommarkt erwarten lässt, dass ausreichend Kapazitäten für eine sichere Versorgung vorgehalten werden, oder ob zusätzlich ein Kapazitätsmarkt erforderlich ist."[871] Im Weißbuch vom Juli 2015 entschied sich das BMWi zur Fortentwicklung des Strommarktes hin zu einem Strommarkt 2.0 und gegen den Kapazitätsmarkt: „Nach Abwägung vieler Argumente in einer überaus intensiven Diskussion der vergangenen Monate sprechen wir uns mit dem Weißbuch klar für einen Strommarkt 2.0, abgesichert durch eine Kapazitätsreserve, und gegen die Einführung eines Kapazitätsmarktes aus. Kapazitätsmärkte können einen Beitrag zur Versorgungssicherheit leisten; das ist unbestritten. Dennoch konservieren sie bestehende Strukturen, statt den Strommarkt fit zu machen für die Herausforderungen der Zukunft und der Energiewende." Gleichwohl wird bis zum reibungslosen Ablauf der neuen Mechanismen eine Kapazitätsreserve vorgehalten. Zugleich mit dem Strommarktgesetz erfolgte deshalb eine Novellierung der Kapazitätsreserveverordnung.

Der Gesetzentwurf zum Gesetz zur Weiterentwicklung des Strommarktes setzt die Ziele des Weißbuches um: „Auch in dieser Übergangsphase muss der Strommarkt Versorgungssicherheit gewährleistet sowie Einspeisung und Entnahme von Strom synchronisieren. Er muss dafür sorgen, dass jederzeit genau so viel Strom in das Stromnetz eingespeist wird, wie aus diesem entnommen wird. Einerseits muss er dazu sicherstellen, dass ausreichend Kapazitäten zum Ausgleich von Angebot und Nachfrage vorhanden sind (Vorhaltefunktion). Andererseits muss der Strommarkt durch Preissignale jederzeit gewährleisten, dass vorhandene Kapazitäten zur richtigen Zeit und im erforderlichen Umfang kontrahiert und tatsächlich eingesetzt werden (Einsatzfunktion). Einem möglichst kosteneffizienten, flexiblen und umweltverträglichen Einsatz bestehender Kapazitä-

---

871 BMWi (Hrsg.): Ein Strommarkt für die Energiewende Diskussionspapier des Bundesministeriums für Wirtschaft und Energie (Grünbuch), Berlin 2014, S. 39

ten stehen derzeit noch Hemmnisse entgegen."[872] Das Strompreissignal wird zum Teil aber verfälscht an Verbraucher und Erzeuger weitergegeben, was einer effizienten Nutzung von Strom sowie der Erschließung und dem Einsatz von Flexibilitätsoptionen entgegensteht. Zudem ist der deutsche Strommarkt zunehmend in den Elektrizitätsbinnenmarkt integriert und mit den europäischen Strommärkten immer stärker verbunden. Der Gesetzentwurf, der am 4. November 2015 vom Bundeskabinett verabschiedet wurde, nimmt sich der Probleme an: „Durch das Strommarktgesetz werden die Rahmenbedingungen geschaffen, um die Stromversorgung volkswirtschaftlich kosteneffizient und umweltverträglich weiterzuentwickeln sowie die Versorgungssicherheit bei der Transformation des Energieversorgungssystems zu gewährleisten. Zu diesem Zweck werden die Maßnahmen des Weißbuches umgesetzt, und es werden – aufbauend auf den bewährten Strukturen des liberalisierten Strommarktes – die rechtlichen Rahmenbedingungen für die Stromversorgung weiterentwickelt und optimiert."

Das Artikelgesetz zielt auf die Weiterentwicklung der Strukturen des Strommarktes hin zu einer wettbewerbsorientierten Preisbildung und stärkt verschiedene Mechanismen zur Gewährleistung der Versorgungssicherheit. Zugleich trifft es Vorkehrungen gegen Netzinstabilitäten und schafft die Voraussetzungen, um die Kosten des Netzausbaus zu senken. Zu den Aspekten der Versorgungssicherheit zählen die neuen Pflichten der Bilanzkreisverantwortlichen, die Fortentwicklung der Regelleistungsmärkte und neue Informationsangebote für effizientere Erzeugungs- und Verbrauchsentscheidungen. Die Bilanzkreisverantwortlichen werden durch das Strommarktgesetz verpflichtet, ihre Bilanzkreise im Viertelstundentakt ausgeglichen zu halten.

Eine Kapazitäts- und Klimareserve sollen die Versorgungssicherheit gewährleisten. Hierfür dienen Erzeugungskapazitäten, die außerhalb des Strommarktes vorgehalten und bei Bedarf eingesetzt werden können. Um zugleich die Klimaziele zu erfüllen, sollen nur Braunkohlekraftwerke in diese Kapazitätsreserve übergehen. Zusätzlich wird die Netzreserve geschaffen, in der sich vom Betreiber zur Stilllegung vorgesehene Kraftwerke befinden. Aufgrund ihrer Systemrelevanz müssen die Anlagenbetreiber diese Kraftwerke außerhalb des Strommarktes zur Überbrückung von Netzengpässen betriebsbereit halten.

Eine effizientere Netzplanung soll die Kosten des Netzausbaus verringern. Zusammen mit der Novelle des EEG im Jahr 2014, mit der die Förderung in Zeiten negativer Preise an der Strombörse eingestellt wurde, geht die netzstabilisierende Abregelung der Windkraft- und Solaranlagen in Zeiten übermäßiger Einspeisung als Variable in die Prognoseszenarien der Netzbetreiber im Rahmen des Netzausbaus ein. Einen Bruch mit der bisherigen Systematik stellt die im Gesetzentwurf

---

872 Entwurf eines Gesetzes zur Weiterentwicklung des Strommarktes.

geplante Aufhebung des Prinzips der vermiedenen Netzentgelte für dezentrale Anlagen dar. Statt wie bisher ein Entgelt für die vermiedenen Netzentgelte zu erhalten, sollten die Netzausbaukosten gleichmäßiger verteilt werden. An der notwendigen Ertüchtigung des Netzes und damit verbundenen Kosten für die Zwecke der Einspeisung des Stroms aus dezentralen Anlagen sollten sich die Betreiber beteiligen. „Um diese Kosten auch transparent und gerecht zu verteilen, werden die vermiedenen Netzentgelte für Betreiber von dezentralen Anlagen, die ab 2021 in Betrieb gehen, abgeschafft." Diese Neuerung ändert aber nichts an den Gesamtkosten, da vermiedene Netzentgelte bei dezentralen Anlagen, die eine Förderung aus dem Erneuerbare-Energien-Gesetz erhalten, dem EEG-Konto gutgeschrieben werden. Statt des Netzentgeltes steigt dann die EEG-Umlage an.

11.6.2. Digitalisierungsgesetz

Auf die bisherigen Anstrengungen zur Marktöffnung des Messwesens und der Nutzung intelligenter Messsysteme aufbauend, wird mit dem „Digitalisierungsgesetz" der Umbau der Energiesteuerung und des Messwesens vorangetrieben. In einem Stromsystem, dass aus einer Vielzahl von Einzelanlagen besteht und sich durch volatile Stromangebote auszeichnet, kommt den Daten über den individuellen Verbrauch für die Steuerung der Anlagen Bedeutung zu. „Die Energiewende beschleunigt den Umbau der Elektrizitätsversorgung in Deutschland erheblich. Während in der Vergangenheit elektrischer Strom nur in eine Richtung floss und Informationen über die Stromflüsse sehr limitiert waren, ist das dezentrale Stromversorgungssystem der Zukunft durch bidirektionale Informations- und Stromflüsse gekennzeichnet. [...] In der Summe erhöhen diese Veränderungen insbesondere die Anforderungen an die einzusetzenden Mess- und Kommunikationstechnologien und Datenverarbeitungssysteme."[873]

Intelligente Messsysteme spielen bei der zukünftigen Steuerung des Zusammenspiels von Stromnachfrage und -angebot eine zentrale Rolle: „Hierbei kommt intelligenten Messsystemen eine wichtige Rolle zu. Sie können je nach Ausstattung für Letztverbraucher, Netzbetreiber und Erzeuger die notwendigen Verbrauchsinformationen bereitstellen, zur Übermittlung von Netzzustandsdaten verwendet werden, sichere und zuverlässige Steuerungsmaßnahmen unterstützen sowie als eine Art Kommunikationsplattform im intelligenten Energienetz dienen." Die Bundesregierung wollte einem Wettbewerbsnachteil der unabhängigen Anbieter von Messsystemen entgegenwirken. Sie befürchtete, die Verteil-

---

873 Vgl. Referentenentwurf der Bundesregierung zu einem „Gesetz zur Digitalisierung der Energiewende".

11. Die Energiepolitik der Großen Koalition seit 2013

netzbetreiber könnten in Kooperation mit Messstellenbetreibern einen Vorteil bei der Datenerhebung in ihren Netzen erlangen. Während die VNB auf die Daten in ihrem Netz zugreifen konnten und sich daraus Vermarktungskonzepte entwickeln lassen, wären unabhängige Messdienste benachteiligt.

Zugleich antwortete das Gesetz auf die dritte Binnenmarktrichtlinie (2009/72/EG), die den Mitgliedsstaaten die Einführung intelligenter Messsysteme auftrug. Den mit diesem „Rollout" verbundenen Kosten sollte das Digitalisierungsgesetz entgegenwirken, sodass einzig bei betriebswirtschaftlicher Kalkulation der digitale Haushaltszähler eingebaut werden soll. Bei einem Ansatz von 20 Euro pro Zähler rentiert sich die Umrüstung erst ab 4.000 kWh pro Jahr.

11.7. Klimaschutz

Am 3. Dezember 2014 beschloss die Bundesregierung das „Aktionsprogramm Klimaschutz". Das Integrierte Energie- und Klimaschutzprogramm (IEKP) aus dem Jahr 2007 schrieb eine Reduktion des Treibhausgasemissionen um 40 Prozent bis zum Jahr 2020 im Vergleich zum Jahr 1990 vor. Mit dem Aktionsprogramm Klimaschutz wollte die Bundesregierung sicherstellen, dass diese Ziele erreicht werden. In ihrer Unterrichtung an den Bundestag[874] gibt sie über die Inhalte und Maßnahmen ihrer Anstrengungen zum Klimaschutz Auskunft: „Die Bundesregierung hat sich dem Leitprinzip einer nachhaltigen, global- und zukunftsverantwortlichen Entwicklung verpflichtet. Entsprechend muss eine verantwortungsvolle Klimapolitik immer auf zwei Säulen stehen. Sie muss erstens dazu beitragen, dass die durchschnittliche Erderwärmung die 2-Grad-Marke nicht übersteigt. Sie muss zweitens aber auch Risiken erkennen und sich auf die auch bei einer gemäßigten Erderwärmung nicht vermeidbaren Folgen von Klimaveränderungen vorbereiten. [...] Unser nächstes Etappenziel im Klimaschutz ist es, die Treibhausgasemissionen bis 2020 um mindestens 40 Prozent gegenüber 1990 zu senken. Damit wollen wir die Basis dafür schaffen, auch die nachfolgenden Zielsetzungen für die Jahre 2030, 2040 und 2050 zu erreichen und das europäische Klimaziel zu realisieren. Mit dem vorliegenden Aktionsprogramm Klimaschutz 2020 beschließt die Bundesregierung zusätzliche Maßnahmen, um das 2020-Ziel zu erreichen."[875]

Zahlreiche Maßnahmen des Aktionsprogramms haben einen direkten Bezug zur Energiepolitik und -wirtschaft in Deutschland. Von 1990 bis 2012 konnten

---

874 Vgl. BT Drs. 18/3484.
875 Ebenda, S. 7.

die CO_2-Emissionen um knapp 25 Prozent gesenkt werden. Allerdings gestaltet sich diese Entwicklung sektorenspezifisch unterschiedlich. Während Gewerbe, Handel und Dienstleistungen, aber auch die Industrie große Minderungen im Ausstoß erzielen konnten, weisen Energiewirtschaft und Verkehr eine große Persistenz auf. In den Energiewirtschaft sanken die Emissionen seit 1990 von 458 Mio. t auf 377 Mio. t um 17,7 Prozent, wohingegen Gewerbe, Handel und Dienstleistungen im Jahr 2012 im Vergleich zum Referenzjahr 1990 knapp 50 Prozent weniger CO_2 freisetzten. Mit 40 Prozent aller Treibhausgasemissionen entfiel der größte Teil auf die Energiewirtschaft.[876]

Für den Stromsektor sah das Aktionsprogramm Klimaschutz eine Senkung von 22 Mio. t beim CO_2-Austoß bis 2020 vor. Hierfür gingen die Braunkohlekraftwerke in die Kapazitätsreserve über. Der entsprechende Vorschlag findet sich in den Ergebnissen des Energiegipfels vom 1. Juli 2015. Der KWK-Sektor sollte ebenfalls einen Beitrag zur Minderung der Treibhausgasemissionen leisten. In der KWK-Novelle wurde er auf 4 Mio. t CO_2 festgesetzt. Im Rahmen des Maßnahmenpakets des Nationalen Aktionsplan Energieeffizienz (NAPE) sollen bis 2020 ca. 25 – 30 Mio. t CO_2 eingespart werden.

11.8. Fazit

Die als „Integration der Erneuerbaren" bezeichnete Anpassung der Strom- und Energieerzeugung von EEG-Anlagen an die Strukturen der Energiewirtschaft zählt zu den wichtigsten energiepolitischen Zielen der durch die Große Koalition getragenen Bundesregierung. Zugleich versucht die Bundesregierung, ihren selbst auferlegten Klimaschutzzielen ohne Abstrichen zu entsprechen. Die Klimakonferenz in Paris Ende des Jahres 2015, auf der sich die Teilnehmer auf eine Dekarbonisierung der Wirtschaft und die Begrenzung der Erderwärmung auf 2 – 1,5 Grad Celsius bis zum Ende des 21. Jahrhunderts einigten, wird Einfluss auf ihre Klimaschutzvorgaben gehabt haben. Ohne eigene Anstrengungen hätte die Bundesregierung, die von den anderen Staaten mehr Anstrengungen beim Klimaschutz fordert, an Glaubwürdigkeit eingebüßt.

Traditionelle energiepolitische Konfliktfelder wie die Kernenergie und die Steinkohlepolitik sind spätestens mit der Energiewende aus dem Fokus gerückt. Sie spielen ebenso in der Gesetzgebung kaum noch eine Rolle. Ein Großteil der Gesetzgebungsmaterie der Großen Koalition hat die erneuerbaren Energien zum Mittelpunkt. Dass die Energieversorgung vor dem Hintergrund der Versorgungssicherheit ad hoc ohne die CO_2-emittierenden Energieträger wie Braunkohle

---

876 Vgl. BT Drs. 18/3484, S. 12f.

11. Die Energiepolitik der Großen Koalition seit 2013

nicht auskommt, zeigte die Debatte um den als Kohleabgabe bezeichneten nationalen Klimaschutzbeitrag. Obwohl die Braunkohleverstromung die Klimaschutzziele der Bundesregierung konterkariert, ist sie nach der Abschaltung der Kernkraftwerke weiterhin notwendig. Die nicht bedarfsgerecht einspeisenden erneuerbaren Energien vermögen ihren Anteil an der Energieversorgung nicht zu kompensieren. Die Bundesregierung versuchte einen Kompromiss zwischen der Sicherheit der Energieversorgung und ihren Klimaschutzzielen zu erreichen, indem sie die Braunkohlekraftwerk in die Kapazitätsreserve überführte.

Dem Ausbau der Erneuerbaren gilt der Löwenanteil der Gesetzgebung. Neben die Integration in die energiewirtschaftlichen Strukturen rückte die Förderung der Akzeptanz der Bürger stärker in den Mittelpunkt der Gesetzgebung. Seehofers Forderung zur prioritären Erdverkabelung bei Hochspannungsgleichstromleitungen und die ebenfalls vom Freistaat Bayern ausgehende Bundesratsinitiative zur Länderöffnungsklausel im Baugesetzbuch trugen den Wünschen der Bevölkerung nach Schutz des Landschaftsbildes Rechnung.

Die Herausforderung für die nächsten Jahre stellt die Integration der Erneuerbaren in die vorhandenen energiewirtschaftlichen Strukturen dar. Ein Beispiel für diese Anstrengungen bietet die neue Förderung von KWK. Eine verstärkte Förderung bietet sich aufgrund des flexiblen Anlagenbetriebs an. Die Fähigkeit von KWK-Anlagen, jeweils auf die schnell wechselnde Einspeisung erneuerbarer Energien zu reagieren, spricht ebenfalls für einen Ausbau der Kraft-Wärme-Kopplung. Auf die Komplikationen des Zusammenspiels der sporadisch einspeisenden Windkraft- und Solaranlagen mit den weniger flexiblen Kohlekraftwerken und derart auf das Zusammenspiel aller Energieerzeugungsanlagen sucht das Strommarktgesetz eine Antwort zu geben. Die einzelnen Elemente des Strommarktgesetzes stellen weitere Bausteine dar, mit denen sich das Fördersystem der Erneuerbaren allmählich wandelt. Ausdruck dieses Wandels ist die verpflichtende Direktvermarktung und das Ausschreibungsmodell. Lag der Förderpolitik für die Stromerzeugung durch erneuerbare Energien in der Anfangszeit der frühen 2000er Jahre noch das Credo des „produce and forget" zu Grunde, so setzt der Gesetzgeber nunmehr stärker auf die Initiative der Anlagenbetreiber. Der Strom soll bedarfsgerecht zur Verfügung gestellt werden und nicht in Höchstzeiten zur Überlastung der Netze führen. Erste Schritte zur Glättung der Volatilität wurden mit der Novelle des EEG gegangen, indem keine Förderung der Stromerzeugung in Zeiten negativer Marktpreise erfolgt. Das Einspeisemanagement, das die Netzstabilität auf Kosten der Stromkunden gewährleistet, erhält eine marktwirtschaftliche Flankierung. Aufgrund des Bestandsschutzes der Altanlagen entfalten diese neuen Regelungen in den kommenden Jahren allerdings keine preisreduzierende Wirkung.

12. Schlussbetrachtung

Das Motiv der Preisstabilität verlor im Laufe der Jahre an Bedeutung. Mit Erhard als Wirtschaftsminister erließ die Bundesregierung für die Kohle Restriktionen und setzte für das Öl Anreize, um das Preisniveau in der Energiewirtschaft zu senken. Die Steinkohlekrise machte diese Anstrengungen zunichte und führte zu einer Abkehr vom Motiv der Preisstabilität. Mit Angebotseinschränkungen für ausländische Kohle und einer umfassenden Förderung der heimischen Produktion stieg das Preisniveau an. Obwohl die unter Schiller gegründete Ruhrkohle AG auf eine Effizienzsteigerung der Steinkohleförderung setzte, vermochte sie es aufgrund ihrer Konstruktionseigenschaften nicht, die Rentablität zu erhöhen. Da die Bundesregierung einen radikalen Wandel und eine strukturelle Anpassung der Steinkohleproduktion aufgrund der Gefahr sozialer Unruhen nicht zuließ, nahm sie den Anstieg des Preises für Kohle in Kauf. Eine marktwirtschaftlich-wettbewerbsorientierte Struktur wurde fortan nicht mehr errichtet. Als Erhard die Integration des Öls als Wettbewerbsfaktor in die Energiewirtschaft förderte, erhielt die Steinkohle einen schweren Schlag, von dem sie sich nicht wieder erholte. Von da an konnte das Kriterium der Preisstabilität – zumindest im Steinkohlesektor – keine Relevanz mehr erlangen.

Aufgrund der Nivellierung des Preisunterschieds zwischen Kohle und Öl beim Einsatz in der Elektrizitätsherstellung seit dem dritten Verstromungsgesetz stieg auch das Strompreisniveau um den Kohlepfennig an. Ab diesem Zeitpunkt entwickelte sich die Stützung der Steinkohle zu einer gesamtgesellschaftlichen Aufgabe, die erst das Bundesverfassungsgericht beendete.

Die Integration der erneuerbaren Energien in den Energiemarkt richtete sich nicht am Kriterium der Preisstabilität oder Wettbewerbfähigkeit aus. Das dem Stromeinspeisungsgesetz folgende EEG nutzte das gleiche Umlagesystem wie der Kohlepfennig. Eine marktwirtschaftliche und auf Effizienz zielende Integration fand nicht statt, vielmehr führte das Fördersystem des EEG zu garantierten Gewinnen der Anlagenbetreiber und einem steigenden Preisniveau durch die EEG-Umlage. Die schwarz-gelbe Bundesregierung strebte deshalb mit der EEG-Novelle von 2012 eine Senkung des Preisniveaus an. Die durchschnittliche Vergütung stieg von 8,5 ct/kWh im Jahr 2000 auf 10,9 ct/kWh im Jahr 2006. Das Gesamtvolumen der EEG-Umlage nahm bis 2006 von 1,3 Mrd. auf 5,8 Mrd. Euro zu, wobei sich die maßgeblichen Differenzkosten auf 3,3 Mrd. Euro beliefen. 2006 betrug die EEG-Umlage 0,7 ct/kWh, und sie hatte damit einen Anteil von knapp vier Prozent an den Kosten für eine Kilowattstunde. An den Strompreissteigerungen bis 2006 hatte das EEG einen Anteil von 13,1 Prozent.[877] 2010

---

877 Vgl. BT Drs. 16/7119, S. 25f.

12. Schlussbetrachtung

beliefen sich die Differenzkosten auf ca. 8,9 Mrd. Euro. Mit 2,2 ct/kWh hatte der Ausbau der erneuerbaren Energien inzwischen einen Anteil von neun Prozent an der Stromrechnung der Haushalte.[878] 2011 erhöhte sich die Umlage erneut auf 3,5 ct/kWh und führte zu einem volkswirtschaftlichen Gesamtvolumen von knapp 13 Mrd. Euro. Aufgrund der gestiegenen Stromkosten rückte die soziale Dimension der Energiewende in die Kritik, da die Integration der erneuerbaren Energien zu zusätzlichen Belastungen der privaten Haushalte führte. Für das Jahr 2016 erwarten Prognosen einen Anstieg der EEG-Umlage auf bis zu 6,35 ct/kWh.[879] Je mehr Strom durch die erneuerbaren Energien zur Verfügung gestellt wird, desto stärker steigen die gesamtgesellschaftlichen Kosten. Mitte 2012 akzeptierten die ersten Stromkunden diese Entwicklung nicht mehr und bereiteten sich auf eine Auseinandersetzung vor dem Bundesverfassungsgericht vor, um – analog dem Steinkohlepfennig – die Legitimität dieser Energiepolitik zu prüfen.[880]

Mit der Ausgestaltung der Netzstrukturen offenbarte die Bundesregierung ebenfalls die untergeordnete Rolle des Kriteriums der Preisstabilität. Die gouvernementale Unwilligkeit, die EU-Richtlinie zur Aufspaltung der Konzernstrukturen umzusetzen, deutete auf eine Skepsis gegenüber Wettbewerbsstrukturen und deren Effekte für die Allokation. Ebenso verdeutlichte die Integration der ostdeutschen Stromnetze in die westdeutsche Energiewirtschaft die stärkere Gewichtung des Kriteriums der Versorgungssicherheit gegenüber der Preisstabilität. Allerdings waren der Bundesregierung in dieser Frage aufgrund der maroden Kombinate und der notwendigen Investitionen weitgehend die Hände gebunden, so dass sich die im Ergebnis entstandenen vermachteten Strukturen und die Konkurrenz ausschaltende Braunkohleschutzklausel kaum vermeiden ließen. Als in den Jahren 2014 und 2015 der Ausbau der Stromnetze durch die fluktuierende Einspeisung des EEG-Stroms unausweichlich wurde, wurde der Forderung nach Wirtschaftlichkeit erneut kaum Rechnung getragen. Die Umwälzung der Kosten der Ausfallarbeit abgeregelter Windkraftanlagen auf die Endverbraucher im Rahmen der Netzentgelte lässt die Stromverbraucher die „Spesen" des fehlenden Netzausbaus tragen.

Obwohl sich die politikwissenschaftliche Analyse von den Nationalstaaten entfernt und die Europäische Union und ihre Entscheidungen in den Mittelpunkt der energiepolitischen Analyse rückt, verdeutlicht diese Darstellung deutscher Energiepolitik die Bedeutung der nationalen Ebene. Deutschland hat sowohl bei der Steinkohlesubventionierung als auch bei der Ostsee-Pipeline einen eigenen Weg gewählt und konsequent beschritten. Grundsätzlich gilt dies auch für die Energiewende. Als größte Volkswirtschaft im Euro-Raum versteht es die Bun-

---

878 Vgl. BMU: Entwurf des EEG-Erfahrungsberichts 2011, S. 135ff.
879 Vgl. Strom ist für viele Deutsche unbezahlbar, in: Welt am Sonntag vom 29.04.2012.
880 Vgl. Vowalon boykottiert Ökostrom-Umlage, in: VA vom 09.05.2012.

desrepublik, nationale Ziele auch gegen Brüssels Intentionen zu verteidigen. Trotz dieser nationalen Vorteilnahme lässt sich eine auf die Souveränität und Sicherheit des Nationalstaates gründende Energiesicherheitspolitik in den Entscheidungen der Bundesregierung nicht finden. Der grenzüberschreitende Ausbau der Energienetze und die Würdigung der TEN-E-Leitlinien im Rahmen des EnLAG sind ebenfalls Ausdruck der transeuropäischen Energiepolitik.

Bei der Versorgungssicherheit gilt es, zwischen der außenwirtschaftlichen und binnenwirtschaftlichen Perspektive zu unterscheiden. Ob die Versorgungssicherheit gegenüber dem Ausland im Sinne von Autarkiebestrebungen bei der Stützung der Kohle jemals eine Rolle gespielt hat, ist fraglich. Das homogene Gut lässt sich problemlos aus dem Ausland beziehen, wobei es auf diesem Bezugsweg wesentlich preisgünstiger ist. Das ist auch der Grund, weshalb die Europäische Union die deutsche Subventionspolitik wiederholt kritisiert hatte. Hinter dem Motiv der Versorgungssicherheit verbargen sich stets ebenso Maßnahmen, die sozialpolitischen und wahltaktischen Ambitionen folgten. Im Laufe der Jahre wurden immer größere Teile der Steinkohlenachfrage durch Importe bedient, so dass die reale energiewirtschaftliche Entwicklung dem politisch verfolgtem Ziel der Versorgungssicherheit sowieso widersprach. Zumindest erscheint es fraglich, eine nationale Versorgungssicherheit für Kohle zu postulieren, die weltweit im Überfluss zu beziehen und zudem substituierbar ist, während die Mineralölversorgung fast vollständig vom Ausland abhängig ist. Mineralöl ist im Transportsektor nur mit hohem Aufwand zu substituieren und seine Verfügbarkeit ist wesentlich eingeschränkter. Vor diesem Hintergrund erscheint die Strategie der Bundesregierung, keinen eigenen nationalen Mineralölkonzern aufzubauen, den Erfordernissen unangemessen.

Im Innenverhältnis vertraut die Bundesregierung weniger auf funktionierende Märkte wie sie dies beim Energiebezug von Drittstaaten macht. Um die Versorgungssicherheit im Inland zu sichern, war sie bereit, wettbewerbspolitische Ziele hinter industrie- und strukturpolitische Vorgaben zurückzustellen. Ein markantes Beispiel hierfür bietet die wiederholt genutzte Ministererlaubnis, mit der sie sich über die Bedenken des Bundeskartellamtes hinwegsetzte.

Das Problem der gesellschaftlichen Akzeptanz gegenüber Eingriffen in die Energiewirtschaft begleitete die Bundesregierung von Beginn an. Die Erhardsche Integration des Mineralöls führte zu Verwerfungen in den Steinkohlerevieren und damit verbundenen Akzeptanzproblemen gegenüber der gouvernementalen Energiepolitik. Die Bundesregierung reagierte auf dieses Problem mit einer umfassenden Subventionspolitik, die von den 1960er Jahren noch bis ins Jahr 2018 reicht.

12. Schlussbetrachtung

Aus der Initiierung der Kernenergienutzung erwuchs ein weiteres Akzeptanzproblem, auf das die Bundesregierung nur sehr zögerlich reagierte. Mit dem „Bürgerdialog" versuchte sie, durch eine offensive Informationspolitik die Bürger vom Sinn und Nutzen der neuen Energiequelle zu überzeugen. Der Erfolg war jedoch sehr begrenzt. In den darauf folgenden Jahren stieg die Aversion der Bevölkerung gegen die Kernkraft als Energielieferant. Die Grünen entwickelten sich als gesellschaftliches Sprachrohr und Ventil, um das Unbehagen zu artikulieren. Die rot-grüne Bundesregierung reagierte auf die Ablehnung durch den ersten Atomausstieg, der den Status quo festschrieb. Erst der GAU in Fukushima zwang die Bundesregierung erneut zum Umdenken und zum finalen Atomausstieg.

Aufgrund der kurzfristigen und abrupten Entscheidung, die Kernenergie nicht mehr zu nutzen, entwickelt sich die Anforderung, das Stromsystem schnell umzubauen. Der Einsatz regenerativer Energien, vor allem die Windkraftanlagen, und damit einhergehende Eingriffe in die Umwelt und Kulturlandschaft führten zu einer neuen Konfliktlinie. Es gilt zu betonen, dass das gesellschaftliche Unbehagen gegenüber dem extensiven Bau von Windkraftanlagen nicht aus der gouvernementalen Entscheidung zum finalen Atomausstieg nach Fukushima resultierte. Der Ausbau der regenerativen Energien basierte auf dem Fördersystem des EEG aus dem Jahr 2000 und hatte seinen Ursprung lange vor Fukushima. Nach der Katastrophe in Japan erhöhte die Bundesregierung auch nicht den Anteil der Erneuerbaren an der Stromversorgung, sondern dieser geplante Ausbau war bereits vor Fukushima im Energiekonzept festgeschrieben und er erhielt durch die Eckpunkte nur eine Bekräftigung. Allerdings erhöhte sich durch den finalen Atomausstieg der Zwang zum Umbau, denn er entwickelte sich nun von der Kür zur Pflicht. Als die Landesentwicklungspläne begannen, Ausbauflächen für Windkraftanlagen in sensiblen Kulturlandschaften und Wäldern vorzuschreiben, traf diese Entwicklung auf den Widerstand der Bevölkerung. Sachsen und Bayern waren die einzigen Bundesländer, die diese Bedenken und Ablehnung der Bevölkerung gegenüber der Bundesregierung artikulierten. Beide Freistaaten setzten sich im Rahmen der Länderöffnungsklausel für verpflichtende und über das Immissionsschutzgesetz hinausgehende Mindestabstände von Windkraftanlagen zu Wohnbebauungen ein. Seehofer griff auch die Ablehnung gegen weitere Stromtrassen im Rahmen des Netzausbaus auf und führte 2015 die prioritäre Erdverkabelung ein.

Das Kriterium Nachhaltigkeit stand innerhalb des Zielvierecks stets im Spannungsfeld mit der Wirtschaftlichkeit der Energieversorgung. Obwohl die finale Zielabwägung meist zugunsten der Wirtschaftlichkeit tendierte, lässt sich in den letzten Jahren scheinbar eine stärkere Gewichtung der Nachhaltigkeit konstatieren. Diese Thesen benötigen einige Erläuterungen. Die Tendenz zur Preisstabilität zuungunsten der Nachhaltigkeit bezieht sich nur auf Fragenkomplexe, die sich genau auf diese beiden Kriterien beziehen. Wie im Kapitel Preisstabilität dargelegt, trat die Wirtschaftlichkeit der Energieversorgung wiederholt hinter andere energiewirtschaftliche, sozialpolitische und wahltaktische Aspekte zurück. Gegenüber dem Machterhalt, industriepolitischen Ambitionen oder einem energiewirtschaftlichen Umbau der Stromversorgung steht die Preisstabilität hintan. Gegenüber der Nachhaltigkeit der Energieversorgung hingegen, kann sie sich als prioritäres Ziel durchsetzen. Das Kriterium der Nachhaltigkeit erscheint so als das schwächste im Zielviereck. Als sich Trittin gegen den Superminister behaupten musste, um die Anzahl der CO_2-Zertifikate festzulegen, unterlag er mit seiner Forderung, das CO_2-Niveau stärker zu senken.

Der Blick auf die Intensität der Eingriffe in energiewirtschaftliche Strukturen verdeutlicht den Umfang staatlicher Lenkung für die Sicherung der deutschen Energieversorgung. Die Stützung der deutschen Steinkohle stellte allerdings weniger eine Maßnahme zur Sicherung der Energieversorgung dar, sondern rangierte als sozialpolitische Hilfe für einen energiewirtschaftlichen Industriezweig, der seine ursprüngliche Bedeutung verlor. Die direkten und indirekten Subventionen zeigten den Willen der Bundesregierung per staatlichen Eingriff eine Industrie zu erhalten, die sonst einen umfassenden Restrukturierungsprozess durchlaufen wäre. Importrestriktionen für ausländische Steinkohle, die Stützung der Ruhrkohle AG, Kokskohlebeihilfen und der Kohlepfennig schalteten die freie Preisbildung weitgehend aus. Die Maßnahmen für die Steinkohle verdeutlichen die Probleme für das Preisgefüge, die aus Eingriffen resultieren. Preisstopps für eine Ware beeinflussen das Preisgefüge der Güter, die diese Ware als Input nutzen und führen zur immer weiter um sich greifenden Notwendigkeit, erneut Maßnahmen zu ergreifen.

Diese Problematik gilt auch für die erneuerbaren Energien. Seit der Energiewende und dem verstärkten Ausbau der Erneuerbaren nehmen die Eingriff stetig zu. Das staatlich geplante System der Erneuerbaren reagiert auf die vielfältigen Herausforderungen mit zahlreichen Verwerfungen. Die Vergütung von Ausfallarbeit im Rahmen des Einspeisemanagements oder die Vermarktung des Stroms zu negativen Preisen lässt sich nur mit der staatlich garantierten Umwälzung aller Kosten auf den Stromendverbraucher erklären. Zuletzt sah sich der Gesetzgeber im EEG 2014 gezwungen, marktwirtschaftliche Mechanismen und Strukturen in das EEG-System einzuführen.

Die deutsche Atomindustrie gründet auf staatlicher Unterstützung und hätte aufgrund des US-amerikanischen Technologievorsprungs ohne Subventionierung vielleicht eine andere Entwicklung genommen, die zu einem vermehrten Import

12. Schlussbetrachtung

der Kernkraftwerkstechnologie geführt hätte. Es war im Wesentlichen die staatliche Anschubfinanzierung, die zum Bau der deutschen KKW führte. Milliarden flossen nicht nur in die Forschung, sondern ebenso in die Entsorgung. Die Nützlichkeit der atomaren Technologie soll nicht bestritten werden – aber es fragt sich, ob sie der Markt hervorgebracht hätte, oder ob sie nicht vielmehr eine Entwicklung des Staates darstellt. Schüler wertet die Atomkraft entsprechend als nicht marktgeleitet, sondern als ideologisch überhöhten Fortschrittsgedanken und nationales Prestigedenken"[881]. Ohne sich dieser Meinung anschließen zu müssen, richtet sie das Augenmerk auf den bestimmenden Einfluss, den der Staat für die Entwicklung bestimmter Zweige der Energiewirtschaft ausübt.

Ganz ohne staatliche Subventionierung kommen die Energieträger Mineralöl und Gas aus. In den vergangenen Jahrzehnten konnten sie sich ohne größere Intervention behaupten. Zwar hatte auch die Mineralölwirtschaft in Deutschland eine Zeit lang mit der Profitabilität zu kämpfen. Allerdings vollzog dieser Energiezweig die notwendigen Anpassungen und schrumpfte auf eine Größe, die den Markterfordernissen entsprach. Aufgrund der Preisbindung konnte das Gas ebenfalls ohne größere Komplikationen seine Position in der Energiewirtschaft aufrechterhalten. Hinzu tritt, dass es für den Energieträger Gas keinen wirklichen Markt gibt, sondern nur leitungsgebundene Verteilergebiete vorliegen. Es gilt hinzuzufügen, dass der Staat durch die Akzeptanz der privatwirtschaftlichen Preisbindung eine freie Preisbildung in der Gaswirtschaft unnötig machte und die vermachteten Strukturen zwischen Öl- und Gaswirtschaft zumindest nicht verhinderte. Der BGH sprach sich erst 2010 gegen die Preisbindung als alleinige Grundlage für Lieferverträge aus.

Der Ausbau der erneuerbaren Energien stützt sich auf ein staatliches Subventionssystem, das zu einer Verteuerung des Stroms führt. Mag die Förderung des Stroms auch per Umlage auf die Endkunden übergewälzt werden, so liegt eine gesetzliche Zwangsabgabe vor. Der Verkauf des EEG-Stroms an der Börse ändert nichts an den steigenden Kosten. Weil die Umlage die Differenz zwischen Erlös und staatlich festgesetzter Vergütung ausgleicht, steigt die EEG-Umlage, wenn die Börsenpreise fallen. 2012 beliefen sich die Gesamtkosten für regenerativen Strom auf 17 Mrd. Euro. Nach Abzug der Verkaufserlöse in Höhe von 3 Mrd. Euro schulterten die Verbraucher 14 Mrd. Euro in Form der EEG-Umlage. Im Jahr 2013 beliefen sich die Gesamtkosten des EEG-Stroms auf 21,8 Mrd. Euro. 2 Mrd. Euro wurden über Verkaufserlöse getragen, wohingegen 19,4 Mrd.

---

881 Vgl. Andreas Schüler: Erfindergeist und Technikkritik. Der Beitrag Amerikas zur Modernisierung und die Technikdebatte seit 1900, Stuttgart 1990, S. 128.

über die Umlage zu zahlen waren.[882] Im Jahr 2014 beliefen sich die Kosten des EEG auf 23,6 Mrd. Euro.[883]

Fraglich bleibt, ob der Ausbau ohne die Subventionen ebenfalls derart zügig vorangeschritten wäre. Andererseits zeigen die Probleme, den EEG-Strom von den Entstehungsgebieten zu den Verbrauchsorten zu transportieren, dass der alleinige Ausbau der Produktionskapazitäten ohne energiewirtschaftliche Integration Probleme mit sich führt. Die von den Stromkonsumenten zu zahlende EEG-Umlage fließt ebenso in Strom, der von Anlagen stammte, die vom Netz getrennt sind, weil es sonst überlastet wäre. Zwar ist nicht zu bestreiten, dass konventioneller Strom die Einspeisung des Ökostroms verhindert. Gleichzeitig muss bedacht werden, dass die fluktuierende Stromproduktion der Erneuerbaren in Ermangelung ausreichender Speicherkapazitäten den Betrieb grundlastfähiger Kraftwerke notwendig machte. Eine allmähliche Integration mit entsprechender Anpassung an energiewirtschaftliche Besonderheiten hätte dieses Problem gemildert. Aufgrund des eiligen Ausbaus obliegt es nun wieder dem Staat, auch die Integration zu organisieren. „Da es [...] in der Bevölkerung durchaus eine große Aufgeschlossenheit gegenüber Ökologie und umweltverträglicher Energieversorgung gibt, hätte nichts gegen einen langsamen, bedächtigen und doch entschlossenen Weg in ein neues Energiezeitalter gesprochen."[884] Ebenso wie bei der Kohlesubventionierung führt ein Eingriff zur Notwendigkeit, einen weiteren vorzunehmen. Fast die gesamte Gesetzgebung im Bereich der Erneuerbaren, vor allem das seit Ende 2015 diskutierte Strommarktgesetz, nimmt sich nun dieser Aufgabe an.

Zu Beginn des Abrisses der gouvernementalen Energiepolitik wurde die Konfliktlinie zwischen der Bedeutung des Staates und der Wirtschaft für die Ausgestaltung der energiewirtschaftlichen Strukturen herausgestrichen. Die vielfältigen Eingriffe und Anreizsysteme verdeutlichen die herausragende Position des Staates für die Energiewirtschaft, die mit der großen Bedeutung des Gutes Energie für die Gesamtwirtschaft legitimiert wird. Weil die Energiewirtschaft für die Funktionalität der Ökonomie so wichtig ist, zeigt sich die Bundesregierung bereit, die Versorgung mit Energie nicht allein auf marktwirtschaftliche Prozesse zu gründen, sondern per staatlicher Förderung und Regulierung die Entwicklung der Energiewirtschaft in eine bestimmte Richtung zu lenken. Die Beispiele Steinkohle und Atomenergie verdeutlichen, dass diese Art der Investitionslenkung zu einer Allokation führt, die mit Wohlfahrtsverlusten verbunden sein kann. Es ist aber die originäre Aufgabe der Politik, zu entschei-

---

882　Vgl. Ökostrom kostet jeden Deutschen 240 Euro im Jahr, in: FAZ vom 09.01.2014.
883　Vgl. BDEW, BMWi.
884　Vgl. Verkorkste „Energiewende", in: DW vom 24.05.2012.

12. Schlussbetrachtung

den, ob ein gesamtgesellschaftliches Ziel, das durch eine Investitionslenkung angepeilt wird, diese Wohlfahrtsverluste aufwiegt.

Der mit der Energiewende verbundene Umbau der Energiewirtschaft mit dem Ziel, neben dem Umbau der Energiewirtschaft zügig die aus dem Atomausstieg resultierende Stromlücke zu kompensieren, führt zu steigenden volkswirtschaftlichen Kosten. Erneut liegt es an der Bundesregierung darüber zu entscheiden, welche Anteile des Bruttoinlandsproduktes in das Ziel der Energiewende investiert werden sollen. Dabei liegt es auch an ihr, zu entscheiden, ob der Markt oder der Staat die Energiewende vorantreiben soll.

13. Bibliographie

13.1. Primärliteratur

Abelshauser, Werner: Der Ruhrkohlebergbau seit 1945, München 1989.
Albers, Willi: Handwörterbuch der Wirtschaftswissenschaft, Bd. 7, Stuttgart 1977.
Altmann, Jörn: Wirtschaftspolitik, Stuttgart 2007.
Bajohr, Stefan: Grundriss staatliche Finanzpolitik. Eine praktische Einführung, Wiesbaden 2007.
Baring, Arnulf: Machtwechsel. Die Ära Brandt-Scheel, Stuttgart 1982.
Bechberger, Mischa/Danyel Reiche (Hrsg.): Ökologische Transformation der Energiewirtschaft – Erfolgsbedingungen und Restriktionen, Berlin 2006.
Becker, Florian: Kooperative und konsensuale Strukturen in der Normsetzung, Tübingen 2005.
Bender, Dieter u.a.: Vahlens Kompendium der Wirtschaftstheorie und Wirtschaftspolitik, München 1988.
Berlin-Brandenburgische Akademie der Wissenschaften (Hrsg.): „...die volle Macht eines souveränen Staates..." - Die alliierten Vorbehaltsrechte als Rahmenbedingung westdeutscher Außenpolitik 1949 – 1990. Ergebnisse eines Kolloquiums der Berlin-Brandenburgischen Akademie der Wissenschaften / BBAW, 6.-8. Juli 1995, Berlin 1996.
Berthold, Norbert/Rainer Hank: Bündnis für Arbeit. Korporatismus statt Wettbewerb, Tübingen 1999.
Birke, Anja /Vanessa Hensel/Olaf Hirschfeld/Thomas Lenk: Die ostdeutsche Elektrizitätswirtschaft zwischen Volkseigentum und Wettbewerb, Leipzig 2000.
Bundesministerium für Wirtschaft (Hrsg.): Reden zur Wirtschaftspolitik, Bd. 6, Bonn 1970.
Boenke, Susan: Entstehung und Entwicklung des Max-Planck-Instituts für Plasmaphysik 1955 – 1971, Frankfurt am Main 1991.
Bracher, Karl Dietrich (Hrsg.): 1969-1974. Die Ära Brandt, Stuttgart 1986.
Brüggemeier, Franz-Josef/Jens Ivo Engels (Hrsg.): Natur- und Umweltschutz nach 1945. Konzepte, Konflikte, Kompetenzen, Frankfurt am Main 2005.
Bukow, Sebastian/Wenke Seemann: Die Große Koalition. Regierung-Politik-Parteien, Wiesbaden 2010
Burckhardt, Helmut: 25 Jahre Kohlepolitik, Baden-Baden 1981.
Butterwegge, Christoph: Krise und Zukunft des Sozialstaats, Wiesbaden 2012.
Cho, Tae-Young: Die Stahlindustrie Südkoreas im internationalen Vergleich. Ein Vergleich mit der deutschen Stahlindustrie, Göttingen 1992.
Dettling, Warnfried: Die gelenkte Gesellschaft, Investitionslenkung und ihre Folgen, München 1976.
Dünnhoff, Elke: Die Unterstützung des kommunalen Energiemanagements durch die Bundesländer, Heidelberg 2000.
Elsenhans, Hartmut (Hrsg.): Erdöl für Europa, Hamburg 1974.

13. Bibliographie

Farrenkopf, Michael u.a. (Hrsg.): Glück auf Ruhrgebiet. Der Steinkohlenbergbau nach 1945, Bochum 2009.

Fels, Gerhard/Axel D. Neu: Reform der Kohlepolitik als Beitrag zur Sicherung der Energieversorgung, Kiel 1980.

Eckert, Michael/Maria Osietzki: Wissenschaft für Macht und Markt. Kernforschung und Mikroelektronik in der Bundesrepublik Deutschland, München 1989.

Egle, Christoph/Reimut Zohlnhöfer (Hrsg.): Das Ende des rot-grünen Projektes. Eine Bilanz der Regierung Schröder 2002-2005, Wiesbaden 2007.

Egle, Christoph/Reimut Zohlnhöfer (Hrsg.): Die zweite Große Koalition. Eine Bilanz der Regierung Merkel 2005-2009, Wiesbaden 2010.

Erdölbevorratungsverband (Hrsg.): Mineralölpflichtbevorratung in der Bundesrepublik Deutschland, Hamburg 2008.

Erhard, Ludwig: Wohlstand für alle, Düsseldorf 1957.

Erling, Uwe M.: Emissionshandel. Rechtsgrund und Einführung, Berlin 2008

Frickhöffer, Wolfgang (Hrsg.): Weißbuch Energie, Bonn 1980.

Geden, Oliver/Severin Fischer: Die Energie- und Klimapolitik der Europäischen Union. Bestandsaufnahme und Perspektiven, Baden-Baden 2008.

Geitmann, Sven: Erneuerbare Energien & Alternative Rohstoffe. Mit neuer Energie in die Zukunft, Kremmen 2005.

Gohr, Antonia /Martin Seeleib-Kaiser (Hrsg.): Sozial- und Wirtschaftspolitik unter Rot-Grün, Wiesbaden 2003.

Görtemaker, Manfred: Geschichte der Bundesrepublik Deutschland. Von der Gründung bis zur Gegenwart, München 1999.

Groneberg, Simon Thomas: EEG und KWKG reloaded- Motive, Ergebnisse und offene Fragen. Die Novellierung des Erneuerbare-Energie-Gesetz und des Kraft-Wärme-Kopplungsgesetz zum 01.01.2009, Norderstedt 2009.

Grosser, Dieter u.a.: Soziale Marktwirtschaft. Geschichte – Konzept – Leistung, Stuttgart 1988.

Grossekettler, Heinz: Die Wirtschaftsordnung als Gestaltungsaufgabe. Entstehungsgeschichte und Entwicklungsperspektiven des Ordoliberalismus nach 50 Jahren Sozialer Marktwirtschaft, Münster 1997.

Gründinger , Wolfgang: Die Energiefalle. Rückblick auf das Ölzeitalter, München 2006.

Häusler, Jürgen: Der Traum wird zum Alptraum - Das Dilemma einer Volkspartei. Die SPD im Atomkonflikt, Berlin 1988.

Hanke, Thomas: Der neue Kapitalismus. Republik im Wandel, Hamburg 2006.

Hansen, P. /F. Chr. Matthes (Hrsg.): Politikszenarien für den Klimaschutz V – auf dem Weg zum Strukturwandel. Treibhausgasemissionsszenarien bis zum Jahr 2030, Jülich 2010.

Hirschl, Bernd: Erneuerbare Energien-Politik. Eine Multi-Level Policy-Analyse mit Fokus auf den deutschen Strommarkt, Wiesbaden 2007.

13.1. Primärliteratur

Hengartner, Thomas/Johannes Moser (Hrsg.): Grenzen und Differenzen, Zur Macht sozialer und kultureller Grenzziehungen, Leipzig 2006.

Hensing, Ingo/Wolfgang Pfaffenberger/Wolfgang Ströbele: Energiewirtschaft, München 1998.

Herder-Dorneich, Philipp: Konkurrenzdemokratie – Verhandlungsdemokratie, Politische Strategien der Gegenwart, Stuttgart 1979.

Hermanns, Stefan: Das Erneuerbare Energien Gesetz 2009 (EEG 2009). Novellierung sowie Hintergrund und Verlauf der politischen Debatte am Beispiel der Solarenergie, Norderstedt 2008.

Heuterkes, Michael/Matthias Janssen (Hrsg.): Die Regulierung von Gas- und Strommärkten in Deutschland, in: Beiträge aus der angewandten Wirtschaftsforschung Nr. 29, Münster 2008.

Hochstätter, Matthias: Karl Schiller. Eine wirtschaftspolitische Biographie, Saarbrücken 2008.

Hohensee, Jens: Der erste Ölpreisschock 1973-74. Die politische und gesellschaftlichen Auswirkungen der arabischen Erdölpolitik auf die Bundesrepublik Deutschland und Westeuropa, Stuttgart 1996.

Holzwarth, Fritz (Hrsg.): Helmut Gröner. Wege zu mehr Wettbewerb: Schriften und Aufsätze. Zum 65. Geburtstag von Prof. Dr. Helmut Gröner, Baden-Baden 1996.

Hoppmann, Erich (Hrsg.): Konzertierte Aktion. Kritische Beiträge zu einem Experiment von Ernst Dürr, Ernst Heuss, Erich Hoppmann, Erich Kaufer, Hans-Georg Koppensteiner, Dieter Pohmer, Werner Göckeler, Hans Heinrich Rupp, Egon Tuchtfeldt, Christian Watrin, Josua Werner, Artur Woll, Frankfurt am Main 1971.

Hartmut, Weber (Hrsg.): Kabinettsprotokolle, Bd. 16, Bonn 1967.

Horn, Manfred: Die Energiepolitik der Bundesregierung von 1958 bis 1972. Zur Bedeutung der Penetration ausländischer Ölkonzerne in die Energiewirtschaft der BRD für die Abhängigkeit interner Strukturen und Entwicklungen, Berlin 1977.

Informationskreis Kernenergie (Hrsg.): Tschernobyl. Der Reaktorunfall, Bonn 1996.

Institut für Zeitgeschichte (Hrsg.): Akten zur auswärtigen Politik der Bundesrepublik Deutschland 1975. 1. Januar bis 30.Juni, München 2006.

Ipsen, Hans Peter: Europäisches Gemeinschaftsrecht, Tübingen 1972.

Junker-John, Monika: Die Steinkohlenpolitik in der Steinkohlenkrise, Berlin 1974.

Kahlenberg, Friedrich P. (Hrsg.): Die Kabinettsprotokolle der Bundesregierung 1956-1957. Kabinettsausschuss für Wirtschaft, München 2000.

Kaindl, Christina (Hrsg.): Subjekte im Neoliberalismus, Marburg 2007.

Kaiser, Christian: Korporatismus in der Bundesrepublik. Eine politikfelderübergreifende Übersicht, Marburg 2006.

Karlsch, Rainer /Raymond Stokes: Faktor Öl. Mineralölwirtschaft in Deutschland 1859-1974, München 2003.

Keynes, John Maynard: Allgemeine Theorie der Beschäftigung, des Zinses und des Geldes, Berlin 2006.

13. Bibliographie

Kitschelt, Herbert: Kernenergiepolitik. Arena eines gesellschaftlichen Konflikts, Frankfurt am Main 1980.
Kleinhenz, Gerhard (Hrsg.): Soziale Ausgestaltung der Sozialen Marktwirtschaft. Die Vervollkommnung einer „Sozialen Marktwirtschaft" als Daueraufgabe der Ordnungs- und Sozialpolitik, Berlin 1995.
Kleinwächter, Lutz (Hrsg.): Deutsche Energiepolitik, Potsdam 2007.
Koch, Walter/Christian Czogalla: Grundlagen und Probleme der Wirtschaftspolitik, Köln 1999.
Königsberger, Karen: Vernetztes System? Zur Geschichte des Deutschen Museums 1945-1980, München 2009.
Kremer, Johannes: Neue Strategie für unsere Wirtschaftspolitik, Düsseldorf 1987.
Kuhnke, Hans-Helmut: Die Ruhrkohle AG im Rahmen der Neuordnung des Steinkohlenbergbaus, Essen 1969.
Küng, Emil: Wirtschaftspolitische Gegenwartsfragen, Zürich 1961.
Kurlbaum, Georg/Uwe Jens (Hrsg.): Beiträge zur sozialdemokratischen Wirtschaftspolitik. Mit einem Vorwort von Helmut Schmidt, Bonn 1983.
Kürten, Klaus D. (Hrsg.): Energie als Herausforderung, Müchen 1974.
Kurze, Kristina: Europas fragile Energiesicherheit. Versorgungskrisen und ihre Bedeutung für die europäische Energiepolitik, Berlin 2009.
Leggett, Jeremy: Peak Oil. Die globale Energiekrise, die Klimakatastrophe und das Ende des Ölzeitalters, Köln 2006.
Mändle, Eduard (Hrsg.): Praktische Wirtschaftspolitik. Willensbildung - Globalsteuerung – Branchenpolitik - Umweltpolitik, Wiesbaden 1977.
Matthiesen, Max: Die staatliche Einwirkung zur Sicherung der Energieversorgung und ihre Grenzen, Berlin 1987.
Mayntz, Renate/Fritz W. Scharpf (Hrsg.): Gesellschaftliche Selbstreglung und politische Steuerung, Frankfurt am Main 1995.
Meyer-Renschhausen, Martin: Energiepolitik in der BRD von 1950 bis heute - Analyse und Kritik, Köln 1977.
Ders.: Das Energieprogramm der Bundesregierung. Ursachen und Probleme staatlicher Planung im Energiesektor der BRD, Frankfurt am Main 1981.
Monstadt, Jochen: Die Modernisierung der Stromversorgung. Regionale Energie- und Klimapolitik im Liberalisierungs- und Privatisierungsprozess, Wiesbaden 2004.
Möller, Alex (Hrsg.): Gesetz zur Förderung der Stabilität und des Wachstums der Wirtschaft und Art. 109 Grundgesetz. Kommentar unter besonderer Berücksichtigung der Entstehungsgeschichte, Hannover 1968.
Möller, Detlev: Endlagerung radioaktiver Abfälle in der Bundesrepublik Deutschland. Aministrativ-politische Entscheidungsprozesse zwischen Wirtschaftlichkeit und Sicherheit, zwischen nationaler und internationaler Lösung, Frankfurt am Main 2009.

13.1. Primärliteratur

Müller-Armack, Alfred: Genealogie der Sozialen Marktwirtschaft. Frühschriften und weiterführende Konzepte, Bern 1974.

Müller, Hans-Peter/Manfred Wilke: Braunkohlepolitik der Steinkohlegewerkschaft. Die Energiepolitik der Industriegewerkschaft Bergbau und Energie im Vereinigungsprozess 1990 bis 1994, Berlin 1996.

Müller, Markus M./Roland Sturm: Wirtschaftspolitik kompakt, Wiesbaden 2010.

Müller, Wolfgang: Die Geschichte der Kernenergie in der Bundesrepublik Deutschland. Anfänge und Weichenstellungen, Stuttgart 1990.

Musiolek, Bernd: Das Forschungszentrum. Eine Geschichte der KFA Jülich von der Gründung bis 1980, Frankfurt am Main 1996.

Mulfinger, Albrecht: Auf dem Weg zur gemeinsamen Mineralölpolitik. Die Interventionen der öffentlichen Hand auf dem Gebiet der Mineralölindustrie im Hinblick auf den gemeinschaftlichen Mineralölmarkt, Berlin 1972.

Naschold, Frieder/Werner Väth: Politische Planungssysteme, Opladen 1973.

Nohlen, Dieter /Florian Grotz (Hrsg.): Kleines Lexikon der Politik, München 2007.

Nonn, Christoph: Ruhrbergbaukrise. Entindustrialisierung und Politik 1958-1969, Göttingen 2001.

Oberreuter, Heinrich/Uwe Kranenpohl: Die politischen Parteien in Deutschland. Geschichte, Programmatik, Organisationen, Personen, Finanzierung, München 2000.

Oberthür, Sebastian /Hermann E. Ott: Das Kyoto-Protokoll. Internationale Klimapolitik für das 21. Jahrhundert, Berlin 1999.

Olhorst, Dörte: Windenergie in Deutschland. Konstellationen, Dynamiken und Regulierungsprozesse im Innovationsprozess, Wiesbaden 2008.

Pollak, Johannes/Samuel Schubert/Peter Slominski: Die Energiepolitik der EU, Wien 2010.

Radkau, Joachim: Aufstieg und Krise der deutschen Atomwirtschaft 1945-1975, Reinbek 1983.

Reiche, Danyl: Grundlagen der Energiepolitik, Frankfurt am Main 2005.

Ringel, Marc: Energie und Klimaschutz. Umweltökonomische Analyse der Klimaschutzmaßnahmen auf dem deutschen Elektrizitätsmarkt unter Berücksichtigung internationaler Erfahrungen, Frankfurt am Main 2004.

Sack, Siegfried/Hubert Wawrzinek: Energiewirtschaftlicher Strukturwandel im Zeichen des Profits, Berlin 1970.

Schaaf, Christian: Die Kernenergiepolitik der SPD von 1966 -1977, München 2002.

Schaaf, Peter: Ruhrbergbau und Sozialdemokratie. Die Energiepolitik der Großen Koalition 1966-1969, Marburg 1978.

Schanetzky, Tim: Die große Ernüchterung. Wirtschaftspolitik, Expertise und Gesellschaft in der Bundesrepublik, Berlin 2007.

Scheer, Hermann: Energieautonomie. Eine neue Politik für erneuerbare Energien, München 2005.

13. Bibliographie

Scherf, Harald: Enttäuschte Hoffnungen – vergebene Chancen. Die Wirtschaftspolitik der Sozial-Liberalen Koalition 1969-1982, Göttingen 1986.

Schiller, Karl: Konjunkturpolitik auf dem Wege zu einer Affluent Society, Kiel 1968.

Ders.: Reden zur Wirtschaftspolitik, Bd. 5, Bonn 1969.

Schmidt, Manfred G./Reimut Zohlnhöfer (Hrsg.): Regieren in der Bundesrepublik Deutschland. Innen- und Aussenpolitik seit 1949, Wiesbaden 2006.

Schott, Dieter (Hrsg.): Energie und Stadt in Europa. Von der vorindustriellen 'Holznot' bis zur Ölkrise der 1970er Jahre, Stuttgart 1997.

Schulenberg, Sebastian: Die Energiepolitik der Europäischen Union. Eine kompetenzrechtliche Untersuchung unter besonderer Berücksichtigung finaler Kompetenznormen, Baden-Baden 2009.

Spiegelberg, Friedrich: Energiemarkt im Wandel. Zehn Jahre Kohlenkrise an der Ruhr, Baden-Baden 1970.

Stammen, Theo: (Hrsg.): Strukturwandel der modernen Regierung, Darmstadt 1967.

Stein, Gotthard/Hermann Friedrich Wagner (Hrsg.): Das IKARUS-Projekt. Klimaschutz in Deutschland. Strategien für 2000-2020, Berlin 1999.

Steffen, Hentrich /Jürgen Wiemers: Beschäftigungseffekte durch den Ausbau erneuerbarer Energien, Saale 2004.

Streckel, Siegmar: Die Ruhrkohle AG. Entstehungsgeschichte und Zulässigkeit, Frankfurt am Main 1973.

Stüwe, Klaus (Hrsg.): Die großen Regierungserklärungen der deutschen Bundeskanzler von Adenauer bis Schmidt, München 1979.

Suck, André: Erneuerbare Energie und Wettbewerb in der Elektrizitätswirtschaft, Wiesbaden 2008.

Tempel, Karl G.: Kernenergie in der Bundesrepublik, Berlin 1981.

Vitzthum, Wolfgang (Hrsg.): Rechtliche und ökonomische Probleme der Energie- und Rohstoffversorgung in der Bundesrepublik Deutschland, München 1979.

Voigt, Rüdiger: Entwicklungslinien moderner Staatlichkeit, Baden-Baden 1996.

Ders. (Hrsg.): Der kooperative Staat. Krisenbewältigung durch Verhandlung?, Baden-Baden 1995.

Weber, Adolf: Kurzgefasste Volkswirtschaftspolitik, Berlin 1951.

Weber-Grellet, Heinrich: Steuern im modernen Verfassungsstaat. Funktionen, Prinzipien und Strukturen des Steuerstaates und des Steuerrechts, Köln 2001.

Weiss, Alexander: Unternehmensbezogene Kernkostenanalyse. Theorie und Ausführung am Beispiel einer Bergbauunternehmung, Wiesbaden 2005.

Woll, Artur: Wirtschaftspolitik, München 1984.

Zinn, Karl Georg: Soziale Marktwirtschaft, Idee, Entwicklung und Politik der bundesdeutschen Wirtschaftsordnung, Mannheim 1992.

13.2. Sekundärliteratur

Adenauer, Konrad: Regierungserklärung vom 29. Oktober 1957, in: Klaus Stüwe (Hrsg.): Die großen Regierungserklärungen der deutschen Bundeskanzler von Adenauer bis Schröder, Opladen 2002, S. 64-77.

Barthelt, Klaus /Klaus Montanus: Begeisterter Aufbruch. Die Entwicklung der Kernenergie in der Bundesrepublik Deutschland bis Mitte der siebziger Jahre, in: Hohenee/Salewski 1993, S. 89-100.

Beck, Stefan/Christoph Scherrer: Der rot-grüne Einstieg in den Abschied vom „Modell Deutschland": Ein Erklärungsversuch, in: PROKLA. Zeitschrift für kritische Sozialwissenschaft, H. 1, Jg. 35 (2005), S. 111-130.

Beyme, Klaus von: Verfehlte Vereinigung – verpasste Reformen? Zur Problematik der Evaluation der Vereinigungspolitik in Deutschland seit 1989, in: Journal für Sozialforschung, S. 249-269.

Biedenkopf, Kurt: Ordnungspolitische Probleme der neuen Wirtschaftspolitik, in: Jahrbuch für Sozialwissenschaften, (1968), S. 308-331.

Brandt, Willy: Regierungserklärung vom 28. Oktober 1969, in: Klaus Stüwe (Hrsg.): Die großen Regierungserklärungen der deutschen Bundeskanzler von Adenauer bis Schmidt, Opladen 2002, S. 161-179.

Ders.: Regierungserklärung vom 18. Januar 1973, in: Klaus Stüwe (Hrsg.): Die großen Regierungserklärungen der deutschen Bundeskanzler von Adenauer bis Schmidt, Opladen 2002, S. 180-198.

Blühdorn, Ingolfur: Win-win-Szenarien im Härtetest. Die Umweltpolitik der Großen Koalition 2005-2009, in: Sebastian Bukow/Wenke Seemann: Die Große Koalition. Regierung-Politik-Parteien, Wiesbaden 2010, S. 211-227.

Candeias, Mario: Konjunkturen des Neoliberalismus, in: Christina Kaindl (Hrsg.), Subjekte im Neoliberalismus, Marburg 2007, 9-18.

Czada, Roland: Kooperation und institutionelles Lernen in Netzwerken der Vereinigungspolitik, in: Renate Mayntz/Fritz W. Scharpf Hrsg.): Gesellschaftliche Selbstreglung und politische Steuerung, Frankfurt am Main 1995, S. 299-326.

Czakainski, Martin: Energiepolitik in der Bundesrepublik Deutschland 1960 bis 1980 im Kontext außenwirtschaftlicher Verflechtungen, in: Jens Hohensee/Michael Salewski: Energie – Politik – Geschichte, Stuttgart 1993, S. 17-34.

Dannenbaum, Thomas: „Atom-Staat" oder „Unregierbarkeit". Wahrnehmungsmuster im westdeutschen Atomkonflikt der siebziger Jahre, in: Franz-Josef Brüggemeier/Jens Ivo Engels (Hrsg.): Natur- und Umweltschutz nach 1945. Konzepte, Konflikte, Kompetenzen, Frankfurt am Main 2005, S. 268-286.

Deges, Stefan: Der Preis verfehlter Energiepolitik, in: DpM, H. 1, Jg. 49 (2004), S. 13-19.

13. Bibliographie

Düngen, Helmut: Zwei Dekaden deutscher Energie- und Umweltpolitik. Leitbilder, Prinzipien und Konzepte, in: Jens Hohensee/Michael Salewski: Energie – Politik – Geschichte, Stuttgart 1993, S. 35-50.

Engelmann, Ulrich: Energiepolitik, in: Eduard Mändle (Hrsg.): Praktische Wirtschaftspolitik. Willensbildung - Globalsteuerung - Branchenpolitik - Umweltpolitik, Wiesbaden 1977, S. 165-181.

Engels, Markus /Petra Schwarz: Alliierte Restriktionen für die Außenwirtschaftspolitik der Bundesrepublik Deutschland. Das Röhrenembargo von 1962/63 und das Erdgas-Röhren-Geschäft von 1982, in: Berlin-Brandenburgische Akademie der Wissenschaften (Hrsg.): „...die volle Macht eines souveränen Staates..." - Die alliierten Vorbehaltsrechte als Rahmenbedingung westdeutscher Außenpolitik 1949 – 1990. Ergebnisse eines Kolloquiums der Berlin-Brandenburgischen Akademie der Wissenschaften / BBAW, 6.-8. Juli 1995, Berlin 1996, S. 227-242.

Erhard, Ludwig: Regierungserklärung vom 10. November 1965, in: Klaus Stüwe (Hrsg.): Die großen Regierungserklärungen der deutschen Bundeskanzler von Adenauer bis Schröder, Opladen 2002, S. 120-146.

Funck, Rolf: Straßenverkehrssteuern, in: Willi Albers: Handwörterbuch der Wirtschaftswissenschaft, Bd. 7, Stuttgart 1977, S. 468-478.

Gröner, Helmut: Energiepolitik in den neuen Bundesländern, in: Fritz Holzwarth (Hrsg.): Helmut Gröner. Wege zu mehr Wettbewerb: Schriften und Aufsätze. Zum 65. Geburtstag von Prof. Dr. Helmut Gröner, Baden-Baden 1996, S. S. 161-178

Grotz, Florian /Michael Krennerich: Energiepolitik, in: Dieter Nohlen/Florian Grotz (Hrsg.): Kleines Lexikon der Politik, München 2007, S. 94-98.

Gröner, Helmut: Die Energiepolitik – ein Stiefkind der Ordnungspolitik?, in: Wolfgang Frickhöffer (Hrsg.): Weißbuch Energie, Bonn 1980, S. 139-152.

Grewe, Hartmut: Renaissance der Kernenergie?, in: DpM, H. Jg. 49 (2004), S. 28-33.

Hayek, Friedrich August v.: Der Wettbewerb als Entdeckungsverfahren, in: Erich Schneider (Hrsg.): Kieler Vorträge, Bd. 56, Kiel 1968.

Hoffmann, F: DEMINEX – Erste Erfolge des Unternehmens in der Sicherung der Rohölbasis, in: Glückauf H. 1, Jg. 114 (1998), S. 446 – 448.

Hohensee, Jens: Böswillige Erpressung oder bewusste Energiepolitik? Der Einsatz der Ölwaffe 1973/74 aus arabischer Sicht, in: Hohensee/Salewski 1993, S. 153-176.

Herweg, Nicole/Reimut Zohlnhöfer: Die Große Koalition und das Verhältnis von Markt und Staat: Entstaatlichung in der Ruhe und Verstaatlichung während des Sturms?, in: Christoph Egle/Reimut Zohlnhöfer (Hrsg.): Die zweite Große Koalition. Eine Bilanz der Regierung Merkel 2005-2009, Wiesbaden 2010, S. 254-278.

Huffschmid, Jörg: Die Politik des Kapitals, Konzentration und Wirtschaftspolitik in der Bundesrepublik, in: Frieder Naschold/Werner Väth: Politische Planungssysteme, Opladen 1973, S. 108-113.

13.2. Sekundärliteratur

Jellonek, Burghard unter Mitarbeit von Marlene Schweigerer Kartmann: Das Saarland, in: Hans-Georg Wehling (Hrsg.): Die deutschen Länder: Geschichte, Politik, Wirtschaft, Wiesbaden 2004, S. 231-252.

Kiesinger, Karl Georg: Regierungserklärung vom 13. Dezember 1966, in: Klaus Stüwe (Hrsg.): Die großen Regierungserklärungen der deutschen Bundeskanzler von Adenauer bis Schmidt, München 1979, S. 242.

Kienitz, Klaus-Peter: Die Ruhrkohle AG – eine unternehmerische Antwort auf die Strukturkrise der Steinkohle in den 60er Jahren, in: Die Ruhrkohle AG. Sozialökonomische Unternehmensbiographie eines Konzerns, Bochum 1987, S. 9-46.

Kleinwächter, Kai: Das „Eiserne Pentagramm" – Strommarktregulierung in Deutschland, in: Lutz Kleinwächter (Hrsg.) Deutsche Energiepolitik 2007, S. 65-77.

Kohl, Helmut: Regierungserklärung vom 13. Oktober 1982, in: Klaus Stüwe (Hrsg.): Die großen Regierungserklärungen der deutschen Bundeskanzler von Adenauer bis Schmidt, Opladen 2002, S. 269-287.

Ders.: Regierungserklärung vom 4. Mai 1983, in: ders. (Hrsg.): Die großen Regierungserklärungen der deutschen Bundeskanzler von Adenauer bis Schmidt, Opladen 2002, S. 288-311.

Ders.: Regierungserklärung vom 18. März 1987, in: ders. (Hrsg.): Die großen Regierungserklärungen der deutschen Bundeskanzler von Adenauer bis Schmidt, Opladen 2002, S. 312-338.

Ders.: Regierungserklärung vom 30. Januar 1987, in: ders. (Hrsg.): Die großen Regierungserklärungen der deutschen Bundeskanzler von Adenauer bis Schmidt, Opladen 2002, S. 339-369.

Kokxhoorn, Nicoline: Das Fehlen einer konkurrenzfähigen westdeutschen Mineralölindustrie, in: Hartmut Elsenhans (Hrsg.): Erdöl für Europa, Hamburg 1974, S. 180-210.

Kroker, Evelyn: Zur Entwicklung des Steinkohlebergbaus an der Ruhr zwischen 1945 und 1980, in: Hohensee/Salewski 1993, S. 75-88.

Krüsselberg, Hans-Günther: Der wissenschaftliche Umgang mit dem Thema: Wirtschaftliche und gesellschaftliche Ordnungen. Probleme – Methoden – Experimente, in: Gerhard Kleinhenz (Hrag.): Soziale Ausgestaltung der Sozialen Marktwirtschaft. Die Vervollkommnung einer „Sozialen Marktwirtschaft" als Daueraufgabe der Ordnungs- und Sozialpolitik, Berlin 1995, S. 87- 100.

Lantzke, Ulf: Konsequenzen für die deutsche Energiepolitik, in: Klaus D. Kürten (Hrsg.): Energie als Herausforderung, Müchen 1974, S. 39-49.

Lukes, Rudolf: Energierecht, in: Manfred Dauses (Hrsg.): Handbuch EU-Wirtschaftsrecht, Bd. 2, München 2001, S. 2-11.

Matter, Max: Regio Basiliensis-Dreyeckland-Regio TriRhena. Grenzen-Räume-Zugehörigkeiten, in: Thomas Hengartner/Johannes Moser (hrsg.): Grenzen und Differenzen, Zur Macht sozialer und kultureller Grenzziehungen, Leipzig 2006, S. 437-452.

13. Bibliographie

Mez, Lutz: Ökologische Modernisierung und Vorreiterrolle in der Energie und Umweltpolitik? Eine vorläufige Bilanz, in: Christoph Egle/Tobias Ostheim/Reimut Zohlnhöfer (Hrsg.): Das Rot-Grüne Projekt. Eine Bilanz der Regierung Schröder 1998-2002, Wiesbaden 2003, S. 329-350.

Ders.: Energiepolitik, in: Uwe Andersen /Wichard Woyke (Hrsg.): Handwörterbuch des politischen Systems der Bundesrepublik Deutschland. Opladen 2003, S. 162-167.

Michaelis, Hans: Die Energiewirtschaft der Bundesrepublik Deutschland von 1970 bis 1990, in: Hohensee/Salewski 1993, S. 51-74.

Mieses U: Erdölbevorratung, in: Wolfgang Vitzthum (Hrsg.): Rechtliche und ökonomische Probleme der Energie- und Rohstoffversorgung in der Bundesrepublik Deutschland, München 1979, S. 245-298.

Musial, Bogdan: Die westdeutsche Ostpolitik und der Zerfall der Sowjetunion, in: Deutschland Archiv H. 1, Jg. 44 (2011), S. 24-36.

Püttner, Günter: Die Rechtsfragen einer Energiepolitik, in: Gustav-Stresemann-Institut (Hrsg.): Einführung in die Rechtsfragen der Europäischen Integration, Köln 1969, S. 142-149.

Radkau, Joachim: Fragen an die Geschichte der Kernenergie. Perspektivenwandel im Zuge der Zeit (1975-1986), in: Hohensee/Salewski 1993, S. 101-126.

Schiller, Karl: Marktwirtschaft und unternehmerische Entscheidung auf dem Prüfstand, in: BMWi (Hrsg.): Reden zur Wirtschaftspolitik, Bd. 6, Bonn 1970, S. 9-30.

Schiller, Karl: Im Kreis der Kardinäle der Marktwirtschaft, in: Bundesministerium für Wirtschaft (Hrsg.): Reden zur Wirtschaftspolitik, Bd. 6, Bonn 1970, S. 162-194.

Schmidt, Helmut: Regierungserklärung vom 16. Dezember 1976, in: Klaus Stüwe (Hrsg.): Die großen Regierungserklärungen der deutschen Bundeskanzler von Adenauer bis Schmidt, Opladen 2002, S. 217-245. Ders.: Regierungserklärung vom 24. November 1980, in: Klaus Stüwe (Hrsg.): Die großen Regierungserklärungen der deutschen Bundeskanzler von Adenauer bis Schmidt, Opladen 2002, S. 246-268.

Scholz, Hans Eike v.: Energiepolitik, in: Hans v. d. Groeben/Jochen Thiesing/Claus Ehlermann (Hrsg.): Kommentar zum EWG-Vertrag, Bd. 4, Baden-Baden 1991, S. 6241-6267.

Schott, Dieter: Energie und Stadt in Europa. Von der vorindustriellen 'Holznot' bis zur Ölkrise der 1970er Jahre, in: ders. (‚Hrsg.): Energie und Stadt in Europa. Von der vorindustriellen 'Holznot' bis zur Ölkrise der 1970er Jahre, Stuttgart 1997, S. 7-42.

Schröder, Gerhard: Regierungserklärung vom 10. November 1998, in: Klaus Stüwe (Hrsg.): Die großen Regierungserklärungen der deutschen Bundeskanzler von Adenauer bis Schröder, Opladen 2002, S. 385-408.

Siegel, Nico: Rot-Grün und die Pfeiler des deutschen Kapitalismus, in: Christoph Egle/Reimut Zohlnhöfer (Hrsg.): Das Ende des rot-grünen Projektes, Wiesbaden 2007, S. 379-407.

Steger, Ulrich: Herausforderungen der Energiepolitik, in: Kurlbaum, Georg/Uwe Jens (Hrsg.): Beiträge zur sozialdemokratischen Wirtschaftspolitik. Mit einem Vorwort von HelmutSchmidt, Bonn 1983, S. 177-196.

13.2. Sekundärliteratur

Sturm, Roland: Wettbewerbs und Industriepolitik. Zur unterschätzten Ordnungsdimension der Wirtschaftspolitik, in: Antonia Gohr/Martin Seeleib-Kaiser (Hrsg.): Sozial- und Wirtschaftspolitik unter Rot-Grün, Wiesbaden 2003, S. 87-102.

Voigt, Rüdiger: Der kooperative Staat. Auf der Suche nach einem neuen Steuerungsmodus, in: ders. (Hrsg.): Der kooperative Staat. Krisenbewältigung durch Verhandlung?, Baden-Baden 1995, S. 33-92.

Wagner, Herrmann Friedrich/Gotthard Stein: Ausgangslage und Übersicht, in: Gotthard Stein/Hermann Friedrich Wagner (Hrsg.): Das IKARUS-Projekt. Klimaschutz in Deutschland. Strategien für 2000-2020, Berlin 1999, S. 1-10.

Zohlnhöfer, Reimut: Vom Wirtschaftswunder zum kranken Mann Europas?, in: Manfred G. Schmidt/ Reimut Zohlnhöfer (Hrsg.): Regieren in der Bundesrepublik Deutschland. Innen- und Aussenpolitik seit 1949, Wiesbaden 2006, S. 285-314.

Ders.: Mehrfache Diskontinuitäten in der in der Finanzpolitik, in: Egle/Zohlhöfer 2007, S. 63-86.

13.3. Konzepte/Gutachten

BMWi (Hrsg.): Energiebericht. Nachhaltige Energiepolitik für eine zukunftsfähige Energieversorgung, Berlin 2001.

Ders.: Eckpunkte einer kohlepolitischen Verständigung von Bund, Land Nordrhein-Westfalen (NRW) und Saarland, RAG AG und IGBCE, Berlin 2007.

Ders.: Energiekonzept für eine umweltschonende, zuverlässige und bezahlbare Energieversorgung, Berlin 2010.

Ders.: Eckpunktepapier für ein Netzausbaubeschleunigungsgesetz („NABEG") - Verfahrensvereinfachung, Akzeptanz, Investitionen, Berlin 2011.

BMWi (Hrsg.): Forschung für eine umweltschonende, zuverlässige und bezahlbare Energieversorgung. Das 6. Energieforschungsprogramm der Bundesregierung, Berlin 2011.

BMF (Hrsg.): Entwicklung der Mineralölsteuersätze für Benzin und Diesel in der Bundesrepublik Deutschland, Berlin 2001.

BMU (Hrsg.): Nationaler Allokationsplan für die Bundesrepublik Deutschland 2005-2007, Berlin 2004.

Bundesregierung (Hrsg.): Vereinbarung zwischen der Bundesregierung und den Energieversorgungsunternehmen vom 14. Juni 2000, Berlin 2000.

Ders.: Innovation und neue Energietechnologien. Das 5. Energieforschungsprogramm der Bundesregierung, Berlin 2005.

Ders.: Eckpunkte für ein integriertes Energie- und Klimaprogramm, Berlin 2007.

Ders.: Der Weg zur Energie der Zukunft. Sicher, bezahlbar und umweltfreundlich, Berlin 2011.

SVR: Jahresgutachten 1981/82, abgedruckt als BT Drs. 9/1061.

Ders.: Jahresgutachten 1989/90, abgedruckt als BT Drs. 11/5786.

13. Bibliographie

Ders: Jahresgutachten 1990/91, abgedruckt als BT Drs. 11/8472.
Ders: Jahresgutachten 1993/94, abgedruckt als BT Drs. 12/6170.
Ders: Jahresgutachten 2000/01, abgedruckt als BT Drs. 14/4792.
Ders: Jahresgutachten 2006/07, Wiesbaden 2006.
Ders: Jahresgutachten 2007/08, Wiesbaden 2007.
Ders: Jahresgutachten 2011/12, Wiesbaden 2011.

14. Register

20-20-20-Formel..........................237
380-kV-Leitung..........................276
500-Megawatt-Programm.................85
Abkommen betreffend die
Überwachung der Industrie...............67
Abu Dhabi..................................146
Abwrackprämie (Umweltprämie).......60
Adenauer, Konrad..................66, 73, 75
AEG...............................85, 88, 119
Aktionsgemeinschaft Ruhrbergbau…75
Aktionsprogramm Klimaschutz……312
Alemann, Ulrich v..........................56
Altmaier, Peter.............................264
Angebotspolitik..............................61
Anti-AKW-Bewegung....................136
Antragskonferenz..........................278
ARegV........................247, 287, 305
Armack, Alfred Müller.....................35
Arndt, Dieter...............................115
Asse....................................139, 236
atmender Deckel..........................273
Atomausstieg..................195, 255, 256
Atomgesetz.......................79, 81, 261
Atomkommission............................80
Atomkompromiss..........................256
Atomkonsens........................229, 255
Atomprogramm..............................
  drittes....................................119
  erstes......................................85
  viertes...................................136
  zweites....................................87
Atomwirtschaft..............................90
Ausbaukorridor............................297
Ausfallarbeit.........................276, 316
Ausgleichsabgabe.........................133
Ausgleichsfonds zur Sicherung des
Steinkohleneinsatzes......................131
Ausgleichsregelung..........................
  besondere...............................208
  bundesweite.............................203
AusglMechV..........204, 243, 298, 300

Ausschreibungsmodell....................298
Außenwirtschaftsgesetz....................96
Badenwerk..................................185
Balke, Siegfried.............................80
Ballastkohle................................117
Baltic 1......................................265
BASF..201
Basismodell.................................297
Baugesetzbuch............................244
Bauleitplanung............................301
Bayern................................199, 318
Bayernwerk..................180, 181, 185
BDI..213
Bedarfsplan................................245
Beihilferegelung...........................192
Belridge Oil Corporation.................146
Bergarbeiterprämie.........................69
Bergwerk Asse II............................90
Berliner Mandat...........................222
Beschleunigungsrichtlinie................214
Bevorratungspflicht.......................145
BEWAG.....................................185
Beyme, Klaus v..............................53
BGW...213
BHE...82
Biblis A......................................88
Bilanzkreisverantwortliche..............303
BINE...177
Biogas.......................................275
Biokraftstoffe..............................257
Biokraftstoffquotengesetz................236
Biokraftstoffrichtlinie......................237
Biomasse.............................206, 270
Blockheizkraftwerke.....................220
BMAt..88
BMBF.................................279, 281
BMELV................................279, 281
BMU...................................279, 281
BMWi. 27, 183, 184, 197, 201, 277, 281
Börsenpreis.................................320
BP.................................72, 145, 150

335

14. Register

Brandenburg.....................292
Brandt, Willy...............127, 143
Braunkohle.............212, 258, 292
Braunkohleschutzklausel.........185, 211
Brennelemente...............79, 140
Brokdorf....................136, 261
Brückentechnologie.................255, 288
Bundesamt für kerntechnische Entsorgung.........................263
Bundesbeauftragter des Steinkohlebergbaus........................112
Bundesbedarfsplan...................277, 278
Bundesfachplanung................277, 278
Bundesgerichtshof........................320
Bundeskabinett.........................296
Bundeskartellamt.......................199
Bundesnetzagentur. .216, 275, 277, 286
Bundesnetzplan.........................278
Bundesrat......................81, 259
Bundesverfassungsgericht.....165, 184, ...199, 259
Bundesverwaltungsgericht..............245
Bündnis für Arbeit........................55
Burden-sharing.........................225
Bürgerdialog..........................318
Bürgerdialog Kernenergie................136
Caltex....................................92
CCS-Technologie.......................257
CDM..................................224
CDU...................................137
CDU/CSU......77, 82, 83, 137, 260, 285
Chevron................................92
China..................................256
Clement, Wolfgang.................200, 226
DAtK..................................135
DDR..........................49, 51, 180
DEA................................92, 98
Deilmann Bergbau........................120
Dekarbonisierung........................313
DEMINEX................98, 120, 145, 147
DESERTEC.............................257
Deutsche Energie-Agentur....220, 276, ...281

Deutsche Steinkohle AG...................166
Deutschland AG..................54
DGB................................56
Direktvermarktung....204, 240, 270, 296
DIW................................138
DP.................................82
Drei-Phasen-Plan......................110
E.ON...................199, 200, 212
Eckpunkte einer kohlepolitischen Verständigung..................232, 233
Eckpunkte eines neuen Energiekonzeptes...........................260
EEG................................
   Gesamtkosten....................320
   Industriebeitrag.....................299
   Umlage...........................295
Eichel, Hans..........................54
Eigenversorgung.....................299
Einigungsvertrag.....................183
Einspeisemanagement.......240, 275, 305
Elektrofrieden........................30
Elektromobilität......................280
Eltviller Programm.....................85
Emissionshandel......................284
Emissionshandelsrichtlinie..............223
Emsland.............................261
EnBW..............................293
Endlager............................189
Endlagerung.....................90, 252
Energiebauer.........................267
Energiebericht........................193
Energiedienstleistungsrichtlinie 237, 256
Energieeffizienzfonds..................282
Energieeinsparverordnung........249, 282
Energieforschung.....................281
Energieforschungsprogramm................
   drittes............................177
   erstes............................157
   fünftes...........................209
   sechstes..........................279
   viertes...........................178
   zweites..........................157
Energiegipfel........................

vom 1. Juli 2015.........................293
vom 3. April 2006........................234
Energieleitungsausbaugesetz............238
Energienotgesetz.................................99
Energieprogramm..............................
   dritte Fortschreibung...................138
   erste Fortschreibung....................132
   erstes...130
   zweite Fortschreibung.................132
Energiesicherungsgesetz..................144
Energiesteuer-Richtlinie..................236
Energiesteuergesetz.........................236
Energiewende..261, 274, 289, 316, 322
Energiewirtschaftsgesetz...76, 175, 187
EnLAG....................................279, 306
Entflechtung...............................187, 213
Entsorgungskommission..................235
Entsorgungskonzept........................140
Entsorgungskonzept, integriertes....199
EnviaM..276
EON...293
Erdgas-Röhren-Geschäft..................152
Erdgasbinnenmarktrichtlinie............212
Erdkabel..306
Erdölbevorratungsgesetz............96, 148
Erdölbevorratungsverband..............148
Erdölversorgungsgesellschaft..........121
Erdverkabelung........................304, 318
Erneuerbare-Energien-Gesetz..........201
Erneuerbare-Energien-Wärmegesetz
....251
Erzeugungsmanagement...........207, 240
Esso..72, 92
Ethikkommission.............................260
EU.................................18, 187, 193
EU-Richtlinie 1407/2002................234
EU-Richtlinie 2009/28/EG..............252
EU-Richtlinie 98/30/EG..................212
EU-Stromrichtlinie 96/92/EG..........186
Eucken, Walther................................35
EURATOM..87
Europarechtsanpassungsgesetz........267
European Energy Exchange............285

EVG-Vertrag.....................................79
EVS...185
EWG..96
FDP.......................................77, 82, 260, 285
Formulierungshilfe..........................306
Forschungszentrum Karlsruhe...........88
Frankreich...66
Fukushima........................258, 260, 318
Fünf-Punkte-Programm....................72
Gabriel, Siegmar......................235, 292
Gasolin A.G......................................92
Gazprom..201
GBAG..120
Gesellschaft für Schwerionenforschung
....119
Geesthacht...84
Gelsenberg......................................149
Gesamtkonzept, energiepolitisches...170
Gesamtverband Steinkohle e.V........167
Gesetz über die Investitionshilfe der
gewerblichen Wirtschaft....................68
Gesetz zur Förderung der
Rationalisierung im Steinkohlebergbau
....74
Gesetz zur Förderung des
Bergarbeiterwohnbaus......................69
Gesetz zur Sicherung des Stein-
kohleneinsatzes in der
Elektrizitätswirtschaft....................109
Gewerkschaft....................................72
Gleichstrom....................................304
Globalsteuerung...............................38
Godesberger Programm..................125
Gorleben....................90, 142, 189, 198
Grohnde...................................136, 261
Grünbuch.......................................309
Grundgesetz................................32, 39
Grundlinien und Eckwerte..............138
Grundsatzvereinbarung...................114
Grundsatzverständigung.................183
Grundvertrag..................................115
Grünstromprivileg.....204, 269, 271, 298
Gundremmingen.............................261

337

14. Register

Hambacher Forst..............................131
Harrisburg..139
Härtefallregelung.............................208
Hartz, Peter..54
Haunschild, Hans-Hilger..................141
Hayek, Friedrich August von.............35
Heisenberg, Werner.....................79, 86
Heizöl..95
HEW..185
Höchstspannung..............................276
Hoesch AG......................................109
Hohe Behörde....................................67
Hussein, Saddam.............................151
Hüttenvertrag............................115, 117
IEA........................151, 157, 167, 209
IEKP..238
IGBCE...194
IGBE...110, 111, 135
intelligente Netze.............................246
intelligente Zähler............................247
Investitionshilfegesetz.......................68
Isar...261
Jahrhundertvertrag....................132, 162
Kalkar..136
Kanzleramt.......................197, 218, 293
Kapazitätsmarkt........................303, 309
Kapazitätsreserve......293, 303, 310, 313
Karlsruhe...84
Kartell..72
Kartellamt..180
Kernbergbau....................................194
Kernbrennstoffsteuer.......................259
Keynes, John Maynard......................39
Keynesianismus.................................61
KfW...283
Kiesinger, Kurt Georg................38, 107
Kinderfreibetrag.................................59
Klimakonferenz................222, 291, 313
Klimarahmenkonvention.................221
Klimareserve...................................310
Klimaschutzbeitrag, nationaler........292
KMU..282
Kohle-Gespräche.............................112

Kohle-Öl-Kartell................................72
Kohleabgabe....................................292
Kohlekompromiss............................165
Kohlekonzept 2005..........................164
Kohlekraftwerk................................274
Kohlenbeirat....................................112
Kohlepaket......................................135
Kohlepfennig............................131, 133
Kohlerunde...............................163, 164
Kohlezollkontingentgesetz..............133
Kokskohlenbeihilfe.........................117
Kombinat...185
Kommunalvermögensgesetz............181
Konjunkturpaket I.............................59
Konjunkturpaket II...........................59
Konzertierte Aktion....................45, 110
Kooperationsmodell...................61, 104
Korporatismus..................................61
Kraft-Wärme-Kopplungsgesetz 217, 283
KraftstoffLBV.................................152
Kraftwerksvertrag.....................115, 117
Krekeler, Heinz Ludwig Hermann.....87
Krümmel..261
Krupp..85
KWK..307
KWK-Anlagen.................................283
Kyoto-Protokoll...............................222
Lafontaine, Oskar..............................54
Lambsdorff, Otto Graf.....................150
Länderöffnungsklausel.............302, 318
Landesentwicklungsplanung...........301
Langer, Wolfram................................78
Lantzke, Ulf....................................143
LAUBAG..212
Laufzeitverlängerung......................236
Liberalisierung..................................76
Libyen...143
magisches Viereck............................18
Maier-Leibnitz, Heinz......................86
Makroplan.......................................225
Managementprämie........................270
Marktintegration.............................270
Marktprämie............................270, 297

338

14. Register

Markttransparenzstelle....................285
Matthöfer, Hans..............................136
Messwesen......................................246
Mikat-Kommssion..........................163
Mikroplan.......................................226
Mineralölexplorationsgesellschaft.....98
Mineralölsteuer..........................72, 73
Mineralölsteuerneuregelungsg..........97
Mineralölwirtschaft..........................91
Ministererlaubnis....................199, 317
Ministerialerlaubnis........................149
Monatsbänder..........................203, 243
Monitoring-Bericht, zweiter............271
Monopol..215
Monopolkommission.......199, 275, 285
Montanunion.....................................67
Moratorium..............................256, 260
Mülheim-Kärlich............................196
Müller, Werner.......................193, 212
Multiplikatoreffekt.........................167
NABEG..276
Nabucco..257
Nachhaltigkeitsstrategie.................204
NAPE..313
Nationaler Allokationsplan (NAP)..224
NATO..99
natürliches Monopol................186, 247
Neckarwestheim.............................261
Neef, Fritz..76
negative Preise.................297, 308, 310
Netzausbau.......................207, 238, 310
Netzausbauplan..............................273
Netzbetreiber..................................247
Netzentgelt.......................241, 248, 297
 vermiedenes..................................311
Netzentwicklungsplan....................277
Netzparität......................................273
Netzreserve............................303, 310
Netzzugang, verhandelter...............214
Niederspannung..............................250
Ninian-Ölfeld..................................146
NIOC...145
Nord Stream...................................257

Nordrhein-Westfalen..........75, 110, 194
North Stream...................................200
Notgemeinschaft...............................73
Obrigheim......................................198
Ochel, Willy...................................109
Offshore............................238, 264, 280
Ökosteuer.......................................282
Öl-Enquete.......................................93
Ölbevorratungsgesetz.......................96
OLG Düsseldorf......................200, 287
Ölkrise..45
OPEC...............................143, 147, 151
Palacio, Loyola de..........................193
Petersberger Abkommen..................66
Philippsburg...................................261
Photovoltaik...................................264
Physikalisch-Technische BA..........142
Pilz, Klaus 181
Potentialsteuerung...........................62
Preisbindung............................100, 106
Preisgleitklausel.............................100
Preisniveau......................................64
Preußag..120
PreussenElektra.......................181, 185
Privilegierung................................301
Produktionssteuerung......................62
prognos...168
Pumpspeicherkraftwerk.................274
Putin, Wladimir..............................201
Raffinerie.......................................189
RAG..233
Rahmenprogramm Energieforschung
156
Rationalisierungsgesellschaft..........74
Rationalisierungsgesetz...................78
Raumordnungsverfahren................277
Reaktorsicherheitskommission.169, 260
Redispatch...............................275, 304
Regelenergie..................................287
Regionalentwicklungsplanung.......301
Regulierungsbehörde.....................215
Regulierungsperiode......................248
REMIT..286

339

14. Register

Repowering..................232, 256
Reservebetrieb........................262
Reservekraftwerksverordnung.........303
Rheinstahlplan..................109, 111
Riester, Walter..........................54
Rohölreserve..................143, 174
Röhrenkredit...........................152
Rollout..................................312
Röpke, Wilhelm..........................35
Röttgen, Norbert................262, 272
Ruhrbehörde.............................66
Ruhrgas...........................150, 218
Ruhrkohle AG.............115, 116, 194
Ruhrstatut...............................66
Russland...............................200
RWE..88, 115, 180, 181, 185, 212, 293
Saarberg...............................166
Saarbergwerke..........................120
Saarland...............................75
Sachsen...........................292, 318
Sachsen-Anhalt........................292
Sachverständigenrat....................51
Say, Jean Baptiste.....................47
Schacht Konrad........................142
Schienenbahnen........................299
Schiller, Karl............38, 120, 124
Schmalenbach, Eugen....................35
Schmidt, Helmut.......................128
Schmücker, Kurt..............76, 77, 96
Scholven..............................120
Schröder, Gerhard.........54, 200, 212
Schuman-Plan...........................67
Seebohm, Hans-Christoph................92
Seehofer, Horst.......................293
Shell..................................92
Siemens................................85
SKWPG.................................52
Slochteren............................100
Smart Metering........................284
SPD..............77, 82, 83, 125, 135, 259
Spitzenausgleich......................282
Spitzingsee-Programm...................87
Stabilitätsgesetz......................39

Stade.................................198
Stadtwerkekompromiss..................184
Standortauswahlgesetz.................263
Startnetz.............................279
Stauchungsmodell......................297
Steinberg, Karl.......................180
Steinkohlebeihilfengesetz.............165
Steinkohlebeschluss...................234
Steinkohlefinanzierungsgesetz. 232, 252
Steinkohlenanpassungsgesetz...........111
Steuerungsmodell.......................61
Stilllegungsprämie.....................74
Stoiber, Edmund........................48
Strahlenschutzverordnung..............140
Strauß, Franz Josef...............80, 84
Strombänder...........................243
Strombörse............................244
Stromeinspeisungsgesetz........175, 176
Strommarkt.......................309, 310
Strommarkt 2.0........................309
StromNEV.........................216, 287
Stromvergleich........................184
Stromverträge............178, 181, 211
Stützel, Wolfgang......................64
Subadditivität.........................29
Subvention.......................74, 133
Systemintegration.....................270
TEN-E-Leitlinien.................245, 317
Texaco............................92, 98
Third Party Access....................212
Three Mile Island.....................139
Töpfer, Klaus.........................260
Treuhandanstalt..................52, 180
Trittin, Jürgen..................54, 226
Tschernobyl...........................260
Übertragungsnetz......................277
Übertragungsnetzbetreiber.............274
UdSSR.................................99
Umweltprämie (Abwrackprämie)..........60
Union Kraftstoff AG Wesseling,......120
Unionsrecht...........................215
United Canso..........................146
USA..................66, 70, 85, 99, 133

340

14. Register

VDEW...................132	Volkskammer...................181
VEAG...........181, 185, 211, 212	Vorhabenträger...................278
VEBA AG...................180	Wackersdorf...................136
Verbändevereinbarung............187, 213	Wärmenetz...................250, 284
Verbundkonzept...................135	Wasserkraft...................205
Verdrängungseffekt...................64	Weißbuch...................309
Vereinte Nationen...................221	Wesseling...................120
Verfassungsbeschwerde...................184	Westrick, Ludger...................69, 94
Verknüpfungsrichtlinie...................224	Windenergie...................275
Vermögensgesetz...................183	Wintershall...................120
Versorgungssicherheit...................303	Wismut...................171
Verspargelung...................265	Woratz, Gerhard...................115
Verstromungsgesetz..........78, 131, 134	Wyhl...................136
erstes...................78	Zehnjahresvertrag...................132, 133
zweites...................109	Zentralbüro für Mineralöl...................91
drittes...................146	Zieldivergenz...................27
fünftes...................165	Zielnetz 2050...................273
viertes...................164	Zohlnhöfer, Reimut...................54
Versuchskernkraftwerk Kahl...........88	Zuteilungsgesetz...................227
VEW...................185, 212	„Tank oder Teller"...................267
VIK...................213	„Weg-vom-Öl"-Politik...................129
VKU...................213	

341